高等学校教材

交通工程测量

姚德新　主编

中国铁道出版社
2017年·北京

内 容 简 介

本书全面系统地阐述了现代交通测量的基本概念、基本理论和测量技术与方法。全书共8章，主要包括绪论、控制测量、控制网平差、施工放样、线路测量、桥梁施工测量、隧道施工测量、工程建筑物变形观测等内容。

本书为测绘工程专业本科工程测量学的补充教材和土木工程专业本科(铁路与公路工程、桥梁工程、地下工程与隧道)的工程测量教材，亦可供有关工程技术人员参考。

图书在版编目(CIP)数据

交通工程测量/姚德新主编. —北京:中国铁道出版社,2017.7

ISBN 978-7-113-23223-8

Ⅰ.①交… Ⅱ.①姚… Ⅲ.①交通工程-工程测量 Ⅳ.①U412.2

中国版本图书馆CIP数据核字(2017)第132547号

书　　名:交通工程测量
作　　者:姚德新　主编

策划编辑:李丽娟
责任编辑:刘红梅　　**编辑部电话:**010-51873133　　**电子信箱:**mm2005td@126.com
封面设计:王镜夷
责任校对:焦桂荣
责任印制:郭向伟

出版发行:中国铁道出版社(100054,北京市西城区右安门西街8号)
网　　址:http://www.tdpress.com
印　　刷:中国铁道出版社印刷厂
版　　次:2017年7月第1版　2017年7月第1次印刷
开　　本:787 mm×1 092 mm　1/16　印张:13.75　字数:338千
书　　号:ISBN 978-7-113-23223-8
定　　价:30.00元

版权所有　侵权必究

凡购买铁道版图书，如有印制质量问题，请与本社读者服务部联系调换。电话:(010)51873174(发行部)

打击盗版举报电话:市电(010)51873659,路电(021)73659,传真(010)63549480

前 言

工程测量学科是一门应用学科，它是直接为国民经济建设和国防建设服务，与生产实践紧密相结合的学科，是测绘学中最活跃的一个分支学科。随着社会的进步，测绘科技飞速发展，工程测量的理念和手段已发生了重大变化，特别是在现代高速铁路建设中的成功应用，为铁路建设提供了重要保障。为适应测绘科技发展带来的变化，本书以现代铁路工程测量为主线，充分反映测量工作的新技术和新方法，为学生就业后尽快适应工作环境奠定坚实的基础。

全书共 8 章，主要包括绪论、控制测量、控制网平差、施工放样、线路测量、桥梁施工测量、隧道施工测量、工程建筑物变形观测等内容。在控制测量和控制网平差中介绍了控制测量的基本知识、基本原理、外业施测方法及控制网平差计算；在施工放样测量中，主要介绍全站仪和 GPS RTK 等放样的基本方法，这是施工测量的基础工作；线路测量、桥梁施工测量、隧道施工测量属于交通工程测量内容，根据工程建设中的勘测设计和施工建设阶段的不同要求，着重介绍了线路、桥梁、隧道等工程的测量工作；工程建筑物变形观测部分，主要介绍变形观测方案的确定、工程建筑物各类变形的观测方法及变形监测网数据处理方法。在章节编排上，既充分考虑了测量工作的共性，又重点突出了测量工作的个性，不但满足了教学的要求，而且也为有关工程技术人员在处理相关工程技术问题时提供了参考。

本书由兰州交通大学姚德新担任主编。参加编写的还有兰州交通大学李建章和李仲勤。具体分工如下：姚德新负责第一、五、六、七、八章，李建章负责第二、四章，李仲勤负责第三章。

本书可作为高等学校测绘工程专业本科工程测量学的补充教材及土木工程本科大类专业（铁路与公路工程、桥梁工程、地下工程与隧道）工程测量教材。

由于编者水平所限，书中不妥及错误之处，恳请读者批评指正。

编 者

2017 年 6 月

目　录

第一章　绪　论

在土木工程建设中，测量工作起着十分重要的作用，如果没有测量工作为工程建设提供图纸和数据，并及时与之配合和指导，任何工程建设都将无法实施。测量学是从人类生产实践中发展起来的一门历史悠久的科学，随着社会的发展和科学技术的进步，测绘科学也分支了若干学科，其间既相对独立又存在着必然联系。本书主要介绍控制测量，应用于铁路和公路工程建设中的工程测量以及处于测绘科学和土木工程科学边缘的分支学科——变形观测。

第一节　控制测量的任务及其作用

一、控制测量的主要任务

控制测量的基本任务是精确测定地面控制点的平面位置和高程。工程建设一般可分为三个阶段，即规划设计阶段、施工建设阶段及运营管理阶段。控制测量是直接为各项工程建设服务的，在工程建设的不同阶段，都需要建立控制网，但其任务是不同的。

1. 规划设计阶段

在规划设计阶段，为测绘各种比例尺地形图而建立必要精度的测图控制网。

各项工程建设的规划设计都是在地形图上进行的。地形图作为规划设计的基础资料之一，必须具有一定的精度，才能保证在地形图上量算数据的准确性，进而才能保证工程建设的规划设计是合理的、可靠的。显然，在规划设计阶段，为防止误差积累、使测区内精度均匀而建立的测图控制网应有必要的精度。另外，如果测区较大，地形图分幅较多，为保证地形图的正确拼接，控制网应有统一的坐标系统。

2. 施工建设阶段

在施工建设阶段，为工程建设的施工放样而建立必要精度的施工控制网。

施工放样，就是以施工控制网为基础，按照设计和施工的具体要求，将图纸上设计的工程建筑物测设于地面并予以标定，做为施工的依据。

如隧道施工中，测量工作的任务是保证相向开挖的工作面按照规定的精度在预定位置贯通；保证洞内各项建筑物以规定的精度按照设计位置修建，不得侵入建筑限界。隧道是比较特殊的工程建筑物，无论采用何种施工方法，其特点都是：开挖顺着中线不断地向洞内延伸，衬砌和洞内建筑物的施工紧跟其后，不等贯通，隧道内的大部分建筑物已经建成；隧道的实际贯通误差也只有在贯通后才能确定，一旦出错，将给工程造成巨大的损失。作为指导隧道施工的测量工作，在隧道开挖初期，以洞外控制点引测进洞；随着隧道的向前延伸且在贯通前，洞内平面控制测量只能采用支导线的形式，测量误差随着开挖的延伸而积累。为满足隧道施工的要求，为隧道施工放样而建立的隧道洞内外施工控制网应有必要的精度。

3. 运营管理阶段

在工程运营管理阶段，主要是为监测各种工程建筑物变形而建立相应等级的专用变形监测控制网，简称为监测网。工程建筑物变形的量一般都比较小，因而为变形观测建立的监测网往往也要求具有较高的精度。

二、控制网的作用

综上所述，控制网是进行各项测量的基础。如在规划设计阶段，控制网是地形图测绘的基础；在施工建设阶段，施工控制网是工程建筑物施工放样的基础；在运营管理阶段，变形监测网是观测工程建筑物变形观测点变形量的基础。此外，控制网还具有控制全局、限制测量误差的传递和积累作用。

第二节　铁路和公路工程测量的内容及特点

工程测量服务的对象种类繁多、性质各异，如工矿企业、铁路公路、水利、电力、管道及城市建设等等。对于不同的工程建设项目，工程测量有其自身的特点及要求，但从其基本原理和基本方法上讲，又有许多共同之处。在工程建设规划设计阶段、施工建设阶段及运营管理阶段，工程测量是直接为各项工程建设项目的勘测、设计、施工、安装、竣工及运营管理等一系列工程工序服务的。因此，工程测量学是研究各项工程建设在勘测设计、施工建设和运营管理阶段所进行的各种测量工作的学科，工程测量的基本任务是为各项工程建设的规划设计、施工建设及运营管理提供足够规模和必要精度的测绘保障。

铁路工程和公路工程是国家的基本建设项目，其规模大、结构复杂，都要经过勘测设计和施工的过程，建成后再交付运营。

一、勘测设计阶段

勘测就是对设计的铁路或公路综合进行经济调查和技术调查，目的在于收集设计所需技术经济资料。设计主要包括综合设计、建筑物单项设计，并提出工程的概预算等。勘测设计是一项涉及面广、技术复杂的整体工作。在此阶段先后要完成：方案研究、初测与初步设计、定测与施工设计等工作。

1. 方案研究

方案研究就是在中小比例尺地形图上选出几个可能的线路方案和确定一些重要技术问题，提出初步选择意见。因此，在勘测设计的最初阶段，应尽可能多地搜集有关设计线路所需要的技术和经济资料，其中包括：各种比例尺的地形图、航测或遥感相片、控制测量成果等测绘资料，地质、水文、气象资料，水利、交通运输、城市和工矿企业建设规划，以及中央、地方及国防等有关部门对修建线路的意见。然后根据这些资料，并在对控制线路方向的局部重点地段（如越岭垭口、长大隧道、大河桥渡、严重地质不良地段及地形复杂地段等）进行现场踏勘及深入研究的基础上，结合工程特点，提出方案研究报告。

2. 初测与初步设计

方案研究报告经审查批准后即下达勘测设计任务书，开始初测和初步设计。初步设计阶段的勘测工作，称为初测。初测是根据勘测设计任务书，对方案研究中确定的一条主要线路及有价值的比较线路，结合现场实际情况予以标定，沿线测绘大比例尺带状地形图并搜集地质、水文等方面的资料，供初步设计使用。

初步设计的主要任务是：对于线路来讲是纸上定线，即设计人员根据相关的初测资料，在初测带状地形图上进行选线，从线路所有方案中选出一个经济合理的方案，确定线路的位置；确定主要技术标准，主要包括线路等级、圆曲线的最小半径等；对重点工程，如桥梁、隧道等工程构筑物进行初步设计；编制纵横断面图及工程概算。

3. 定测与施工设计

施工设计阶段的勘测工作，称为定测。定测是对已批准的初步设计所选定的线路，根据带状地形图上初测导线与线路的几何关系，结合实地情况，现场进行详细标定；然后沿线测绘纵断面图、横断面图及个别工程的局部大比例尺工点地形图。定测除了为施工设计提供详细的地形资料外，还要对重点工程的地质、水文情况作进一步的勘测。

施工设计的主要任务是：根据定测资料对全线线路的平面、纵横断面及路基进行详细的设计；对所有的个体工程，如桥涵、隧道、站场、挡护工程及特殊路基等进行单独设计；提供工程数量及工程预算。

施工设计阶段形成的施工设计文件，经审查批准后，即可开始施工。

二、施工建设阶段

在施工建设阶段，测量工作是按照设计的要求，将图上设计好的建筑物、构筑物标定于地面，以指导施工，其主要任务是保证各种建筑物能按设计位置正确修建。

铁路和公路施工是一项十分复杂的技术工作和组织工作，其目的是保证工程施工的质量并在规定的工期内完成施工任务。施工前要进行一系列的准备工作，如施工场地的布置、临时设施的修建、施工机具和材料的准备等。合理地编制施工组织计划，对于控制工期的长大桥梁、隧道和重点土石方工程等重点工程应先行开工，一般小桥也应先于路基完成。

铁路和公路施工测量，按施工对象不同可分为：线路施工测量、桥梁施工测量和隧道施工测量；按其工作顺序可分为：施工复测、施工控制测量、施工放样及竣工测量。

施工前，设计单位应向施工单位进行设计交桩。设计交桩主要包括：与施工有关的初测资料和定测资料，并现场指认测量控制点和线路控制点。施工单位接收后，应立即对其进行复测，对复测合格的成果予以确认，不合格的成果，应仔细研究并会同设计人员共同解决。施工复测是施工阶段的首项工作，其主要任务是：检查控制测量的正确性，如初测导线、初测水准测量等；检查线路主要控制桩的正确性，如直线转点桩、交点桩、曲线主点桩等；补设缺损桩点，并对主要桩点进行固桩及护桩，以保证施工过程中不致丢失或万一丢失能及时恢复。

对于长大桥梁和隧道工程，其精度要求较高，为了保证施工放样的精度，必须根据工程的性质、特点和要求及施工场地的地形条件，建立相应等级的施工控制网，做为施工放样的基础。如果在勘测阶段已建立了施工控制网，则应用前应进行复测。

在施工中，有时为掌握工程建筑物变形的情况，保证施工安全，还需要为变形观测建立变形监测控制网。

施工放样就是根据施工测量控制点并结合施工场地的地形情况，将图纸上设计的线路和各种建筑物按设计要求标定于地面，供施工使用。施工放样是一项经常性的工作，贯穿于整个施工过程。

全线工程全部竣工后，要进行竣工测量，并编制竣工文件。竣工测量是对工程进行全面的测量，以检查其平面位置、高程位置及外形尺寸与设计相符的程度，其结果将成为竣工验收的一个依据。

三、运营管理阶段

铁路和公路建成并投入运营后，随着时间的推移，在各种因素的影响下，桥梁、隧道等工程建筑物及高填土路基可能会产生变形，如位移、沉陷和倾斜等。因此，在工程建筑物的运营期间，对其进行变形观测是十分必要的。

对于铁路来讲，其线路除了路基还有轨道。轨道受行车的影响也会产生变形，故应定期地对其平面位置和高程位置进行观测，即既有线复测，以掌握变形的情况，并据此制定维修方案，或进行轨道拨道。

铁路运营一段时间后，由于经济的发展、运量的增加而将导致运力不足。此时就要对既有线路进行改造或增设第二线，以适应运量的要求。对既有线路进行改造或增设第二线，一般也要经过勘测设计和施工两个过程，但与新线相比，有其明显的特点，即勘测必须以既有线路为基础，施工不能影响正常的运营。

四、铁路和公路工程测量的特点

与一般工程测量相比，铁路和公路工程测量的特点是：测量工作与设计工作紧密配合，如初步设计阶段的实地选点、插旗，即是选线设计的内容之一又是初测导线的选点工作；测定工作与测设工作往往交错进行，如施工设计阶段的线路纵断面和路基横断面设计，是以更详细的实地断面资料为基础的，这就需要先把线路中线测设于地面，然后据此进行纵断面图和横断面图测绘。

第三节　变形观测及其意义

变形观测是处于测绘学和土建工程科学边缘的分支学科。近些年来，变形观测在国内外受到了普遍的重视。国际测量工作者联合会（FIG）于 1969 年在工程测量专业委员会内成立了变形观测及其自动化小组，于 1978 年在波恩成立了“变形观测分析专门委员会”，以便在世界范围内进一步协调和加强变形观测及其成果分析的研究工作。

一、变形及变形观测

所谓变形，是指工程建筑物由于某种原因而产生的位置、形状和大小的变化，这种工程建筑物又称为变形体。变形观测，则是对这种变形体进行变形观测和分析的过程，即定期地对变形体的有关几何量进行测量并从观测成果中整理、分析出变形规律的整个过程。变形观测的目的有两个，其一是变形的几何分析，其二是变形的物理解释。前者是对变形体的形状和大小的变化作几何描述，即获得变形体产生变形的空间状态和时间特性，确定变形值的大小及稳定程度；后者是确定变形体的变形和变形原因之间的关系，解释变形的原因。

二、引起变形的原因

在变形观测的过程中，了解引起建筑物变形的原因是很重要的。引起建筑物变形的原因较多也较复杂，如建筑物地基的工程地质、水文地质、土壤的物理性质的不同，可能会引起建筑物的不均匀沉陷，使其发生倾斜；当在砂土或黏土的地基上，兴建大型的现代化的厂房、高炉、水塔及烟囱时，随着建筑物本身荷重的增加，土壤被逐渐压缩，地基下沉，因而引起建筑物的变形；由于温度与地下水位的季节性和周期性的变化，会引起建筑物的规律变形；地震、地下开采都会造成大面积的地面沉降，不均匀沉降引起建筑物变形；动荷载的影响，如爆破、重载运输和连续性的机械振动，也会引起建筑物的变形；此外，由于勘测工作做得不充分、设计中出现错误、施工质量差、施工方法不当及运营管理工作做得不合理，都会引起建筑物变形。

三、工程建筑物变形的分类

工程建筑物的变形按其类型可分为静态变形和动态变形。所谓静态变形，通常是指变形观测的结果只表示在某一期间内的变形值，即它是时间的函数。动态变形则是指在外力影响下而产生的变形。它是以外力为函数来表示的动态系统对于时间的变化，其观测结果往往是表示建筑物在某个时刻的瞬间变形。

工程建筑物的变形按时间特性可分为三类：静态式、运动式及动态式。

静态式变形模型只考虑变形的空间特性，即几何特性。用静态式变形模型进行变形分析时，所关心的只是变形是否发生，或变形有多大。

运动式变形模型是在静态变形模型的基础上引入了时间因素，同时兼顾变形的空间特性和时间特性。用此模型进行变形分析时，不仅可以求出变形的大小，还可求出变形的速度和加速度。

动态式变形模型主要涉及变形的一些物理特性（如振幅、频率），通过频谱分析和时序分析等掌握动荷载瞬间产生的连续的变形规律。

四、工程建筑物变形观测的内容

工程建筑物变形观测的内容，应根据建筑物的性质和地基情况来确定，既要有重点又要顾及全局，以便能正确反映出建筑物的变化情况。

工程建筑物的变形大体可分为三类，即水平位移、垂直位移及建筑物随时间而产生的缝隙——裂缝。同一高程面上的点相对于其起始位置的位移，即水平位移；同一铅垂线上不同点的水平位移，即挠度。垂直位移均匀变化时，建筑物产生沉陷，垂直位移不均匀变化时，建筑物除产生沉陷外，还发生倾斜。工程建筑物的变形观测，按工程建筑物的变形种类可分为：水平位移观测、挠度观测、沉陷观测、倾斜观测及裂缝观测等。

五、变形观测的方法

变形观测的方法依其使用的仪器不同可分为：常规大地测量方法、物理仪器测量方法、摄影测量方法和 GPS 技术等。

1. 常规大地测量方法

常规大地测量方法是目前变形观测中最常用的方法。它是指用常规测量仪器对监测网进行观测，经数据处理后，求得变形体的变形值。这种方法的优点是：能够提供变形体整体的变形状态；观测量通过组成网的形式可以进行测量结果的校核和精度的评定；灵活性大，能适用于不同的精度要求、不同形式的变形体和不同的外界条件。其缺点是：外业工作量大，作业时间长等。

用常规大地测量方法作水平位移观测时，角度测量可以使用光学经纬仪、电子经纬仪或全站仪；距离测量使用测距仪或全站仪。电子经纬仪和全站仪应用于变形观测，使得从野外测量到室内数据处理过程的自动化成为可能，且测量机器人已开始用于变形观测中。

用常规大地测量方法作垂直位移观测时，通常是采用精密水准测量的方法，应用的仪器主要是光学水准仪或数字水准仪。近些年来，随着全站仪器的广泛使用，用三角高程测量和测距仪高程导线进行精密高程传递，引起了测量工作者的高度重视，大量的实验结果表明，1 mm/km或更高的精度是可以达到的，进度比水准测量快得多。

2. 物理仪器测量方法

物理仪器测量方法主要有：应变计测量、准直仪测量和倾斜仪测量。和常规的大地测量方法相比，物理仪器测量方法具有：测量过程简单；容易实现自动化观测和连续监测；提供的是局部的变形信息等特点。

(1)应变计测量

应变计测量的方法之一是通过测量两点间距离的变形值来计算平均线应变，当测量的距离和变形体的尺寸相比很小时，平均线应变可看成是某一点处的。设两点间的距离为 l，第二周期测量时距离变形值为 Δl，则两点间的平均线应变为：$\varepsilon = \dfrac{\Delta l}{l}$。

精密测量距离变形值主要有机械法和激光干涉法。机械法用铟瓦丝、石英棒等作为长度的标准，长度的变化用机械—电子传感器测量，精度一般为几十个微米。激光干涉法可以测到几百米，甚至几千米，测量精度在 10^{-7}以上，真空中可达 4×10^{-10}。

应变计测量的方法之二是直接用应变传感器测量应变。应变传感器测量应变的方法是：将一个导体(金属条或很窄的箔条)埋设在变形体中，当变形体中产生应变时，导体的长度随之而变，从而改变了导体的电阻，通过测量电阻值的变化求算出应变。

(2)倾斜仪测量

倾斜仪是直接测量地面或建筑物倾斜的仪器。目前倾斜仪的种类很多，大体可分为“短基线”倾斜仪和“长基线”倾斜仪。前者是在局部范围内，以垂直摆锤或水准气泡作为参考线测量倾斜的；后者一般是按照液体静力平衡的原理制成的并可适用于较长距离测量的倾斜仪。

不同的倾斜仪，测量精度差别很大。一般来讲，“短基线”倾斜仪精度范围是 0.5″~1.0″。而“长基线”倾斜仪精度很高，用水作液体的倾斜仪，每 10 m距离的测量精度可达 0.01 mm。用水银作为液体，测量精度可达 0.001 mm。

(3)准直仪测量

准直仪测量是应用准直仪建立基准线，测定某一点位相对于基准线的变化而求得该点的变形值。这种方法较为有代表性的是激光准直法。

激光准直根据其原理分为两类：其一是利用激光方向性强的特点，进行直接准直；其二是利用激光单色性好的优点，进行衍射法准直。激光准直法即可测定水平位移也可测定挠度和倾斜度。

3. 摄影测量方法

随着近十多年来摄影测量点位测定精度的显著提高和计算机的广泛应用,进一步促进了摄影测量技术在变形观测中的应用,特别是近年来发展起来的数字摄影测量和实时摄影测量,为该技术在变形监测中的应用开拓了更加广泛的前景。利用摄影测量进行变形观测的基本原理是:通过定期地对变形体进行摄影、量测变形点的坐标,从而求算出变形体的变形值。在变形观测中,应用摄影测量方法的优点是:可以同时测定变形体上任意点的变形;提供完全和瞬时的三维空间信息;野外的测量工作量小;可以不需要接触被测物体;有了摄影底片,可以观测到变形体以前的状态。

4. GPS 测量技术

全球定位系统的应用是测量技术的一项革命性变革,它使建立三维网的监测变得简单,且不需要测站间的通视,可以免去建标、砍树之类的工作,并使监测网的一类设计有更多优化的余地。全球定位系统可以提供 1×10^{-6} 的相对定位精度,可以预计,0.1×10^{-6} 或更高的精度终将可以达到。它在精度上和经济上的优越性将使它取代很多传统的常规测量方法。

六、变形观测的特点

1. 精度要求高

变形观测的主要目的是保证建筑物的安全或进行科学研究。为此,变形观测必须具有较高的精度。从实用的目的出发,典型的精度是 ±1 mm,相对精度为 10^{-6}。而为了科学研究的目的,通常则要求达到 ±0.1 mm的精度。

2. 重复观测

工程建筑物的变形是通过比较多期重复观测结果求得的。重复观测的频率,取决于变形的大小、变形的速度,以及观测的目的。通常要求既能反映变化的过程,又不致遗漏变化的时刻。

3. 观测的特殊要求

变形是由两期观测成果的差值来求算的,故可以抵消两期观测值中所包含的相同的系统误差。因此,在进行变形观测时,应尽量保持同一观测值在不同周期观测时,具有最大的相关性。相反,在定位控制网的观测中,应采取措施,尽量使误差的影响随机化。

4. 数据处理的严密性

变形一般很小,有的甚至与测量误差具有相同的数量级。所以,要从包含误差的变形观测结果中分离出变形信息,不仅要在观测过程中采取行之有效的措施,尽量减小观测误差对结果的影响,而且在计算分析中须进行严密的数据处理,以免将测量误差误作变形信息,或将局部变形误作整体现象。

5. 多学科综合分析

变形观测是针对某个具体的变形体进行的。因此,在变形监测网网形和观测方案的优化设计中,在制定变形观测的精度指标、合理而科学地分析变形观测结果,特别是进行变形的物理解释时,变形观测工作者必须熟悉要研究的变形体。这就需要具备地质学、工程力学、土力学和土建工程方面的相应知识。变形观测是处于测绘学和土建工程科学边缘的分支学科。

七、变形观测的意义

工程建筑物在施工建设和运营期间,由于受诸多因素的影响,会产生变形。工程建筑物的变形在一定限度内是允许的正常现象,但如果超过了规定的限度,就会影响建筑物的正常使用,甚至危及建筑物的安全。因此,在工程建筑物的施工及运营期间必须对它进行观测,以确定或预测其变形的大小及其对建筑物安全的影响。例如在地质条件不良的地区(如膨胀土地区)修建工程时,有时要对地层的稳定性进行沉陷观测;浅埋隧道施工时,为掌握地表下沉的情况,必须对地表做沉陷观测;桥梁施工期间,为保证施工安全,桥梁基础结构施工到一定程度时,需要对墩台进行监测。有许多大型工程建筑物从施工开始便进行变形观测,并延续在整个运营阶段的始终。这种观测的目的是为了保证建筑物的安全,称为安全监测。

由于土(地基)组成成分复杂,土力学对实验数据的依赖性很大,有必要在各地对大量不同基础形式的建筑物进行变形观测,为以后的设计积累资料,作为验证设计方法和修改、制定设计方案的依据。

为了对某种新结构、新材料的性能做出科学的或客观的评价,需要在一个较短的时间内,人为地使建筑物产生变形,与此同时,通过变形观测的手段获取科研数据。

由此可见,对工程建筑物进行变形观测具有重要的意义。在安全监测方面,可以检查各种工程建筑物和地质构造的稳定性,及时发现问题,防患于未然;为制定各种工程建筑物养护、维修方案等提供重要的依据。在科学上,可以更好地了解变形机理,验证有关工程设计的理论。

思考与练习题

1-1　控制测量的主要任务是什么?

1-2　在工程建设的规划设计阶段,为何要建立控制网?其作用是什么?

1-3　在工程建设的施工建设阶段,为何要建立控制网?其作用是什么?

1-4　在工程运营管理阶段,为何要建立控制网?其主要作用是什么?

1-5　何谓工程测量学?

1-6　工程测量的基本任务是什么?

1-7　何谓初测?其工作内容有哪些?

1-8　何谓定测?其工作内容有哪些?

1-9　施工复测的目的是什么?

1-10　何谓施工放样?其目的是什么?

1-11　铁路和公路工程测量有何特点?

1-12　何谓变形?变形的原因是什么?

1-13　工程建筑物变形分几类?其变形观测的主要内容有哪些特点?

1-14　工程建筑物变形观测常用的方法有哪些?其特点是什么?

1-15　变形观测有何意义?

第二章　控制测量

控制网分为平面控制网和高程控制网。平面控制网目前主要有三角形网、GNSS 控制网和导线网。三角形网精度高、控制区域广，但是外业工作量很大，目前大多采用测量机器人来完成数据的采集。导线网比较灵活，几乎适用任何区域，目前在小区域平面控制测量、隧道内平面控制测量、城市内平面控制测量方面具有广泛的应用。卫星定位技术建立平面控制网具有效率高、控制点之间不需要通视等优点，因此在建立大、中型平面控制网时，是一种最优的选择。

高程控制网目前主要采用水准测量方式和三角高程测量方式来建立。但在建立高精度高程控制网时，精密水准测量目前仍然具有不可替代的作用。由于水准测量存在外业工作量大，效率低下等缺点，因此大量学者研究利用精密三角高程代替水准测量建立高精度高程控制网，取得了很大的进展。

第一节　三角形网测量

一、三角形网测量基本原理

三角形网是由一系列相连的三角形构成的测量控制网，它是对以往三角网、三边网和边角网的统称。如图 2-1 所示，在地面上选择并标定出一系列点 1、2、3、…，把它们用三角形连接起来，组成某一特定基准面上的三角形网（这里仅指组成平面上的三角形网）。每个三角形至少需要观测三个量，如三个内角、三条边长、两边一角或者两角一边。如果每个三角形仅仅测量了三个内角，则整个控制网还需要确定长度基准。

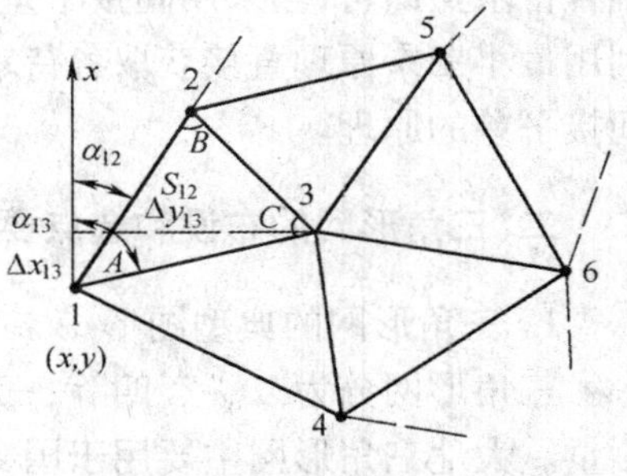

图 2-1　平面三角网示意图

如图 2-1 所示，假定观测了所有三角形中的水平角，并测定起始边长 S_{12} 和坐标方位角（α_{12}），由已知点（1 点）起算，按正弦定理依次推算出三角形网中各边的边长、坐标方位角和各点的平面坐标。

由图 2-1，按坐标正算方法可得

$$\left.\begin{aligned} S_{13} &= S_{12} \cdot \frac{\sin B}{\sin C} \\ \alpha_{13} &= \alpha_{12} + A \end{aligned}\right\}$$

$$\left.\begin{aligned} \Delta x_{13} &= S_{13} \cdot \cos\alpha_{13} \\ \Delta y_{13} &= S_{13} \cdot \sin\alpha_{13} \end{aligned}\right\}$$

$$\left.\begin{aligned} x_3 &= x_1 + \Delta x_{13} \\ y_3 &= y_1 + \Delta y_{13} \end{aligned}\right\}$$

即由已知的 S_{12}、α_{12}、x_1、y_1 和各角的观测值(或平差值) A、B、C 可求得 x_3、y_3。同理,可依次求得三角形网中其他各点的坐标。

采用三角形作为平面控制网的基本图形,这是因为三角形是结构简单而图形强度又好的几何图形,计算方便,并且有几何条件检核。

显然,为了得到所有三角点的坐标,至少已知三角形网中某一点的坐标 x_1、y_1,某一边长度 S_{12} 和某一边的坐标方位角 α_{12}。通常把这类数据统成为三角形网测量的起算数据。把在各三角点上所观测的水平角(或方向)、水平距离称为三角形网测量的观测元素。

工程测量中,三角形网中的起算数据可通过以下方法求得:

1. 起算坐标

优先选取测区内已有国家高等级平面控制点作为起算点。若测区附近无国家高等级平面控制点可供利用,则可在一个三角形点上用天文测量方法测定其经纬度,再换算成高斯平面直角坐标,作为起算坐标。保密工程或小测区也可采用假定坐标或建筑坐标系统。

2. 起算方位角

当测区附近已有控制网时,则可由已有网传递方位角。若无已有网成果可供利用时,可用天文测量方法测定三角形网某一边的天文方位角作为起算方位角或用陀螺经纬仪测定真方位角作为起算方位角。个别情况下,也可采用磁北方向。

3. 起算边长

当测区内已有国家平面控制网(或其他单位施测的三角形网)时,若其精度能够满足要求,则可直接利用其边长作为起算边长。若已有网边长精度不能满足要求或无边长利用时,则可采用光电测距测定三角形网的某些边的边长作为起算边长。

三角形网数据处理通常采用最小二乘法获取待求参数最优估计值。当采用条件平差时,首先利用最小二乘原理获取各观测值的最优估计值,再利用改正后的观测值将起算坐标传递到各待求点即可;当采用间接平差时,先利用观测值和起算数据解算出各待求点近似坐标,再利用最小二乘原理直接获取各待求点坐标的最优估计值。本书第三章将重点阐述条件平差和间接平差的原理。

二、三角形网的布设和选点要求

1. 三角形网的典型图形

三角形网分为二、三、四等,三角形测量按照区域大小分为大地三角形测量和平面三角形测量。大地三角形网主要用于国家一、二等网的测量,现在完全被 GPS 网所取代。几种常用的平面三角形网如图 2-2 ~ 图 2-5 所示。

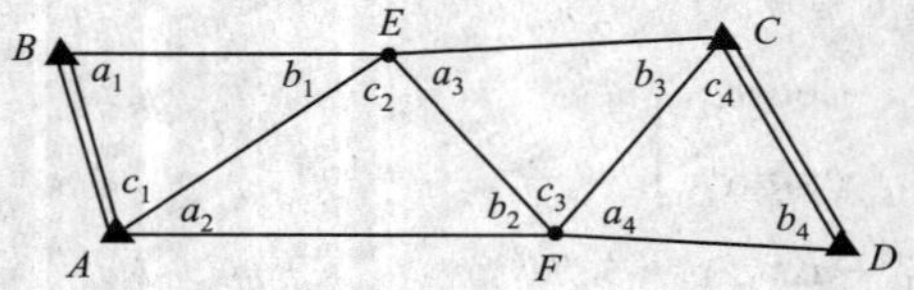

图 2-2　三角形锁

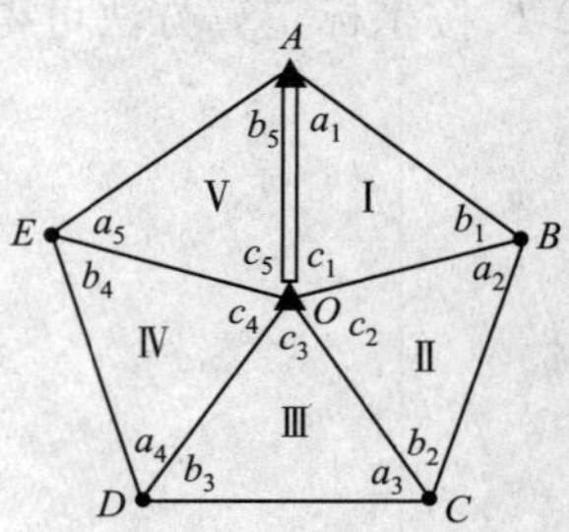

图 2-3　中点多边形

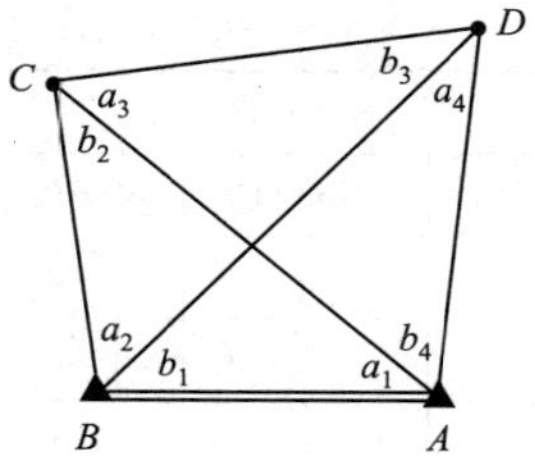

图 2-4　大地四边形

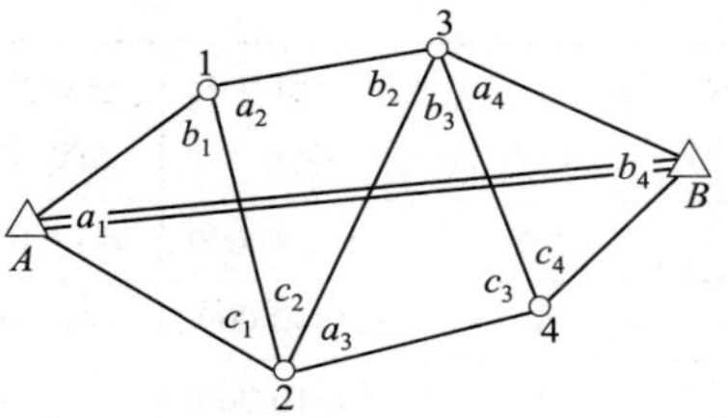

图 2-5　线性锁

2. 三角形网布设要求

作业前,应进行资料收集和现场踏勘,对收集到的相关控制资料和地形图(以 1∶10 000 ~ 1∶100 000为宜)应进行综合分析,并在图上进行网形设计和精度估算,在满足精度要求的前提下,合理确定网的精度等级和观测方案。三角形网的布设,应符合下列要求:

(1)首级控制网中的三角形,宜布设为近似等边三角形。其三角形的内角不应小于 30°;当受地形条件限制时,个别角可放宽,但不应小于 25°。

(2)加密的控制网,可采用插网、线形网或插点等形式。

3. 三角形网选点要求

三角形网点位的选定,应符合下列要求:

(1)点位应选在土质坚实、稳固可靠、便于保存的地方,视野应相对开阔,便于加密、扩展和寻找。

(2)相邻点之间应通视良好,其视线距障碍物的距离,三、四等网不宜小于 1.5 m;四等网以下宜保证便于观测,以不受旁折光的影响为原则。

(3)当采用电磁波测距时,相邻点之间视线应避开烟囱、散热塔、散热池等发热体及强电磁场。

(4)相邻两点之间的视线倾角不宜过大。

(5)充分利用旧有控制点。

(6)二等网视线距障碍物的距离不宜小于 2 m。

三、三角形网外业测量

三角形测量中最繁琐的外业工作是观测所有三角形各水平角。三角形网中的角度宜全部观测,边长可根据需要选择观测或全部观测;观测的角度和边长均应作为三角形网中的观测量参与平差计算。首级控制网定向时,方位角传递宜联测 2 个已知方向。

1. 角度测量

(1)三角形网测量的主要技术要求

工程测量规范中各等级三角形网测量的主要技术要求,应符合表 2-1 的规定。

表 2-1　三角形网测量的主要技术要求

等级	平均边长(km)	测角中误差(″)	测边相对中误差	最弱边边长相对中误差	测回数			三角形最大闭合差(″)
					1″级仪器	2″级仪器	6″级仪器	
二等	9	1	≤1/250 000	≤1/120 000	12	—	—	3.5
三等	4.5	1.8	≤1/15 000	≤1/70 000	6	9	—	7

续上表

等级	平均边长(km)	测角中误差(″)	测边相对中误差	最弱边边长相对中误差	测回数			三角形最大闭合差(″)
					1″级仪器	2″级仪器	6″级仪器	
四等	2	2.5	≤1/100 000	≤1/ 100 000	4	6	—	9
一级	1	5	≤1/40 000	≤1/ 40 000	—	2	4	15
二级	0.5	10	≤1/10 000	≤1/ 20 000	—	1	2	30

注:当测区测图的最大比例尺为1:1 000时,一、二级网的平均边长可适当放长,但不应大于表中规定长度的2倍。

(2)测角仪器技术要求

水平角观测所使用的全站仪、电子经纬仪和光学经纬仪,应符合下列相关规定:

①照准部旋转轴正确性指标:管水准器气泡或电子水准器长气泡在各位置的读数较差,1″级仪器不应超过2格,2″级仪器不应超过1格,6″级仪器不应超过1.5格。

②光学经纬仪的测微器行差及隙动差指标:1″级仪器不应大于1″,2″级仪器不应大于2″。

③水平轴不垂直于垂直轴之差指标;1″级仪器不应超过10″,2″级仪器不应超过15″,6″级仪器不应超过20″。

④补偿器的补偿要求:在仪器补偿器的补偿区间,对观测成果应能进行有效补偿。

⑤垂直微动旋转使用时,视准轴在水平方向上不产生偏移。

⑥仪器的基座在照准部施转时的位移指标:1″级仪器不应超过0.3″,2″级仪器不应超过1″,6″级仪器不应超过1.5″。

⑦光学(或激光)对中器的视轴(或射线)与竖轴的重合度不应大于1 mm。

(3)观测方法

三角形网的角度观测一般采用方向观测法(即全圆测回法)。如图2-6所示在三角形点B上要用方向观测法观测B到A、C、D、E各方向之间的水平角。方向观测法的特点是在一个测回中把测站上所有方向逐一观测,并求出个方向的方向观测值。三角形网计算所需要的水平角,均可从有关的两个方向观测值相减得出。方向法观测水平角步骤:

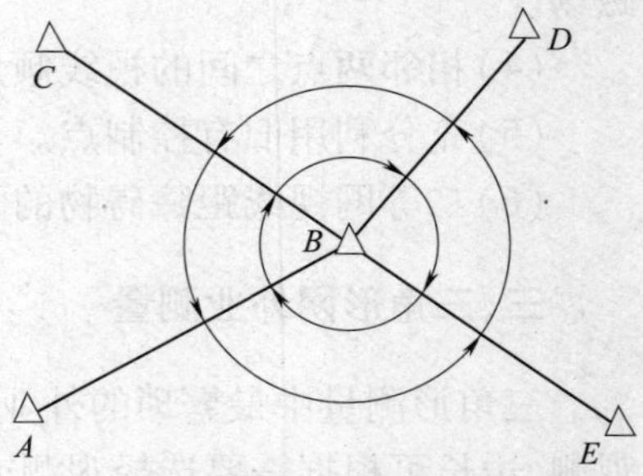

图2-6　方向法观测示意图

盘左:照准所选定的起始目标A,配置度盘读数;按顺时针方向旋转照准部两周后,重新照准起始方向A开始观测;然后继续按顺时针方向依次照准C、D、E各目标进行观测。每观测一个方向均读取水平度盘读数并记入观测手簿中。如果方向数超过三个,最后需要再照准起始目标,并同样读、记读数(见表2-2)。这最后一步称为“归零”,目的为了检查水平度盘位置是否变动。上述的观测称为上半测回。

盘右:倒转望远镜,用盘右位置按逆时针方向再依次照准目标A、E、D、C、A,读数并记录,此为下半测回。

这样就完成了一测回的观测工作。在照准各个观测目标方向后,都须用测微器读取两次读数(电子测角仪器除外)。表2-2中数据为全圆测回法水平角观测的记录和计算示例。水平角的观测值应取各测回的平均数作为测站成果。

应用方向法观测时应注意:当观测方向不多于3个时,可不归零;当观测方向多于6个时,

可进行分组观测。分组观测应包括两个共同方向(其中一个为共同零方向)。其两组观测角之差,不应大于同等级测角中误差的2倍。分组观测的最后结果,应按等权分组观测进行测站平差。为了减弱度盘和测微器刻划误差的影响,应将各测回起始方向的读数均匀分布在度盘和测微器的不同位置上,各测回起始方向配置的读数 F 可按式(2-1)计算。仪器或反光镜的对中误差不应大于2 mm。水平角观测过程中,气泡中心位置偏离整置中心不宜超过1格。四等及以上等级的水平角观测,当观测方向的垂直角超过 ±3°的范围时,宜在测回间重新整置气泡位置。有垂直轴补偿器的仪器,可不受此款限制。如受外界因素(如地震)的影响,仪器的补偿器无法正常工作或超出补偿器的补偿范围时,应停止观测。

$$F = \frac{180°}{m}(j-1) + i'(j-1) + \frac{\omega}{m}\left(j - \frac{1}{2}\right) \tag{2-1}$$

式中　m——测回数;

j——测回序号($j = 1,2,3,\cdots,m$);

i'——水平度盘最小间隔分划值,DJ_1 型仪器为4′,DJ_2 型仪器为10′;

ω——测微器分格数,DJ_1 型仪器 $\omega = 60$ 格,DJ_2 型仪器 $\omega = 600''$。

表2-2　全圆测回法记录计算手簿

日期:2016. 7. 28　　仪器型号:DJ_2　　观测:李峰

天气:阴　　仪器编号:NO904318　　记录:王利民

测站测回	目标	水平度盘读数 盘左 (° ′)	(″)	(″)	盘右 (° ′)	(″)	(″)	左-右 2C (″)	(左+右)/2 方向值 (° ′ ″)	归零方向值 (° ′ ″)	各测回归零方向值的平均值 (° ′ ″)
1	2	3	4	5	6	7	8	9	10	11	12
B_2	A	90 05	26.0 24.4	25.2	270 05	14.6 16.0	15.3	+9.9	(22.2) 90 05 20.2	0 00 00.0	
	C	148 51	20.3 20.7	20.5	328 51	07.0 10.2	08.6	+11.9	148 51 14.6	58 45 52.4	
	D	193 30	56.6 58.6	57.6	13 30	52.0 50.5	51.2	+6.4	193 30 54.4	103 25 32.2	
	E	248 45	02.0 02.5	02.2	68 44	50.2 48.6	49.4	+12.8	248 44 55.8	158 39 33.6	
	A	90 05	30.3 28.4	29.4	270 05	18.1 19.9	19.0	+10.4	90 05 24.2		

(4)方向观测法测站限差及重测要求

水平角方向观测法测站观测应满足表2-3的中的有关限差规定。

表2-3　水平角方向观测法的测站限差

等级	仪器精度等级	光学测微器两次重合读数之差(″)	半测回归零差(″)	一测回内2C互差(″)	同一方向值各测回较差(″)
四等及以上	1″级仪器	1	6	9	6
	2″级仪器	3	8	13	9

续上表

等级	仪器精度等级	光学测微器两次重合读数之差(″)	半测回归零差(″)	一测回内2C互差(″)	同一方向值各测回较差(″)
一级及以下	2″级仪器	—	12	18	12
	6″级仪器	—	18	—	24

注:①全站仪、电子经纬仪水平角观测时不受光学测微器两次重合读数之差指标的限制。

②当观测方向的垂直角超过 ±3°的范围时,该方向 $2C$ 互差可按相邻测回同方向进行比较,其值应满足表中一测回内 $2C$ 互差的限值。

水平角重测要求:水平角观测误差超限时,应在原来度盘位置上重测,并应符合下列规定:

①一测回内 $2C$ 互差或同一方向值各测回较差超限时,应重测超限方向,并联测零方向。

②下半测回归零差或零方向的 $2C$ 互差超限时,应重测该测回。

③若一测回中重测方向数超过总方向数的 1/3 时,应重测该测回。当重测的测回数超过总测回数的 1/3 时,应重测该站。

2. 边长测量

三角形网边长测距相对中误差要求符合表 2-1 的规定,二等三角形网边长测量的主要技术要求见表 2-4。一级及以上等级控制网的边长,应采用中、短程全站仪或电磁波测距仪测距(对中、短程测距仪器的划分,短程为 3 km 以下,中程为 3 ~15 km),一级以下也可采用普通钢尺量距。

测距仪器的标称精度,按(2-2)式表示。

$$m_D = a + b \times D \tag{2-2}$$

式中 m_D——测距中误差,mm;

a——标称精度中的固定误差,mm;

b——标称精度中的比例误差系数,mm/km;

D——测距长度,km。

具体作业时,边长测量还应符合下列规定:

(1)测站对中误差和反光镜对中误差不应大于 2 mm。

(2)当观测数据超限时,应重测整个测回。

(3)四等及以上等级控制网的边长测量,应分别量取两端点观测始末的气象数据,计算时应取平均值。

(4)测量气象元素的温度计宜采用通风干湿温度计,气压表宜选用高原型空盒气压表;读数前应将温度计悬挂在离开地面和人体 1.5 m 以外阳光不能直射的地方,且读数精确至 0.2 ℃;气压表应置平,指针不应滞阻,且读数精确至 50 Pa。

(5)测距仪器及相关的气象仪表,应及时校验。当在高海拔地区使用空盒气压表时,宜送当地气象台(站)校准。

表 2-4　二等三角形网边长测量主要技术要求

平面控制网等级	仪器精度等级	每边测回数		一测回读数较差（mm）	单程各测回较差（mm）	往返较差（mm）
		往	返			
二等	5 mm 级仪器	3	3	≤5	≤7	$\leqslant 2(a+b\cdot D)$

注：①测回是指照准目标一次，读数 2 ~4 次的过程。

②根据具体情况，测边可采取不同时间段测量代替往返观测。

第二节　精密导线测量

卫星定位技术的发展给测绘领域带来了翻天覆地的变化，这种变化在平面控制测量方面的表现更为彻底。无论国家级平面控制网、省级平面控制网，还是一个小工程的平面控制网，卫星定位技术都能够表现的游刃有余。但是卫星定位技术并不是无所不能，由于需要接收 GNSS 卫星信号，因此在地下工程、以及空中遮挡较多的区域进行控制测量时，卫星定位技术往往无能无力或者表现不佳。而在这些区域内建立平面控制网，正是导线测量技术的优势，这就为导线测量的应用提供了广阔的前景。

导线测量的缺点在于导线各边方向的传递误差比相应的三角形网、GNSS 网大，因而横向点位误差一般较三角形网、GNSS 网大；导线的控制面积小，空白区还需要进一步加密；为了使精密测距边归化为水平距离，还需比较精确地测定导线的高程，这三方面在一定程度上又增加了导线的工作量。

为适应施工要求的工程精密导线，测角精度和测距精度并不要求必须互相匹配。例如铁路隧道洞内、外精密导线主要是满足隧道横向贯通精度的要求，洞内、外的二、三、四及五等精密导线，测角精度分别为 ±1.0″、±1.8″、±2.5″及 ±4.0″，而测距相对精度比较起来都低得多，洞内、外分别为 1∶10 000 及 1∶20 000。这也是工程精密导线的特点。

一、导线布设

导线的布设和所要求精度、施工方法及条件、建筑物的形式、施工放样所需要的导线点的密度都有关系。就导线精度本身来说，除了和角度、边长的施测精度有关外，又和导线本身的结构（附合导线、闭合导线、导线网）和形状（直伸形、曲折形、闭合环形）有关。例如隧道洞内、外精密导线，由于是要保证隧道横向贯通这一主要施工精度要求，常常是将导线布置成直伸的闭合环，以利于减少导线的横向点位误差；而且尽量使导线沿垂直于贯通面的方向延伸，以减少测距误差对横向贯通精度的影响；若有可能，宜尽量采用长边，以减弱测角误差对横向精度的影响。总之，工程导线的布设，必须根据工程的特点来考虑。其一般原则为：

（1）导线宜布设成直伸形状，在必要的情况下，可以布设成直伸的导线闭合环。

（2）导线边所在位置应便于测距。

（3）导线点彼此之间通视良好，并使视线离开地面一定高度，与山坡或峭壁应保持一定的距离，以减弱折光的影响。

（4）导线相邻边长不宜相差过大，相邻边长之比不宜超过 1∶3。

（5）在导线总长大致一定的情况下，应尽量减少短边。在测距仪的最佳测程范围内，尽量布置长边,以提高测距的相对精度并使导线点数减少。

(6)导线点所在位置应便于放样和联测。

(7)导线点所在位置应尽量避开滑坡,塌方等地质不稳定的地方,并避免施工的干扰。

此外,工程精密导线有时不是一次能够完成整个导线的布点才进行测量的,而是随施工进展,逐步布点,分阶段施测的。例如隧道洞内精密导线就是如此。

因此,工程精密导线的布置,应在保证精度的前提下,对上述各种条件、各种要求进行综合考虑。

二、导线测量

导线测量作业与三角形网测量基本相同,包括图上设计、选点埋石、测角、测边和高程测量,其主要技术指标见表 2-5。

表 2-5　导线测量的主要技术要求

等级	测角中误差(″)	测距相对中误差	方位角闭合差(″)	导线全长相对闭合差	测回数			
					0.5″级仪器	1″级仪器	2″级仪器	6″级仪器
二等	1	1/250 000	$\pm 2.0\sqrt{n}$	1/100 000	6	9	—	—
三等	1.8	1/150 000	$\pm 3.6\sqrt{n}$	1/55 000	4	6	10	—
四等	2.5	1/100 000	$\pm 5\sqrt{n}$	1/40 000	3	4	6	—
一级	4	1/500 00	$\pm 8\sqrt{n}$	1/20 000	—	2	2	—
二级	7.5	1/25 000	$\pm 15\sqrt{n}$	1/10 000	—	—	1	2

导线的角度测量,一般使用测角仪器按方向观测法进行施测。角度观测的各项限差与相应等级的三角形网测量的要求相同。当导线为单导线(即只有前后两个方向)的形式时,各等级导线转折角观测,均应以半数测回分别观测导线的前进方向的左角和右角,如图 2-7 所示。一般用奇数测回的度盘位置测左角,用偶数测回的度盘位置测右角。但在观测右角时,仍以左角起始方向为准配置度盘位置。观测结束后,左、右角各测回分别取中数,按式(2-3)检查左、右角之和与圆周角的闭合差 Δ,即

$$\Delta = [左角]_{中} + [右角]_{中} - 360° \tag{2-3}$$

Δ 不应大于表 2-6 的规定。

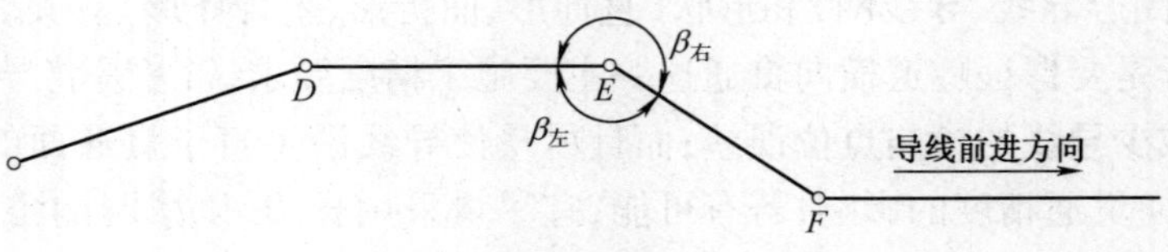

图 2-7　导线角度测量示意图

表 2-6　测站圆周角闭合差的限差(″)

导线等级	二	三	四	五
$\Delta_{限}$	±2.0	±3.6	±5.0	±8.0

为了削弱测角时仪器对中误差和觇牌对中误差的影响,可以采用三联脚架法。用三个同

一规格的全站仪基座，安装在前后连续的三个导线点的脚架上，使仪器和觇牌在这三个基座上轮换安置进行测角。例如在图 2-8 中，当测 β_B 时，在导线的 A、B、C 三点上架设脚架，将基座安置在脚架上，对中整平后，再将仪器和觇牌分别安置在基座上，如果仪器照准部的气泡尚不居中，还可以根据仪器的水准管进行整平，然后进行观测。在 B 站测角完毕，移至 C 点观测时，原先在 B、C 两点安置的基座保持不动，只将 A 点的三角架连同觇牌移至 D 点对中整平；在 B 点和 C 点上，由基座中轻轻取出仪器和觇牌，互换位置，将仪器和觇牌整平后，即可在 C 点进行观测。应注意的是：除了在 D 点新设置的基座对中整平以外，原先在 B、C 点上使用的两个基座，在互换仪器和觇牌以后，只需整平，不需对中。这样每次仪器搬站时，仪器和觇牌的中心都分别强制与原先的觇牌和仪器中心在同一位置，从而减少了仪器和觇牌对中误差对导线点位的影响。

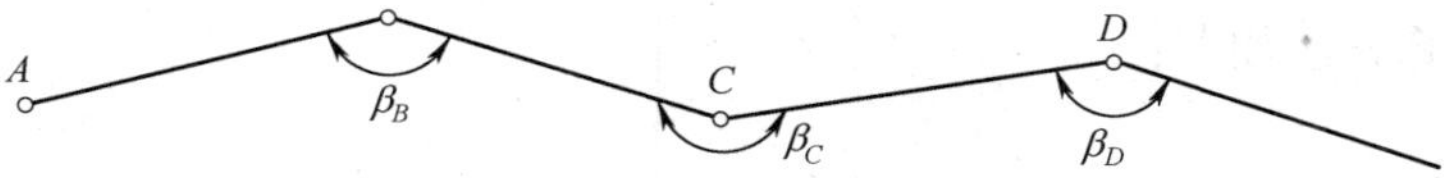

图 2-8　三联脚架法观测示意图

为了消除旁折光影响，一个测站的全部测回数，至少应分配在两个不同的时间段观测。

导线的边长测量，应根据测量设计所需的精度，结合仪器设备条件，采用光电测距仪或全站仪进行往返测或按不同时段观测，作业方法与三角形网相同。边长测量的技术要求应符合表 2-7。

表 2-7　边测量技术要求

等级	使用测距仪精度等级	每边测回数		一测回读数较差限值（mm）	测回间较差限值（mm）
		往测	返测		
二等（隧道二等）	Ⅰ	4	4	2	3
	Ⅱ			5	7
三等	Ⅰ	2	2	2	3
	Ⅱ	4	4	5	7
四等	Ⅰ	2	2	2	3
	Ⅱ			5	7
	Ⅲ	4	4	10	15
一级及以下	Ⅰ	1	1	2	—
	Ⅱ			5	—
	Ⅲ	2	2	10	15
	Ⅳ			20	30

第三节　观测元素概算

一、方向改化

当测区需要进行高斯投影时，四等及以上等级的方向观测值，应进行方向改化计算。四等网也可采用简化公式。

方向改化计算公式：

$$\delta_{1、2} = \frac{\rho}{6R_m^2}(x_1 - x_2)(2y_1 + y_2) \tag{2-4}$$

$$\delta_{2、1} = \frac{\rho}{6R_m^2}(x_2 - x_1)(y_1 + 2y_2) \tag{2-5}$$

式中 $\delta_{1、2}$——测站点 1 向照准点 2 观测方向的方向改化值，″；

$\delta_{2、1}$——测站点 2 向照准点 1 观测方向的方向改化值，″；

x_1, y_1, x_2, y_2——1 和 2 两点的近似坐标值，m；

R_m——1 和 2 点中点处的区域性椭球面的平均曲率半径，可取测区中点处的国家参考椭球的平均曲率半径，实际计算中更可取概略值 $R_m = 6\ 371$ km。

近似坐标计算方法如下：

1. 导线网

如图 2-9 所示为某导线网一部分，观测了导线网各边长及转折角。通过转折角将已知方位传递到各观测边，如

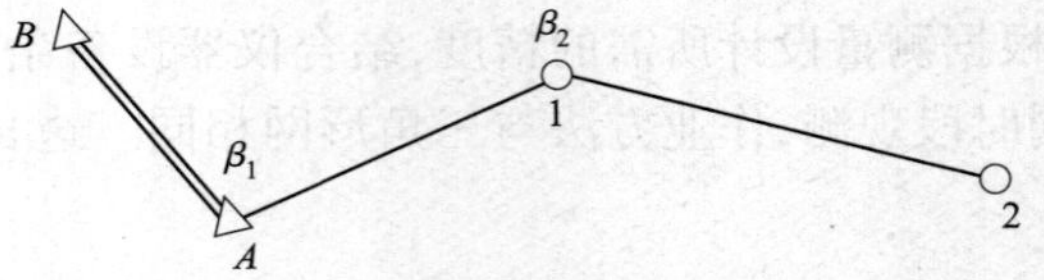

图 2-9　导线网近似坐标计算

$$\alpha_{A1} = \alpha_{BA} + 180 + \beta_1$$
$$\alpha_{12} = \alpha_{A1} + 180 + \beta_2$$
$$\vdots$$

再通过各观测边长及转折角，将已知点坐标传递到各待求点上去，如

$$X_1 = X_A + s_{A1}\cos(\alpha_{A1})$$
$$Y_1 = Y_A + s_{A1}\sin(\alpha_{A1})$$
$$X_2 = X_1 + s_{12}\cos(\alpha_{12})$$
$$Y_2 = Y_1 + s_{12}\sin(\alpha_{12})$$
$$\vdots$$

2. 三角形网

三角形网以三角形为单元传递各点坐标值，根据三角形观测要素的不同，可分为观测三内角、观测两内角和一边、观测两边长和一内角以及观测三边几种情况。通常根据正、余弦定理计算出所需的未知边和角，再利用极坐标法计算待求点坐标值。以观测三内角情况为例。

如图 2-10 所示，已知 A 点坐标 (x_A, y_A)，A1 方位 α_{A1}，边长 s_{A1}，观测了三角形△A12 全部内角。需要计算 2 点坐标，并将边长和方位传递到下一三角形。

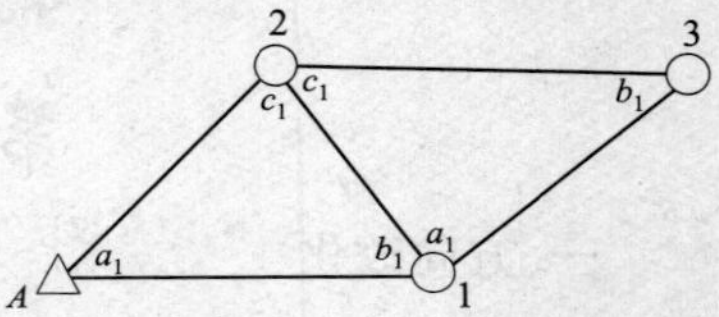

图 2-10　三角形网近似坐标计算

$$\alpha_{A2} = \alpha_{A1} - a_1$$
$$\alpha_{12} = \alpha_{A2} - c_1$$

依正弦定理

$$\frac{s_{12}}{\sin a_1} = \frac{s_{A1}}{\sin c_1} = \frac{s_{A2}}{\sin b_1}$$

可得

$$s_{12} = \frac{s_{A1}\sin a_1}{\sin c_1}$$
$$s_{A2} = \frac{s_{A1}\sin b_1}{\sin c_1}$$

则 2 号点坐标

$$X_2 = X_A + s_{A2}\cos \alpha_{A2}$$
$$Y_2 = Y_A + s_{A2}\sin \alpha_{A2}$$

同理可得△123 中 3 号点的坐标值,并通过△123 内角将方位和边长传递到下一三角形。

二、测距边长度的投影改化

1. 测距边归化到高程抵偿面 H_0 上的长度计算

$$D_1 = D_0\left|1 + \frac{H_0 - H_m}{R_A}\right| \tag{2-6}$$

式中 D_1——归算到投影面的测距边长度;
D_0——测距边两端平均高程面上的水平距离;
H_0——工程独立坐标系投影面高程;
H_m——测距两端平均高程;
R_A——参考椭球体在测距边方向的法截弧曲率半径,可取 6 371 km。

2. 测距边在高斯投影面上的长度计算

$$D_2 = D_1\left(1 + \frac{y_m^2}{2R_m^2} + \frac{\Delta y^2}{24R_m^2}\right) \tag{2-7}$$

式中 D_2——测距边在高斯投影面上的长度;
y_m——测距边中点横坐标;
Δy——测距边两端横坐标增量;
R_m——测距边中点处在参考椭球面上的平均曲率半径,可取 6 371 km,并不会影响边长高斯投影改化的准确计算。

第四节　全球定位系统测量

一、概　述

全球定位技术的发展,给测绘领域带来了翻天覆地的变化。可以这样讲,有测绘的地方,就有全球定位技术的影子。目前世界范围内投入使用的全球定位系统有美国的 GPS、俄罗斯的格洛纳斯、欧洲的伽利略、以及中国的北斗二代。这几种定位系统有各自的特点,也有许多共同点,他们的基本定位原理是一致的。由于美国的 GPS 最早产生,同时在世界范围内的影响最大,因此本书后续将主要围绕 GPS 展开讨论。

1. GPS 系统组成

GPS 系统由卫星星座部分、地面控制部分以及用户部分组成。

(1)卫星星座部分

GPS 卫星星座主要由 24 颗卫星组成,其中 21 颗工作卫星,3 颗备用卫星。1978 ~ 1985 发射的第一代原型卫星(Block I)用于可行性验证。1989 年开始发射第二代卫星(Block II),于 1995 年 4 月完成 24 颗卫星的发射。第二代卫星随后作了改进,包括增强型(Block IIA)、完善型(BlockIIR)和延续型(BlockIIF)。现已开始第三代卫星研制,以实现 GPS 现代化,主要是改进卫星性能和使用寿命,增加第三民用频率 L_5。目前空中实际已有 32 颗卫星。

GPS 卫星分布在 6 个近圆形轨道面,高度在地面以上约 20 200 km,轨道面相对于地球赤道面倾斜 55°角,卫星运转周期约 11 h 58 min,这样使得在地球上任何地方都可以同时观测到 4 ~ 12 颗高度角 15°以上的卫星,以满足定位要求。

GPS 卫星基本功能是:接收和储存由地面监控站发来的跟踪监测信息;在地面监控站指令下,通过推进器调整卫星的姿态和启用备用卫星;进行必要的数据处理工作;通过星载高精度铯钟和铷钟提供精密的时间基准;向用户广播 GPS 信号(导航电文和测距码)。

(2)地面控制部分

地面控制部分由主控站、监测站和注入站组成。监测站和注入站都是无人值守的,监测站对 GPS 卫星 24 h 不间断的进行观测,并将观测数据通过网络发送到控制中心,控制中心对观测数据进行处理,获取各 GPS 卫星的轨道参数、卫星钟差以及信号的大气层延迟改正模型参数等,并按一定的形式编制成导航电文,然后将导航电文通过网络发送到注入站,注入站再通过大功率天线将其发送到 GPS 卫星,GPS 卫星再将其不断的向各个方向传输(图 2-11)。

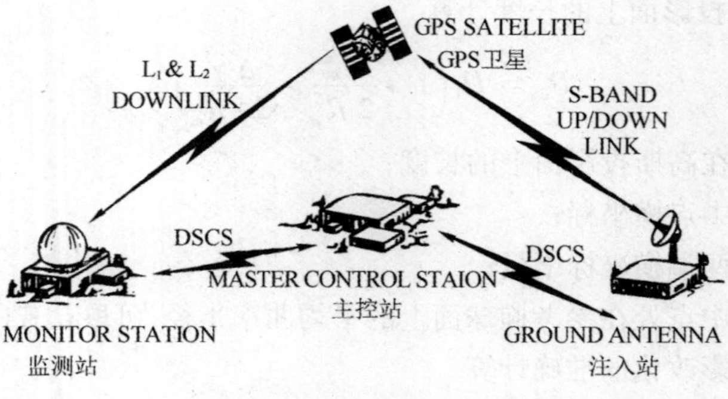

图 2-11　地面控制部分运行示意图

(3)用户部分

用户设备主要是 GPS 接收机,它由天线前置放大器、信号处理、控制与显示、记录和供电单元组成。GPS 接收机具有解码、分离出导航电文、进行相位和伪距测量的功能。在全球任何地方,只要能接收到 4 颗以上卫星,就可以实现测速、测时、计算接收机天线中心的三维坐标。

GPS 接收机主要可以分为测地型、守时和导航型三类。对于大地测量，一般都采用较精密的双频接收机，可作双频载波相位测量，用于长距离的精密定位，价格较贵。单频接收机适用于 10 km以内短距离的精密定位，相对定位精度能达到 $(5+10^{-6}D)$ mm（D 为基线长度，以 km 计）。

2. WGS84 坐标系统

WGS-84 坐标系是美国 1984 年在卫星大地测量的基础上建立的以地球质心为原点的大地测量基准。Z 轴指向 1984 协议地极，X 轴指向 1984 格林威治子午线与赤道交点，Y 轴与 X、Z 轴构成右手坐标系。

由 GPS 卫星发布的星历参数是 WGS-84 坐标系下的数据，故利用 GPS 测量时，先求得测站点的 WGS-84 坐标，再换算为当地使用的坐标。

3. 卫星定位基本原理

GPS 卫星不间断的向地面发测距码，地面监测站通过接收测距码测量各时刻星站的距离，地面主控站通过这些观测值计算出 GPS 卫星的轨道参数以及卫星钟偏差等参数，并以导航电文的形式由注入站发送到 GPS 卫星上进行存储。

实际上每个 GPS 卫星向地面发送的信号包括三部分，即测距码、导航电文以及载波。测距码用于测量星站距离。导航电文中主要包括卫星星历，用于描述卫星的轨道参数，通过这些轨道参数，可计算出任意时刻 GPS 卫星在 WGS84 坐标系中的坐标值。由于测距码和导航电文是低频信号，因此需要调制到载波上，一起发送至地面，再解调出测距码和导航电文。在 GPS 高精度定位中，载波由于波长较短，通常用作代替测距码使用，但是载波是一种余弦波，存在整周模糊度问题，因此数据处理比较复杂。

GNSS 定位按照定位模式分类，可以分为绝对定位和相对定位。绝对定位也叫做单点定位，是获取点在 WGS84 坐标系统下的绝对坐标值，主要应用于导航以及精度要求不是太高的定位中。相对定位是获取相邻点在 WGS84 坐标系统中的基线向量，也即坐标增量。相对定位通常应用于大地测量等精度要求较高的定位中。

下面主要介绍绝对定位。

由上面的分析可知，卫星扮演着已知点的角色，任一时刻 GPS 卫星的位置可以通过其轨道参数计算获得。而任一时刻星站间距离可通过测距码测量获得。因此在地面点安置接收机接收多颗 GPS 卫星信号，就可依据空间后方交会原理获得地面点的 WGS84 坐标值。由于星站距离测量可通过测距码和载波相位两种模式测量，因此分两种情况进行分析。

(1)测距码测距模式

如图 2-12 所示，i 卫星在 t_i时刻在卫星钟的控制下发送某一结构的测距码，与此同时地面接收机 j 在接收机钟的控制下复制出相同的测距码（复制码）。由卫星发送的测距码经过 Δt 时间后到达地面接收机 j。由接收机产生的复制码经过时间延迟器延迟时间 τ 后与接收机接收到的测距码进行对比。如果两信号未对齐，就调整时间延迟 τ，只至两信号对其，则延迟时间 τ 就等于信号传输时间 Δt。则星站间距离可表示为

$$\rho=\tau\cdot c=\Delta t\cdot c \tag{2-8}$$

式中，ρ 为星站间距离；c 为光速。

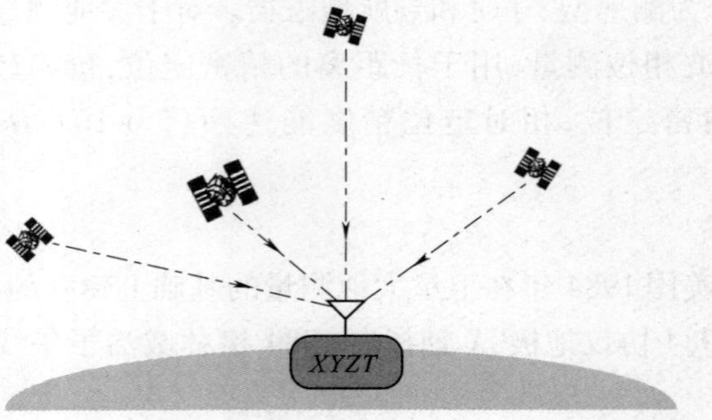

图 2-12　GPS 绝对定位示意图

实际上，信号在穿过电离层、对流层时，传输速度并不是光速，同时考虑到卫星钟钟面误差和接收机钟面误差的影响，实际观测方程应为

$$\rho' = \rho - c\delta t_j + c\delta t_i - V_{\text{trop}} - V_{\text{ion}}$$

式中，ρ'为测距码测量观测值；ρ 为星站间待求距离；δt_j为卫星钟差；δt_i为接收机钟差；V_{trop}为对流层延迟；V_{ion}为电离层延迟。

假设观测时刻卫星的坐标为 (x^j, y^j, z^j)，测站点待求坐标为 (x_i, y_i, z_i)，则上式可写为

$$\rho' = \sqrt{(x^j - x_i)^2 + (y^j - y_i)^2 + (z^j - z_i)^2} - c\delta t_j + c\delta t_i - V_{\text{trop}} - V_{\text{ion}} \tag{2-9}$$

假设接收机同时观测 n 颗卫星，则同时可以写出 n 个方程。如果是动态定位，接收机在一个点上只能对每颗卫星观测一次；如果是静态定位，则接收机在一个点上可以对一颗卫星观测 m 次，此时观测方程可以写出 nm 个。在普通单点定位中，卫星钟由于采用原子钟，其影响力相对于定位误差可以忽略不计，电离层延迟和对流层延迟可以通过模型改正。此时上式中有 4 个未知参数，因此最少需要观测 4 颗卫星，才能够定位。

(2)载波相位测距模式

如图 2-13 所示，某卫星 j 发出一载波信号，该信号向各处传播。在某一瞬间，该信号在接收机处 i 处相位为 φ_i，在卫星处相位为 φ_j，则星站间距离应为

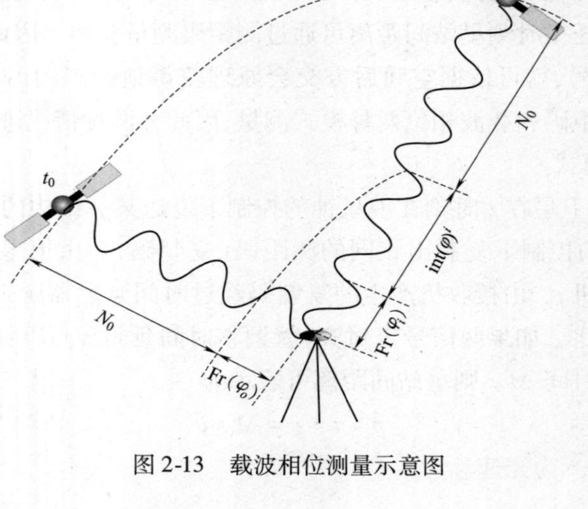

图 2-13　载波相位测量示意图

$$\rho = \lambda(\varphi_i - \varphi_j) \tag{2-10}$$

实际上，系统并不量测 GPS 卫星处相位值，而是由接收机复制一个载波，任一时刻，复制的载波和卫星处载波相位值相同（假定接收机钟和卫星钟严格同步），利用接收波和复制波进行比较，获取相位差。但是由于载波是余弦波，因此进行相位差比较只能测量出小于一个周期的部分。t_0时刻（第一个观测历元）星站间相位差整数部分是未知的，通常当做待求参数在方程中统一解算，这个未知参数叫做整周模糊度。随着星站距离的变化，相位差整数变化部分可以通过一个计数器数出来。因此任一时刻星站间相位差可以表示为

$$\varphi_i - \varphi_j = N + \mathrm{int}(\varphi) + \mathrm{Fr}(\varphi) \tag{2-11}$$

式中，N 为整周模糊度；$\mathrm{int}(\varphi)$ 为相位差整周变化部分；$\mathrm{Fr}(\varphi)$ 小于一个周期的部分。

$\mathrm{Fr}(\varphi)$ 可以在一瞬间测量出来，$\mathrm{int}(\varphi)$ 是整周计数部分，需要在信号锁定情况下连续计数获得，如果信号被遮挡，则计数中断，造成 $\mathrm{int}(\varphi)$ 错误，这种现象叫做周跳。观测值中如果发生周跳，对解算结果会造成很大的影响，因此在数据处理前必须进行周跳探测和修复。

将式(2-11)代入式(2-10)得

$$\lambda\varphi_i^j = \rho - \lambda N^j \tag{2-12}$$

式中，$\varphi_i^j = \mathrm{int}(\varphi) + \mathrm{Fr}(\varphi)$，为相位差观测值。

考虑到卫星钟和接收机钟的影响以及电离层对流层延迟，并以测站坐标做为未知参数，则可写出如下观测方程。

$$\lambda\varphi_i^j = \sqrt{(x^j - x_i)^2 + (y^j - y_i)^2 + (z^j - z_i)^2} - c\delta t_j + c\delta t_i - \lambda N^j - V_{\mathrm{trop}} - V_{\mathrm{ion}} \tag{2-13}$$

式(2-13)即为载波相位非差方程，形式上比测码伪距方程多了一项整周模糊度参数。

假设接收机同时观测 n 颗卫星，则观测一个历元可以写出 n 个方程。如果是动态定位，需要先确定整周模糊度；如果是静态定位，则接收机在一个点上可以对一颗卫星观测 m 次，此时观测方程可以写出 nm 个。与测码伪距处理方法类似，卫星钟钟差忽略不计，电离层延迟和对流层延迟通过模型改正。此时待求参数总共有 $4+n$ 个，当 $nm \geqslant (4+n)$ 时，可解算出待求参数。

4. 卫星定位中的误差源

(1)误差的分类

按照误差性质分类，可分为系统误差和偶然误差。系统误差如卫星轨道误差、卫星钟钟差、接收机钟差、电离层和对流层延迟等等。偶然误差主要是卫星信号发生部分的随机噪声、接收机信号接收处理部分的随机噪声，通常为测距码码元（或载波波长）的百分之一。在卫星定位中，系统误差量级可达数百米，而偶然误差只有数毫米。系统误差无论从数量级还是危害性都远远大于偶然误差，因此在 GNSS 数据处理中，对于系统误差的处理占了大量的时间。

按照误差来源分类，可分为与卫星有关的误差、与传输路径有关的误差以及接收设备有关的误差。在下面的讨论中，我们将按照这种分类方法对 GNSS 误差源进行简单的介绍。

(2)与卫星有关的误差

①卫星轨道误差。由广播星历（直接从 GPS 卫星接收到的星历）或其他轨道信息所给出的卫星位置与卫星的实际位置之差称为星历误差。在一个观测时间段中(1 ~3 h)它主要呈现系统误差特性。

②卫星钟差。卫星上虽然使用了高精度的原子钟，但它们仍不可避免地存在着误差。这种误差既包含着系统性的误差（由钟差、频偏、频漂等产生的误差），也包含着随机误差。系统

误差远比随机误差大,但前者可以通过模型加以改正,因而随机误差就成为衡量钟的重要标志。钟误差主要取决钟的质量。

(3)与信号传输路径有关的误差

①电离层延迟、对流层延迟引起的误差。GPS 信号在穿过电离层和对流层时,信号速度会发生变化,导致星站间距离测量的误差,叫做电离层延迟和对流层延迟。电离层延迟通常可采用双频观测值线性组合消弱,有效率可达 96% 以上。

②多路径效应引起的误差。在 GPS 测量中,被测站附近的物体所反射的卫星信号(反射波)被接收机天线所接收,与直接来自卫星的信号(直接波)产生叠加,从而使观测值偏离真值产生所谓的“多路径误差”。因此在选点时,尽量远离湖面、光滑地面以及光滑墙面。

(4)与接收设备有关的误差

①相位中心偏差引起的误差。GPS 接收机几何中心和相位中心之间的偏差叫做相位中心偏差,如图 2-14 所示。

相位中心的偏差可采用同类型接收机观测,并在观测时定向标志朝着北方向,此时由于两测站相位中心偏差大小一致、方向相同,因此构成基线向量后能够有效消弱。

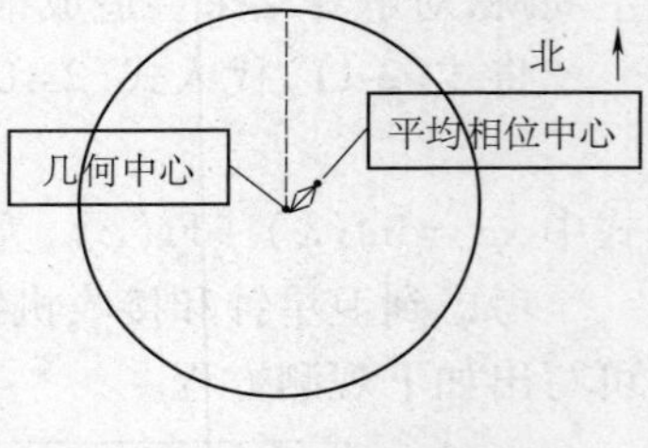

图 2-14 相位中心偏差示意图

②接收机钟差引起的误差。接收机中一般使用精度较低的石英钟,因而钟误差更为严重。该项误差的大小主要取决于钟的质量,和使用环境也有一定关系。它对伪距测量和载波相位测量的影响是相同的。同一台接收机对多颗卫星进行同步观测时,接收机钟差对各相应观测值的影响是相同的,且各接收机的钟差之间可视为相互独立。

5. 相对定位

(1)求差模型

绝对定位由于受到各种误差源的影响,因此定位精度比较低。动态绝对定位通常能够达到米级,而静态绝对定位在长时间观测条件下,可以达到分米级或者厘米级。实际上,在高精度定位中,通常将各观测值进行线性组合,以消除或消弱各种误差源的影响。这种定位模式通常获得点与点之间精确的基线向量值,因此叫做相对定位。如下是几种常用的线性组合模型。

①单差模型

如图 2-15 所示,A、B 两点处安置接收机,t 时刻同时接收 j 卫星信号,可以获得两个相位观测值 φ_A^j 和 φ_B^j,这两个观测值间求差,可获得单差观测值 φ_{AB}^j。由于 A、B 两点距离较近(通常小于 20 km),而卫星到地面接收机的距离可达 20 000 km,两传输路径上电离层、对流层延迟具有很强的相关性,因此 φ_{AB}^j 观测值中对流层、电离层延迟得以消弱;而 φ_A^j 和 φ_B^j 受到共同卫星钟差的影响,因此 φ_{AB}^j 中已经不包含卫星钟钟差的影响;此外单差观测中卫星星历误差的影响也大部分被消弱。

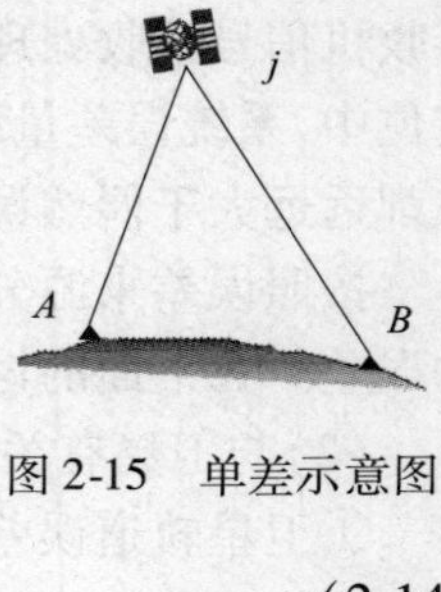

图 2-15 单差示意图

$$\varphi_{A,B}^j(t) = \varphi_B^j(t) - \varphi_A^j(t) \tag{2-14}$$

②双差模型

如图 2-16 所示,设 A、B 接收机同时观测 j 卫星和 k 卫星,则可分别获得两个单差观测值 φ_{AB}^j 和 φ_{AB}^k,这两个单差观测值再求差,则产生双差观测值 φ_{AB}^{jk}。由于两单差观测值受到相同接收机钟差的影响,因此双差观测值 φ_{AB}^{jk} 不再包含接收机钟差的影响。

$$\varphi_{A,B}^{j,k}(t) = \varphi_{A,B}^{k}(t) - \varphi_{A,B}^{j}(t) \tag{2-15}$$

③三差模型

图 2-17 所示,设在 t_i 时刻 A、B 两接收机同时观测 j、k 卫星,得双差观测值 $\varphi_{AB}^{jk}(t_i)$,在 t_{i+1} 时刻再次对 j、k 卫星进行同步观测,得双差观测值 $\varphi_{AB}^{jk}(t_{i+1})$。这两时刻的双差观测值之间求差,构成三差观测值 $\varphi_{AB}^{jk}(t_i,t_{i+1})$。由于两时刻双差观测方程中包含相同的整周模糊度,因此三差模型中消掉了整周模糊度。

三差模型从形式上看,已经消除了接收机钟、卫星钟钟差的影响,消弱了电离层、对流层延迟的影响,消除了整周模糊度。但在 GPS 测量中广泛采用双差模型求解而不采用三差模型求解。三差解通常被用于获得很好的初始值、或用于解决整周跳变的探测和修复、整周模糊度的确定等问题。当基线较长、整周模糊度参数无法固定时,也可采用三差解。

$$\varphi_{A,B}^{j,k}(t_i,t_{i+1}) = \varphi_{A,B}^{j,k}(t_{i+1}) - \varphi_{A,B}^{j,k}(t_i) \tag{2-16}$$

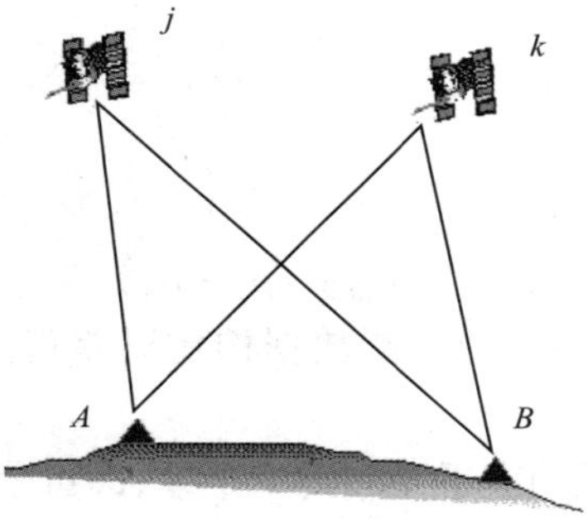

图 2-16　双差示意图

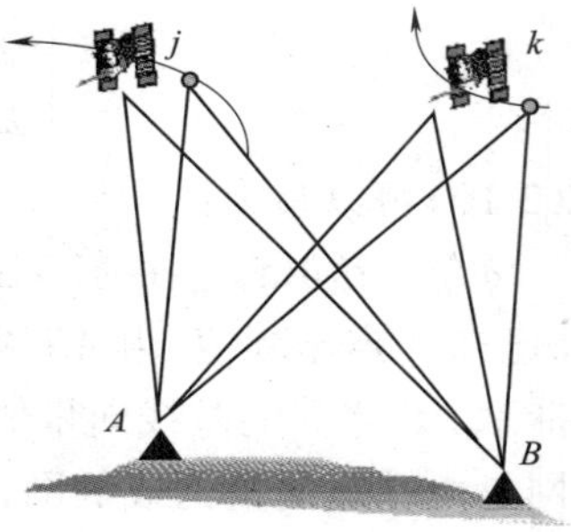

图 2-17　三差示意图

(2)RTK 测量模型

RTK(Real Time Kinematic)是一种利用 GPS 载波相位观测值进行实时动态相对定位的技术。由基准站 A 和流动站 B 组成。数据解算采用双差模型,见

$$\varphi_{AB}^{jk} = \rho_A^j - \rho_B^j - \rho_A^k + \rho_B^k - \lambda N_{AB}^{jk} \tag{2-17}$$

假设 A 点坐标已知,B 点坐标作为待求参数,则上式子写为

$$\varphi_{AB}^{jk} = \rho_B^k - \rho_B^j - \lambda N_{AB}^{kj} + (\rho_A^j - \rho_A^k) \tag{2-18}$$

设 k 卫星和 j 卫星在 t_i 时刻的位置分别为 (x^j,y^j,z^j)、(x^k,y^k,z^k),对上式线性化得

$$\varphi_{AB}^{jk} = l_B^{kj}\delta x_B + m_B^{kj}\delta y_B + n_B^{kj}\delta z_B - \lambda N_{AB}^{kj} + (\rho_A^j - \rho_A^k + \rho 0_B^k - \rho 0_B^j) \tag{2-19}$$

其中

$$l_B^{kj} = \frac{x0_B - x^k}{\rho 0_B^k} - \frac{x0_B - x^j}{\rho 0_B^j}$$

$$m_B^{kj} = \frac{y0_B - y^k}{\rho 0_B^k} - \frac{y0_B - y^j}{\rho 0_B^j}$$

$$n_B^{kj} = \frac{z0_B - z^k}{\rho 0_B^k} - \frac{z0_B - z^j}{\rho 0_B^j}$$

式中,$(x0_B, y0_B, z0_B)$ 为 B 点近似坐标。当有 m 个卫星,且对每个卫星观测 2 个历元时,双差方程个数为 $2(m-1)$。

进行 RTK 测量时,位于基准站 A 上的 GPS 接收机通过数据通信链路实时地把载波相位观测值及已知站坐标信息播发给附近的流动站 B,而流动站 B 则将基准站观测数据与 B 接收机观测数据通过蓝牙传输到与其相连的手簿上,手簿定位软件利用所有同步观测数据构成双差方程组,不断实时的解算出 B 点的坐标值。

(3)GPS 控制网基线解算模型

设 A、B 两点接收机同步观测卫星 j、k,所得观测值构成双差模型式(2-17)。则

$$\begin{vmatrix} x_B \\ y_B \\ z_B \end{vmatrix} = \begin{vmatrix} x0_B + \delta x_B \\ y0_B + \delta y_B \\ z0_B + \delta z_B \end{vmatrix} = \begin{vmatrix} x_A + \Delta X_{AB} \\ y_A + \Delta Y_{AB} \\ z_A + \Delta Z_{AB} \end{vmatrix} = \begin{vmatrix} x_A + \Delta X0_{AB} + \delta\,\Delta X_{AB} \\ y_A + \Delta Y0_{AB} + \delta\,\Delta Y_{AB} \\ z_A + \Delta Z0_{AB} + \delta\,\Delta Z_{AB} \end{vmatrix} = \begin{vmatrix} x0_B + \delta\,\Delta X_{AB} \\ y0_B + \delta\,\Delta Y_{AB} \\ z0_B + \delta\,\Delta Z_{AB} \end{vmatrix} \tag{2-20}$$

可得

$$\begin{vmatrix} \delta x_B \\ \delta y_B \\ \delta z_B \end{vmatrix} = \begin{vmatrix} \delta\,\Delta X_{AB} \\ \delta\,\Delta Y_{AB} \\ \delta\,\Delta Z_{AB} \end{vmatrix} \tag{2-21}$$

则双差模型式(2-19)可以写为:

$$\varphi_{AB}^{jk} = l_B^{kj}\delta\,\Delta X_{AB} + m_B^{kj}\delta\,\Delta Y_{AB} + n_B^{kj}\delta\,\Delta Z_{AB} - \lambda N_{AB}^{kj} + (\rho_A^j - \rho_A^k) \tag{2-22}$$

由此可知,已知 A 点坐标值,由 AB 两测站所有卫星的观测数据构建双差观测方程组,利用最小二乘法获取 AB 之间的基线向量值。

GPS 控制网是由基线向量构成的网,通过三维无约束平差和约束平差,即可获得待求点的坐标值。其中无约束平差主要检验控制网内部是否存在粗差并检验观测值之间的权比关系是否合理。而约束平差则是通过约束点获得各待求点的坐标值并进行精度评定。

二、GNSS 静态测量

1. GNSS 网精度指标

各等级卫星定位测量控制网的主要技术指标,应符合表 2-8 的规定。

表 2-8　卫星定位测量控制网的主要技术要求

等级	平均边长（km）	固定误差 A（mm）	比例误差系数 B（mm/km）	约束点间的边长相对中误差	约束平差后最弱边相对中误差
二等	9	≤10	≤2	≤1/250 000	≤1/120 000
三等	4.5	≤10	≤5	≤1/150 000	≤1/70 000
四等	2	≤10	≤10	≤1/100 000	≤1/40 000
一级	1	≤10	≤20	≤1/40 000	≤1/20 000
二级	0.5	≤10	40≤	≤1/20 000	≤1/10 000

各等级控制网的基线精度,按 2-23 式计算。

$$\sigma = \sqrt{A^2 + (B \cdot d)^2} \tag{2-23}$$

式中　σ——基线长度中误差,mm;

A——固定误差，mm；

B——比例误差系数，mm/km；

d——平均边长，km。

2. 网形设计

（1）GPS 控制网图形

N 台接收机同时测量，则 *N* 个点两两相连构成一个同步图形。GPS 控制网就是由各时段的同步图形依次相连构成的。根据相邻两时段同步图形的连接关系，GPS 控制网通常可以分为点连式、边连式、混连式。

点连式中相邻时段同步图形间有一个公共点（图 2-18）；边连式中相邻时段同步图形间有一条公共边（图 2-19）；混连式中相邻时段同步图形间既有点连接方式，也有边连接方式（图 2-20）。

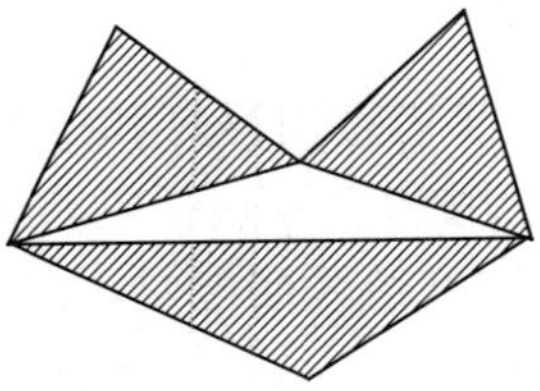

图 2-18　点连式

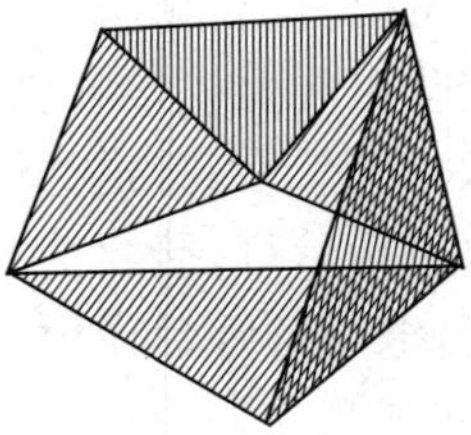

图 2-19　边连式

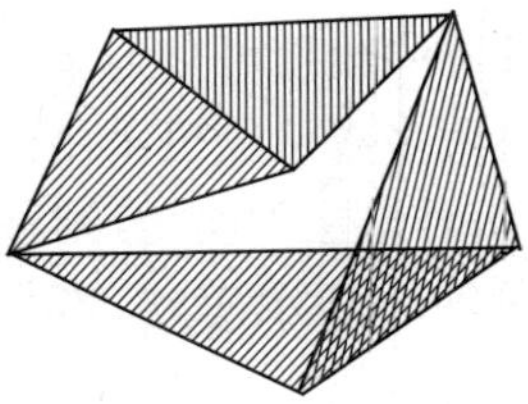

图 2-20　混连式

但是需要注意，每个同步图形只有 $N-1$ 条独立基线，因此每个时段只能选取 $N-1$ 条基线参与最终构网，而且通常情况下，以所选独立观测边能构成闭合图形为佳。

（2）同步环、异步环、重复基线

三台或三台以上接收机同步观测获得的基线向量所构成的闭合环，简称同步环。同步环闭合差超限，则说明构成环的基线中至少有一条基线存在粗差；然而由于同步观测中各测站观测量可能存在一致的系统性误差，因此同步环闭合差合格，并不能说明构成环的所以基线都是合格的。

在构成多边形环路的所有基线向量中，只要有非同步观测基线向量，则该多边形环路叫异步观测环，简称异步环。异步环闭合差超限，则说明构成环的基线中至少有一条基线存在粗差；异步环闭合差合格，说明构成环的所以基线都是合格的。

两条重合的基线构成重复基线。重复基线闭合差超限，则说明两基线中至少有一条基线存在粗差；重复基线闭合差合格，则说明两条基线都是合格的。

（3）设计要求

①应根据测区的实际情况、精度要求、卫星状况、接收机的类型和数量以及测区已有的测量资料进行综合设计。

②首级网布设时，宜联测 2 个以上高级国家控制点或地方坐标系的高级控制点；对控制网内的边长，宜构成大地四边形或中点多边形。

③控制网应由独立观测边构成一个或若干个闭合环或附合路线；各等级控制网中构成闭合环或附合路线的边数不宜多于 6 条。

④各等级控制网中独立基线的观测总数，不宜少于必要观测基线数的 1.5 倍。

⑤加密网应根据工程需要,在满足本规范精度要求的前提下可采取比较灵活的布网方式。

⑥对于采用 GPS-RTK 测图的测区,在控制网的布设中应顾及参考站点的分布及位置。

3. 选点埋石

卫星定位测量控制点位的选定,应符合下列要求:

(1)点位应选在土质坚实、稳固可靠的地方,同时要有利于加密和扩展,每个控制点至少应有一个通视方向。

(2)点位应选在视野开阔,高度角在 15°以上的范围内,应无障碍物;点位附近不应有强烈干扰接受卫星信号的干扰源或强烈反射卫星信号的物体。

(3)充分利用符合要求的旧有控制点。

4. 外业观测

(1)接收机使用

大地测量型接收机按照载波频率可以分为单频接收机、双频接收机和三频接收机,按照接收卫星系统的数量可分为单一系统接收机和多模接收机。

目前大多数接收机采用无屏傻瓜式测量模式,这类接收机主要通过信号灯和按键进行人机交互,信号灯主要有电源指示灯、卫星指示灯、接收信号指示灯,按键主要包括电源键和功能键。如图 2-21 所示南方 S82D 接收机,电源灯绿色说明电量充足、红色说明电量不足;卫星灯绿灯连续闪烁几下,说明当前正锁定并观测几颗卫星;信号等绿灯连续闪烁,说明正在采集数据,闪烁间隔为数据采样间隔。操作者开机,接收机锁定卫星信号以后即可自动进入测量状态(也有部分接收机需要手动开启数据采集)。由于无法输入测站点号,因此外业手簿一定要记录清楚,否则会出现接收数据文件和测站点无法匹配或匹配错误的情况。

也有部分接收机提供了更多的交互模式,如图 2-22 所示为南方 H66 接收机,操作者可以通过屏幕查看卫星分布状况、信噪比等,也可以手工输入测站点号、仪器高等。H66 接收机具有智能、手动双采集模式,智能采集零设置,开机即可。

图 2-21　南方 S82D 接收机

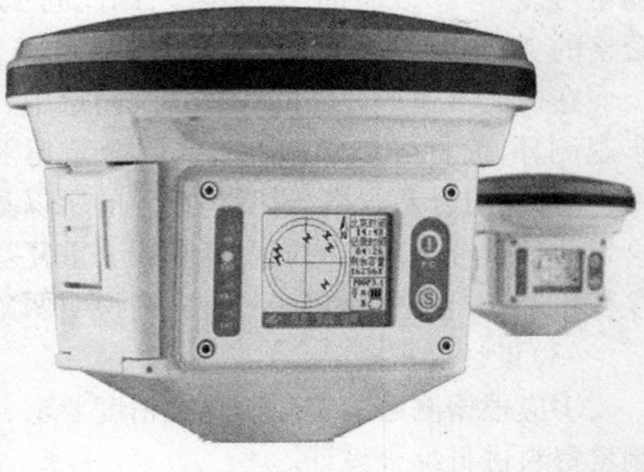

图 2-22　南方 H66 接收机

如下为接收机使用步骤:

①安置接收机,仪器高度以测量员头部不遮挡卫星信号为准,对中、整平;

②量取并记录仪器高,要注明是斜高还是垂直高;

③转动天线定向标志对准北方向；

④接到开机记录指令后开机进行数据采集。

⑤测量中时刻关注卫星数量、电池电量以及是否正常记录等情况，有紧急情况随时和指挥人员进行汇报。观测中间不容许转动接收机，不容许用伞等遮挡卫星信号，不容许在近旁使用手机或者对讲机；

⑥接到停止记录指令，关机并再次量取仪器高，核对测站手簿信息是否记录完整，如果没有问题则根据调度表准备下一时段。

(2)基本技术要求

GNSS 控制测量应满足表 2-9 之规定。

表 2-9　GPS 控制测量作业的基本技术要求

	项目＼等级	特等	一等	二等	三等	四等	五等
静态测量	卫星截止高度角(°)	>15	>15	>15	>15	>15	>15
	同时观测有效卫星数	>4	>4	>4	>4	>4	>4
	时段长度(min)	>300	>120	>90	>60	>45	>40
	观测时段数	>4	>2	>2	1~2	1~2	1
	数据采样间隔(s)	30	10~20	10~20	10~20	10~20	10~20
	PDOP 或 GDOP	<6	<6	<6	<8	<10	<10
快速静态测量	卫星截止高度角(°)	—	—	—	—	>15	>15
	有效卫星总数	—	—	—	—	>5	>5
	观测时间(min)	—	—	—	—	10~20	10~20
	平均重复设站数	—	—	—	—	>1.5	>1.5
	数据采样间隔(s)	—	—	—	—	5~15	5~15
	PDOP (GDOP)	—	—	—	—	<7(8)	<7(8)

(3)观测时段的计算

设控制网点个数为 m，接收机个数为 N，平均设站次数(观测时段数)为 k，则总的观测时段数为

$$C = \frac{mk}{N} \tag{2-24}$$

计算出控制网总观测时段数，根据每天可观测的时段数，进而可计算出观测天数，这对于测量费用的计算、测量计划的制定是非常有必要的。每天可观测的时段数可根据交通情况、控制点分布情况以及所拥有车辆等综合考虑。

(4)调度表的编制

如图 2-23 所示，当控制网较大时，调度表的编制是非常有必要的。下图为 GPS 控制网的一部分，接收机共有三台，编号分别为 A、B、C。第一时段 A、B、C 三台接收机分别置于 1、2、3 点进行测量，第一时段结束后，B、C 接收机不动，A 接收机由 1 号点转移到 4 号点安置，再开始第二时段

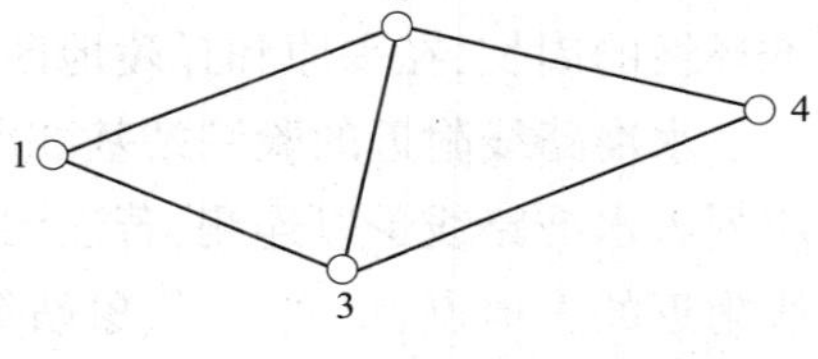

图 2-23　GPS 控制网

测量，其余时段同理推进，见表 2-10。

表 2-10　外业测量调度表

时段号	A 接收机	B 接收机	C 接收机
1	1	2	3
2	4	2	3

调度表功能除了现场测量调度外，在内业数据处理时用于核对各接收机在各时段的点位，以便于准确修正观测文件所对应点号（某些现场能直接输入点号的接收机除外）。

下面是几个相关的概念：

卫星高度角：仪器相位中心和卫星连线与过仪器相位中心的水平面之间的夹角。

有效观测卫星数：在一个时段的测量中，可用于定位的有效的卫星个数。在静态定位数据处理中，观测时间较短的卫星观测数据通常需要剔除，这类卫星由于数据太少，难以准确确定整周模糊的，强制引入会对整个解算结果造成很大影响。

平均重复设站数：平均每测站设站的次数。

观测时段长：接收机连续观测的时间长度。

数据采样间隔：接收机相邻两次数据采集时间间隔。

精度因子：用于计算和反映所观测卫星几何分布状况的一个量，通常所测卫星高度角越大，分布范围越小，其 PDOP 值越大；然而卫星高度角过太小，则电离层和对流层延迟误差较大，通常要求卫星高度角在不低于 15 的情况下 PDOP 值越小越好。

第五节　精密水准测量

精密水准测量是每千米水准测量高差中数的偶然中误差（M_Δ）不超过 1 mm 的水准测量。一般指国家二等或二等以上的水准测量。

一、精密水准网的布设

1. 布设原则

一等水准路线应沿路面坡度平缓、交通不太繁忙的交通路线布设，水准路线一般应闭合成环，并构成网状。一等水准环线的周长，在平原和丘陵地区应在 1 000 ~ 1 500 km 之间；山区应在 2 000 km 左右，困难地区可按具体情况适当变通。一等水准网每隔 15 ~ 20 年复测一次。

二等水准网在一等水准环内布设。二等水准路线尽量沿公路、大路及河流布设。二等水准环线的周长，在平原和丘陵地区应在 500 ~ 750 km 之间；山区和困难地区可酌情放宽。

水准路线附近的验潮站基准点、城市及工业区的沉降观测基准点、地壳形变观测基准点，应列入水准路线予以连测，若连测确有困难，可以支测。施测等级与布设路线的等级相同。路线附近的大地点、水文点、气象站等（以下统称为“其他固定点”），可根据需要列入路线予以连测或支测。支线的施测等级可按使用单位的要求确定，若没有特殊的精度要求，则当支线长度在 20 km 以内时，按四等水准测量精度施测；支线长度在 20 ~ 50 km 以上时，按三等水准测量精度施测；支线长度在 50 km 以上时，按二等水准测量精度施测。

2. 布设密度

水准路线上，每隔一定距离应埋设稳固的水准点。水准点分为基岩水准点、基本水准点、普通水准点三种类型。各种水准点的间距及布设要求应按表 2-11 规定执行。

表 2-11　点密度及布设要求

水准点类型	间　距	布设要求
基岩水准点	500 km 左右	只设于一等水准路线，在大城市和地震带附近应予增设，基岩较深地区可适当放宽。每省(市、自治区)至少两座
基本水准点	40 km 左右；经济发达地区 20 ~ 30 km；荒漠地区 60 km 左右	一、二等水准路线上及其交叉处；大、中城市两侧及县城附近；尽量设置在坚固岩层中
普通水准	4 ~ 8 km；经济发达地区 2 ~ 4 km；荒漠地区 10 km 左右	地面稳定，利于观测和长期保存的地点；山区水准路线高程变换点附近；长度超过 300 km 的隧道两端；跨河水准测量的两岸标尺点附近

二、选点与埋石

(1)选点

选定水准路线应尽量沿坡度较小的公路、大路进行；应避开土质松软的地段和磁场甚强的地段；应避开行人、车辆来往繁多的街道和大的火车站等；应尽量避免通过大的河流、湖泊、沼泽与峡谷等障碍物；当一等水准路线通过大的岩层断裂带或地质构造不稳定的地区时，应会同地质地震有关部门，共同研究选定。

选定水准点时，必须能保证点位地基坚实稳定、安全僻静，并利于标石长期保存与观测。水准点应尽可能选在路线附近机关、学校、公园内。

基岩水准点与基本水准点，应尽可能选在基岩露头或距地面不深之处。选定基岩水准点，应有地质人员参加，必要时应进行地质钻探。选设土中基本水准点的位置，应特别注意了解地下水位的深度、地下有无孔洞和流沙、土质是否坚实稳定等情况，确保标石稳固。

每一个水准点点位选定后，应设立一个注有点号、标石类型的点位标记，填绘水准点之记。在选定水准路线的过程中，绘制水准路线图。

(2)埋石

水准标石，含基岩水准标石、基本水准标石和普通水准标石三大类型，如表 2-12 所示。

表 2-12　标石类型

序号	水准标石的类型	各类型水准标石的分类
1	基岩水准标石	深层基岩水准标石、浅层基岩水准标石
2	基本水准标石	混凝土基本水准标石、钢管基本水准标石、岩层基本水准标石
3	普通水准标石	混凝土普通水准标石、钢管普通水准标石、岩层普通水准标石、混凝土柱普通水准标石、爆破型混凝土柱普通水准标石、墙脚水准标石

埋设标石的类型除基岩水准标石须按地质条件作专门设计外，其他标石应根据冻土深度及土质状况决定：在土壤不冻或冻土深度小于 0.8 m 的地区，埋设混凝土标石（包括基本水准标石或普通水准标石）；在有坚硬岩层露头或在地面下不深于 1.5 m 的地点，可埋设岩层水准标石（包括基本水准标石或普通水准标石）；凡有坚固建筑物（房屋、纪念碑、塔、桥基等）和坚固石崖处，可埋设墙脚水准标志。

水准标石顶面的中央应嵌入一个圆球部为铜或不锈钢的金属水准标志。标志须安放正直，镶接牢固，其顶部应高出标石面 1 ~2 cm。

三、精密水准仪和水准尺

1. 精密水准仪

我们知道，水准测量的基本原理是借助水准仪的水准器将视准轴整置水平以建立水平视线，根据水平视线在不同地点竖立的水准标尺上的读数，就可以求得不同地点的高差。由此可见，保证视线的精确水平和能在水准标尺上精确读数是提高水准测量精度的主要条件。因而精密水准仪在结构上应满足下列要求：

（1）水准器有较高的灵敏度，可借以建立精确的水平视线。

（2）必须有光学测微器装置，用来精确地在水准尺上读数，以提高测量精度。

（3）望远镜有良好的光学性能。

（4）仪器的结构必须是视准轴与水准轴之间的联系相对稳定，并受外界条件的影响较小。

表 2-13 列出了我国水准仪系列的有关技术参数。

表 2-13　我国水准仪系列的技术参数

技术参数项目	水准仪系列型号			
	S_{05}	S_1	S_3	S_{10}
每公里往返平均高差中误差	≤0.5 mm/km	≤1 mm/km	≤3 mm/km	≤10 mm/km
望远镜放大倍率	≥40 倍	≥40 倍	≥30 倍	≥25 倍
望远镜有效孔径	≥60 mm	≥50 mm	≥42 mm	≥35 mm
管状水准器格值	10″/2 mm	10″/2 mm	20″/2 mm	20″/2 mm
测微器有效量测范围	5 mm	5 mm		
测微器最小分格值	0.05 mm	0.05 mm		

精密水准仪的类型很多，我国目前在精密水准测量中应用较普遍的有瑞士生产徕卡 DNA03、NA3003，德国生产的蔡司 NI005A、NI004 和我国北京测绘仪器厂生产的 S_1 型精密水准仪。

如图 2-24 所示为瑞士生产徕卡 DNA03 型中文数字水准仪。这种仪器机内载有实用的测量程序，结合液晶显示屏和字母数字式混合键盘，使得测量工作既轻松又高效。该仪器的测量模式有：单次测量、重复测量、均值测量、中值测量、多次测量求中间段平均值等多种模式，可以满足不同环境观测的要求；另外，还可以对地球曲率和照准误差进行改正。仪器的精度，采用电子测量，若使用铟钢尺为每千米往返差 0.3 mm，若使用标准水准尺为每千米往返差 1.0 mm；采用光学测量，每千米往返差 2.0 mm。如图 2-25 所示为德国生产的蔡司 NI005A 自动安平光学水准仪，也是精密水准测量中常用的仪器。

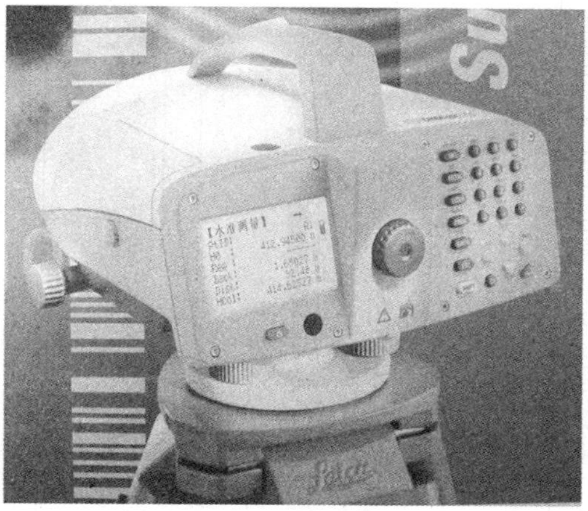

图 2-24　DNA03 中文数字水准仪外形图

图 2-25　NI005A 自动安平水准仪外形图

如图 2-26 所示为蔡司 NI004 精密水准仪外形。这种仪器的主要特点是对热影响的感应较小，即当外界温度变化时，水准轴与视准轴之间的交角 i 的变化很小，这是因为望远镜、管状水准器和平行玻璃板的倾斜设备等部件，都装在一个附有绝热层的金属套筒内，这样就保证了水准仪上这些部件的温度迅速达到平衡。

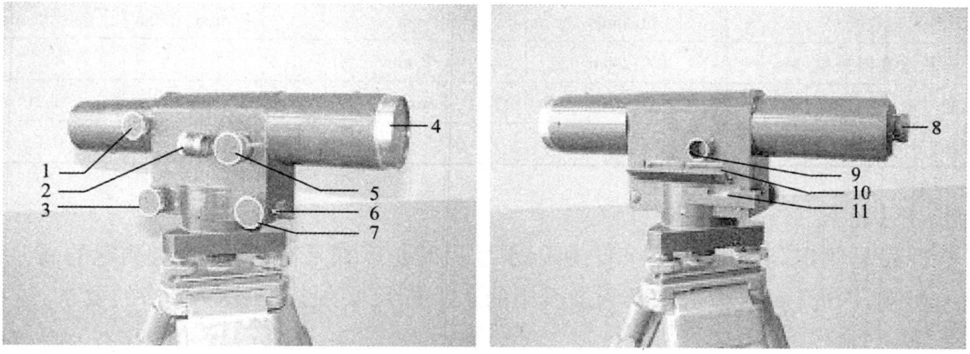

图 2-26　NI004 精密水准仪外形图

1—调焦螺旋；2—读数放大镜；3—倾斜螺旋；4—望远镜物镜；5—测微螺旋；6—水平制动螺旋；7—水平微动螺旋；8—望远镜目镜；9—符合水准气泡观察视窗兼符合水准气泡观察视窗转换旋钮；10—水准管；11—概略置平水准器

仪器物镜的有效孔径为 56 mm，望远镜放大倍率为 44 倍，望远镜目镜视场内有两组楔形丝，如图 2-27 所示。右边一组楔形丝的交角较小，在视距较远时使用；左边一组楔形丝的交角较大，在视距较近时使用。水准器格值为 10″/2 mm。转动测微螺旋可使水平视线在 5 mm 范围内平移，测微器的分划鼓与测微螺旋相连（图 2-27），通过放大镜在测微鼓上进行读数。测微鼓上刻有 100 个分格，所以测微鼓的最小格值为 0.05 mm。从望远镜目镜视场中所看到的影象如图 2-27 所示，视场下部是水准器的气泡影象。

在图 2-27 中，当楔形丝夹准水准尺上 192（cm）分划，在测微鼓上的读数为 340（即 3.40 mm），故在水准标尺上的全部读数为 192.340 cm。

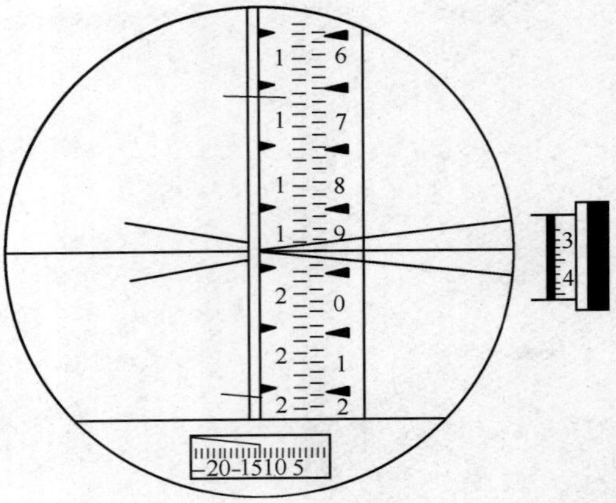

图 2-27　目镜视场影像图

表 2-14 列出了几种精密水准仪的有关技术参数。

表 2-14　精密水准仪技术参数表

技术参数	仪器型号			
	NI004	S_1	Koni007	NI002
望远镜放大倍率	44 倍	40 倍	31.5 倍	40 倍
物镜有效孔径	56 mm	50 mm	40 mm	55 mm
管状水准器格值	10″/2 mm	10″/2 mm		
测微器有效移动范围	5 mm	5 mm	5 mm	5.10 mm
测微器分划尺小分格值	0.05 mm	0.05 mm	0.05 mm	0.05 mm

2. 精密水准尺

水准标尺是测定高差的长度标准，所以水准尺的长度如果有误差，将对测定的高差带来系统误差的影响，因此，对于精密水准测量所用的水准标尺必须提出比较严格的要求，这些要求主要是：

(1) 当空气的温度发生变化时，水准标尺的长度必须稳定或变化甚微。

(2) 水准标尺的分划必须十分正确和精密，分划的偶然误差和系统误差都应很小。

(3) 水准标尺在构造上必须保证全长笔直，并且不易发生弯曲或扭转。

(4) 水准标尺上应附有圆水准器，以便在观测时扶尺者借以保持水准尺的垂直位置。为了扶尺的方便，在水准标尺尺身后面应装配扶尺环。

(5) 水准标尺底面应钉有坚固耐磨的金属板，使其不易磨损。

水准测量时，转点上必须放置特制的尺垫或尺桩上。尺垫的形式如图 2-28 所示。

精密水准标尺的分划是漆在因瓦合金带上，所以精密水准标尺，通常又称为因瓦水准标尺。因瓦合金带以一定的拉力引张在木质尺身的沟槽内，这样合金带的长度不受木质尺身长度伸缩的影响。水准标尺分划的数字是注记在合金带两旁的木质尺面上，如图 2-28 所示。图 2-28为数字水准仪使用的条码尺。

与蔡司 NI004 和 S_1 型精密水准仪配套的精密水准标尺，分划值为 5 mm，如图 2-28 所示。

它有两排分划，每排分划之间的间隔也是 10 mm，但两排分划彼此错开 5 mm，所以实际上左边是单数分划，右边是双数分划，也就是单数分划和双数分划各占一排，而没有辅助分划。尺面右边注记的是米数，左边注记的是分米数，整个注记从 0.1 至 5.9 m，分格值为 5 mm，分划注记比实际数值大了一倍，所以用这种水准标尺测得的高差值必须除以 2 才得到实际的高差值。

精密水准尺的分格值有也有 10 mm 的，如与威特 N_3 型精密水准仪配套的因瓦水准标尺。它有两排分划，右边一排注记从 0 ~ 300 cm，称为基本分划，左边一排分划注记从 300 ~ 600 cm，称为辅助分划，基本分划与辅助分划读数相差一个常数 301.55 cm，称为基辅差，通常又称尺常数，水准测量作业时用以检查读数是否存在粗差（图 2-29）。

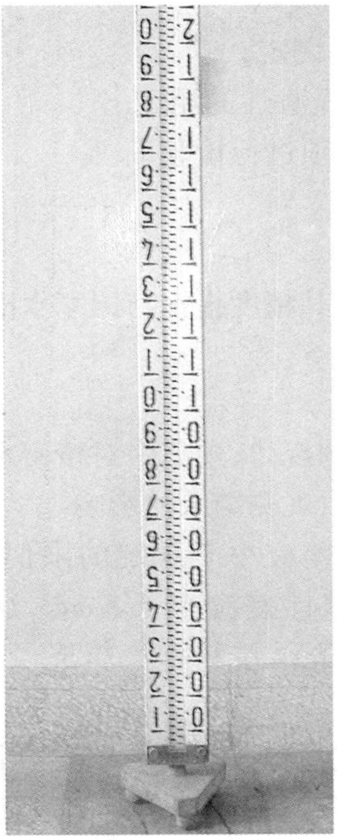

图 2-28　与光学精密水准仪配套的水准尺

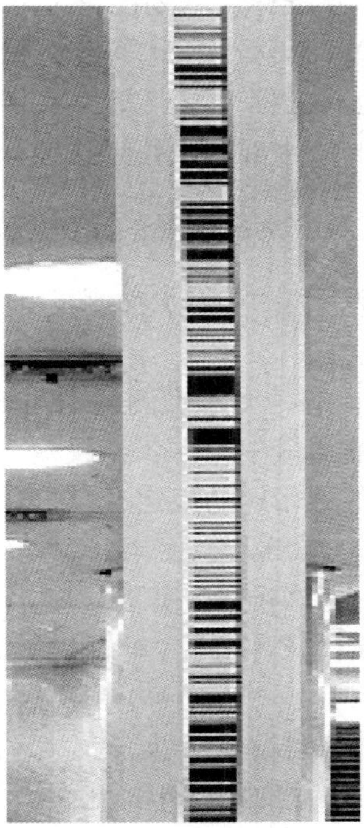

图 2-29　数字水准仪条码尺

3. 精密水准仪和水准尺的检验

为了保证水准测量成果的精度，对所用的水准仪和水准标尺应按《国家水准测量规范》中规定的有关项目进行必要的检验。

《国家水准测量规范》中规定，水准仪应进行以下各项检验：

（1）水准仪的检视；

（2）望远镜光学性能的检验；

（3）圆水准器安置正确性的检验校正；

（4）合水准器分划值、符合精度的测定及符合水准器质量的检验；

（5）倾斜螺旋效用正确性和分划值的测定；

（6）十字丝的检查及视距丝上下丝不对称差与视距常数的测定；

（7）光学测微器效用正确性和分划值的测定；

（8）调焦透镜运行正确性的检验；

(9)视准轴与水准轴相互关系(交叉角与 i 角)的检验与校正。

对新出厂的仪器,须按上列项目进行全面检验与校正。仪器经拆修后也应检验有关项目。进行各等级水准测量,在每期作业开始前应检验上述项目中1、3 和 9 项。

《国家水准测量规范》中规定,水准标尺应进行以下各项检验:

(1)检视水准标尺各部分是否牢固无损;

(2)水准标尺上圆水准器安置正确性的检验校正;

(3)水准标尺分划面弯曲差(矢距)的测定;

(4)水准标尺分划线每米分划间隔真长的测定;

(5)水准标尺分划线每米分划误差的测定;

(6)一对水准标尺零点差及基、辅分划读数差常数的测定;

(7)水准标尺零点差及水准标尺中轴线与标尺底面垂直性的测定。

各等级水准测量每期作业前应对上列 1、2、3、4、6 各项进行检验。

四、精密水准测量的实施

工程测量中,将水准测量分为二、三、四等三个等级,其精度指标与国家水准测量的相应等级一致。

1. 二等精密水准测量作业的一般规定

水准测量中存在各种误差,根据误差的性质及其影响规律,规范中对精密水准测量的实施作出了各种相应的规定,以尽可能消除或减弱各种误差对观测结果的影响。

(1)仪器距前、后视水准尺的距离应尽量相等,其差应小于规定的限值。对二等水准测量,一测站前、后视距差应小于 1.0 m;前、后视距累计差应小于 3 m。这样,可消除或减弱与距离有关的各种误差对观测高差的影响,如 i 角误差和垂直折光及调焦镜运行误差等。

(2)在两相邻测站上,应按奇、偶数测站的观测程序进行观测,即分别按"后前前后"和"前后后前"的观测程序在相邻测站上交替进行。这样可以消除或减弱与时间成比例均匀变化的误差对观测高差的影响,如 i 角的变化和仪器的垂直位移等。

(3)在一测段的水准路线上,测站的数目应安排成偶数。这样,可以消除或减弱两水准标尺零点差和交叉误差在仪器垂直轴倾斜时对观测高差的影响。

(4)每一测段的水准路线上,应进行往、返测。这样可消除或减弱性质相同、正负号也相同的误差影响,如水准标尺垂直位移的误差影响。

(5)一个测段的水准路线往、返测应在不同条件下进行(如上午或下午)。

对于观测时间、视距长度和视线离地面的高度也有相应的规定。观测应在成像稳定的条件下进行。这些规定的主要作用,是为了消除或减弱复杂的大气折光对观测高差的影响。

2. 二等精密水准测量的观测程序与步骤

在相邻测站上,按奇、偶数测站的观测程序进行观测。往测时的观测程序为:

奇数测站:	偶数测站:
①后视基本分划	①前视基本分划
②前视基本分划	②后视基本分划
③前视辅助分划	③后视辅助分划

④后视辅助分划　　　　　　　　④前视辅助分划

返测时，奇数测站和偶数测站的观测程序与往测时相反。

以往测奇数测站为例来说明在一个测站上的具体观测步骤：

(1)整平仪器，要求望远镜在任何方向时，符合水准气泡两端影象的分离不超过 1 cm。

(2)将望远镜对准后视水准标尺，在符合水准气泡两端影象分离不大于 2 mm 的条件下，分别用上、下丝照准水准标尺的基本分划进行视距读数，并记入记录手簿表 2-15 的(1)和(2)栏。视距第四位由测微器直接读得。然后，使符合水准气泡两端的影象精确符合，转动测微器螺旋用楔形丝照准水准标尺基本分划，并读取水准标尺基本分划和测微器读数，记入手簿的第(3)栏。测微器读数取至整格，即在测微器读数中不需要进行估读。

(3)旋转望远镜照准前视水准标尺，并使符合水准气泡两端的影象精确符合。用楔形丝照准水准标尺基本分划，读取水准标尺基本分划和测微器读数，记入手簿的第(4)栏。然后用上、下丝照准水准标尺的基本分划进行视距读数，记入手簿的第(5)栏和(6)栏。

(4)用水平微动螺旋转动望远镜，照准前视水准标尺的辅助分划，使符合水准气泡两端的影象精确符合，进行辅助分划和测微器读数，记入手簿第(7)栏。

(5)旋转望远镜照准后视水准标尺的辅助分划，使符合水准气泡两端的影象精确符合，进行辅助分划和测微器读数，记入手簿第(8)栏。

3. 二等精密水准测量的计算步骤

以往测奇数测站的观测程序为例，来说明计算内容与计算步骤(见表 2-12)。表中第(1)至第(8)栏是读数的记录部分，(9)至(18)栏是计算部分。

视距部分的计算：

(9) = (1) − (2)

(10) = (5) − (6)

(11) = (9) − (10)

(12) = (11) + 前站(12)

高差部分的计算与检验：

(14) = (3) + K − (8)

式中，K 为基辅差(对于威尔特 N_3 水准尺而言，$K = 3.0155$ m)。

(13) = (4) + K − (7)

(15) = (3) − (4)

(16) = (8) − (7)

(17) = (14) − (13) = (15) − (16)检核

(18) = $\frac{1}{2}$\{(15) + (16)\}

表 2-15 中的观测数据系用威尔特 N_3 水准仪测得的。当用 S_1 型或 NI004 水准仪进行观测时，由于这种水准仪配套的水准标尺无辅助分划，故记录表格中基本分划与辅助分划的记录栏内，分别以第一次和第二次读数表示。

表 2-15　二等水准测量记录计算表

测站编号	后尺	前尺	方向及尺号	标尺读数		基 + K 减辅（一减二）	备考
	下丝	下丝		基本分划（一次）	辅助分划（二次）		
	上丝	上丝					
	后距	后距					
	视距差 d	$\sum d$					
奇	（1）	（5）	后	（3）	（8）	（14）	
	（2）	（6）	前	（4）	（7）	（13）	
	（9）	（10）	后 - 前	（15）	（16）	（17）	
	（11）	（12）	h		（18）		
1	2 406	1 809	后 31	219. 83	521. 38	0	
	1 986	1 391	后 32	160. 06	461. 63	-2	
	420	418	后 - 前	+059. 77	+059. 75	+2	
	+2	+2	h		+059. 760		
2	1 800	1 639	后 32	157. 40	458. 95	0	
	1 351	1 189	后 31	141. 40	442. 92	+3	
	449	450	后 - 前	+016. 00	+016. 03	-3	
	-1	+1	h		+016. 015		
3	1 825	1 962	后 31	160. 32	461. 88	-1	
	1 383	1 523	后 32	174. 27	475. 82	0	
	442	439	后 - 前	-013. 95	-013. 94	-1	
	+3	+4	h		-013. 945		
4	1 728	1 884	后 32	150. 81	452. 36	0	
	1 285	1 439	后 31	166. 19	467. 74	0	
	443	445	后 - 前	-015. 38	-015. 38	0	
	-2	+2	h		-015. 380		
				·	·		
				·	·		
				·	·		
					·		
计算检核			$\sum$后	688. 36	1 894. 57		
			$\sum$前	641. 92	1 848. 11		
	1 754	1 752	$\sum$后 - $\sum$前	+046. 44	+046. 46		
			$\sum h$		+046. 450		

水准测量的观测工作，最好能结束在固定的水准点上。否则，应选择两个稳固可靠、光滑突出、便于放置水准标尺的固定点，作为间歇点加以标记。间歇后，应对间歇点的高差进行检测，检测结果如符合限差要求，就可以从间歇点起测。若仅能选定一个固定点作为间歇点，则在间歇后应仔细检视，确认没有发生位移，方可由该间歇点观测。

现将一、二等精密水准测量的有关限差列于表 2-16 中，以供参考。

表 2-16　一、二等精密水准测量主要技术要求

等级	项目										
	视线长度		前后视距差（m）	前后视距累积差（m）	视线高度（m）		基、辅分划读数之差（mm）	基、辅分划所得高差之差（mm）	上下丝读数平均值与中丝读数之差（mm）	检测间歇点高差之差（mm）	水准路线往返测高差不符值（mm）
	仪器类型	视距（m）			视线大于 20 m	视线小于 20 m					
一	S_{05}	≤35	≤0.5	≤1.5	≥0.8	≥0.5	≤0.3	≤0.5	≤3.0	≤0.7	$\leqslant \pm 2\sqrt{K}$
二	S_1	≤50	≤1.0	≤3.0	≥0.5	≥0.3	≤0.5	≤0.7	≤3.0	≤1.0	$\leqslant \pm 4\sqrt{K}$
	S_{05}	≤60									

4. 精度鉴定

高差观测值的精度根据往、返测的高差不符值来鉴定，因为往、返测的高差不符值集中反映了水准测量各种误差的共同影响。根据研究与分析，可得由 n 个测段往返测的高差不符值计算每公里水准测量单程高差的偶然中误差

$$\mu = \pm\sqrt{\frac{1}{2n}\left[\frac{\Delta\Delta}{R}\right]} \tag{2-25}$$

而往返测每公里水准测量高差中数的偶然中误差为

$$M_{\Delta} = \frac{\mu}{\sqrt{2}} = \pm\sqrt{\frac{1}{4n}\left[\frac{\Delta\Delta}{R}\right]} \tag{2-26}$$

式中，Δ 为各测段往返测的高差不符值，mm；R 为各测段的距离，km；n 为测段的数目。

当水准路线由若干个水准环构成网形时，可根据各环的高差闭合差 W 来鉴定水准测量的全中误差。其计算往返测每公里高差中数的全中误差的公式为

$$M_W = \pm\sqrt{\frac{1}{N}\left[\frac{WW}{F}\right]} \tag{2-27}$$

式中，W 为经正常位水准面不平行改正后计算的环形闭合差，mm；F 为环形周长，km；N 为水准环的数目。

规范规定，对于二等水准测量，$M_{\Delta} \leqslant \pm 1.0$ mm，$M_W = \pm 2.0$ mm。

第六节　三角高程测量

在工程实践中，除了用水准测量方式测量点的高程以外，三角高程测量也是一种常用的手段。在推进速度上三角高程测量远远大于水准测量方式，但是由于球气差等对三角高程测量带来较大的误差，在通常情况下，三角高程测量适用于精度较低的高程测量。经过严密改正，采用对向观测等手段，三角高程控制网也能达到一二等精密水准的等级。

一、三角高程测量原理

如图 2-30 所示，为测量 A、B 两点间的高差，在 A 点安置全站仪，在 B 点安置棱镜。其中 AF、PE 分别为过 A 点及全站仪横轴中心（P 点）的水准面。过 P 点做弧线 PE 的切线 PC，与棱

镜垂线交点为 C，则 PC 长为 A 点和 B 点之间的水平距离，设为 s_0。M 为过 B 点的铅垂线上的一点，全站仪视线瞄准 M 点，PM 为一直线。但由于大气折光的影响，实际视线发生偏转，到达 N 点，也即棱镜中心点，PN 为一弧线。

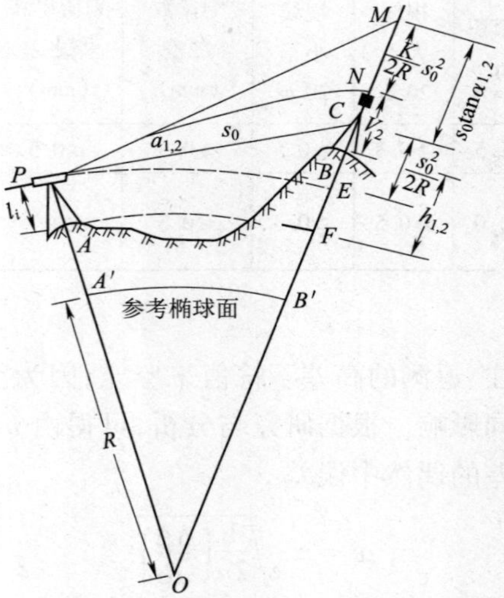

图 2-30　三角高程示意图

设仪器高（EF）和棱镜高（NB）分别为 i、v，棱镜中心高度角为 α，则 AB 两点间的高差

$$h_{AB} = BF = MC + CE + EF - MN - NB \tag{2-28}$$

上式中

$$MC = s_0 \tan\alpha$$

地球曲率影响

$$CE = \frac{1}{2R} s_0^2$$

大气折光影响

$$MN = \frac{1}{2R'} s_0^2$$

上式中，R' 为曲线 PN 在 N 点的曲率半径。令 $K = \frac{R}{R'}$（大气垂直折光系数），则大气折光影响为：

$$MN = \frac{K}{2R} s_0^2$$

则上式可以写为

$$h_{AB} = s_0 \tan\alpha + \frac{1-K}{2R} s_0^2 + i - v \tag{2-29}$$

令 $\frac{1-K}{2R} = C$（通常称为球气差系数），则三角高程观测计算高差的基本公式：

$$h_{AB} = s_0 \tan\alpha + C s_0^2 + i - v \tag{2-30}$$

上式中，水平距离 s_0 需要归算到高斯平面。

二、三角高程外业测量

光电测距三角高程测量，通常布设成三角高程网或高程导线，视线高度和离开障碍物的距离不得小于 1.2 m。高程导线的闭合长度不应超过相应等级水准线路的最大长度。

三等光电测距三角高程测量应按单程双对向或双程对向方法进行两组对向观测。测站间两组对向观测高差的平均值之较差不应大于 $12\sqrt{D}$ mm。

光电测距三角高程测量应满足下列要求：

(1)光电测距三角高程测量可结合平面导线测量同时进行。

(2)仪器高和反射镜高量测，应在测前、测后各测一次，两次互差不得超过 2 mm。三、四等测量时，宜采用专用测尺或测杆量测。

(3)距离应采用不低于Ⅱ级精度的测距仪观测，取位至毫米。测距限差应符合本规范表 2-9相应仪器等级的规定。导线点应作为高程转点，转点间的距离和竖直角应对向观测，并宜在同一气象条件下完成。计算高差时应考虑地球曲率的影响。两点间高差采用对向观测平均值。

(4)测距时，应测定气温和气压。气温读至 0.5 ℃，气压读至 1.0 hPa，并在斜距中加入气象改正。

(5)竖直角采用中丝法测量，对向观测应符合表 2-17 的规定。

表 2-17　光电测距三角高程测量限差要求

测量等级	对向观测高差较差	附合或环线高差闭合差	检测已测测段的高差之差
三等	$\pm 25\sqrt{D}$	$\pm 12\sqrt{\sum D}$	$\pm 20\sqrt{L_i}$
四等	$\pm 40\sqrt{D}$	$\pm 20\sqrt{\sum D}$	$\pm 30\sqrt{L_i}$
五等	$\pm 60\sqrt{D}$	$\pm 30\sqrt{\sum D}$	$\pm 40\sqrt{L_i}$

注：D 为测距边长，L_i 为测段间累计测距边长，以 km 计。

(6)光电测距三角高程测量应选择成像稳定清晰时观测。在日出、日落时，大气垂直折光系数变化较大，不宜进行长边观测。技术要求见表 2-18 的规定。

表 2-18　光电测距三角高程技术要求

等级	仪器等级	边长(m)	观测方式	测距边测回数	垂直角测回数	指标差较差(″)	测回间垂直角较差(″)
三等	1″	≤600	2 组对向观测	2	4	5	5
四等	12	≤800	对向观测	2	3	7	7
五等	12	≤1 000	对向观测	1	2	10	10

一组测量中，当对向观测高差较差超限时，应往返重测。重测的对向观测高差较差仍然超限，但往返测高差平均值与原往返测高差平均值之差小于各等级水准测量限差时，其结果取 2 次往返测高差平均值的均值。

思考与练习题

2-1　解释名词：三角形网、GPS 绝对定位、GPS 相对定位、同步环、异步环、重复基线。

2-2　试简述三角形测量的基本原理、基本计算公式。

2-3　平面三角形网网形通常有哪几种？

2-4　目前世界上已经投入使用的全球定位系统有哪几个？

2-5　分别叙述三角形网布设和选点的要求？

2-6　试以五个目标方向采用方向观测为例，说明其观测步骤和方法。若采用 DJ2 经纬仪观测，试就各测回起始方向的读数编制出度盘位置表。

2-7　试述方向观测法各项检核计算的内容。

2-8　简述方向观测法的主要注意事项。

2-9　工程精密导线与三角形网、GPS 网相比有哪些优缺点？

2-10　怎样进行单一导线转折角的观测？做何检核？

2-11　如何实施三联脚架法？应注意什么？

2-12　全球定位系统由哪几个子系统组成？每一子系统有什么功能？

2-13　GPS 定位受到哪些误差源的影响？

2-14　简述 RTK 工作原理。

2-15　GPS 控制点的选择和导线网点、三角形网点的选择有哪些不同的地方？

2-16　在一测站利用 GPS 接收机进行外业控制测量时，需要做哪些工作？需要注意什么？

2-17　在相邻两测站上实施二等水准测量，奇、偶数测站的观测程序应按什么程序进行？

2-18　每一测段的水准路线上进行往、返测，可以消除或减弱何种误差影响？

2-19　在距离较长的高程控制测量中，推导三角高程测量的基本公式必须以哪个面为依据？

2-20　精密水准仪、水准尺应分别进行哪些检验？

2-21　精密水准测量作业的一般规定有哪些？

2-22　在相邻测站上，按奇、偶数测站的观测程序是什么？

2-23　以往测奇数测站的观测程序为例，说明计算内容和计算步骤。

2-24　水准测量的观测工作当需间歇时有何要求？

2-25　如何进行水准测量的精度鉴定？

2-26　二等水准测量观测数据列在图 2-31 中要求将观测数据填入记录表格进行计算，并进行测站限差的检核（该题中前、后尺的尺常数相同 $K=301.55$ cm）。

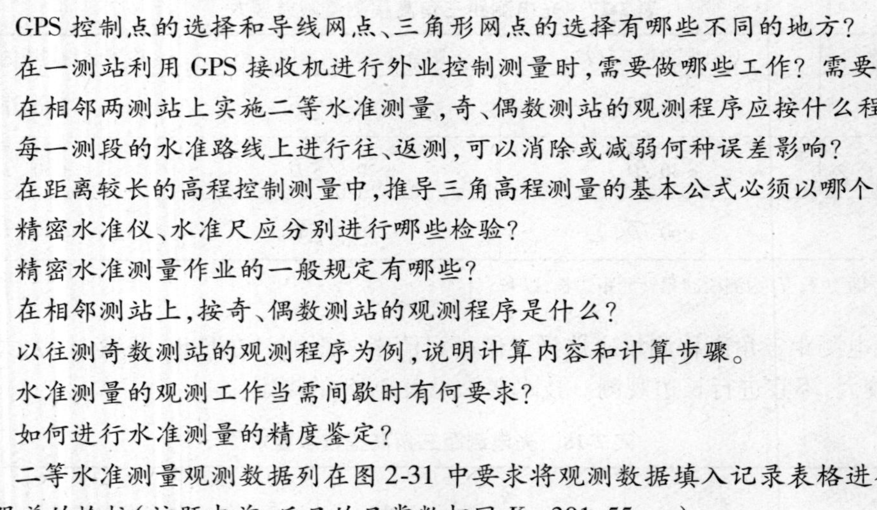

图 2-31　习题 2-26 图

2-27　方向观测法的两测回观测结果列于表2-19中,请完成计算并按各项限差要求做检核计算。

表2-19　习题2-27观测数据

测回	测站	目标	水平度盘读数						左－右 2C	(左＋右)/2 方向值	归零 方向值	各测回归零方向值的平均值
			盘左			盘右						
			°′	″	″	°′	″	″	″	°′″	°′″	°′″
1	*P*	*A*	00 00	22.3 22.7		180 00	18.1 18.3					
		B	60 11	16.0 16.4		240 11	09.2 09.6					
		C	128 46	28.4 28.6		308 46	12.8 12.3					
		D	163 13	28.5 28.0		343 13	13.7 13.2					
		A	00 00	27.0 27.0		180 00	15.2 15.7					
2		*A*	90 02	30.6 30.6		270 02	23.8 23.0					
		B	150 13	25.8 26.4		330 13	11.3 11.6					
		C	218 48	37.4 37.0		38 48	17.3 17.6					
		D	253 15	37.7 37.1		73 15	18.4 18.6					
		A	90 02	34.6 34.3		270 02	17.2 16.8					

2-28　某GPS控制网选点如图2-32所示,现利用三台接收机进行观测,同步图形之间为边连式,仪器编号分别为*A*、*B*、*C*,请编写调度表。如果4号点空间障碍物遮挡较多,请思考如何减少4号点对于整个控制网的影响并且不增加较多的额外观测量。

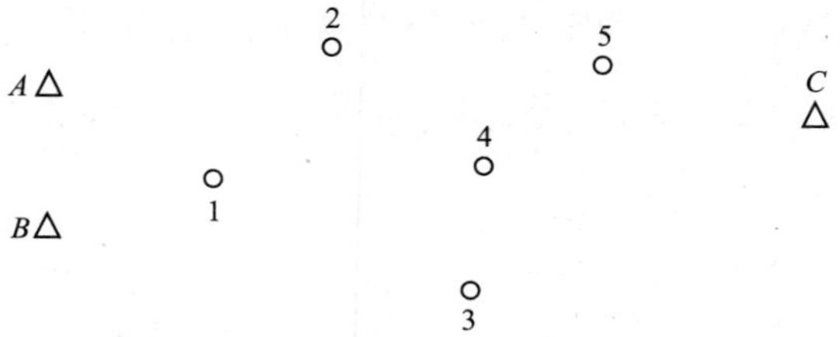

图2-32　习题2-28图

第三章 控制网平差

完成控制测量外业后要进行内业计算，内业计算分为概算、平差计算和编制控制点成果表。本章介绍测量平差的基本概念，简要地给出两类基本平差方法的数学模型，并就基本平差方法作详细介绍。

第一节 测量平差的数学模型

一、概　　述

在测量工作中，最常见的是要求定某些几何量的大小。例如，为了求定一些点的高程而建立了水准网，为了求定某些点的坐标而建立了平面网或三维测量网。前者包含点间的高差、点的高程元素，后者包含角度、边长、边的方位角以及点的二维或三维坐标等等元素。这些元素都是几何量，以下统称这些网为几何模型。

为了确定一个几何模型，并不需要知道该模型中所有元素的大小，而只需要知道其中部分元素的大小就行了，其他元素可以通过它们来确定。例如：

(1)在图3-1的$\triangle ABC$中，为了确定它的形状（相似形），只要知道其中任意2个内角的大小就行了，如$\tilde{L}_1$、$\tilde{L}_2$或$\tilde{L}_1$、$\tilde{L}_3$或$\tilde{L}_2$、$\tilde{L}_3$等。它们都是同一类型的元素（角度）。

(2)为了确定$\triangle ABC$的大小或形状（全等形），只要知道其中任意的2角1边、2边1角或3边的大小就行了，如$\tilde{L}_1$、$\tilde{L}_2$、$\tilde{S}_1$，$\tilde{S}_1$、$\tilde{S}_2$、$\tilde{L}_3$，$\tilde{S}_1$、$\tilde{S}_2$、$\tilde{S}_3$等等。它们包含两种类型的元素（角度、边长）。

(3)在图3-2的水准网中，为了确定A、B、C、D这4点之间高度的相对关系，只要知道其中3个高差就行了，如$\tilde{h}_1$、$\tilde{h}_3$、$\tilde{h}_4$或$\tilde{h}_1$、$\tilde{h}_2$、$\tilde{h}_6$或$\tilde{h}_4$、$\tilde{h}_5$、$\tilde{h}_6$等等。它们是同一类型的元素（高差）。

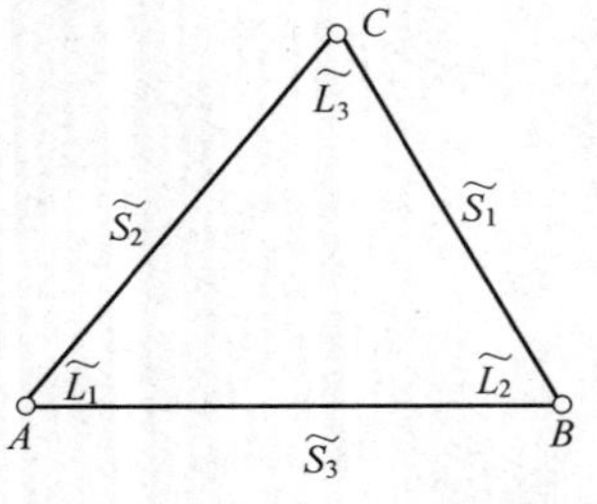

图3-1　三角形边、角元素示意

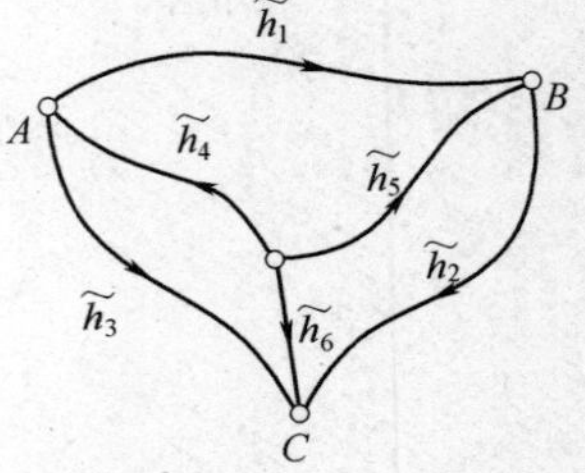

图3-2　水准网高差元素示意

能够唯一地确定一个几何模型所必要的元素，简称必要元素；必要元素的个数用t来表示。对于上述三种情况，分别是$t=2$，$t=3$和$t=3$。对于第二种情况，3个元素中除了角度还至少要包含一个边长,没有边长只能确定其形状,而无法确定其大小,因此,必要元素不仅要考虑其个数,而且要考虑它的类型。由此可知,当某个几何模型给定之后,能够惟一确定该模型的必要元素的个数 t 及其类型,t 只与几何模型有关,与实际观测无关。

对于任一几何模型,它的 t 个必要元素之间必须不存在函数关系,亦即其中任一元素不能表达成其余 $(t-1)$ 元素的函数。例如,对于(1)中的情况,若以 $\tilde{L}_1$ 和 $\tilde{L}_2$ 作为必要元素,则 $\tilde{L}_1$ 与 $\tilde{L}_2$ 间无函数关系;又如在(2)的情况中,若以 $\tilde{L}_1$、$\tilde{L}_2$、$\tilde{S}_1$ 作为必要元素,它们之间也不存在函数关系。如果在(2)的情况中,选 $\tilde{L}_1$、$\tilde{L}_2$、$\tilde{L}_3$,则 $\tilde{L}_1+\tilde{L}_2+\tilde{L}_3=180°$,三者之间存在函数关系,就不能说 $t=3$,实际必要元素只选了两个,而漏选了一个。因此必要元素的 t 个量为函数独立量,简称独立量。

在一个几何模型中,除了 t 个独立量以外,若再增加一个量,则必然产生一个相应函数关系式。仍以(2)中情况为例,必要量选为 $\tilde{L}_1$、$\tilde{L}_2$、$\tilde{S}_1$,若增加一个量 $\tilde{L}_3$,则存在 $\tilde{L}_1+\tilde{L}_2+\tilde{L}_3=180°$,若再增加一个量 $\tilde{S}_2$,则有

$$\tilde{S}_2=\tilde{S}_1\frac{\sin\tilde{L}_2}{\sin\tilde{L}_1}$$

由此可知,一个几何模型的独立量个数最多为 t 个,除此之外,增加一个量必然要产生一个相应的函数关系式,这种函数关系式,在测量平差中称为条件方程。

在测量工程中,为了求得一个几何模型中各量的大小就必须进行观测。如果总共观测了该模型中 n 个量的大小,若观测个数少于必要元素的个数,即 $n<t$,显然它无法确定该模型,即出现了数据不足的情况;若观测了 t 个独立量,$n=t$,则可惟一地确定该模型。由于它们都是独立量,故不存在任何条件方程,在这种情况下,如果观测结果中含有粗差甚至错误,都将无法发现,在测量工作中是不允许这样做的。为了能及时发现粗差和错误,并提高测量成果的精度,就必须使 $n>t$,若令

$$r=n-t \tag{3-1}$$

式中 n 为观测值的个数,t 为必要观测数,r 为多余观测数。多余观测数在测量中又称“自由度”。

一个几何模型如果有 r 个多余观测,就产生 r 个条件方程。由于观测值不可避免地存在观测误差,由观测值组成的上述条件方程必不能满足,仍以(2)中情况为例,若观测了角度 L_1、L_2、L_3 和边长 S_1、S_2,考虑观测误差,有

$$\tilde{L}_1=L_1+\Delta_1,\ \tilde{L}_2=L_2+\Delta_2,\ \tilde{L}_3=L_3+\Delta_3,\ \tilde{S}_1=S_1+\Delta_{s_1},\ \tilde{S}_2=S_2+\Delta_{s_2}$$

因 $r=n-t=5-3=2$,可组成 2 个条件方程为

$$(L_1+\Delta_1)+(L_2+\Delta_2)+(L_3+\Delta_3)=180° \tag{3-2}$$

$$(S_2+\Delta_{s_2})=(S_1+\Delta_{s_1})\frac{\sin(L_2+\Delta_2)}{\sin(L_1+\Delta_1)} \tag{3-3}$$

若用观测值组成上述两个条件方程,则不能成立,即

$$L_1+L_2+L_3-180°=W\neq 0 \tag{3-4}$$

$$S_2\neq S_1\frac{\sin L_2}{\sin L_1}$$

造成条件方程不闭合,或者说存在闭合差,例如式(3-4)中的 W,就是该三角形角度条件方程的闭合差。

由于观测值不可避免地存在偶然误差,当 $n>t$ 时,几何模型中应该满足 $r=n-t$ 个条件方程,实际存在闭合差而并不满足,如何调整观测值,即对观测值合理地加上改正数,使其达到消除闭合差的目的,这是测量平差的主要任务。

一个测量平差问题,首先要由观测值和待求量间组成数学模型,然后采用一定的平差原则对待求量进行估计,这种估计要求是最优的,最后计算和分析成果的精度。

二、测量平差的数学模型

在日常生活和科学技术领域中,时常见到许多模型,一般可将其分为两大类:一类是将实物尺寸放大或缩小而得的模型,称为实物模型;另一类是用文字、符号、图表或者对研究的对象进行抽象概括,用数学关系式来描述它的某种特征或内在联系的模型。前者称为模拟模型,后者称为数学模型,总称为抽象模型。

在测量工程中,涉及的是通过观测量来确定某些几何量或物理量大小等有关的数量问题,因而考虑的模型总是数学模型。平差的数学模型与一般数学只考虑函数模型不同,它还要考虑随机模型,因为观测量是一种随机变量。所以平差的数学模型同时包含函数模型和随机模型两种,在研究任何平差方法时必须予以考虑。

函数模型是由描述观测量和待求量间的数学函数关系的模型,是确定客观实际的本质或特征的模型。随机模型是描述观测量及其相互间统计相关性质的模型。建立这两种模型是测量平差中最基本而且是首先应予考虑的问题。

对于一个实际平差问题,可建立不同形式的函数模型,与此相应,就产生了不同的平差方法。函数模型分为线性函数模型和非线性函数模型两类。测量平差通常是基于线性函数模型的,当函数模型为非线性形式时,通常将其用泰勒公式展开,并取其一次项化为线性形式。下面简述各类基本平差方法的线性函数模型和随机模型,总称为数学模型。

1. 条件平差法

以条件方程为函数模型的平差方法,称为条件平差法 。

以图 3-2 所示水准网为例,说明条件平差的函数模型。图中 A 为已知其高程的水准点,B、C、D 均为未知点。图中观测向量的真值为

$$\underset{6.1}{\tilde{\boldsymbol{L}}}=[\tilde{h}_1\ \tilde{h}_2\ \tilde{h}_3\ \tilde{h}_4\ \tilde{h}_5\ \tilde{h}_6]^{\mathrm{T}}$$

为了确定 B、C、D 三点的高程,其必要观测数(即必要元素)$t=3$,故多余观测数 $r=n-t=3$,应列出 3 个线性无关条件方程,它们可以是

$$\left.\begin{aligned}F_1(\tilde{L})&=\tilde{h}_1+\tilde{h}_2-\tilde{h}_3=0\\F_2(\tilde{L})&=\tilde{h}_2+\tilde{h}_5-\tilde{h}_6=0\\F_3(\tilde{L})&=-\tilde{h}_3-\tilde{h}_4+\tilde{h}_6=0\end{aligned}\right\}$$

令

$$\underset{3.6}{\boldsymbol{A}}=\begin{bmatrix}1&1&-1&0&0&0\\0&1&0&0&1&-1\\0&0&-1&-1&0&1\end{bmatrix}$$

则上式为

$$\underset{3.6}{\boldsymbol{A}}\ \underset{6.1}{\tilde{\boldsymbol{L}}} = \boldsymbol{0} \tag{3-5}$$

又如在图 3-1 的△ABC 中观测了三个内角,多余观测 $r = n - t = 3 - 2 = 1$,存在条件方程为

$$\tilde{L}_1 + \tilde{L}_2 + \tilde{L}_3 - 180° = 0$$

令

$$\underset{1,3}{\boldsymbol{A}} = [1 \quad 1 \quad 1]$$

$$\underset{3,1}{\tilde{\boldsymbol{L}}} = [\tilde{L}_1 \quad \tilde{L}_2 \quad \tilde{L}_3]^{\mathrm{T}}$$

$$\boldsymbol{A}_0 = [-180°]$$

则上式为

$$\boldsymbol{A}\tilde{\boldsymbol{L}} + \boldsymbol{A}_0 = \boldsymbol{0} \tag{3-6}$$

一般而言,如果有 n 个观测值 $\underset{n,1}{L}$,t 个必要观测,则应列出 $r = n - t$ 个条件方程,即

$$F(\tilde{L}) = 0 \tag{3-7}$$

如果条件方程为线性形式,可直接写为

$$\underset{r,n}{\boldsymbol{A}}\ \underset{n,1}{\tilde{\boldsymbol{L}}} + \underset{r,1}{\boldsymbol{A}_0} = \underset{r,1}{\boldsymbol{0}} \tag{3-8}$$

$\boldsymbol{A}_0$ 为常数向量,如在式(3-5)中 $\boldsymbol{A}_0 = \underset{3,1}{\boldsymbol{0}} = [0 \quad 0 \quad 0]^{\mathrm{T}}$,在式(3-6)中为 $-180°$。

将 $\tilde{\boldsymbol{L}} = \boldsymbol{L} + \boldsymbol{\Delta}$ 代入式(3-8),并令

$$\boldsymbol{W} = (\boldsymbol{A}\boldsymbol{L} + \boldsymbol{A}_0) \tag{3-9}$$

则式(3-8)为

$$\boldsymbol{A}\boldsymbol{\Delta} + \boldsymbol{W} = 0 \tag{3-10}$$

式(3-8)或式(3-10)为条件平差的函数模型。

条件平差的自由度即为多余观测数 r,即条件方程的个数。

2. 间接平差法

由上述可知,在一个几何模型中,最多只能选出 t 个独立量,如果在进行平差时,就选定 t 个独立量为参数,那么通过这 t 个独立参数就能惟一地确定几何模型了。换言之,模型中的所有量都一定是这 t 个独立参数的函数,亦即每个观测量都可表达成所选 t 个独立参数的函数。

选择几何模型中 t 个独立量为平差参数,将每一个观测量表达成所选参数的函数,即列出 n 个这种函数关系式,以此为平差的函数模型,称为间接平差法,又称参数平差法。

在图 3-3 的△ABC 中,观测量为其中的三个内角,$\underset{3,1}{\tilde{\boldsymbol{L}}} = [\tilde{L}_1 \quad \tilde{L}_2 \quad \tilde{L}_3]^{\mathrm{T}}$,选定∠$A$ 和∠B 为平差参数,设为 $\tilde{X}_1$ 和 $\tilde{X}_2$,即

$$\underset{2,1}{\tilde{\boldsymbol{X}}} = [\tilde{X}_1 \quad \tilde{X}_2]^{\mathrm{T}}$$

因为通过这 $t = 2$ 个参数可以惟一地确定该三角形的形状。将每一个观测量均表达为这两个平差参数的函数,由图知

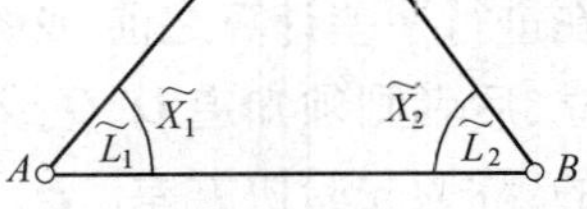

图 3-3 三角形平差参数示意

$$\left.\begin{aligned}\tilde{L}_1 &= \tilde{X}_1 \\ \tilde{L}_2 &= \tilde{X}_2 \\ \tilde{L}_3 &= -\tilde{X}_1 - \tilde{X}_2 + 180^\circ\end{aligned}\right\} \tag{3-11}$$

一般而言,如果其平差问题有 n 个观测值,t 个必要观测值,选择 t 个独立量作为平差参数 $\underset{t,1}{\boldsymbol{X}}$,则每个观测量必定可以表达成这 t 个参数的函数,即有

$$\underset{n,1}{\tilde{\boldsymbol{L}}} = F(\tilde{X}) \tag{3-12}$$

如果这种表达式是线性的,一般为

$$\underset{n,1}{\tilde{\boldsymbol{L}}} = \underset{n,t}{\boldsymbol{B}}\underset{t,1}{\boldsymbol{X}} + \underset{n,1}{\boldsymbol{d}} \tag{3-13}$$

例如,在式(3-11)中

$$\tilde{\boldsymbol{L}} = [\tilde{L}_1 \quad \tilde{L}_2 \quad \tilde{L}_3]^{\mathrm{T}}$$

$$\tilde{\boldsymbol{X}} = [\tilde{X}_1 \quad \tilde{X}_2]^{\mathrm{T}}$$

$$\boldsymbol{B} = \begin{bmatrix} 1 & 0 \\ 0 & 1 \\ -1 & -1 \end{bmatrix} \qquad \boldsymbol{d} = \begin{bmatrix} 0 \\ 0 \\ 180 \end{bmatrix}$$

将 $\tilde{\boldsymbol{L}} = \boldsymbol{L} + \boldsymbol{\Delta}$ 代入式(3-13),并令

$$\boldsymbol{l} = \boldsymbol{L} - \boldsymbol{d} \tag{3-14}$$

则有

$$\boldsymbol{\Delta} = \boldsymbol{B}\tilde{\boldsymbol{X}} - \boldsymbol{l} \tag{3-15}$$

考虑 $\boldsymbol{E}(\boldsymbol{\Delta}) = 0$,由上式可得

$$\boldsymbol{E}(\boldsymbol{l}) = \boldsymbol{B}\tilde{\boldsymbol{X}} \tag{3-16}$$

以上的式(3-13)或式(3-15)就是间接平差的函数模型。

尽管间接平差法是选了 t 个独立参数,但多余观测数不随平差不同而异,其自由度仍是 $r = n - t$。

3. 平差的随机模型

对于以上两种基本平差方法,最基本的数据都是观测向量 $\underset{n,1}{\boldsymbol{L}}$,进行平差时,除了建立其函数模型外,还要同时考虑它的随机模型,亦即观测向量的协方差阵:

$$\underset{n,n}{\boldsymbol{D}} = \sigma_0^2 \underset{n,n}{\boldsymbol{Q}} = \sigma_0^2 \underset{n,n}{\boldsymbol{P}}^{-1} \tag{3-17}$$

式中 $\boldsymbol{D}$ 为 $\boldsymbol{L}$ 的协方差阵,$\boldsymbol{Q}$ 为 $\boldsymbol{L}$ 的协因数阵,$\boldsymbol{P}$ 为 $\boldsymbol{L}$ 的权阵,$\boldsymbol{Q}$ 与 $\boldsymbol{P}$ 互为逆阵,σ_0^2 为单位权方差。以上各种平差方法的函数模型连同式(3-17)中的随机模型,就称为平差方法的数学模型。在进行平差计算之前,必须同时具备其函数模型和随机模型,前者可以按上述介绍的方法建立,后者则须知道 $\boldsymbol{D}$、$\boldsymbol{Q}$ 或 $\boldsymbol{P}$ 中之一。一般情况下,观测向量的协方差阵 $\boldsymbol{D}$ 在平差前都是未知的,称为先验协方差。$\boldsymbol{\sigma}_0^2$ 可通过平差计算求出其估值 $\hat{\sigma}_0^2$,然后求得 $\boldsymbol{D}$ 的估值:

$$\hat{\boldsymbol{D}} = \hat{\sigma}_0^2 \boldsymbol{Q} \tag{3-18}$$

第二节　条件平差原理

在上节内容中已给出各条件平差的数学模型为

$$\underset{r,n}{\boldsymbol{A}}\underset{n,1}{\boldsymbol{\Delta}}+\underset{r,1}{\boldsymbol{W}}=\boldsymbol{0} \tag{3-19}$$

$$\underset{n,n}{\boldsymbol{D}}=\sigma_0^2\underset{n,n}{\boldsymbol{Q}}=\sigma_0^2\underset{n,n}{\boldsymbol{P}}^{-1} \tag{3-20}$$

条件方程个数等于多余观测数 $r=n-t$，n 为观测值总数，t 为必要观测数。由于 $r<n$，由式(3-19)不能求得 Δ 的唯一解，但可按最小二乘原理求 Δ 的最或然值，从而求出观测量的最或然值$\hat{\boldsymbol{L}}$。在条件平差中，通常将观测量的最或然值$\hat{\boldsymbol{L}}$称为平差值，将平差值$\hat{\boldsymbol{L}}$应满足的方程，称为平差值条件方程；将改正数应满足的方程，称为改正数条件方程，简称为条件方程。将式(3-19)中的 Δ 改写成其估值(观测值的改正数)$\underset{n,1}{\boldsymbol{V}}$，条件方程为

$$\boldsymbol{AV}+\boldsymbol{W}=0 \tag{3-21}$$

一般而言，在某一平差问题中，如必要观测数为 t，则只能选出 t 个独立的未知数。以后每增加一个未知数，在这些未知数之间就会产生一个应满足的条件方程。在条件平差法中选 n 个观测量的平差值$\hat{\boldsymbol{L}}$作为未知数，由于多选了 $r=n-t$ 个未知数，因而就产生了 r 个条件方程。条件平差法就是在满足 r 个条件方程(3-21)的需求下，求函数 $\boldsymbol{V}^{\mathrm{T}}\boldsymbol{PV}=\min$ 的 $\boldsymbol{V}$ 值，在数学中是求函数的条件极值问题，并最后求出观测值的平差值为

$$\hat{\boldsymbol{L}}=\boldsymbol{L}+\boldsymbol{V} \tag{3-22}$$

一、基础方程和它的解

设有 r 个平差值线性条件方程：

$$\left.\begin{aligned}a_1\hat{L}_1+a_2\hat{L}_2+\cdots+a_n\hat{L}_n+a_0&=0\\b_1\hat{L}_1+b_2\hat{L}_2+\cdots+b_n\hat{L}_n+b_0&=0\\&\vdots\\r_1\hat{L}_1+r_2\hat{L}_2+\cdots+r_n\hat{L}_n+r_0&=0\end{aligned}\right\} \tag{3-23}$$

式中，a_i、b_i、…、r_i($i=1,2,\cdots,n$)为条件方程系数，a_0、b_0、…、r_0 为条件方程常数项。将式(3-22)代入式(3-23)，得条件方程为

$$\left.\begin{aligned}a_1v_1+a_2v_2+\cdots+a_nv_n+w_a&=0\\b_1v_1+b_2v_2+\cdots+b_nv_n+w_b&=0\\&\vdots\\r_1v_1+r_2v_2+\cdots+r_nv_n+w_r&=0\end{aligned}\right\} \tag{3-24}$$

式中，w_a、w_b、…、w_r 称为条件方程的闭合差，或称不符值，其值为

$$\left.\begin{aligned}w_a&=a_1L_1+a_2L_2+\cdots+a_nL_n+a_0\\w_b&=b_1L_1+b_2L_2+\cdots+b_nL_n+b_0\\&\vdots\\w_r&=r_1L_1+r_2L_2+\cdots+r_nL_n+r_0\end{aligned}\right\} \tag{3-25}$$

现设

$$\underset{r,n}{\boldsymbol{A}}=\begin{bmatrix} a_1 & a_2 & \cdots & a_n \\ b_1 & b_2 & \cdots & b_n \\ \vdots & \vdots & \vdots & \vdots \\ r_1 & r_2 & \cdots & r_n \end{bmatrix},\underset{r,1}{\boldsymbol{W}}=\begin{bmatrix} w_a \\ w_b \\ \vdots \\ w_r \end{bmatrix},\underset{n,1}{\boldsymbol{V}}=\begin{bmatrix} v_1 \\ v_2 \\ \vdots \\ v_n \end{bmatrix},\underset{r,1}{\boldsymbol{A}_0}=\begin{bmatrix} a_0 \\ b_0 \\ \vdots \\ r_0 \end{bmatrix},\underset{n,1}{\boldsymbol{L}}=\begin{bmatrix} L_1 \\ L_2 \\ \vdots \\ L_n \end{bmatrix}$$

则式(3-24)的矩阵表达式为

$$\boldsymbol{AV}+\boldsymbol{W}=0 \tag{3-26}$$

同样,式(3-23)可写成

$$\boldsymbol{A}\,\hat{\boldsymbol{L}}+\boldsymbol{A}_0=\boldsymbol{0} \tag{3-27}$$

式中$\underset{n,1}{\hat{\boldsymbol{L}}}=[\hat{L}_1 \quad \hat{L}_2 \quad \cdots \quad \hat{L}_n]^{\mathrm{T}}$,$\underset{r,1}{\boldsymbol{A}_0}=[a_1 \quad b_2 \quad \cdots \quad r_n]^{\mathrm{T}}$。

式(3-25)为

$$\boldsymbol{W}=(\boldsymbol{AL}+\boldsymbol{A}_0) \tag{3-28}$$

按求函数极值的拉格朗日乘数法,设其乘数为$\underset{r,1}{\boldsymbol{K}}=[k_a \quad k_b \quad \cdots \quad k_r]^{\mathrm{T}}$,称为联系数向量,组成函数

$$\boldsymbol{\Phi}=\boldsymbol{V}^{\mathrm{T}}\boldsymbol{PV}-2\boldsymbol{K}^{\mathrm{T}}(\boldsymbol{AV}+\boldsymbol{W})$$

将$\boldsymbol{\Phi}$对$\boldsymbol{V}$求一阶导数,并令其为零,得

$$\frac{\mathrm{d}\boldsymbol{\Phi}}{\mathrm{d}\boldsymbol{V}}=2\boldsymbol{V}^{\mathrm{T}}\boldsymbol{P}-2\boldsymbol{K}^{\mathrm{T}}\boldsymbol{A}=0$$

即

$$\boldsymbol{PV}=\boldsymbol{A}^{\mathrm{T}}\boldsymbol{K}$$

将上式两边左乘权逆阵$\boldsymbol{P}^{-1}$,得改正数$\boldsymbol{V}$的计算公式为

$$\boldsymbol{V}=\boldsymbol{P}^{-1}\boldsymbol{A}^{\mathrm{T}}\boldsymbol{K}=\boldsymbol{QA}^{\mathrm{T}}\boldsymbol{K} \tag{3-29}$$

上式称为改正数方程,其纯量形式为(P为对角阵):

$$v_i=\frac{1}{p_i}(a_ik_a+b_ik_b+\cdots+r_ik_r) \qquad (i=1,2,\cdots,n) \tag{3-30}$$

将n个改正数方程(3-29)和r个条件方程(3-26)联立求解,就可以得一组惟一的解:n个改正数和r个联系数。为此,将式(3-26)和式(3-29)合称为条件平差的基础方程。显然,由基础方程解出的一组改正数$\boldsymbol{V}$不仅能消除闭合差,也必能满足$\boldsymbol{V}^{\mathrm{T}}\boldsymbol{PV}=\min$的要求。

解算基础方程式,是先将式(3-29)代入式(3-26),得

$$\boldsymbol{AQA}^{\mathrm{T}}\boldsymbol{K}+\boldsymbol{W}=\boldsymbol{0}$$

令

$$\underset{r,r}{\boldsymbol{N}}=\underset{r,n}{\boldsymbol{A}}\,\underset{n,n}{\boldsymbol{Q}}\,\underset{n,r}{\boldsymbol{A}^{\mathrm{T}}}=\boldsymbol{AP}^{-1}\boldsymbol{A}^{\mathrm{T}} \tag{3-31}$$

则有

$$\underset{r,r}{\boldsymbol{N}}\,\underset{r,1}{\boldsymbol{K}}+\underset{r,1}{\boldsymbol{W}}=\boldsymbol{0} \tag{3-32}$$

上式称为联系数法方程，简称法方程。法方程系数阵 $\boldsymbol{N}$ 的秩 $R(\boldsymbol{N}) = R(\boldsymbol{AQA}^{\mathrm{T}}) = R(\boldsymbol{A}) = r$，即 $\boldsymbol{N}$ 是一个 r 阶的满秩方阵，且可逆。由此可得联系数 $\boldsymbol{K}$ 的惟一解。

法方程的纯量形式为（$\boldsymbol{P}$ 为对角阵）：

$$\left.\begin{aligned}\left[\frac{aa}{p}\right]k_a+\left[\frac{ab}{p}\right]k_b+\cdots+\left[\frac{ar}{p}\right]k_r+w_a&=0\\\left[\frac{ab}{p}\right]k_a+\left[\frac{bb}{p}\right]k_b+\cdots+\left[\frac{br}{p}\right]k_r+w_b&=0\\&\vdots\\\left[\frac{ar}{p}\right]k_a+\left[\frac{br}{p}\right]k_b+\cdots+\left[\frac{rr}{p}\right]k_r+w_r&=0\end{aligned}\right\}\qquad(3\text{-}33)$$

从上式可见，法方程是线性对称方程组。

从法方程解出联系 $\boldsymbol{K}$ 后，将 K 值代入改正数方程式(3-28)，求出改正数 $\boldsymbol{V}$ 值，在求平差值 $\hat{\boldsymbol{L}} = \boldsymbol{L} + \boldsymbol{V}$，这样就完成了按条件平差求平差值的工作。

二、三角网的条件方程式

根据三角网中起算数据的多少，三角网有独立三角网（网中仅有必要的起算数据）和非独立三角网（网中具有多余的起算数据）之分。三角网平差有按角度平差和按方向平差两种方法。以下仅讨论独立三角网的条件和条件方程式。

1. 图形条件

在每条边都是双向观测的任何多边形中，图形内角之和应等于$(n-2)180°$。这种应满足的条件称为图形条件。

(1) 图形条件方程式

如图 3-4 所示的三角网中，有五个独立的三角形图形条件，每个三角形都应列出其图形条件方程式。对于第 i 个三角形而言，设 $\bar{a}_i$、$\bar{b}_i$、$\bar{c}_i$ 为各三角形内角的平差值，则其图形条件方程为

$$\bar{a}_i+\bar{b}_i+\bar{c}_i-180°=0\qquad(3\text{-}34)$$

设各三角形内角的观测值为 a_i、b_i、c_i，则有

$$\left.\begin{aligned}\bar{a}_i&=a_i+v_{ai}\\\bar{b}_i&=b_i+v_{bi}\\\bar{c}_i&=c_i+v_{ci}\end{aligned}\right\}\qquad(3\text{-}35)$$

式(3-35)代入式(3-33)，整理后可得

$$\left.\begin{aligned}v_{ai}+v_{bi}+v_{ci}+w_i&=0\\w_i&=a_i+b_i+c_i-180°\end{aligned}\right\}\qquad(3\text{-}36)$$

式(3-36)就是用改正数表示$\triangle ABO$ 的图形条件式。式中 w_i 是三角形图性条件的闭合差，简称三角形闭合差。

如图 3-5 所示为大地四边形，由四个互相重叠的三角形构成。对于每个三角形都可以组成一个图形条件方程式。但是，大地四边形中独立的图形条件方程式只有三个，第四个图形条件方程式可由三个独立的图形条件方程式导出。

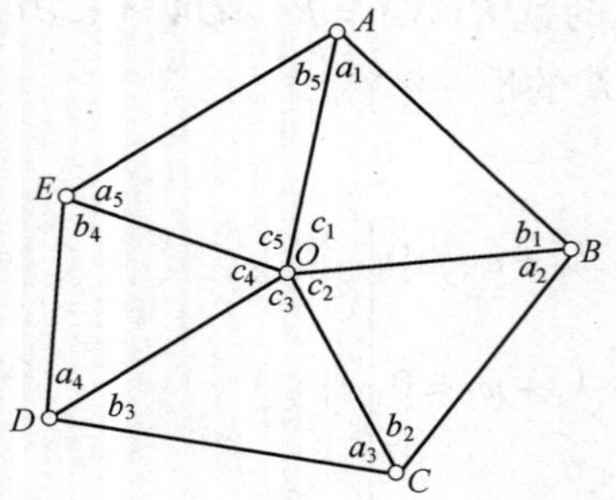

图 3-4　多边形图形条件示意

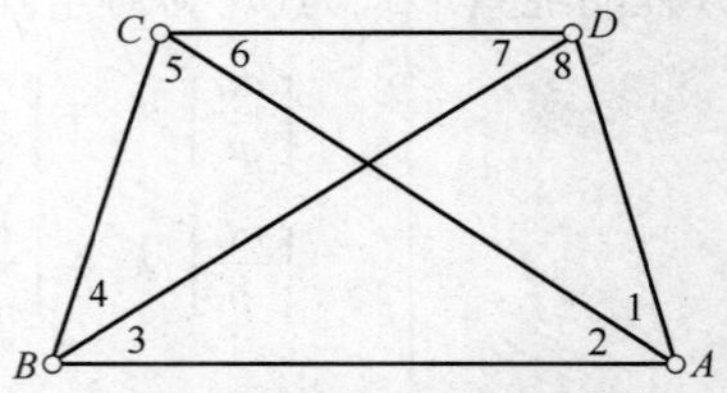

图 3-5　大地四边形图形条件示意

(2)图形条件闭合差的限值

设各角度观测中误差为 m,对式(3-36)应用误差传播定律可得闭合差 w 的中误差为

$$m_w = m\sqrt{3}$$

取闭合差中误差的两倍作为闭合差的限值,即

$$w_{限} = 2m\sqrt{3} \tag{3-37}$$

同理可得,n 条边的多边形图形条件闭合差的限值为

$$w_{限} = 2m\sqrt{n} \tag{3-38}$$

2. 圆周角条件

在中点多边形中,尽管所有三角形的图形条件都满足,但仍不足以保证图形完全闭合,还可能产生图形有裂缝的情况,如图 3-6 所示。显然,这种裂缝之所以产生,是由于中心点 O 上的各角度值之和不等于 360°。为了消除这一几何上的矛盾现象,还必须使角度满足下列条件:

$$\bar{c}_1 + \bar{c}_2 + \cdots + \bar{c}_n - 360° = 0 \tag{3-39}$$

这种条件就称为圆周角条件。顾及式(3-34),可得以改正数表示的圆周角条件方程式的一般形式为(以图 3-6 为例)

$$\left.\begin{aligned} v_{c1} + v_{c2} + v_{c3} + v_{c4} + v_{c5} + w_0 = 0 \\ w_0 = c_1 + c_2 + c_3 + c_4 + c_5 - 360° \end{aligned}\right\} \tag{3-40}$$

式中,w 为圆周角条件方程式的闭合差。

当三角网按方向平差,即以方向观测值作为平差元素时,就不会产生圆周角条件。这是因为每个角度是由两个方向组成的,当组成圆周角条件方程式时,在方程中每个方向都出现两次,并且一次为正,一次为负,正好抵消。

3. 极条件

(1) 极条件方程式

对于中点多边形,在平差时如果仅顾及图形条件和圆周角条件,则平差结果还不能保证几何图形的完全闭合而产生如图 3-7 所示的情况。这是因为平差时没有顾及到边长应满足的条件。若从 OA 边出发,依次解算三角形①、②、…,最后解算得的边长应与出发边 OA 相等。这种条件的数学形式为

$$S_{OA}=S_{OA}\frac{\sin\bar{a}_1\sin\bar{a}_2\cdots\sin\bar{a}_n}{\sin\bar{b}_1\sin\bar{b}_2\cdots\sin\bar{b}_n}\tag{3-41}$$

或

$$\frac{\sin\bar{a}_1\sin\bar{a}_2\cdots\sin\bar{a}_n}{\sin\bar{b}_1\sin\bar{b}_2\cdots\sin\bar{b}_n}=1\tag{3-42}$$

依次解算的三角形有共同顶点 O，这个共同顶点 O 成为极点，故这种条件称为极条件。

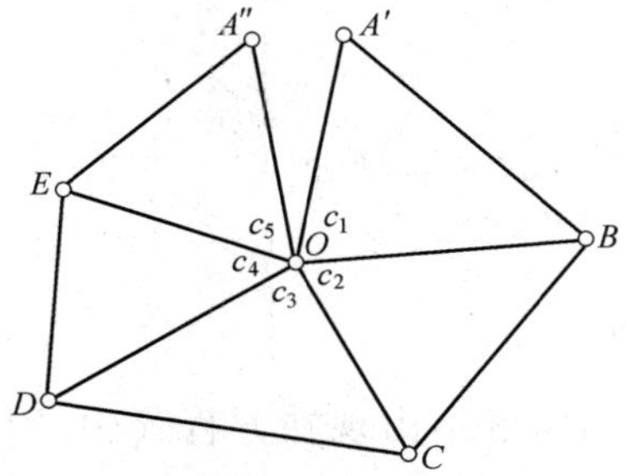

图 3-6 圆周角条件示意

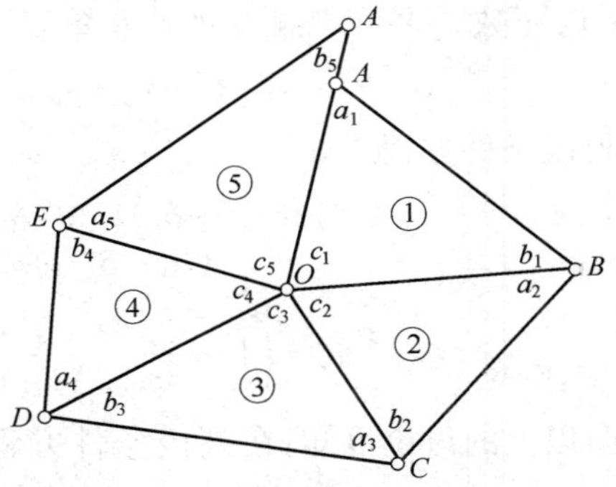

图 3-7 极条件示意

上式是一个非线性的条件方程式，为能按最小二乘法原理进行平差，必须把它化为线性形式。顾及式(3-35)，可按泰勒级数直接展开(仅取至一次项)，分别求得以角度改正数表达的极条件方程的线性形式。对式(3-42)线性化的过程可表达为

$$\frac{\sin[a_1+v_{a_1}]\sin[a_2+v_{a_2}]\cdots\sin[a_n+v_{a_n}]}{\sin[b_1+v_{b_1}]\sin[b_2+v_{b_2}]\cdots\sin[b_n+v_{b_n}]}-1$$

$$=\frac{\prod\sin a}{\prod\sin b}-1+\frac{\prod\sin a}{\prod\sin b}\cot a_1\frac{v_{a_1}}{\rho''}+\frac{\prod\sin a}{\prod\sin b}\cot a_2\frac{v_{a_2}}{\rho''}+\cdots+\frac{\prod\sin a}{\prod\sin b}\cot a_n\frac{v_{a_n}}{\rho''}-$$

$$\frac{\prod\sin a}{\prod\sin b}\cot b_1\frac{v_{b_1}}{\rho''}-\frac{\prod\sin a}{\prod\sin b}\cot b_2\frac{v_{b_2}}{\rho''}-\cdots-\frac{\prod\sin a}{\prod\sin b}\cot b_n\frac{v_{b_n}}{\rho''}=0$$

令

$$\left.\begin{aligned}\delta_{a_i}&=\cot a_i\\ \delta_{b_i}&=\cot b_i\end{aligned}\right\}\tag{3-43}$$

则上式可化简为

$$\delta_{a_1}v_{a_1}+\delta_{a_2}v_{a_2}+\cdots+\delta_{a_n}v_{a_n}-\delta_{b_1}v_{b_1}-\delta_{b_2}v_{b_2}-\cdots-\delta_{b_n}v_{b_n}+w_s=0\tag{3-44}$$

其中

$$w_s=\left(1-\frac{\sin b_1\sin b_2\cdots\sin b_n}{\sin a_1\sin a_2\cdots\sin a_n}\right)\rho''\tag{3-45}$$

对于大地四边形可以任一点为极列出极条件方程式；有时也可以对角线交点为极列出极条件方程式，有如下形式：

$$\left.\begin{aligned}&\delta_1v_1+\delta_3v_3+\delta_5v_5+\delta_7v_7-\delta_2v_2-\delta_4v_4-\delta_6v_6-\delta_8v_8+w_s=0\\ &w_s=\left(1-\frac{\sin(2)\sin(4)\sin(6)\sin(8)}{\sin(1)\sin(3)\sin(5)\sin(7)}\right)\rho''\end{aligned}\right\}\tag{3-46}$$

如果在列极条件方程式时所用到的角度中有未曾观测的角度,这时可以把未观测的角度化为三角形中其他观测角的函数。如图 3-8 所示大地四边形三角网,如以 C 为极点列极条件方程式时,就要用到 D 点上未曾观测的 x 角,x 角可化为观测角(1)、(2)、(3)的函数,即

$$x = 180° - (1) - (2) - (3)$$

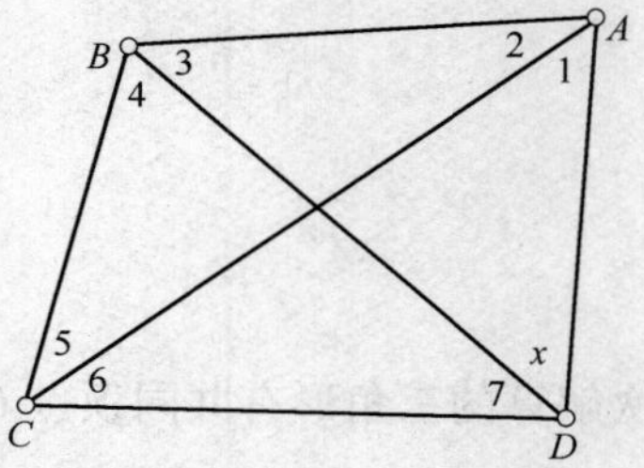

图 3-8　大地四边形未测角关系示意

x 角的改正数 v_x 可用观测角的改正数表示为:

$$v_x = -v_1 - v_2 - v_3$$

于是得极条件方程式如下

$$\left.\begin{aligned}(-\delta_{7+x}-\delta_1)v_1+(\delta_2-\delta_{7+x})v_2+(-\delta_{7+x}-\delta_{3+4})v_3+\\(\delta_4-\delta_{3+4})v_4+(\delta_{7+x}-\delta_7)v_7+w_s=0\\w_s=\left(1-\frac{\sin(3+4)\sin(1)\sin(7)}{\sin(2)\sin(7+x)\sin(4)}\right)\rho''\end{aligned}\right\}\tag{3-47}$$

由以上的讨论可知:在列极条件方程式时,极点处的角度不出现在方程式中,因此对于图 3-8所示大地四边形三角网以 D 点为极点列极条件方程式较为方便。

(2) 极条件闭合差的限值

由式(3-45),按一般函数应用误差传播定律可得极条件闭合差的中误差为

$$m_w^2 = \delta_{a_1}^2 m^2 + \delta_{a_2}^2 m^2 + \cdots + \delta_{b_1}^2 m^2 + \delta_{b_2}^2 m^2 + \cdots$$

或

$$m_w^2 = [\delta\delta] m^2$$

取两倍闭合差的中误差作为闭合差的限值,则

$$m_{限} = 2m_w = 2m\sqrt{[\delta\delta]}\tag{3-48}$$

4. 基线条件

如图 3-9 所示的三角锁中,若两端的起算边 AB 和 CD 都已测定,并且有足够的精度,从 AB 边开始通过各传距角(a_i,b_i)的平差值推算到 CD 边时,CD 边的推算值应等于 CD 边已知的边长测定值,这种条件即称为基线条件。

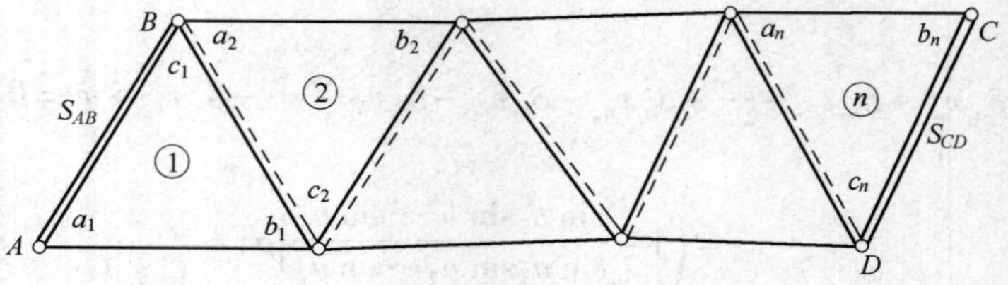

图 3-9　基线条件示意

(1) 基线条件方程式

如图 3-9 所示,设 S_{AB}、S_{CD} 为起算边长,图中虚线为由 AB 边长到 CD 边长的推算路线,则基线条件可写为

$$S_{CD}=S_{AB}\frac{\sin\bar{a}_1\sin\bar{a}_2\cdots\sin\bar{a}_n}{\sin\bar{b}_1\sin\bar{b}_2\cdots\sin\bar{b}_n} \tag{3-49}$$

顾及式(3-35),仿前面的讨论,可得用改正数表达的基线条件方程式:

$$\left.\begin{aligned}&\sum\delta_a v_a-\sum\delta_b v_b+w_{B_0}=0\\&w_{B_0}=\left(1-\frac{S_{CD}\prod\sin b}{S_{AB}\prod\sin a}\right)\rho''\end{aligned}\right\} \tag{3-50}$$

式中 w_{B_0} 为基线条件闭合差。

一个三角锁中,只要有一条起算边,即可推算所有的边长,如果有二条起算边,就有一个多余的观测,因而就产生一个基线条件。

(2)基线条件闭合差的限值

基线条件闭合差的中误差为

$$m^2_{w_{B_0}}=m^2[\delta\delta]+\left(\rho''\frac{m_{S_{AB}}}{S_{AB}}\right)^2+\left(\rho''\frac{m_{S_{CD}}}{S_{CD}}\right)^2$$

取两倍闭合差的中误差作为闭合差的限值,即

$$w_{B限}=\pm2\sqrt{m^2[\delta\delta]+\left(\rho''\frac{m_{S_{AB}}}{S_{AB}}\right)^2+\left(\rho''\frac{m_{S_{CD}}}{S_{CD}}\right)^2} \tag{3-51}$$

【例 3-1】 在图 3-10 中,9 个同精度角度观测值如下,$a_1=30°52'39.2''$、$b_1=42°16'41.2''$、$c_1=106°50'40.6''$,$a_2=33°40'54.8''$、$b_2=20°58'26.4''$、$c_2=125°20'37.2''$,$a_3=23°45'12.5''$、$b_3=28°26'07.9''$、$c_3=127°48'39.0''$,试列出条件方程。

【解】 本题有条件方程 $r=n-t=9-4=5$ 个。其中三个图形条件及一个圆周角条件为

$$v_{a_1}+v_{b_1}+v_{c_1}+1.0=0$$
$$v_{a_2}+v_{b_2}+v_{c_2}-1.6=0$$
$$v_{a_3}+v_{b_3}+v_{c_3}-0.6=0$$
$$v_{c_1}+v_{c_2}+v_{c_3}-3.2=0$$

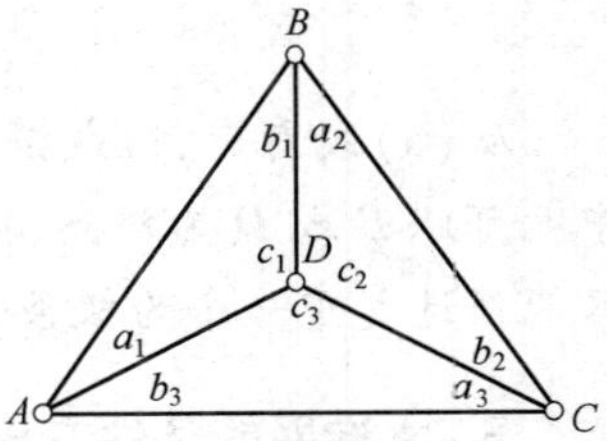

图 3-10　角度观测示意

而非线性的极条件为

$$\frac{\sin\hat{a}_1\cdot\sin\hat{a}_2\cdot\sin\hat{a}_3}{\sin\hat{b}_1\cdot\sin\hat{b}_2\cdot\sin\hat{b}_3}=1$$

其线性形式为

$$\cot a_1 v_{a_1}+\cot a_2 v_{a_2}+\cot a_3 v_{a_3}-\cot b_1 v_{b_1}-\cot b_2 v_{b_2}-\cot b_3 v_{b_3}+\left(1-\frac{\sin b_1\sin b_2\sin b_3}{\sin a_1\sin a_2\sin a_3}\right)\rho''=0$$

将观测值代入,得

$$1.67v_{a_1}+1.50v_{a_2}+2.27v_{a_3}-1.10v_{b_1}-2.61v_{b_2}-1.85v_{b_3}-33.12=0$$

【例 3-2】 图 3-11 为一大地四边形,试列出条件方程。

【解】 本题条件方程个数 $r=n-t=8-4=4$,可组成三个图形条件和一个极条件,即

$$
\left.\begin{aligned}
v_{a_1}+v_{b_1}+v_{a_2}+v_{b_4}+w_1=0\\
v_{b_1}+v_{a_2}+v_{b_2}+v_{a_3}+w_2=0\\
v_{b_2}+v_{a_3}+v_{b_3}+v_{a_4}+w_3=0
\end{aligned}\right\}
$$

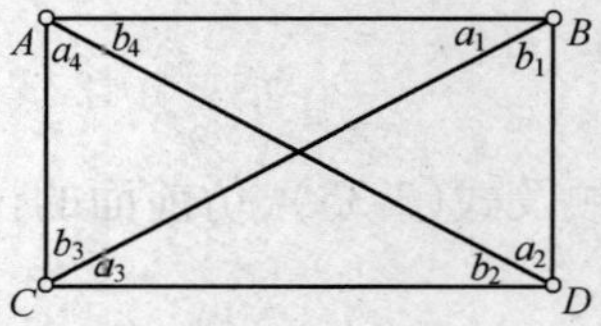

图 3-11　大地四边形观测示意

和

$$\frac{\overline{AB}}{\overline{AC}}\cdot\frac{\overline{AC}}{\overline{AD}}\cdot\frac{\overline{AD}}{\overline{AB}}=1 \quad \text{(a)}$$

或

$$\frac{\sin\hat{a}_2\sin(\hat{a}_3+\hat{b}_3)\sin\hat{a}_1}{\sin(\hat{a}_1+\hat{b}_1)\sin\hat{b}_2\sin\hat{b}_3}=1$$

其线性形式为

$$
\begin{aligned}
&\cot a_2 v_{a_2}+\cot(a_3+b_3)(v_{a_3}+v_{b_3})+\cot a_1 v_{a_1}-\\
&\cot(a_1+b_1)(v_{a_1}+v_{b_1})-\cot b_2 v_{b_2}-\cot b_3 v_{b_3}+w_4=0
\end{aligned} \quad \text{(b)}
$$

整理得

$$
\begin{aligned}
&[\cot a_1-\cot(a_1+b_1)]v_{a_1}-\cot(a_1+b_1)v_{b_1}+\cot a_2 v_{a_2}-\cot b_2 v_{b_2}+\\
&\cot(a_3+b_3)v_{a_3}+[\cot(a_3+b_3)-\cot b_3]v_{b_3}+w_4=0
\end{aligned} \quad \text{(c)}
$$

式中

$$w_4=\left[1-\frac{\sin(a_1+b_1)\sin b_2\sin b_3}{\sin a_2\sin(a_3+b_3)\sin a_1}\right]\rho''$$

仿式(3-43)，式(c)简化的形式可写为

$$
\begin{aligned}
&(\delta_{a_1}-\delta_{(a_1+b_1)})v_{a_1}+\delta_{(a_1+b_1)}v_{b_1}+\delta_{a_2}v_{a_2}-\\
&\delta_{b_2}v_{b_2}+\delta_{(a_3+b_3)}v_{a_3}+(\delta_{(a_3+b_3)}-\delta_{b_3})v_{b_3}+w_4=0
\end{aligned}
$$

从(a)式看出，组成极条件是以 A 点为极点，即从 AB 出发，经过 AC、AD 闭合至 AB。此例中也可以 B 或 D 为极点，按以上推导类似方程组成极条件。但在列出三个图形条件情况下，只能任选其中一个为极条件，保持 4 个互相独立(不存在线性组合)的条件方程。

三、水准网的条件方程式

水准网平差的主要目的，是确定网中未知点的最或然高程。例如图 3-12 的水准网中，四个已知水准点(图中以"⊕"表示的点)，两个未知点(图中以"○"表示的点)，并有六个观测值。从图中可以看出，要确定 E 和 F 点的高程，必须观测两个观测值，如 h_1 和 h_6，或 h_4 和 h_3 等等。可见，在已知点的水准网中，必要观测的个数就等于未知点的个数。图 3-12 中，必要观测个数 $t=2$，而条件方程个数 $r=n-t=6-2=4$。

如果水准网中没有已知点，这时，只能假定某点的高程为已知，并以此为基准，去确定其他各点的相对高程。例如图 3-13 的水准网，其中没有已知水准点，这时，通过平差计算，只能确定各点的相对高程。为此，可先假定某一点高程值为已知，例如设 $H_A=100.000\ \text{m}$，并以此为基准，去确定 B、C、D 等点的相对高程。这样，只要观测三个观测值就行了。所以，在没有已知点的水准网中，必要观测的个数等于网中全部未知点的个数减 1。图 3-13 的水准网中，必要观测个数 $t=4-1=3$，而条件方程个数为 $r=6-3=3$。

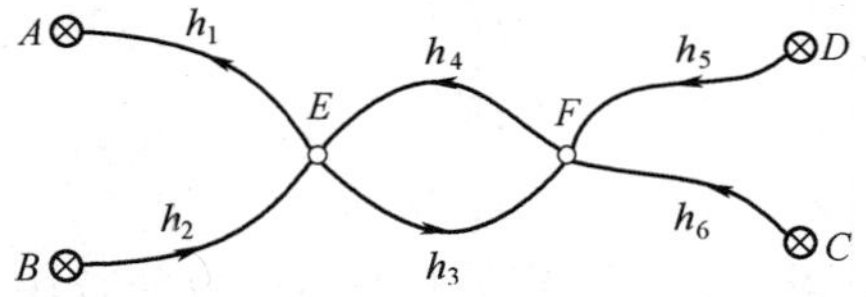

图 3-12　具有已知水准点的水准网示意

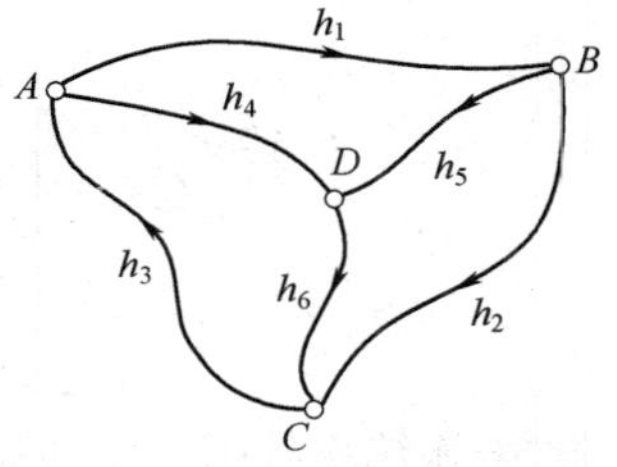

图 3-13　无已知点的水准网示意

四、精度评定

在条件平差中,精度评定包括给出单位权方差的估值计算公式和平差函数的协因数及其中误差的计算公式。为此,还要导出有关向量平差后的协因数阵,或称验后协因数阵。

在一般情况下,观测向量的协方差阵往往是不知道的,为了评定精度,还要利用改正数 $\boldsymbol{V}$ 计算单位权方差的估值 $\hat{\sigma}_0^2$,然后才能计算所需要的各向量的协方差阵和任何平差结果的精度。

1. 计算单位权方差估值的公式

计算任何平差方法中的单位权方差估值,都是用 $\boldsymbol{V}^{\mathrm{T}}\boldsymbol{PV}$ 除以该平差方法的自由度 r,即

$$\hat{\sigma}_0^2 = \frac{\boldsymbol{V}^{\mathrm{T}}\boldsymbol{PV}}{r} \tag{3-52}$$

有了单位权方差的估值和某向量的验后协因数阵,例如已知平差值 $\hat{\boldsymbol{L}}$ 的协因数阵 $\boldsymbol{Q}_{\hat{L}\hat{L}}$,即可计算平差向量的协方差阵

$$\boldsymbol{D}_{\hat{L}\hat{L}} = \hat{\sigma}_0^2 \boldsymbol{Q}_{\hat{L}\hat{L}} \tag{3-53}$$

式(3-52)中的 $\boldsymbol{V}^{\mathrm{T}}\boldsymbol{PV}$ 可以用已经算出的 $\boldsymbol{V}$ 向量和已知的权阵 $\boldsymbol{P}$ 直接计算,也可以按以下导出的公式进行计算。因为

$$\boldsymbol{V} = \boldsymbol{P}^{-1}\boldsymbol{A}^{\mathrm{T}}\boldsymbol{K} = \boldsymbol{QA}^{\mathrm{T}}\boldsymbol{K}$$

故有

$$\boldsymbol{V}^{\mathrm{T}}\boldsymbol{PV} = (\boldsymbol{QA}^{\mathrm{T}}\boldsymbol{K})^{\mathrm{T}}\boldsymbol{P}(\boldsymbol{QA}^{\mathrm{T}}\boldsymbol{K}) = = \boldsymbol{K}^{\mathrm{T}}\boldsymbol{AQPQA}^{\mathrm{T}}\boldsymbol{K} = \boldsymbol{K}^{\mathrm{T}}\boldsymbol{N}_{aa}\boldsymbol{K} \tag{3-54}$$

即二次型 $\boldsymbol{V}^{\mathrm{T}}\boldsymbol{PV}$ 可以用联系系数 $\boldsymbol{K}$ 的具体方阵 $\boldsymbol{N}_{aa}$ 的二次型来进行计算。

此外,因为

$$\boldsymbol{V}^{\mathrm{T}}\boldsymbol{PV} = \boldsymbol{V}^{\mathrm{T}}\boldsymbol{P}(\boldsymbol{P}^{-1}\boldsymbol{A}^{\mathrm{T}}\boldsymbol{K}) = \boldsymbol{V}^{\mathrm{T}}\boldsymbol{A}^{\mathrm{T}}\boldsymbol{K} = (\boldsymbol{AV})^{\mathrm{T}}\boldsymbol{K} = \boldsymbol{W}^{\mathrm{T}}\boldsymbol{K} \tag{3-55}$$

$\boldsymbol{V}^{\mathrm{T}}\boldsymbol{PV}$ 也可用联系数 $\boldsymbol{K}$ 和闭合差 $\boldsymbol{W}$ 进行计算。顺便指出,改正数平方和这一二次型函数是测量平差中一个重要的统计量,在误差统计检验和统计分析中常要用到。

2. 协因数阵

在条件平差中,基本向量为 $\boldsymbol{L}$、$\boldsymbol{W}$、$\boldsymbol{K}$、$\boldsymbol{V}$、$\hat{\boldsymbol{L}}$,通过平差计算后,它们都可表达成随机向量 $\boldsymbol{L}$ 的函数。设 $\boldsymbol{Z}^{\mathrm{T}} = [\boldsymbol{L}^{\mathrm{T}} \quad \boldsymbol{W}^{\mathrm{T}} \quad \boldsymbol{K}^{\mathrm{T}} \quad \boldsymbol{V}^{\mathrm{T}} \quad \hat{\boldsymbol{L}}^{\mathrm{T}}]$,则 $\boldsymbol{Z}$ 的协因数阵为

$$Q_{ZZ}=\begin{bmatrix} Q_{LL} & Q_{LW} & Q_{LK} & Q_{LV} & Q_{L\hat{L}} \\ Q_{WL} & Q_{WW} & Q_{WK} & Q_{WV} & Q_{W\hat{L}} \\ Q_{KL} & Q_{KW} & Q_{KK} & Q_{KV} & Q_{K\hat{L}} \\ Q_{VL} & Q_{VW} & Q_{VK} & Q_{VV} & Q_{V\hat{L}} \\ Q_{\hat{L}L} & Q_{\hat{L}W} & Q_{\hat{L}K} & Q_{\hat{L}V} & Q_{\hat{L}\hat{L}} \end{bmatrix}$$

按协因数传播律推算 $\boldsymbol{Q}_{ZZ}$ 中各协因数阵的计算式，其结果列于表 3-1，以便查用。

表 3-1　条件平差各量的协因数

	$\boldsymbol{L}$	$\boldsymbol{W}$	$\boldsymbol{K}$	$\boldsymbol{V}$	$\hat{\boldsymbol{L}}$
$\boldsymbol{L}$	$\boldsymbol{Q}$	$-\boldsymbol{QA}^{\mathrm{T}}$	$-\boldsymbol{QA}^{\mathrm{T}}\boldsymbol{N}_{aa}^{-1}$	$-\boldsymbol{Q}_{VV}$	$\boldsymbol{Q}-\boldsymbol{QA}^{\mathrm{T}}\boldsymbol{N}_{aa}^{-1}\boldsymbol{AQ}$
$\boldsymbol{W}$	$-\boldsymbol{AQ}$	$\boldsymbol{N}_{aa}$	$\boldsymbol{I}$	$\boldsymbol{AQ}$	0
$\boldsymbol{K}$	$-\boldsymbol{N}_{aa}^{-1}\boldsymbol{AQ}$	$\boldsymbol{I}$	$\boldsymbol{N}_{aa}^{-1}$	$\boldsymbol{N}_{aa}^{-1}\boldsymbol{AQ}$	0
$\boldsymbol{V}$	$-\boldsymbol{Q}_{VV}$	$\boldsymbol{QA}^{\mathrm{T}}$	$\boldsymbol{QA}^{\mathrm{T}}\boldsymbol{N}_{aa}^{-1}$	$\boldsymbol{QA}^{\mathrm{T}}\boldsymbol{N}_{aa}^{-1}\boldsymbol{AQ}$	0
$\hat{\boldsymbol{L}}$	$\boldsymbol{Q}-\boldsymbol{QA}^{\mathrm{T}}\boldsymbol{N}_{aa}^{-1}\boldsymbol{AQ}$	0	0	0	$\boldsymbol{Q}-\boldsymbol{Q}_{VV}$

由表 3-1 可见，平差值 $\hat{\boldsymbol{L}}$ 与改正数 $\boldsymbol{V}$、闭合差 $\boldsymbol{W}$、联系数 $\boldsymbol{K}$ 是不相关的统计量，因为他们都是正态向量，所以也可以说 $\hat{\boldsymbol{L}}$ 与 $\boldsymbol{V}$、$\boldsymbol{W}$、$\boldsymbol{K}$ 互独立。

3. 平差值函数的协因数

在条件平差中，经平差计算，首先得到的是各个观测量的平差值。例如水准网平差先求得的是观测高差的平差值，测角网中则是观测角度的平差值。但是水准网平差后要求得到的是待定点的平差高程，测角网平差后则要知道点的坐标、边长和方位角等。这些都是观测值平差值的函数。平差值函数的中误差，可根据其协因数和单位权中误差求算。下面简要介绍平差值函数的协因数计算方法。

设有平差值函数为

$$\hat{\varphi}=f(\hat{L}_1,\hat{L}_2,\cdots,\hat{L}_n)$$

考虑 $\hat{L}_i=L_i+v_i$，$L_i=\tilde{L}_i-\Delta_i$，故上式为

$$\hat{\varphi}=f(\tilde{L}_1-\Delta_1+v_1,\tilde{L}_2-\Delta_2+v_2,\cdots,\tilde{L}_n-\Delta_n+v_n)$$

真误差和改正数为微小量，将上式按泰勒公式展开，取至一次项，得

$$\begin{aligned}\hat{\varphi}=&f(\tilde{L}_1,\tilde{L}_2,\cdots,\tilde{L}_n)+\left(\frac{\partial f}{\partial \hat{L}_1}\right)_L(-\Delta_1+v_1)+\left(\frac{\partial f}{\partial \hat{L}_2}\right)_L(-\Delta_2+v_2)+\cdots+\\&\left(\frac{\partial f}{\partial \hat{L}_n}\right)_L(-\Delta_n+v_n)\\=&f_0+f_1(-\Delta_1+v_1)+f_2(-\Delta_2+v_2)+\cdots+f_n(-\Delta_n+v_n)\end{aligned}$$

若令 $\boldsymbol{f}=[f_1\quad f_2\quad\cdots\quad f_n]^{\mathrm{T}}$，则平差值函数的协因数公式为

$$\boldsymbol{Q}_{\hat{\varphi}\hat{\varphi}}=\boldsymbol{f}^{\mathrm{T}}\boldsymbol{Qf}-(\boldsymbol{AQf})^{\mathrm{T}}\boldsymbol{N}_{aa}^{-1}\boldsymbol{AQf}$$

五、按条件平差法求平差值的计算步骤及示例

综合以上所述可知，按条件平差求平差值的计算步骤可归纳为：

1. 根据平差问题的具体情况，列出条件方程式(3-26)，条件方程的个数等于多余观测数 r。

2. 根据条件式的系数、闭合差及观测值的权组成法方程式(3-31)，法方程的个数等于多余观测数 r。

3. 解算法方程，求出联系数 K 值。

4. 将 $\boldsymbol{K}$ 代入改正数方程式(3-29)，求出 $\boldsymbol{V}$ 值，并求出平差值$\hat{\boldsymbol{L}}=\boldsymbol{L}+\boldsymbol{V}$。

5. 为了检查平差计算的正确性，常用平差值$\hat{\boldsymbol{L}}$重新列出平差值条件方程式(3-27)，看是否满足方程。

【例 3-3】 设对图 3-14 中的三个内角作同精度观测，得观测值：$L_1=42°12'20''$、$L_2=78°09'09''$、$L_3=59°38'40''$。试按条件平差法求三内角的平差值。

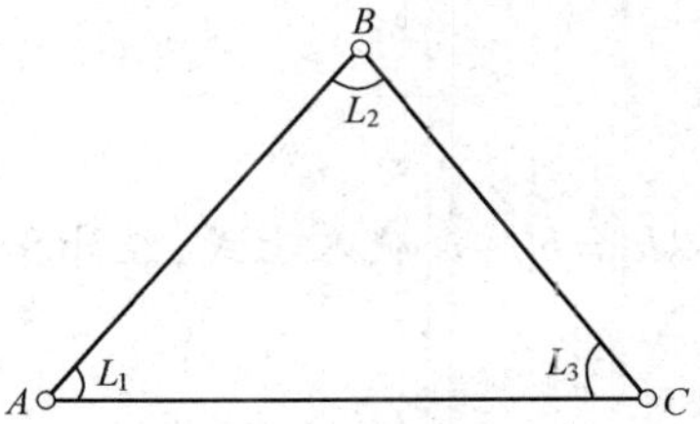

图 3-14　例题 3-3 图

【解】 本题有一个条件式，其平差值条件为

$$\hat{L}_1+\hat{L}_2+\hat{L}_3-180°=0$$

以$\hat{L}_i=L_i+v_i$ 及 L_i 的值代入上式的条件方程

$$v_1+v_2+v_3+9=0$$

式中

$$w=(L_1+L_2+L_3)-180°=9''$$

上列条件用矩阵表示为：

$$\begin{bmatrix}+1 & +1 & +1\end{bmatrix}\begin{bmatrix}v_1\\ v_2\\ v_3\end{bmatrix}+9=0$$

因为观测精度相同，设其权 $p_1=p_2=p_3=1$，则观测值的权阵 $\boldsymbol{P}$ 为单位阵，即 $\boldsymbol{P}=\boldsymbol{I}$。故法方程系数为

$$N_{aa}=\boldsymbol{AP}^{-1}\boldsymbol{A}^{\mathrm{T}}=\boldsymbol{AA}^{\mathrm{T}}=3$$

法方程为

$$3k_a+9=0$$

解得 $k_a=-3$，代入式(3-29)，即

$$\underset{3,1}{\boldsymbol{V}}=QA^{\mathrm{T}}\boldsymbol{K}=\boldsymbol{A}^{\mathrm{T}}\boldsymbol{K}=\begin{bmatrix}-3'' & -3'' & -3''\end{bmatrix}^{\mathrm{T}}$$

由此得各角平差值为

$$\begin{bmatrix}\hat{L}_1\\ \hat{L}_2\\ \hat{L}_3\end{bmatrix}=\begin{bmatrix}L_1\\ L_2\\ L_3\end{bmatrix}+\begin{bmatrix}v_1\\ v_2\\ v_3\end{bmatrix}=\begin{bmatrix}42°12'17''\\ 78°09'06''\\ 59°38'37''\end{bmatrix}$$

为了检核，将平差值$\hat{\boldsymbol{L}}$重新组成平差值条件方程，得

$$42°12'17''+78°09'06''+59°38'37''-180°=0$$

可见各角的平差值满足了三角内角和等于180°的几何条件，即闭合差为零，故知计算无误。

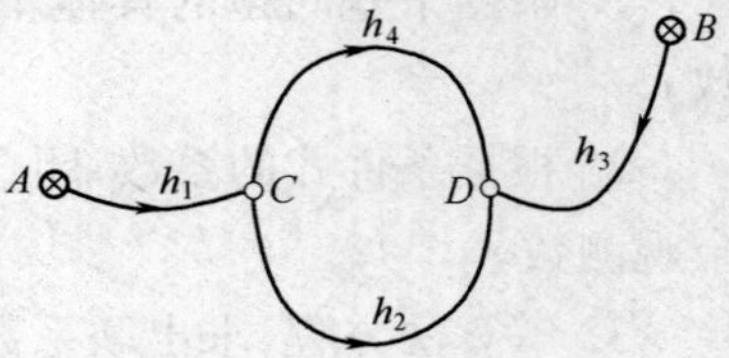

图3-15 例题3-4图

【例3-4】 在图3-15中，A、B为已知水准点，其高程$H_A=+12.013$ m，$H_B=10.013$ m可视为无误差。为了确定C及D点的高程，共观测了4个高差，高差观测值及相应水准路线的距离为：

$h_1=-1.004$ m，$S_1=2$ km；$h_2=+1.516$ m，$S_2=1$ km；

$h_3=+2.512$ m，$S_3=2$ km；$h_4=+1.520$ m，$S_4=1.5$ km。

试求C和D点的平差值。

【解】 此例$n=4$，$t=2$，故$r=2$，可列出如下两个条件方程：

$$\left.\begin{aligned}\hat{h}_1+\hat{h}_2-\hat{h}_3+H_A-H_B=0\\ \hat{h}_2-\hat{h}_4=0\end{aligned}\right\}$$

以$\hat{h}_i=h_i+v_i$代入上式，经计算可得条件方程最后形式为

$$\begin{bmatrix}1&1&-1&0\\0&1&0&-1\end{bmatrix}\begin{bmatrix}v_1\\v_2\\v_3\\v_4\end{bmatrix}-\begin{bmatrix}0\\4\end{bmatrix}=0$$

式中闭合差的单位是mm。

令1 km的观测高差为单位权观测，即$p_i=\dfrac{1}{S_i}$，于是有

$$\frac{1}{p_1}=S_1=2,\quad \frac{1}{p_2}=S_2=1,\quad \frac{1}{p_3}=S_3=2,\quad \frac{1}{p_4}=S_4=1.5$$

法方程系数为

$$N_{aa}=\boldsymbol{AP}^{-1}\boldsymbol{A}^{\mathrm{T}}=\begin{bmatrix}1&1&-1&0\\0&1&0&1\end{bmatrix}\begin{bmatrix}2&0&0&0\\0&1&0&0\\0&0&2&0\\0&0&0&1.5\end{bmatrix}\begin{bmatrix}1&0\\1&1\\-1&0\\0&1\end{bmatrix}\begin{bmatrix}5&1\\1&2.5\end{bmatrix}$$

由此得法方程为

$$\begin{bmatrix}5&1\\1&2.5\end{bmatrix}\begin{bmatrix}k_a\\k_b\end{bmatrix}-\begin{bmatrix}0\\4\end{bmatrix}=0$$

解得$k_a=-0.35$，$k_b=1.74$。代入改正数方程计算$\boldsymbol{V}$得

$$\boldsymbol{V}=[-0.7\quad 1.4\quad 0.7\quad -2.6]^{\mathrm{T}}\qquad(\mathrm{mm})$$

观测量的平差值为

$$\hat{L}_1=-1.0047\ \mathrm{m},\quad \hat{L}_2=1.5174\ \mathrm{m},\quad \hat{L}_3=2.5127\ \mathrm{m},\quad \hat{L}_4=1.5174\ \mathrm{m}$$

用平差值重新列出平差值条件方程，得

$$1.0047+1.5174-2.5127+2.000=0$$
$$1.5174-1.5174=0$$

经检核计算无误，最后计算 C 和 D 点的平差高程为

$$H_C = H_A + \hat{L}_1 = 11.008\,3\ \text{m}$$

$$H_D = H_A + \hat{L}_1 + \hat{L}_4 = 12.525\,7\ \text{m}$$

第三节　间接平差原理

间接平差法（参数平差法）是通过选定 t 个独立参数，将每个观测量分别表达成这 t 个参数的函数，建立函数模型，按最小二乘原理，用求自由极值的方法解出参数的最或然值，从而求得各观测量的平差值。

在第一节中已经简述了用间接平差法建立函数模型和随机模型的方法，其函数模型为式（3-15），即

$$\underset{n,1}{\boldsymbol{\Delta}} = \underset{n,t}{\boldsymbol{B}}\ \underset{t,1}{\tilde{X}} - \underset{n,1}{\boldsymbol{l}} \tag{3-56}$$

随机模型为式（3-17），即

$$\underset{n,n}{\boldsymbol{D}} = \sigma_0^2 \underset{n,n}{\boldsymbol{Q}} = \sigma_0^2 \boldsymbol{P}_{n,n}^{-1}$$

用参数 $\tilde{X}$ 的估值 $\hat{\boldsymbol{X}}$ 与 Δ 的估值 $\boldsymbol{V}$ 代入，则式（3-56）写成

$$\underset{n,1}{\boldsymbol{V}} = \underset{n,t}{\boldsymbol{B}}\ \underset{t,1}{\hat{X}} - \underset{n,1}{\boldsymbol{l}} \tag{3-57}$$

上式表达了参数估值 $\hat{\boldsymbol{X}}$ 与观测值改正数 $\boldsymbol{V}$ 之间的函数关系，称为误差方程。

由于误差方程个数为 n，待求量 $\hat{\boldsymbol{X}}$ 和 $\boldsymbol{V}$ 的总数为 $n+t$，而 $n<n+t$，式（3-57）具有无穷多组解，但可按最小二乘原理，在 $\boldsymbol{V}^{\mathrm{T}}\boldsymbol{PV}=\min$ 下求得其惟一解。下面导出间接平差的计算公式。

一、间接平差的基础方程及其解

设平差问题中有 n 个观测值 $\boldsymbol{L}$，已知其协因数阵 $\boldsymbol{Q}=\boldsymbol{P}^{-1}$，必要观测数为 t，选定 t 个独立量为参数 $\tilde{\boldsymbol{X}}$，其估值为 $\hat{\boldsymbol{X}}=\boldsymbol{X}^0+\hat{\boldsymbol{x}}$，观测值 $\boldsymbol{L}$ 与改正数 $\boldsymbol{v}$ 之和 $\hat{\boldsymbol{L}}$（$\hat{\boldsymbol{L}}=\boldsymbol{L}+\boldsymbol{v}$），称为观测量平差值。按具体平差问题，可列出 n 个平差值方程为

$$L_i + v_i = a_i\hat{X}_1 + b_i\hat{X}_2 + \cdots + t_i\hat{X}_t + d_i \qquad (i=1,2,\cdots,n) \tag{3-58}$$

令

$$\underset{n,1}{\boldsymbol{L}} = [L_1 \quad L_2 \quad \cdots \quad L_n]^{\mathrm{T}}$$

$$\underset{n,1}{\boldsymbol{V}} = [v_1 \quad v_2 \quad \cdots \quad v_n]^{\mathrm{T}}$$

$$\underset{t,1}{\hat{\boldsymbol{x}}} = [\hat{x}_1 \quad \hat{x}_2 \quad \cdots \quad \hat{x}_t]^{\mathrm{T}}$$

$$\underset{n,1}{\boldsymbol{d}} = [d_1 \quad d_2 \quad \cdots \quad d_n]^{\mathrm{T}}$$

$$\underset{n,1}{\boldsymbol{B}} = \begin{bmatrix} a_1 & b_1 & \cdots & t_1 \\ a_2 & b_2 & \cdots & t_2 \\ \vdots & \vdots & \vdots & \vdots \\ a_n & b_n & \cdots & t_n \end{bmatrix}$$

则平差值方程的矩阵形式为

$$L + V = B\hat{X} + d \tag{3-59}$$

令

$$\hat{X} = X^0 + \hat{x} \tag{3-60}$$
$$\underset{n,1}{l} = L - (BX^0 + d)$$

式中，X^0 为参数的充分近似值，于是得误差方程为

$$V = B\hat{x} - l \tag{3-61}$$

按最小二乘原理，上式的$\hat{x}$必须满足 $V^{T}PV = \min$ 的要求，因为 t 个参数为独立量，故可按数学上求函数自由极值的方法，得

$$\frac{\partial V^{T}PV}{\partial \hat{x}} = 2V^{T}P\frac{\partial V}{\partial \hat{x}} = V^{T}PB = 0$$

转置后得

$$B^{T}PV = 0 \tag{3-62}$$

以上所得的式(3-61)和式(3-62)中待求量是 n 个 V 和 t 个$\hat{x}$，而方程个数也是 $n+t$ 个，有惟一解，称此两式为间接平差的基础方程。

解此基础方程，一般是将式(3-61)代入式(3-62)，以便先消去 V，得

$$B^{T}PB\hat{x} - B^{T}Pl = 0 \tag{3-63}$$

令

$$\underset{t,t}{N_{bb}} = B^{T}PB, \quad \underset{t,1}{W} = B^{T}Pl$$

上式简写成

$$N_{bb}\hat{x} - W = 0 \tag{3-64}$$

式中，系数阵 N_{bb} 为满秩，即 $R(N_{bb}) = t$，$\hat{x}$有惟一解，上式称为间接平差的法方程。解之，得

$$\hat{x} = N_{bb}^{-1}W \tag{3-65}$$

或

$$\hat{x} = (B^{T}PB)^{-1}B^{T}Pl \tag{3-66}$$

将求出的$\hat{x}$代入方程(3-61)，即可求得改正数 V，从而平差结果为

$$\hat{L} = L + v, \quad \hat{X} = X^0 + \hat{x} \tag{3-67}$$

二、按间接平差求平差值的计算步骤

1. 根据平差问题的性质，选择 t 个独立量作为参数；

2. 将每一个观测量的平差值分别表达成所选参数的函数，若函数为非线性，则要将其线性化，列出误差方程(3-61)：$V = B\hat{x} - l$。

3. 由误差方程系数 B 和自由项 l 组成法方程(3-64)：$N_{bb}\hat{x} - W = 0$，法方程的个数等于参数的个数 t；

4. 解算法方程，求出参数$\hat{x}$，计算参数的平差值$\hat{X} = X^0 + \hat{x}$；

5. 由误差方程计算 V，求出观测量平差值$\hat{L} = L + V$。

【例 3-5】 如图 3-16 所示的水准网中，已知水准点 A 的高程为 $H_A = 237.483$ m，为求 B、

C、D 三点的高程，进行了水准测量，测得高差和水准路线的长度见表 3-2，试按间接平差求 B、C、D 三点高程的平差值。

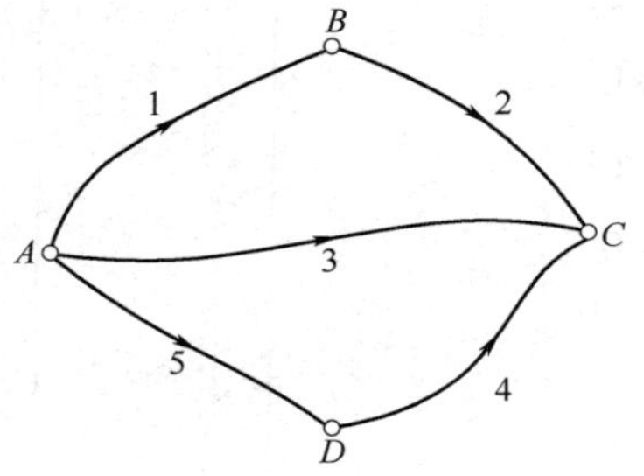

图 3-16　例题 3-5 图

表 3-2　例 3-9 数据

水准路线 i	观测高差 L_i	路线长度 S_i
1	5.835	3.5
2	3.782	2.7
3	9.640	4.0
4	7.384	3.0
5	2.270	2.5

【解】　按题意知必要观测数 $t=3$，选取 B、C、D 三点高程 $\hat{X}_1$、$\hat{X}_2$、$\hat{X}_3$ 为参数。

根据图 3-16 所示的水准路线写出 $5(=n)$ 个平差值方程

$$
\begin{aligned}
L_1+v_1 &= \hat{X}_1 - H_A \\
L_2+v_2 &= -\hat{X}_1+\hat{X}_2 \\
L_3+v_3 &= \hat{X}_2 - H_A \\
L_4+v_4 &= \hat{X}_2-\hat{X}_3 \\
L_5+v_5 &= \hat{X}_3-H_A
\end{aligned}
$$

将观测值移至符号右侧，即得误差方程

$$
\begin{aligned}
v_1 &= \hat{X}_1 - (H_A+L_1) \\
v_2 &= -\hat{X}_1+\hat{X}_2 - L_2 \\
v_3 &= \hat{X}_2 - (H_A+L_3) \\
v_4 &= \hat{X}_2-\hat{X}_3-L_4 \\
v_5 &= \hat{X}_3-(H_A+L_5)
\end{aligned}
$$

将观测高差和已知高程代入上式，即可计算误差方程的常数项。此时，这些常数项将具有 5～6 个数字，这对后续计算是不利的。为了便于计算，可以选取参数的近似值，例如令

$$
\begin{aligned}
X_1^0 &= H_A+L_1 \\
X_2^0 &= H_A+L_3 \\
X_3^0 &= H_A+L_5
\end{aligned}
$$

这样，后续计算求定的只是未知数近似值的改正数 $\hat{x}_1$、$\hat{x}_2$、$\hat{x}_3$，它们存在下列关系：

$$
\begin{aligned}
\hat{X}_1 &= X_1^0+\hat{x}_1=\hat{x}_1+H_A+L_1 \\
\hat{X}_2 &= X_2^0+\hat{x}_2=\hat{x}_2+H_A+L_3 \\
\hat{X}_3 &= X_3^0+\hat{x}_3=\hat{x}_3+H_A+L_5
\end{aligned}
$$

将上式代入误差方程,得

$$
\begin{aligned}
v_1 &= \hat{x}_1 && +0 \\
v_2 &= -\hat{x}_1+\hat{x}_2 && +23 \\
v_3 &= \hat{x}_2 && +0 \\
v_4 &= \hat{x}_2-\hat{x}_3 && -14 \\
v_5 &= \hat{x}_3 && +0
\end{aligned}
$$

取10 km的观测高差为单位权观测,即按

$$p_i=\frac{C}{S_i}=\frac{10}{S_i}$$

定权,得各观测值的权分别为

$$p_1=2.9,\quad p_2=3.7,\quad p_3=2.5,\quad p_4=3.3,\quad p_5=4.0$$

组成法方程为

$$
\begin{aligned}
6.6\hat{x}_1-3.7\hat{x}_2 \qquad\qquad -85.1&=0 \\
-3.7\hat{x}_1+9.5\hat{x}_2-3.3\hat{x}_3+38.9&=0 \\
-3.3\hat{x}_2+7.3\hat{x}_3+46.2&=0
\end{aligned}
$$

解法方程得

$$\hat{x}_1=11.75\ \text{mm},\quad \hat{x}_2=-2.04\ \text{mm},\quad \hat{x}_3=-7.25\ \text{mm}$$

代入误差方程求改正数为

$$v_1=12\ \text{mm},\quad v_2=9\ \text{mm},\quad v_3=-2\ \text{mm},\quad v_4=-9\ \text{mm},\quad v_5=-7\ \text{mm}$$

最后得平差值

$$\hat{X}_1=243.330\ \text{m},\quad \hat{X}_2=247.121\ \text{m},\quad \hat{X}_3=239.746\ \text{m}$$

$$\hat{L}_1=5.847\ \text{m},\quad \hat{L}_2=3.791\ \text{m},\quad \hat{L}_3=9.638\ \text{m},\quad \hat{L}_4=7.375\ \text{m},\quad \hat{L}_5=2.268\ \text{m}$$

三、误差方程的组成

按间接平差法进行平差计算,第一步就是列出误差方程。为此,要进行平差问题中参数个数的确定、参数的选择以及误差方程的建立等。

1. 确定待定参数的个数

在间接平差中,待定参数的个数必须等于必要观测的个数 t,而且要求这 t 个参数必须是独立的。这样才有可能将每个观测量表达成这 t 个参数的函数,而这种类型的函数式正是间接平差函数模型的基本形式,就水准网而言,如果网中有高程已知的水准点,则 t 就等于待定点的个数;若无已知点,则等于全部点数减一,因为这一点的高程可以任意给定,以作为全网高程的基准,这并不影响网点高程之间的相对关系。

2. 参数的选取

在水准网中,既可以选取待定点高程作为参数,也可选取点间的高差作为参数,例如在例 3-5中就是选取待定点高程作为参数的。如果选取高差作为参数,只要是任意3 个独立的高差都可以。例如,在图 3-17 中,可选取角度 1,3,5 或 1,2,4 等作为参数,但不能选取例如 1,2,3 等角度为参数,因为,此时

$$\hat{X}_1=\hat{L}_1,\quad \hat{X}_2=\hat{L}_2,\quad \hat{X}_3=\hat{L}_3$$

而$\hat{L}_1+\hat{L}_2-\hat{L}_3=0$，故$\hat{X}_1+\hat{X}_2-\hat{X}_3=0$，三个参数相关。

在图 3-17 中，A、B、C 是已知坐标的三角点，D 是待定点。为求 D 点坐标，观测了图中 6 个水平角。此例，必要观测数为 $t=2$，通常选取 D 点的纵横坐标值$\hat{X}_D$，$\hat{Y}_D$ 为参数，这样的参数总是函数独立的，此外，也可选取两个独立观测量为参数，例如，选取

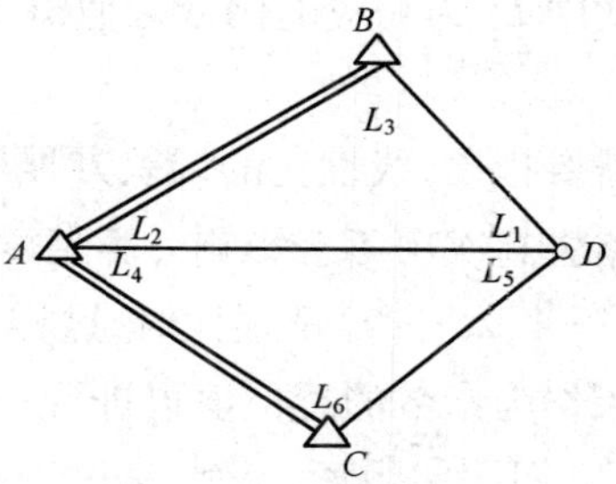

图 3-17　参数选取示意图

$$\left.\begin{matrix}\hat{X}_1=\tilde{L}_2\\ \hat{X}_2=\tilde{L}_3\end{matrix}\right\},\quad \left.\begin{matrix}\hat{X}_1=\tilde{L}_1\\ \hat{X}_2=\tilde{L}_2\end{matrix}\right\},\quad \left.\begin{matrix}\hat{X}_1=\tilde{L}_4\\ \hat{X}_2=\tilde{L}_6\end{matrix}\right\}$$

等，它们都是函数独立的。但不能选取$\hat{X}_1=\tilde{L}_2$，$\hat{X}_2=\tilde{L}_4$，因为$\hat{X}_1+\hat{L}_2=\angle BAC$。

综上所述，采用间接平差，应该选定刚好 t 个而又函数独立的一组量作为参数。至于应选择其中哪些量作为参数，则应按实际需要和是否便于计算而定。

3. 误差方程的组成

例 3-5 已就水准网说明了误差方程的组成方法，观测量的平差值是参数的线性函数。现举例说明，观测量平差值与参数间为非线性函数时组成误差方程的方法。

例如在图 3-17 中，不管选择怎样的一组参数，都将出现非线性形式的平差值方程。设以 D 点坐标 $\tilde{X}_D$ 和 $\tilde{Y}_D$ 为参数，由图可知，第 1 个平差值方程为

$$\hat{L}_1=\hat{a}_{DB}-\hat{a}_{DA}=\arctan\frac{Y_B-\hat{Y}_D}{X_B-\hat{X}_D}-\arctan\frac{Y_A-\hat{Y}_D}{X_A-\hat{X}_D}\tag{3-68}$$

式中，(X_A,Y_A)和(X_B,Y_B)为已知点 A 和 B 的坐标。上式为非线性方程。

又如对图 3-18 测边交会图形来说，若选择待定点 D 的坐标为参数，平差值为$\hat{X}_D$，$\hat{Y}_D$，由图可列出其中 1 个平差值方程为

$$\hat{L}_1=\sqrt{(\hat{X}_D-X_A)-(\hat{Y}_D-Y_A)}\tag{3-69}$$

它们都是非线性函数关系。

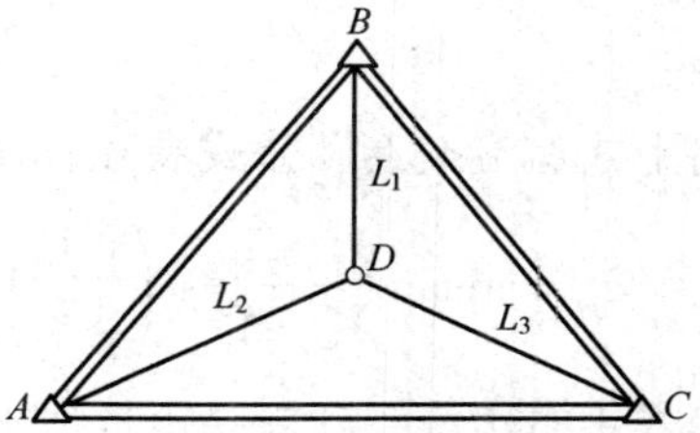

图 3-18　测边交会示意图

4. 误差方程线性化

按误差方程线性化的方法可对非线性平差值方程线性化，将

$$\hat{L}_i=L_i+V_i=f_i(\hat{X}_1,\hat{X}_2,\cdots,\hat{X}_t)\tag{3-70}$$

按泰勒公式展开得

$$v_i=\left(\frac{\partial f_i}{\partial\hat{X}_1}\right)_0\hat{x}_1+\left(\frac{\partial f_i}{\partial\hat{X}_2}\right)_0\hat{x}_2+\cdots+\left(\frac{\partial f_i}{\partial\hat{X}_t}\right)_0\hat{x}_t-[L_i-f_i(X_1^0,X_2^0,\cdots,X_t^0)]\tag{3-71}$$

令

$$a_i=\left(\frac{\partial f_i}{\partial\hat{X}_1}\right)_0,\quad b_i=\left(\frac{\partial f_i}{\partial\hat{X}_2}\right)_0,\quad\cdots,\quad t_i=\left(\frac{\partial f_i}{\partial\hat{X}_t}\right)_0$$

$$l_i=L_i-f_i(X_1^0,X_2^0,\cdots,X_i^0)=L_i-L_i^0\tag{3-72}$$

式中 L_i^0 为相应的函数近似值，自由项 l_i 为观测值 L_i 减去近似值 L_i^0。由此式(3-72)变为

$$v_i = a_i\,\hat{x}_1 + b_i\,\hat{x}_2 + \cdots + t_i\,\hat{x}_t - l_i \tag{3-73}$$

需要指出，线性化的误差方程是个近似式，因为它略去了 $\hat{x}_j$ 的二次以上的各项。当 $\hat{x}_j$ 很小时，略去高次项不会影响计算精度的。如果由于某种原因不能求得较为准确的参数近似值，即 $\hat{x}_j$ $(j=1,2,\cdots,t)$ 都很大时，这样平差值之间仍然会不存在不符值。此时，就要把第一次平差结果作为参数的近似值再进行一次平差。

下面以测角为例，来讨论相应误差方程的线性化问题。

这里讨论测角网中选择特定点的坐标平差值为参数时，误差方程的线性化问题。先介绍坐标改正数与坐标方位角改正数之间的关系式。

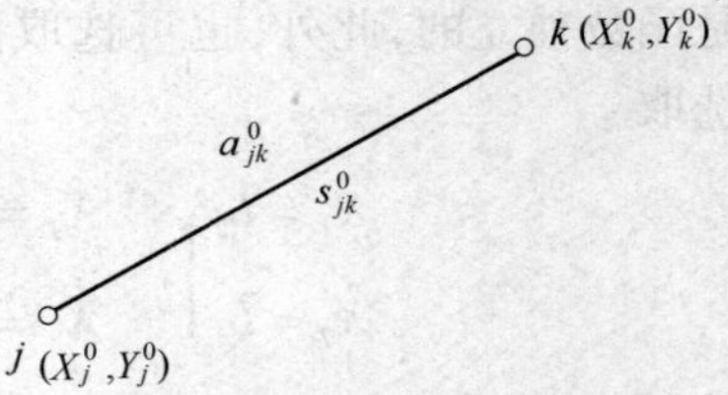

图 3-19　近似数据示意图

在图 3-19 中，j,k 是两个待定点，它们之间的近似坐标为 $\hat{X}_j^0,\hat{Y}_j^0,\hat{X}_k^0$ 和 $\hat{Y}_k^0$。根据这些近似坐标可以计算 j、k 两点间的近似坐标方位角 a_{jk}^0 和近似边长 S_{jk}^0，设这两点的近似坐标的改正数为 $\hat{x}_j,\hat{y}_j$ 和 $\hat{x}_k,\hat{y}_k$，即

$$\left.\begin{aligned}\hat{X}_j &= X_j^0 + \hat{x}_j\\ \hat{Y}_j &= Y_j^0 + \hat{y}_j\end{aligned}\right\},\quad \left.\begin{aligned}\hat{X}_k &= X_k^0 + \hat{x}_k\\ \hat{Y}_k &= Y_k^0 + \hat{y}_k\end{aligned}\right\}$$

由近似坐标改正数引起的近似坐标方位角的改正数为 $\delta_{a_{jk}}$，即

$$\hat{a}_{jk} = a_{jk}^0 + \delta a_{jk} \tag{3-74}$$

现求坐标改正数 $\hat{x}_j,\hat{y}_j,\hat{x}_k,\hat{y}_k$ 与坐标方位角改正数 δa_{jk} 之间的线性关系。

根据图 3-19 可以写出

$$\hat{a}_{jk} = \arctan\frac{(Y_k^0+\hat{y}_k)-(Y_j^0+\hat{y}_j)}{(X_k^0+\hat{x}_k)-(X_j^0+\hat{x}_j)}$$

将上式右端按泰勒公式展开，得

$$\hat{a}_{jk} = \arctan\frac{Y_k^0-Y_j^0}{X_k^0-X_j^0} + \left(\frac{\partial\hat{a}_{jk}}{\partial\hat{X}_j}\right)_0\hat{X}_j + \left(\frac{\partial\hat{a}_{jk}}{\partial\hat{Y}_j}\right)_0\hat{Y}_j + \left(\frac{\partial\hat{a}_{jk}}{\partial\hat{X}_k}\right)_0\hat{X}_k + \left(\frac{\partial\hat{a}_{jk}}{\partial\hat{Y}_k}\right)_0\hat{Y}_k$$

等式中右边第一项就是由近似坐标算得的近似坐标方位角 a_{jk}^0，对照(3-74)式可知

$$\delta_{\hat{a}_{jk}} = \left(\frac{\partial\hat{a}_{jk}}{\partial\hat{X}_j}\right)_0\hat{x}_j + \left(\frac{\partial\hat{a}_{jk}}{\partial\hat{Y}_j}\right)_0\hat{y}_j + \left(\frac{\partial\hat{a}_{jk}}{\partial\hat{X}_k}\right)_0\hat{x}_j + \left(\frac{\partial\hat{a}_{jk}}{\partial\hat{Y}_k}\right)_0\hat{y}_j \tag{3-75}$$

式中

$$\left(\frac{\partial\hat{a}_{jk}}{\partial\hat{X}_j}\right)_0 = \frac{\dfrac{Y_k^0-Y_j^0}{(X_k^0-X_j^0)^2}}{1+\left(\dfrac{Y_k^0-Y_j^0}{X_k^0-X_j^0}\right)^2} = \frac{Y_k^0-Y_j^0}{(X_k^0-X_j^0)^2+(Y_k^0-Y_j^0)^2} = \frac{\Delta Y_{jk}^0}{(S_{jk}^0)^2}$$

同理可得

$$\left(\frac{\partial\hat{a}_{jk}}{\partial\hat{Y}_j}\right)_0 = -\frac{\Delta X_{jk}^0}{(S_{jk}^0)^2},\quad \left(\frac{\partial\hat{a}_{jk}}{\partial\hat{X}_k}\right)_0 = -\frac{\Delta Y_{jk}^0}{(S_{jk}^0)^2},\quad \left(\frac{\partial\hat{a}_{jk}}{\partial\hat{Y}_K}\right)_0 = \frac{\Delta X_{jk}^0}{(S_{jk}^0)^2}$$

将上列结果代入式(3-75),并顾及全式的单位得

$$\delta_{a''_{jk}}=\frac{\rho''\Delta Y^0_{jk}}{(S^0_{jk})^2}\hat{x}_j-\frac{\rho''\Delta X^0_{jk}}{(S^0_{jk})^2}\hat{y}_j-\frac{\rho''\Delta Y^0_{jk}}{(S^0_{jk})^2}\hat{x}_k+\frac{\rho''\Delta X^0_{jk}}{(S^0_{jk})^2}\hat{y}_k \tag{3-76}$$

或写成

$$\delta_{a''_{jk}}=\frac{\rho''\sin a^0_{jk}}{S^0_{jk}}\hat{x}_j-\frac{\rho''\cos a^0_{jk}}{S^0_{jk}}\hat{y}_j-\frac{\rho''\sin a^0_{jk}}{S^0_{jk}}\hat{x}_k+\frac{\rho''\cos a^0_{jk}}{S^0_{jk}}\hat{y}_k \tag{3-77}$$

式(3-77)就是坐标改正数与坐标方位角改正数间的一般关系式,称为坐标方位角改正数方程。其中 δa 以秒为单位。平差计算时,可按不同的情况灵活运用上式。例如:

(1)若某边的两端均为待定点,则坐标改正数与坐标方位角改正数间的关系式就是式(3-77),此时,$\hat{x}_j$ 与 $\hat{x}_k$ 前的系数的绝对值相等;$\hat{y}_j$ 与 $\hat{y}_k$ 前的系数的绝对值也相等。

(2)若观测站点 j 为已知点,则 $\hat{x}_j=\hat{y}_j=0$,得

$$\delta_{a_{jk}}=-\frac{\rho''\Delta Y^0_{jk}}{(S^0_{jk})^2}\hat{x}_k+\frac{\rho''\Delta X^0_{jk}}{(S^0_{jk})^2}\hat{y}_k \tag{3-78}$$

若照准点 k 为已知点,则 $\hat{x}_k=\hat{y}_k=0$,得

$$\delta_{a_{jk}}=+\frac{\rho''\Delta Y^0_{jk}}{(S^0_{jk})^2}\hat{x}_j-\frac{\rho''\Delta X^0_{jk}}{(S^0_{jk})^2}\hat{y}_j \tag{3-79}$$

(3)若某边的两个端点均为已知点,则 $\hat{x}_j=\hat{y}_j=\hat{x}_k=\hat{y}_k=0$,得

$$\delta_{a_{jk}}=0$$

(4)同一边的正反坐标方位角的改正数相等,它们与坐标改正数的关系式也一样。这是因为

$$\delta_{a''_{kj}}=\frac{\rho''\Delta Y^0_{kj}}{(S^0_{jk})^2}\hat{x}_k-\frac{\rho''\Delta X^0_{jk}}{(S^0_{jk})^2}\hat{y}_k-\frac{\rho''\Delta Y^0_{kj}}{(S^0_{jk})^2}\hat{x}_j+\frac{\rho''\Delta X^0_{kj}}{(S^0_{jk})^2}\hat{y}_j$$

对照式(3-77),顾及

$$\left.\begin{aligned}\Delta Y^0_{jk}&=-\Delta Y^0_{kj}\\ \Delta X^0_{jk}&=-\Delta X^0_{kj}\end{aligned}\right\}$$

得

$$\delta_{a_{jk}}=-\delta_{a_{kj}}$$

据此,实际计算时,只要对每条待定边计算一个坐标方位角改正数方程即可。

对于角度观测值 L_i(图 3-20)来说,其观测值方程为

$$L_i+v_i=\hat{a}_{jk}-\hat{a}_{jh} \tag{3-80}$$

将 $\hat{a}=a^0+\delta_a$ 代入,并令

$$l_i=L_i-(a^0_{jk}-a^0_{jh})=L_i-L^0_i \tag{3-81}$$

可得

$$v_i=\delta_{a_{jk}}-\delta_{a_{jh}}-l_i \tag{3-82}$$

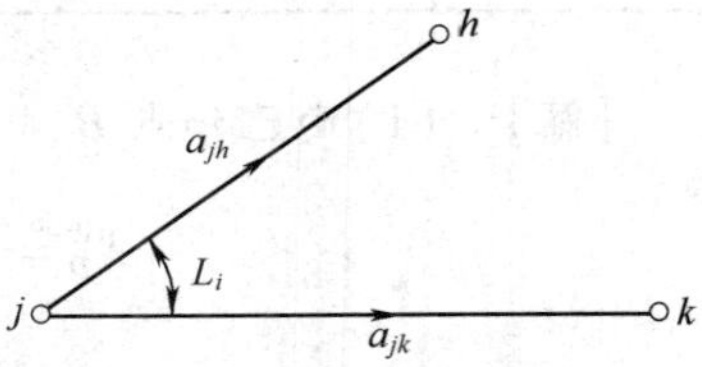

图 3-20　角度与方位角关系图

然后根据这个角的三个端点 j、k、h 是已知点还是待定点而灵活运用式(3-76),并以其代入式(3-82),即得线性化后的误差方程。例如,j、h 和 k 点都是待定点时,式(3-82)为

$$v_i=\frac{\rho''\Delta Y_{jk}^0}{(S_{jk}^0)^2}\hat{x}_j-\frac{\rho''\Delta X_{jk}^0}{(S_{jk}^0)^2}\hat{y}_j-\frac{\rho''\Delta Y_{jk}^0}{(S_{jk}^0)^2}\hat{x}_k+\frac{\rho''\Delta X_{jk}^0}{(S_{jk}^0)^2}\hat{y}_k-$$

$$\left\{\frac{\rho''\Delta Y_{jh}^0}{(S_{jh}^0)^2}\hat{x}_j-\frac{\rho''\Delta X_{jh}^0}{(S_{jh}^0)^2}\hat{y}_j-\frac{\rho''\Delta Y_{jh}^0}{(S_{jh}^0)^2}\hat{x}_h+\frac{\rho''\Delta X_{jh}^0}{(S_{jh}^0)^2}\hat{y}_h\right\}-l_i$$

合并同类项最后可得

$$v_i=\rho''\left(\frac{\Delta Y_{jk}^0}{(S_{jk}^0)^2}-\frac{\Delta Y_{jh}^0}{(S_{jh}^0)^2}\right)\hat{x}_j-\rho''\left(\frac{\Delta X_{jk}^0}{(S_{jk}^0)^2}-\frac{\Delta X_{jh}^0}{(S_{jh}^0)^2}\right)\hat{y}_j-$$

$$\rho''\frac{\Delta Y_{jk}^0}{(S_{jk}^0)^2}\hat{x}_k+\rho''\frac{\Delta X_{jk}^0}{(S_{jk}^0)^2}\hat{y}_k+\frac{\rho''\Delta Y_{jh}^0}{(S_{jh}^0)^2}\hat{x}_h-\rho''\frac{\Delta X_{jh}^0}{(S_{jh}^0)^2}\hat{y}_h-l_i \tag{3-83}$$

上式即为线性化后的误差方程。

综上所述，对于角度观测的三角网，采用间接平差，选择待定点的坐标为参数时，列误差方程的步骤为：

1. 计算各待定点的近似坐标 X^0，Y^0；
2. 由待定点的近似坐标和已知点的坐标计算各待定边的近似坐标方位角 a^0 和近似边长 S^0；
3. 列出各待定边的坐标方位角改正数方程，并计算其系数；
4. 按式(3-76)、(3-83)列出误差方程。

【例 3-6】 同精度测得图 3-17 中的 6 个角度 $L_1,\cdots,L_6$，其观测值列于表 3-3 中。已知点 A、B、C 的起算数据列于表 3-4 中。试以待定点 D 的坐标为参数，列出线性误差方程并求出平差值。

表 3-3 例 3-6 观测数据

角号	观测值 L_i (°	′	″)	角号	观测值 L_i (°	′	″)
1	106	50	42.2	4	28	26	05.0
2	30	52	44.0	5	127	48	41.2
3	42	16	39.1	6	23	45	16.2

表 3-4 例 3-6 起算数据

点名	坐标(m)		坐标方位角 a	边长 S
	X	Y		
B	13 737.37	10 501.92		
A	8 986.68	5 705.03	225°16′38.1″	6 751.24
C	6 642.27	14 711.75	104°35′24.3″	9 306.84

【解】 (1)由已知点 B、A 和观测值 L_3、L_2，按余切公式计算待定点 D 的近似坐标。

$$X_D^0=\frac{X_A\cot L_3+X_B\cot L_2-Y_B+Y_A}{\cot L_2+\cot L_3}=10\ 112.12\ \text{m}$$

$$Y_D^0=\frac{Y_A\cot L_3+Y_B\cot L_2+X_B-X_A}{\cot L_2+\cot L_3}=10\ 312.47\ \text{m}$$

(2)由已知点坐标和待定点近似坐标计算待定边的近似方位角 a^0 和近似边长 S^0(表 3-5)。

表 3-5　例 3-6 计算的近似数据

方　　向	近似坐标方位角 a	近似边长
DA	256°09′22.0″	4 745
DB	2°59′59.0″	3 620
DC	128°20′39.0″	5 609

(3)计算坐标方位角改正数方程的系数。计算时 S^0、X^0、Y^0 均以 m 为单位,而$\hat{x}_D$、$\hat{y}_D$ 因其数值较小,采用 dm 为单位。对于已知边,因 $\delta_a=0$,故不必计算。对于本例而言,只要计算三条边的坐标方位角改正数方程,它们是

$$\delta_{a\,DA}=\frac{\rho''\Delta Y_{DA}^0}{(S_{DA}^0)^2\cdot 10}\hat{x}_D-\frac{\rho''\Delta X_{DA}^0}{(S_{DA}^0)^2\cdot 10}\hat{y}_D$$

$$\delta_{a\,DB}=\frac{\rho''\Delta Y_{DB}^0}{(S_{DB}^0)^2\cdot 10}\hat{x}_D-\frac{\rho''\Delta X_{DB}^0}{(S_{DB}^0)^2\cdot 10}\hat{y}_D$$

$$\delta_{a\,DC}=\frac{\rho''\Delta Y_{DC}^0}{(S_{DC}^0)^2\cdot 10}\hat{x}_D-\frac{\rho''\Delta X_{DC}^0}{(S_{DC}^0)^2\cdot 10}\hat{y}_D$$

式中有关系数值的计算见表 3-6,系数的单位为″/dm。

表 3-6　例 3-6 计算数据

方　　向	ΔX^0(m)	ΔY^0(m)	$(S^0)^2$(m²)	δ_a 的系数(″/dm)	
				$\hat{x}_D$	$\hat{y}_D$
DA	−4 607	−1 135	2 252×10⁴	−4.22	+1.04
DB	189	615	1 311×10⁴	+0.30	−5.69
DC	4 399	−3 480	3 146×10⁴	+2.88	+2.68

根据表 3-6 的数据可以写出待定边的坐标方位角改正数方程:

$$\delta_{a_{DA}}=\delta_{a_{AD}}=-4.22\,\hat{x}_D+1.04\,\hat{y}_D$$

$$\delta_{a_{DB}}=\delta_{a_{BD}}=0.30\,\hat{x}_D-5.69\,\hat{y}_D$$

$$\delta_{a_{DC}}=\delta_{a_{CD}}=2.88\,\hat{x}_D+2.28\,\hat{y}_D$$

(4)参照图 3-17 列出观测值方程:

$$L_1+v_1=\hat{a}_{DB}-\hat{a}_{DA},\quad L_4+v_4=\hat{a}_{AC}-\hat{a}_{AD}$$

$$L_2+v_2=\hat{a}_{AD}-\hat{a}_{AB},\quad L_5+v_5=\hat{a}_{DA}-\hat{a}_{DC}$$

$$L_3+v_3=\hat{a}_{BA}-\hat{a}_{BD},\quad L_6+v_6=\hat{a}_{AD}-\hat{a}_{CA}$$

将$\hat{a}=a^0+\delta_a$ 代入上式后可得

$$v_1=\delta_{a_{DB}}-\delta_{a_{DA}}-l_1$$

$$v_2=\delta_{a_{AD}}-l_2$$

$$v_3=-\delta_{a_{BD}}-l_3$$

$$v_4=-\delta_{a_{AD}}-l_4$$

$$v_5 = \delta_{a_{DA}} - \delta_{a_{DC}} - l_5$$
$$v_6 = \delta_{a_{CD}} - l_6$$

而

$$l_1 = L_1 - (a_{DB}^0 - a_{DA}^0) = L_1 - L_1^0$$
$$l_2 = L_2 - (a_{AD}^0 - a_{AB}^0) = L_2 - L_2^0$$
$$l_3 = L_3 - (a_{BA}^0 - a_{BD}^0) = L_3 - L_3^0$$
$$l_4 = L_4 - (a_{AC}^0 - a_{AD}^0) = L_4 - L_4^0$$
$$l_5 = L_5 - (a_{DA}^0 - a_{DC}^0) = L_5 - L_5^0$$
$$l_6 = L_6 - (a_{CD}^0 - a_{CA}^0) = L_6 - L_6^0。$$

将(3)中算得的坐标方位角改正数方程、近似及已知的坐标方位角值和观测值代入上式，得误差方程式：

$$v_1 = 4.52\,\hat{x}_D - 6.73\,\hat{y}_D - 5.2$$
$$v_2 = -4.22\,\hat{x}_D + 1.04\,\hat{y}_D - 0.1$$
$$v_3 = -0.30\,\hat{x}_D + 5.69\,\hat{y}_D + 0.0$$
$$v_4 = 4.22\,\hat{x}_D - 1.04\,\hat{y}_D - 2.7$$
$$v_5 = -7.10\,\hat{x}_D - 1.24\,\hat{y}_D + 1.8$$
$$v_6 = 2.88\,\hat{x}_D + 2.28\,\hat{y}_D - 1.5$$

如果把属于同一个三角形的三个误差方程求和，其未知数部分自相抵消，而常数项之和就等于该三角形的闭合差反号。

(5)组成法方程，求参数及观测量的平差值。

由误差方程组成法方程：

$$\begin{bmatrix} 114.84 & -25.53 \\ -25.53 & 86.57 \end{bmatrix} \begin{bmatrix} \hat{x}_D \\ \hat{y}_D \end{bmatrix} + \begin{bmatrix} -51.58 \\ 32.06 \end{bmatrix} = 0$$

解算法方程，得

$$\hat{x}_D = 0.393\ \text{dm},\quad \hat{y}_D = -0.254\ \text{dm}$$

代入误差方程计算观测值的改正数和平差值，并计算待定点 D 的坐标平差值，得

$$\boldsymbol{V} = \begin{Bmatrix} -1.7'' \\ -2.0'' \\ -1.6'' \\ -0.8'' \\ -0.7'' \\ -0.9'' \end{Bmatrix},\quad \hat{\boldsymbol{L}} = \begin{bmatrix} 106° & 50' & 40.5'' \\ 30° & 52' & 42.0'' \\ 42° & 16' & 37.5'' \\ 28° & 26' & 04.2'' \\ 127° & 48' & 40.5'' \\ 23° & 45' & 15.3'' \end{bmatrix},\quad \begin{matrix} \hat{X}_D = 10\ 122.16\ \text{m} \\ \hat{Y}_D = 10\ 312.44\ \text{m} \end{matrix}$$

四、精度评定

1. 单位权中误差

间接平差与条件平差虽采用了不同的函数模型，但它们是在相同的最小二乘原理下进行

的，所以两法的平差结果总是相同的，这是因为在满足 $V^{T}PV=\min$ 条件下的 V 是惟一确定的，故平差值 $\hat{L}=L+V$ 不因方法不同而异。

单位权方差 σ_0^2 的估值 $\hat{\sigma}_0^2$，计算式仍是 $V^{T}PV$ 除以其自由度，即

$$\hat{\sigma}_0^2=\frac{V^{T}PV}{r}=\frac{V^{T}PV}{n-t} \tag{3-84}$$

中误差为

$$\hat{\sigma}_0^2=\sqrt{\frac{V^{T}PV}{n-t}} \tag{3-85}$$

计算 $V^{T}PV$ 时，可将误差方程代入后计算，即

$$V^{T}PV=(B\hat{x}-l)^{T}PV=\hat{x}^{T}B^{T}PV-l^{T}PV$$

顾及式(3-71) $B^{T}PV=0$，得

$$V^{T}PV=-l^{T}P(B\hat{x}-l)=l^{T}Pl-l^{T}PB\hat{x}$$

考虑 $l^{T}PB=(B^{T}Pl)^{T}$ 得

$$V^{T}PV=l^{T}Pl-B^{T}Pl\hat{x} \tag{3-86}$$

2. 协因数阵

在间接平差中，基本向量为 $L(l)$，$\hat{X}(\hat{x})$，V 和 $\hat{L}$。已知 $Q_{LL}=Q$，由下面两式知，$l=L-F(X^0)=L-L^0$，$L^0=F(X^0)$，是由近似值计算的函数值，故 $F(X^0)$ 对于讨论精度将不产生影响。此外，按定义知，$\hat{X}=\hat{X}^0+\hat{x}$，故 $Q_{\hat{X}\hat{X}}=Q_{\hat{x}\hat{x}}$，因此下面在与 $\hat{x}$ 有关的协因数阵中，均将 $\hat{x}$ 写成 $\hat{X}$。

下面简要介绍各基本向量的自协因数阵和两两向量间的互协因数阵计算公式。

设 $Z^{T}=L^{T}X^{T}V^{T}\hat{L}^{T}$，则 Z 的协因数阵为

$$Q_{ZZ}=\begin{bmatrix} Q_{LL} & Q_{L\hat{X}} & Q_{LV} & Q_{L\hat{L}} \\ Q_{\hat{X}L} & Q_{\hat{X}\hat{X}} & Q_{\hat{X}V} & Q_{\hat{X}\hat{L}} \\ Q_{VL} & Q_{V\hat{X}} & Q_{VV} & Q_{V\hat{L}} \\ Q_{\hat{L}L} & Q_{\hat{L}\hat{X}} & Q_{\hat{L}V} & Q_{\hat{L}\hat{L}} \end{bmatrix} \tag{3-87}$$

相应的协因数阵计算公式列于表3-7，以备查阅。

表3-7 间接平差的协因数公式

向量 \ 向量	L	$\hat{X}$	V	$\hat{L}$
L	Q	BN_{bb}^{-1}	$BN_{bb}^{-1}B^{T}-Q$	$BN_{bb}^{-1}B^{T}$
$\hat{X}$	$N_{bb}^{-1}B^{T}$	N_{bb}^{-1}	0	$N_{bb}^{-1}B$
V	$BN_{bb}^{-1}B^{T}-Q$	0	$Q-BN_{bb}^{-1}B^{T}$	0
$\hat{L}$	$BN_{bb}^{-1}B^{T}$	BN_{bb}^{-1}	0	$BN_{bb}^{-1}B^{T}$

由表3-7可知，平差 $\hat{X}$、$\hat{L}$ 与改正数 V 的互协因数阵为零，说明 $\hat{L}$ 与 V、$\hat{X}$ 与 V 统计不相关，这是一个很重要的结果。

3. 参数函数的中误差

在间接平差中，解算法方程后首先求得的是 t 个参数。有了这些参数，便可根据它们来计

算该平差问题中任一量的平差值（最或然值），或者说任何一个量的平差值都可以表达为参数的函数。下面将从一般情况来讨论如何求参数函数的中误差的问题。

假定间接平差问题中有 t 个参数，设参数的函数为

$$\hat{\varphi}=\Phi(\hat{X}_1\ \hat{X}_2,\cdots,\hat{X}_t) \tag{3-88}$$

将$\hat{X}_j=X_j^0+\hat{x}_j(j=1,2,\cdots,t)$代入上式后，按泰勒公式展开，取至一次项，得

$$\begin{aligned}\hat{\varphi}&=\Phi(X_1^0\quad X_2^0\quad,\cdots,X_t^0)+\left(\frac{\partial\Phi}{\partial\hat{X}_1}\right)_0\hat{x}_1+\left(\frac{\partial\Phi}{\partial\hat{X}_2}\right)_0\hat{x}_2+\cdots+\left(\frac{\partial\Phi}{\partial\hat{X}_t}\right)_0\hat{x}_t\\&=f_0+f_1\hat{x}_1+f_2\hat{x}_2+\cdots+f_t\hat{x}_t\\&=f_0+\delta\hat{\varphi}\end{aligned}$$

令 $\boldsymbol{F}^{\mathrm{T}}=[f_1\quad f_2\quad\cdots\quad f_t]$，则

$$\boldsymbol{Q}_{\hat{\varphi}\hat{\varphi}}=\boldsymbol{F}^{\mathrm{T}}\boldsymbol{Q}_{\hat{X}\hat{X}}\boldsymbol{F}=\boldsymbol{F}^{\mathrm{T}}\boldsymbol{N}_{bb}^{-1}\boldsymbol{F} \tag{3-89}$$

一般，设有函数向量$\underset{m,1}{\hat{\varphi}}$的权函数式为

$$\boldsymbol{\delta}\underset{m,1}{\hat{\boldsymbol{\varphi}}}=\underset{m,t}{\boldsymbol{F}^{\mathrm{T}}}\underset{t,1}{\hat{\boldsymbol{x}}} \tag{3-90}$$

即用来计算 m 个函数的精度，其协因数阵为

$$\underset{m,m}{\boldsymbol{Q}_{\hat{\varphi}\hat{\varphi}}}=\boldsymbol{F}^{\mathrm{T}}\boldsymbol{Q}_{\hat{X}\hat{X}}\boldsymbol{F}=\boldsymbol{F}^{\mathrm{T}}\boldsymbol{N}_{bb}^{-1}\boldsymbol{F} \tag{3-91}$$

式(3-90)的函数$\hat{\varphi}$的协方差阵为

$$\underset{m,m}{\boldsymbol{D}_{\hat{\varphi}\hat{\varphi}}}=\sigma_0^2\boldsymbol{Q}_{\hat{\varphi}\hat{\varphi}}=\sigma_0^2(\boldsymbol{F}^{\mathrm{T}}\boldsymbol{N}_{bb}^{-1}\boldsymbol{F}) \tag{3-92}$$

【例 3-7】 对固定角内插点的平差问题（图 3-17），已在例 3-6 中求得参数及观测量的平差值$\hat{X}$、$\hat{L}$，现要求平差后 D 点坐标、$\overline{DA}$边的坐标方位角和边长的协因数及其中误差。

【解】 (1)列出$\overline{DA}$边坐标方位角$\hat{a}_{DA}$的权函数式。已知

$$\hat{a}_{DA}=\arctan\frac{Y_A-\hat{Y}_D}{X_A-\hat{X}_D}$$

式中，(X_A,Y_A)为 A 点的已知坐标，对函数全微分得权函数式为

$$\delta_{\hat{a}_{DA}}=\frac{\rho''\Delta Y_{DA}^0}{(S_{DA}^0)^2\cdot10}\hat{x}_D-\frac{\rho''\Delta X_{DA}^0}{(S_{DA}^0)^2\cdot10}\hat{y}_D$$

式中，$\delta_{\hat{a}_{DA}}$单位为秒(″)，$\hat{x}_D$、$\hat{y}_D$ 的单位分别为分米(dm)。将例 3-6 中的数据代入，即得其权函数式为

$$\delta_{\hat{a}_{DA}}=-4.22\hat{x}_D+1.04\hat{y}_D$$

顺便指出，上式实际上就是 DA 边坐标方位角的改正数方程，在例 3-6 中列误差方程时已作过计算。由此可知，列误差方程时所用的坐标方位角改正数方程，可以直接用来作为坐标方位角的权函数式。

(2)列出边长$\hat{S}_{DA}$的权函数式。已知

$$\hat{S}_{DA}=\sqrt{(X_A-\hat{X}_D)^2+(Y_A-\hat{Y}_D)^2}$$

对函数进行全微分，得

$$\delta_{\hat{S}_{DA}} = -\frac{\Delta X_{DA}^0}{S_{DA}^0 \cdot 10}\hat{x}_D - \frac{\Delta Y_{DA}^0}{S_{DA}^0 \cdot 10}\hat{y}_D$$

式中，$\delta_{\hat{S}_{DA}}$的单位为 m，$\hat{x}_D$、$\hat{y}_D$ 的单位分别为分米(dm)。将例 3-6 中的数据代入，即得边长$\hat{S}_{DA}$的权函数式为

$$\delta_{\hat{S}_{DA}} = -0.02\,\hat{x}_D + 0.10\,\hat{y}_D$$

(3)计算协因数：

综合以上两个权函数式，写成矩阵形式为

$$\boldsymbol{\delta}_{\hat{\varphi}} = \begin{bmatrix} \delta_{\hat{\alpha}_{DA}} \\ \delta_{\hat{S}_{DA}} \end{bmatrix} = \begin{bmatrix} -4.22 & 1.04 \\ 0.02 & 0.10 \end{bmatrix} \begin{bmatrix} \hat{x}_D \\ \hat{y}_D \end{bmatrix}$$

按协因数计算式(3-90)得

$$\boldsymbol{Q}_{\hat{\varphi}\hat{\varphi}} = \begin{bmatrix} -4.22 & 1.04 \\ 0.02 & 0.10 \end{bmatrix} \begin{bmatrix} Q_{\hat{X}_D\hat{X}_D} & Q_{\hat{X}_D\hat{Y}_D} \\ Q_{\hat{X}_D\hat{Y}_D} & Q_{\hat{Y}_D\hat{Y}_D} \end{bmatrix} \begin{bmatrix} -4.22 & 0.02 \\ 1.04 & 0.10 \end{bmatrix}$$

由例 3-6 取得法方程系数阵为

$$\boldsymbol{N}_{bb} = \begin{bmatrix} 114.84 & -25.53 \\ -25.53 & 86.57 \end{bmatrix}$$

则有

$$\boldsymbol{Q}_{\hat{\varphi}\hat{\varphi}} = \begin{bmatrix} Q_{\hat{X}_D\hat{X}_D} & Q_{\hat{X}_D\hat{Y}_D} \\ Q_{\hat{X}_D\hat{Y}_D} & Q_{\hat{Y}_D\hat{Y}_D} \end{bmatrix} = \begin{bmatrix} 114.84 & -25.53 \\ -25.53 & 86.57 \end{bmatrix}^{-1} = \begin{bmatrix} 0.009\,3 & 0.002\,7 \\ 0.002\,7 & 0.012\,4 \end{bmatrix}$$

于是

$$\boldsymbol{Q}_{\hat{\varphi}\hat{\varphi}} = \begin{bmatrix} 0.155\,2 & -0.000\,6 \\ -0.000\,6 & 0.000\,14 \end{bmatrix} = \begin{bmatrix} Q_{\hat{a}\hat{a}} & Q_{\hat{a}\hat{S}} \\ Q_{\hat{a}\hat{S}} & Q_{\hat{S}\hat{S}} \end{bmatrix}$$

(4)计算单位权中误差：

从例 3-6 中取得改正数 $\boldsymbol{V}$，观测角为同精度，权均为 1，单位权观测值就是观测角度，其中误差为

$$\hat{\sigma}_0 = \sqrt{\frac{\boldsymbol{V}^{\mathrm{T}}\boldsymbol{V}}{n-t}} = \sqrt{\frac{11.39}{4}} = \pm 1.7''$$

(5)计算$\hat{X}_D$、$\hat{Y}_D$、$\hat{a}_{DA}$和$\hat{S}_{DA}$的中误差：

$$\hat{\sigma}_{\hat{X}_D} = \hat{\sigma}_0\sqrt{Q_{\hat{X}_D\hat{X}_D}} = \pm 1.7\sqrt{0.009\,3} = \pm 0.16\ \mathrm{dm}$$

$$\hat{\sigma}_{\hat{Y}_D} = \hat{\sigma}_0\sqrt{Q_{\hat{Y}_D\hat{Y}_D}} = \pm 1.7\sqrt{0.012\,4} = \pm 0.19\ \mathrm{dm}$$

$$\hat{\sigma}_{\hat{a}_{DA}} = \hat{\sigma}_0\sqrt{Q_{\hat{a}\hat{a}}} = \pm 1.7\sqrt{0.155\,2} = \pm 0.67''$$

$$\hat{\sigma}_{\hat{S}_{DA}} = \hat{\sigma}_0\sqrt{Q_{\hat{S}\hat{S}}} = \pm 1.7\sqrt{0.000\,14} = \pm 0.02\ \mathrm{m}$$

第四节　GNSS 控制网数据处理

GNSS 控制网数据处理包括数据下载、数据格式转换、数据的导入、工程设置、基线解算、三维无约束平差、约束平差(包括三维约束平差或二维约束平差)以及 GNSS 水准(可选)、成果输出几个步骤。以下以某控制网为例进行说明。

一、数据下载及数据预处理

数据下载是把 GNSS 接收机从卫星接收的数据传输到电脑上,以便进行后续的数据解算。有些接收机需要专门的下载软件,如图 3-21 所示;有些则以 U 盘模式直接下载即可。

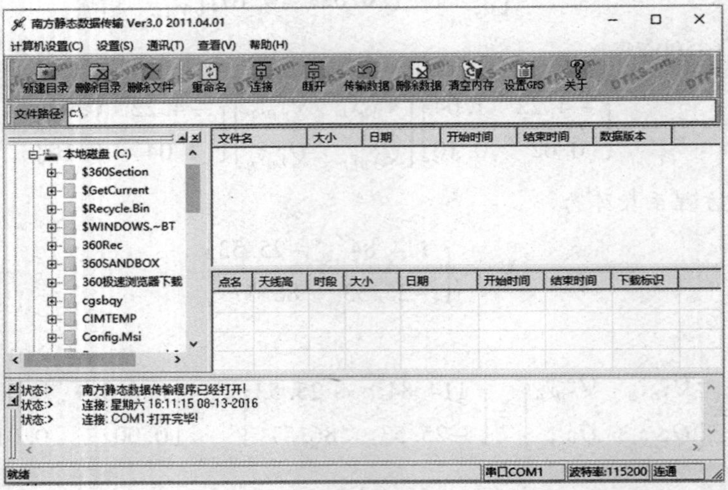

图 3-21　南方 S82C 数据下载界面

下载数据通常以时段为单元进行放置。如本次观测有 6 个时段,则需要先建立 6 个文件夹,并以时段号命名,然后根据观测时间将数据下载到相应的文件夹即可。分时段放置数据有利于对数据进行检查核对,尤其是在较复杂的 GNSS 控制网数据处理中尤为重要。

目前较新的 GNSS 接收机基本都是傻瓜型操作,测量时只需要开机记录即可,不需要手工输入其他信息,这就造成了数据文件名和接收机所在点位点号不关联的问题。有一些接收机在数据下载时可以通过下载软件对数据文件名进行修改,有一些则是对文件名直接进行修改即可。修改文件名时要注意,在一个点上进行多次观测时,需要通过时段号将文件不同时段同一点位观测文件区分开来,否则有可能出现数据文件被覆盖而产生的数据丢失问题。

如在 A003 进行了两次观测,年积日为 172,时段号分别为 3 和 4,则文件名应为 A0031723 和 A0031724,通过文件名末尾的时段编号将其区分开来。

如果数据处理软件不能直接读取观测数据,还需要将数据转换为 RINEX 格式。数据转换通常在仪器随机处理软件包中提供。

二、南方 GNSS 数据处理软件应用

1. 工程项目建立

GNSS 数据处理时，应首先建立一个工程项目，图 3-22 是南方 GNSS 数据处理软件中新建项目设置的界面，其中最关键的是坐标系统选择和控制网等级的选择两项。

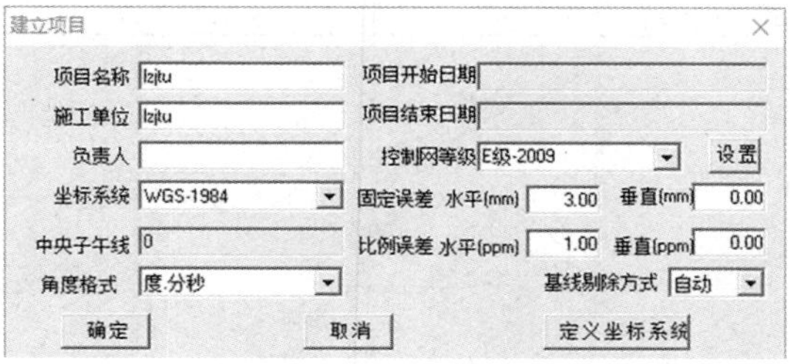

图 3-22　工程设置界面

坐标系统必须与最终成果输出时点的坐标对应（也即是约束平差环节约束点的坐标系统），通常国家坐标系统有北京 54、西安 80、CGCS2000，只需要在下拉列表框中选择即可。地方坐标系需要输入相关参数来建立，点击右下角定义坐标系统弹出图 3-23 界面，进入地方坐标系的建立。

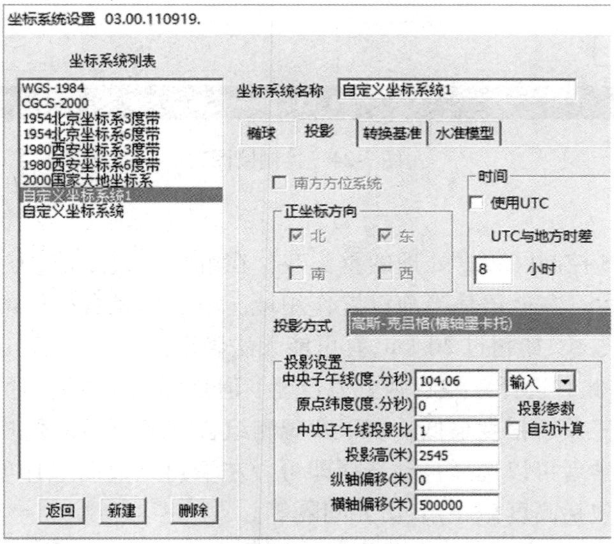

图 3-23　自定义坐标系统

分别在椭球、转换基准和水准面模型三个标签中选择相应椭球参数、转换基准以及水准面模型后进入投影标签。在投影标签中需要输入中央子午线精度、投影高，其余选默认参数即可。

最后选择控制网所对应的等级，控制网等级一定要和测量时所选用的控制等级相对应，如果选择过高的精度等级，则有可能出现大量基线不合格问题。

2. 数据的导入

数据导入往往是初学者容易忽略的一个环节。通常情况下建议分时段导入数据，导入每个时段数据时，需要观察控制网网形的变化，数据是否导入完整，是否出现了几个离的很近的点（实际上是同一个点，往往是点号输错所致，需要将图形放大才能够发现），点号是否和实际点位一一对应等（图 3-24）。

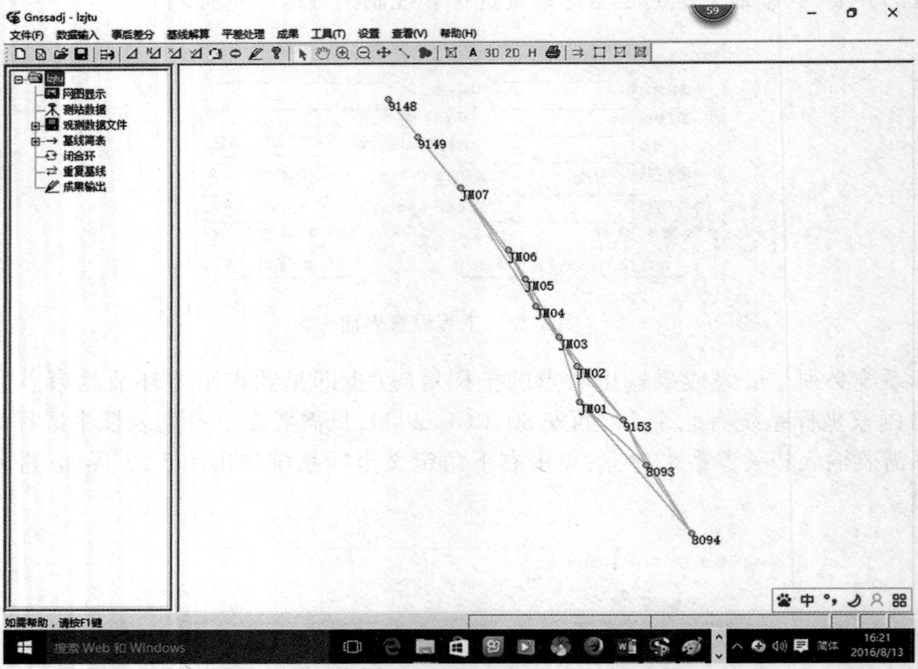

图 3-24　控制网图

3. 基线解算

基线解算是 GNSS 控制网数据处理的重头戏。在解算基线之前，需要先进行基线解算前的设置，如图 3-25 所示。左上角是当前设置作用域。右上角是合格解的选择，一般情况选择双差固定解。如基线过长，如超过 20 km，有可能无法确定固定解，此时选择浮点解更为合理。如果基线超过 30 km，此时选择三差解则更为合理。但是要说明的时，通常双差固定解精度最高，双差浮点解次之，三差解精度最低。右下角观测组合方案，有 L1 载波观测值、L2 载波观测值、宽巷观测值等，初学者可以选择自动选择即可。左下角是数据选择项，这是基线解算中非常重要的参数设置。包括高度截止角、历元间隔等。

对基线初次解算时，采用仪器中所设置的高度截止角和历元间隔即可。

此处高度截止角是在仪器高度截止角基础上再选择卫星，如仪器中高度截止角为 15°，则接收机对高度角在 15°以上的卫星全部进行观测，如果软件中高度截止角设置为 20°，则数据处理时 15°和 20°之间的卫星不参与计算。放大高度截止角的目的通常是为了将天边的卫星排除在外，天边的卫星通常电离层、对流层延迟最大，产生多路径效应的概率也比较高。但是也不能盲目的提高高度截止角，尤其是卫星总数较少的情况下，天边的卫星起正面作用，删除这些卫星只会使得解算精度进一步降低，因此需要具体判断。软件中高度截止角小于仪器中高度截止角时，此参数不起作用。

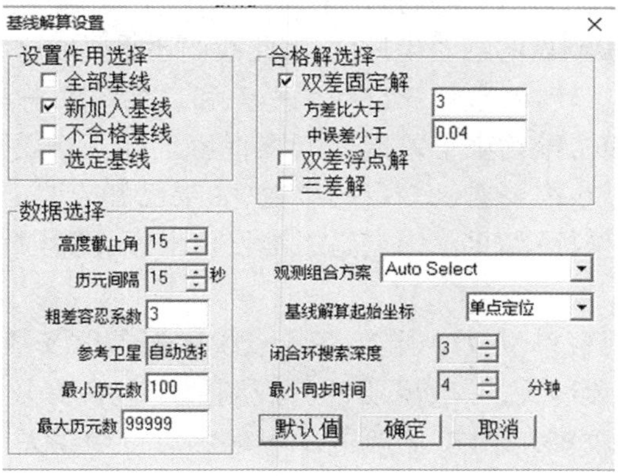

图 3-25 基线解算设置

历元间隔通常用仪器中设置的历元间隔即可，但在观测数据中出现较多周跳需要将历元间隔放大，以减弱周跳的影响。在观测时段较短的情况下，或者卫星数较少的情况下，增大历元间隔有可能起到反作用。

4. 三维无约束平差

通过基线解算环节，我们已经获了基线向量及其协因数矩阵。虽然通过重复基线，同步环和异步环的检验，可以发现这些基线中存在的粗差，但这仅仅是 GNSS 控制网的局部检验，我们还需要通过三维无约束平差进行整体的检验，来发现构成控制网的基线中是否还存在粗差。三维无约束平差的模型如下

$$\begin{bmatrix}\Delta X_{ij}\\ \Delta Y_{ij}\\ \Delta Z_{ij}\end{bmatrix}=\begin{bmatrix}X_j\\ Y_j\\ Z_j\end{bmatrix}-\begin{bmatrix}X_i\\ Y_i\\ Z_i\end{bmatrix}$$

基线向量$\begin{bmatrix}\Delta X_{ij}\\ \Delta Y_{ij}\\ \Delta Z_{ij}\end{bmatrix}$是观测值，是基线解算环节的成果，而$\begin{bmatrix}X_j\\ Y_j\\ Z_j\end{bmatrix}$是 j 点待求坐标，$\begin{bmatrix}X_i\\ Y_i\\ Z_i\end{bmatrix}$是 i 点待求坐标。基线解算协因数矩阵则用于无约束平差基线向量的定权。

三维无约束平差完成以后，需要观察单位权中误差以及基线向量改正数的大小。单位权中误差过大，则说明部分基线中存在粗差或者基线整体质量不高。如果部分基线向量的改正数远远大于其他基线向量的改正数，则需要对这些基线向量重点分析，分析原因，判断是否存在粗差。

三维无约束平差结果中还包含各点的点位中误差，这个也是一个很重要的判断指标，如果所得点位精度较高，则说明本次测量整体精度较高，反之则说明整体精度偏低。但是需要说明的是，三维无约束平差所得实际点位并不一定准确，这是由于三维无约束平差时在控制网中固定了一个点，而这个点通常是单点定位的结果，由于单点定位精度往往比较低，因此控制网整体的绝对位置并不准确，但是点与点之间的相对位置是准确的。

5. 约束平差

三维无约束平差完毕，我们仅仅是获得了不包含粗差的三维基线向量以及其协因数矩阵，而我们最终的目的是获取各控制点的绝对坐标值，因此我们还需要通过约束平差来完成这一任务。

约束平差其实质是坐标转换，包括三维约束平差和二维约束平差两种类型，三维约束平差通过布尔萨模型来完成，而二维约束平差借助二维直角坐标变换模型来实现。到底选择三维约束平差还是二维约束平差，需要看已知点的维数，如果已知点是三维坐标，则通过三维约束平差获取各待求点的三维坐标；如果已知点是二维直角坐标，则需要通过二维约束平差获得各待求点的二维直角坐标值。

约束平差完毕，需要观察单位权中误差，各点点位中误差以及基线向量改正数。如果单位权中误差和基线向量改正数过大，一般说明部分观测值中包含有较大偏差（有可能是粗差），最终是否对于点位精度造成较大影响，需要进一步观察点位中误差。对于点位精度造成较大影响的基线向量需要剔除或者重新进行观测。

在实际应用中通常出现这种情况，即三维无约束平差点位精度非常高，但是后续约束平差结果精度较低，这种情况通常是由于存在精度较低的约束点造成的，与基线向量本身精度关系不大。

GNSS 数据处理中，最繁琐的环节莫过于基线向量粗差的探测。通常包括三个阶段，第一阶段是单基线解算，第二阶段是同步环、异步环及重复基线的检验，第三阶段是无约束平差。通常情况下，这三个阶段依次按顺序进行，但是在有些情况下，需要灵活应用。譬如基线解算完毕，发现有闭合环或者重复基线闭合差超限，如果无法准确判断到底是哪些基线出现问题，此时可直接进入无约束平差，根据无约束平差中基线向量改正数的大小来判断哪些基线可能存在问题，然后再重新进入基线解算环节、环闭合差判断、无约束平差。

思考与练习题

3-1　测量平差的基本任务是什么？

3-2　何谓必要观测、多余观测？期间存在什么关系？

3-3　试简述三角测量的基本原理、基本计算公式。

3-4　简述条件平差法的基本原理。

3-5　简述间接平差法的基本原理。

3-6　写出条件平差的基础方程，并说明其求解过程。

3-7　如下图 3-26 所示大地四边形，其观测值如表 3-8，试完成：(1) 列出以改正数表达的条件方程；(2) 计算各角的改正数和平差值；(3) 进行精度评定。

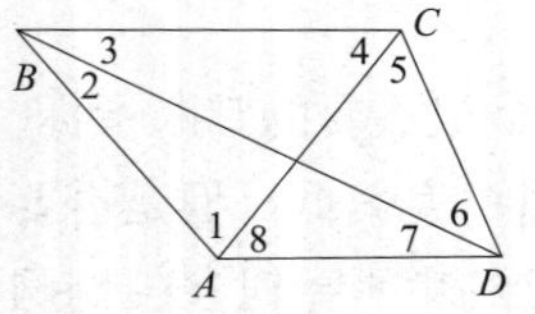

图 3-26　习题 3-7 图

表 3-8　习题 3-7 数据

角号	观测值 °	′	″	角号	观测值 °	′	″
1	96	41	18.9	5	70	15	45.8
2	24	37	32.2	6	51	03	04.1
3	20	52	30.4	7	21	15	15.3
4	37	48	40.2	8	37	25	58.8

3-8　如图 3-27 所示为水准网略图，N_6、N_7、N_8、N_9 是已知水准点，A、B、C 是结点，观测值及已知值均注于略图上，试按间接平差方法计算结点高程的平差值中误差。

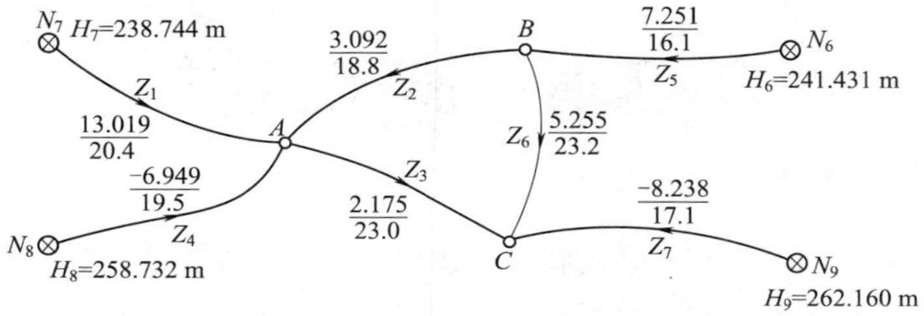

图 3-27　习题 3-8 图

3-9　在图 3-28 的单一附合导线上观测了 4 个角度和 3 条边长，已知数据和观测数据如表 3-9 所示。若测角中误差为 5″，测边中误差为 $0.5\sqrt{S_i(m)}$ (mm)，试按间接平差法求：

(1) 导线 2、3 点的坐标平差值及其中误差；

(2) 观测值的改正数和平差值。

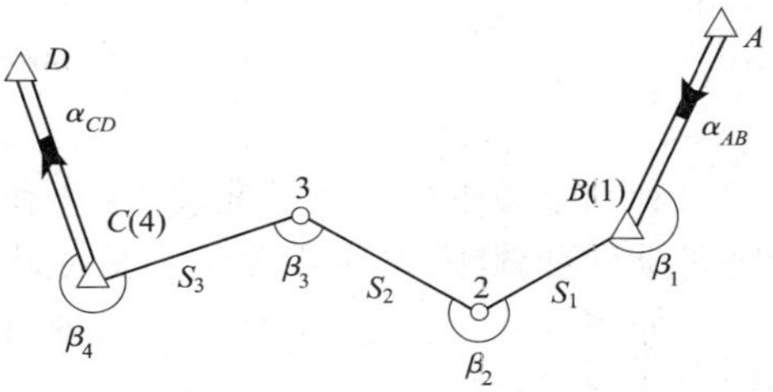

图 3-28　习题 3-9 图

表 3-9　习题 3-9 数据

点号	坐标(m) X	坐标(m) Y	角度观测值 °　′　″	坐标方位角 °　′　″	边长观测值 (m)
A					
				226　44　59	
B(1)	203 020. 348	−59 049. 801	230　32　37		
					204. 952
2			180　00　42		
					200. 130
3			170　39　22		
					345. 153
C(4)	203 059. 503	−59 796. 549	236　48　37		
				324　46　03	
D					

第四章　施工放样

施工放样就是将设计图上建筑物的特征点按照一定的精度在实地标定出来。目前工程施工放样用的最多的方法主要有全站仪放样和 RTK 放样。本章重点介绍这两种方法在施工放样中的应用。

第一节　全站仪放样

利用全站仪可以测量角度、距离和坐标值等。实际上全站仪原始观测值只有水平方向值、竖盘读数和斜距，其余观测量都是在此基础上产生的间接的观测量。

如图 4-1 所示，地面上有一点 A，其坐标值为(x_A,y_A)，在与 A 点通视的地方存在一点 B，已知 A 点到 B 点方位角为α_{AB}。现有一点 C，其坐标为(x_C,y_C)，但是不知道其具体位置，需要利用全站仪将其在地面标定出来。

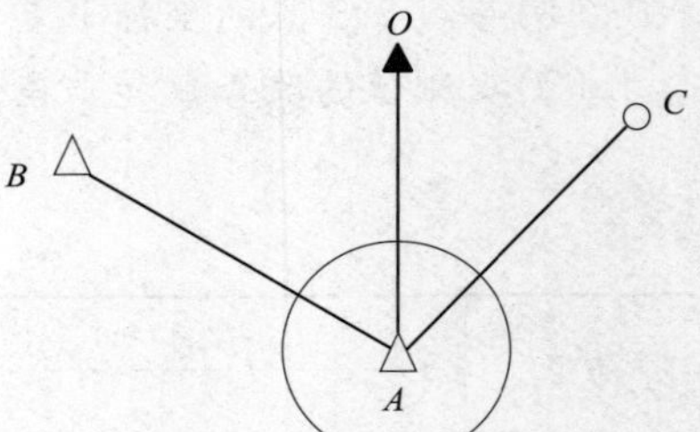

图 4-1　全站仪测量原理图

在 A 点安置全站仪，对中、整平。过 A 点做一方向线 AO 与坐标轴 X 轴平行，配置水平度盘，使得水平度盘 0 刻度线指向 O 点。由于 AO 方向方位角为 0，此时水平度盘上各刻度线所在方位角与刻度线所在刻度值是一一对应关系。由于 C 点坐标已知，通过 A 点坐标可以计算出 AC 方位角α_{AC}、水平距离S_{AC}，则此时水平度盘上数值为α_{AC}的刻度线指向方向即为 C 点所在方向。通过全站仪沿 C 点方向量取距离S_{AC}即可找到 C 点未知。

在实际工程中，由于地面并不存在 O 点，因此使水平度盘读数为α_{AB}的刻度线与 B 点对齐，这样间接使得水平度盘0 刻度和AO 方向（即 X 轴方向）对齐。通常B 点叫做定向点，作用是确定水平度盘方向；A 点叫做测站点，为仪器提供绝对位置。

由于全站仪还可以测量竖直角，因此可以通过三角高程测量进行点的高程放样。三角高程原理在第二章有详细介绍，此处不再重复。

全站仪使用步骤如下：

（1）在测站点安置全站仪，开机，并进行对中、整平。

（2）进入仪器放样菜单，选中测站设置，输入测站点坐标（如果仪器中已经保存了控制点坐标，直接调用即可），再输入仪器高，棱镜高，保存设置。

（3）选中后视定向功能，先瞄准后视点，输入后视点方位角或后视点坐标，点击确认，仪器提示后视定向设置成功（部分全站仪需要对后视点进行测量才能完成定向设置）。

（4）进入放样功能，输入待放样点坐标，点击确认，仪器自动计算出待放样点方位、水平距离以及当前方向和待放样点方位角之间的方向差值 $\Delta\alpha$。

（5）转动全站仪照准部，并借助微动螺旋使得 $\Delta\alpha=0$，旋紧制动螺旋。

(6)定桩人员需要将棱镜放置到全站仪望远镜指向方向,并使对中杆铅处于铅垂状态。

(7)仪器操作人员按测量键进行测距,此时仪器会显示出当前点和待放样点之间的水平距离 ΔS。

(8)定桩人员前后移动对中杆,使得 $\Delta S=0$,则当前点位即是待放样点位。

(9)如果需要放样其他点,则重复(4)~(8)步骤即可。

在实际放样中,仪器操作人员和定桩人员的配合非常重要,双方的联系可借助对讲机和手势来完成。在 ΔS 未确定或者比较大的情况下,仪器操作人员不需要指挥定桩人员移动对中杆使得 $\Delta\alpha$ 精确为0(方向大致对即可),因为在前后移动距离较大时,对于前面的精确定向产生较大影响,反而使得放样速度降低。

第二节　RTK 放样

RTK 是在 GPS 测量技术与数据传输技术的基础上产生的。高精度的 GPS 测量必须采用载波相位观测,RTK 定位技术就是基于载波相位观测的实时动态定位技术,它能够实时快速地提供测站点在指定坐标系中的三维定位结果,并达到厘米级精度。RTK 的优势主要体现在待测点和基准点之间不需要通视、作业效率高、定位精度高、操作简单。在第二章,我们给出了 RTK 测量的双差模型,本节我们将讨论 RTK 的具体操作方法。

一、RTK 的基本操作

RTK 是实时动态载波相位测量,它由基准站、流动站和数据链路构成。数据链路通常有内置电台、功率放大器和 GPRS 三种模式。内置电台发射信号较弱,适用于基准站和流动站距离较近的情况;功率放大器和 GPRS 则适用于基准站与流动站距离较远的情况。通常基准站和流动站距离控制在 4 km 以内,当基准站和流动站距离不断增大时,点位测量精度也会急剧下降。

数据链路不同,则 RTK 的配置也不相同。如果采用内置电台,则基准站和流动站安装 UHF 天线即可;如果采用 GPRS 模式,基准站和流动站需要安装手机卡,并安装 GPRS 天线;如果采用功率放大器,则基准站需要配置功率放大器、发射天线、电瓶等,流动站安装 UHF 天线即可(图 4-2)。

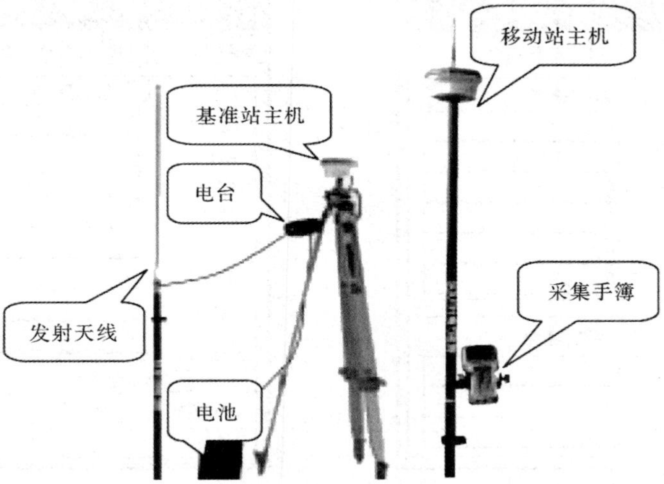

图 4-2　基准站和流动站安置示意图

以南方 RTK 为例，操作步骤如下：

1. 工程设置

在手簿中新建工程，进入坐标系统、仪器高、天线高等参数设置界面，如图 4-3 所示。首先需要选择合适的坐标系统。如果没有合适的坐标系统，则需要进入新建或者编辑坐标系统界面。如图 4-4 所示，确定椭球参数、投影方式、中央子午线、投影高等。

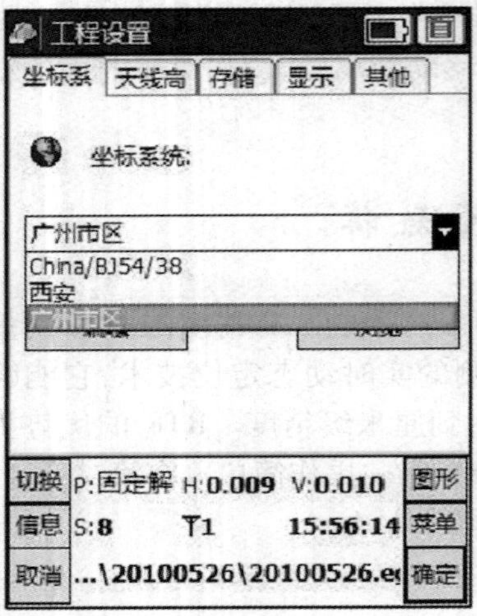

图 4-3　工程设置界面

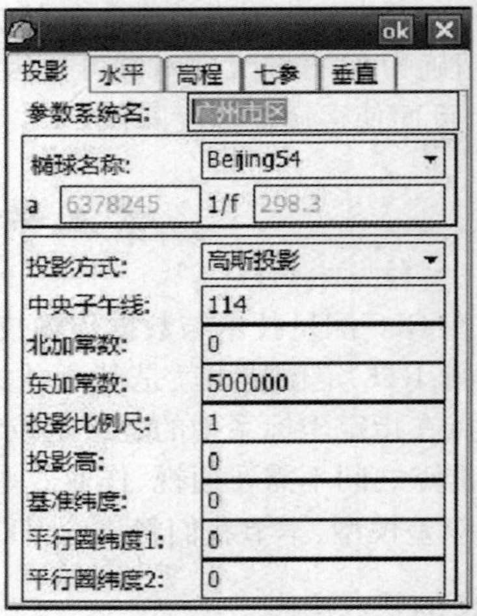

图 4-4　坐标系统编辑界面

然后点击“水平”标签，进入图 4-5 界面。此处“使用四参数”和“使用校正参数”选项在工程设置阶段通常是未选中的，且四参数和校正参数未知。在后续完成坐标转换和点校正，软件在此处填入四参数和校正参数，且启用选项框被选中。四参数控制范围通常在 5 ~ 7 km 以内。

接着点击“高程”标签，进入图 4-6 界面。大地高向正常高转换参数未知，且未被启用。在后续完成高程转换参数的计算后，参数将在此处出现，且启用选项被选中。

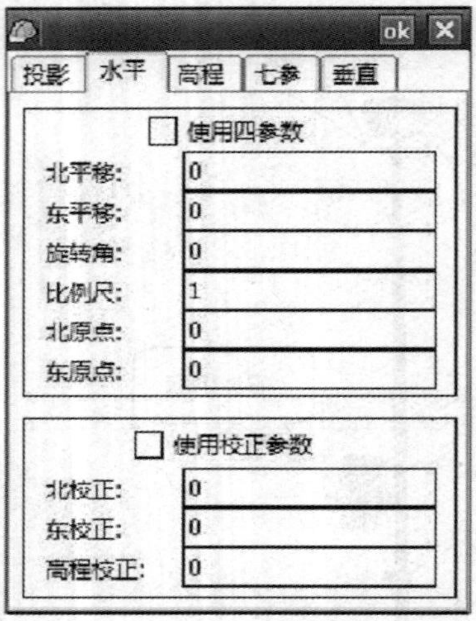

图 4-5　四参数设置界面

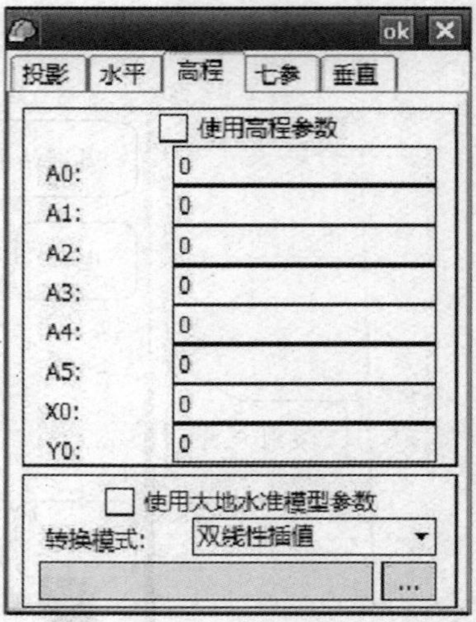

图 4-6　高程转换参数设置界面

点击“七参数”标签，进入图4-7界面。七参数指的是GPS测量坐标系和施工测量坐标系之间的转换参数。且七参数和四参数不能同时使用。七参数的控制范围可以达到10 km左右。

以上步骤完成了坐标系统的设置，在测量中间，用户还可通过设置界面对这些参数进行查看编辑。

在测量之前还需要确定流动站仪器高，如图4-8所示。其余的一些设置如显示、存储方式等等，可以根据用户的习惯进行设置。

图4-7　七参数设置界面

图4-8　天线高设置界面

2. 已知点坐标输入

图4-9为坐标管理库界面，用户可以浏览和编辑已有坐标数据。点击增加按钮进入图4-10界面，可以输入平面控制点坐标，以便后续进行坐标转换和点校正。

图4-9　坐标管理界面

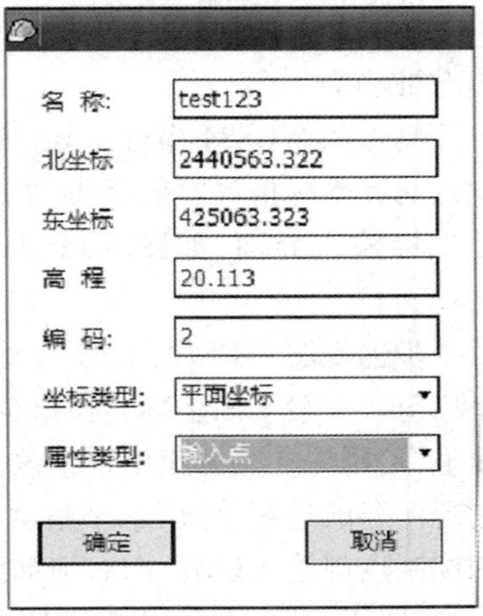

图4-10　增加新的坐标点

3. 基准站设置

用手簿连接基准站，并进入基准站设置界面，如图 4-11 所示，提取基准站当前坐标值（WGS84 坐标），设置基准站天线高、卫星截止高度角、数据差分格式等。如果基准坐标已经保存于坐标管理库，也可以直接调用。设置完毕后启动基准站。

南方 RTK 通常在基准站开启后自动采用上一次设置参数发送信号，因此如果确认基准站参数无误，直接开机即可，无需用手簿对其进行设置。

4. 流动站设置

用手簿连接流动站，并进入流动站设置界面，如图 4-12 所示，主要设置数据差分格式、解算精度等。然后进入点位测量界面，如果显示单点解，通常说明基准站信号没有接收到。如果显示浮点解，则说明基准站和流动站设置正确，检查卫星数是否足够，卫星数足够的情况下稍等片刻，即可获得双差固定解，此时 RTK 测量坐标是 WGS84 坐标下的成果。

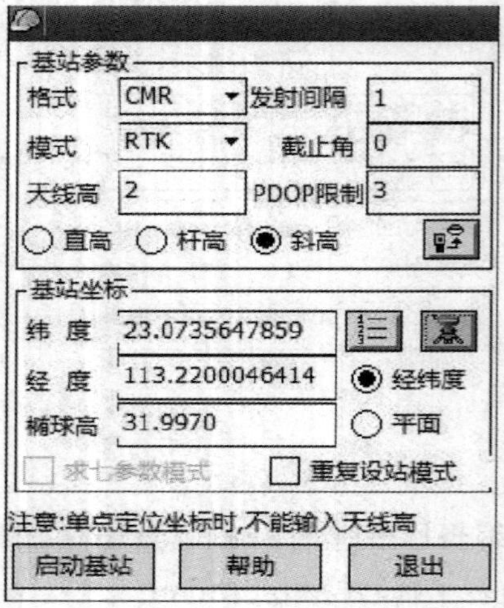

图 4-11　基准站设置界面

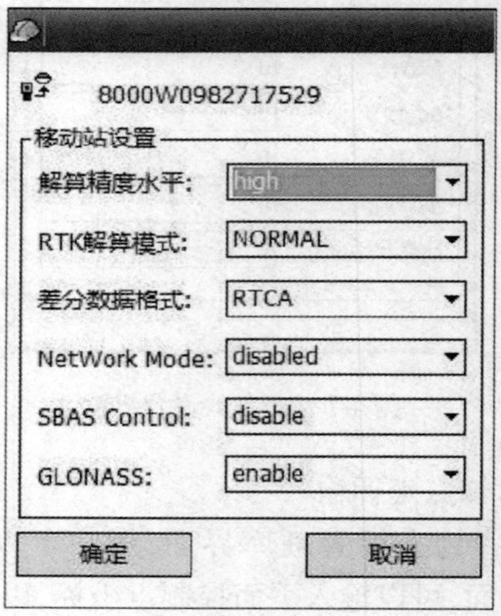

图 4-12　流动站设置界面

5. 坐标转换参数计算

如果各控制点的 WGS84 坐标未知，则需要利用流动站到各控制点采集其 WGS84 坐标，然后利用控制点两套坐标值计算转换参数。图 4-13 为坐标转换参数计算界面，点击增加，进入第一步平面坐标输入界面，如图 4-14 所示。平面控制点也可以直接从坐标管理库中直接提取。

点击下一步进入图 4-15 界面，输入大地坐标，也可从坐标管理库直接选择，或者直接提取当前大地坐标值。一般平面坐标转换最少需要 2 个点，高程转化最少需要 3 个点。若某水准点没有平面坐标，则先在点采集中采集该点，然后再调入该点地方坐标时，把高程改为已知高程。文件进行保存前最好检查“水平精度”和“高程精度”是否满足精度要求。

所有的控制点都输入以后，向右拖动滚动条查看水平精度和高程精度，如图 4-16 所示。

点击保存、应用按钮，则后续测量中，软件会自动利用该转换参数将测量点的 WGS84 坐标成果转换为平面控制点所在坐标系统。

图 4-13　控制点坐标管理库

图 4-14　平面坐标输入设置界面

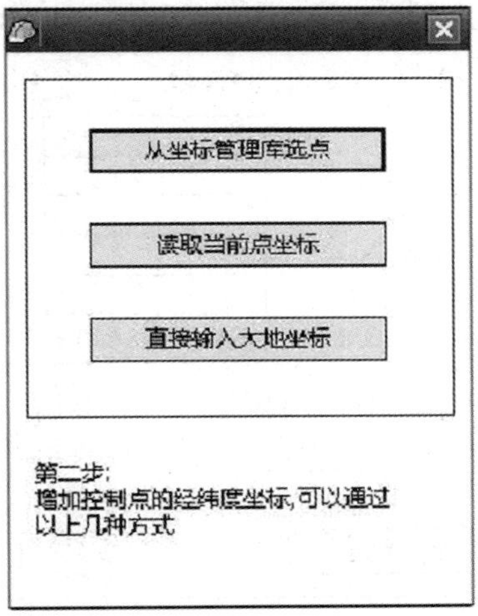

图 4-15　大地坐标输入设置界面

图 4-16　大地坐标输入界面

6. 点校正

如果基准站 WGS84 坐标和各控制点 WGS84 坐标之间存在系统性偏差,还需要利用一点校正功能进行校正。

点校正包括基准站在已知点校正、基准点在未知点直接校正和基准点在未知点先采点后校正三种方式。图 4-17 为点校正界面。

图 4-18 为基准站架设于已知点上的校正界面,输入基准站所在点的已知平面坐标和高程,天线高以及量取方式,点击校正按钮完成点校正。

图 4-19 为基准点架设于未知点上直接校正界面。在某已知点安置流动站,对中整平,输入流动站所在点的已知平面坐标和高程,天线高以及量取方式,点击校正按钮完成点校正。

图 4-20 为基准点架设于未知点上的先测后校正界面。在工程设置中先输入坐标转换参数,在点采集界面进行平滑存储采集,然后进入基准点在未知点校正界面,输入已采点的已知平面坐标,并勾选经纬度模式,进入坐标管理库,选择所采点的原始 RTK 坐标值进行校正。

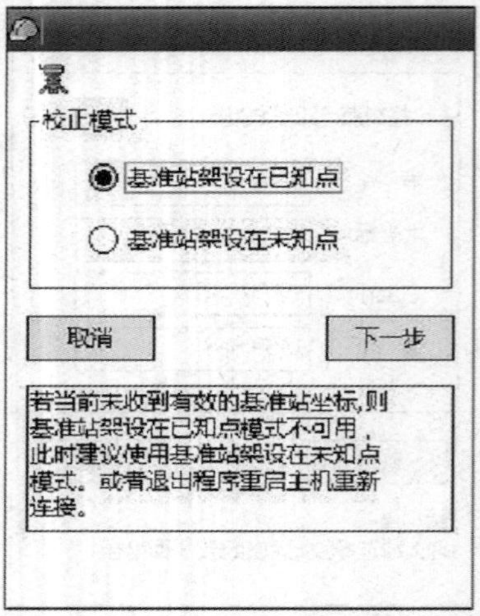

图 4-17　点校正界面

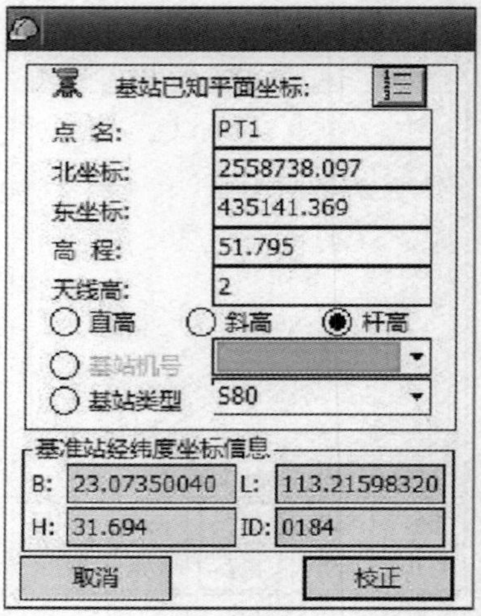

图 4-18　基准站在已知点校正界面

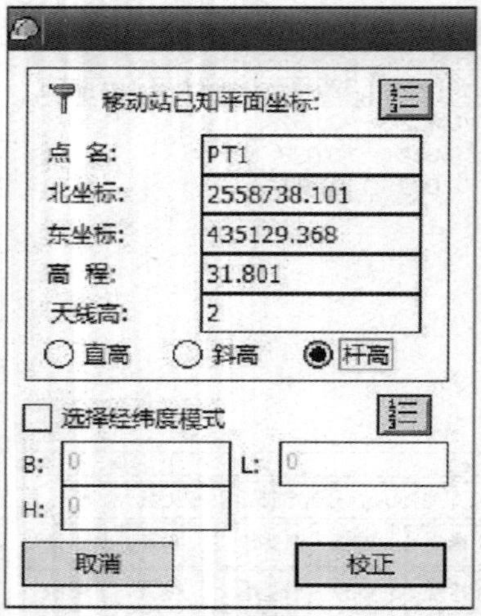

图 4-19　基准站在未知点校正界面图

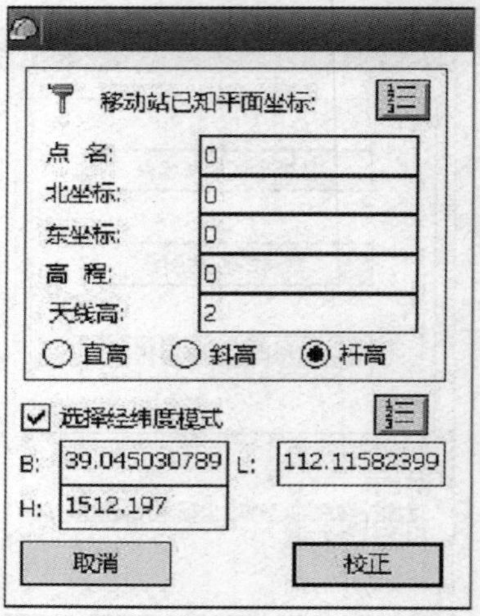

图 4-20　基准站在未知点先测后校正界面

7. 检核并进入放样菜单进行放样

在完成上述各步骤以后，利用流动站测量其中一控制点（或其他检核点）坐标值，如果两者相差较小，即可进入点位放样界面；如果偏差较大，需要具体找出原因进行纠正。图 4-21 为点放样界面。

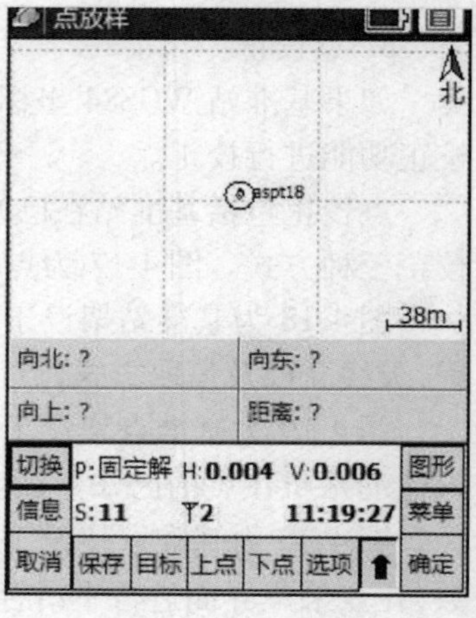

图 4-21　点放样界面

二、RTK 的测量中的坐标变换

在 RTK 的实际应用当中，我们所面临的已知条件各不相同。如有些情况下已知国家大地坐标，有些情况下仅仅已知地方平面坐标；有些情况下控制点的 WGS84 坐标已知，而有些情况下控制点的 WGS84 坐标是未知的；有些情况下要求基准站安置在基准点，而大多情况下基准站安置在任意点。不同的前提条件，需要我们能够灵活运用 RTK。既要能满足实际工程的需求，又能避免不必要的额外工作。

由于大多数情况下国家大地坐标未知，本文主要介绍已知控制点平面坐标情况下的坐标转换。

1. 控制点 WGS84 未知的情况

在一个区域利用 RTK 开展测量工作，必须要有两个或两个以上的控制点，才能保证将各测点 WGS84 坐标转换到控制点所在坐标系统。

通常情况下控制点的 WGS84 坐标是未知的。此时需要安置并设置好基准站，基准站可以在控制点上安置，也可以在任意点安置。再设置流动站，然后利用流动站到各控制点上去采集并保留其 WGS84 坐标，格式有三维直角坐标和大地坐标两种，选其一即可。这个地方初学者往往容易错误地将转换以后的坐标当作 WGS84 坐标保留，因此要格外注意，工程设置中四参数和七参数启用选框应设为未选中状态。

接下来利用所有控制点的两套坐标计算并保存坐标转换参数，然后开展后续测量工作。在测量之前，建议在任一控制点进行检核测量，以保证前项工作的正确性。

2. 控制点 WGS84 已知的情况

如果控制点坐标是通过 GPS 静态测量完成的，通常情况下其 WGS84 坐标是已知的；或者各控制点的 WGS84 坐标通过前期 RTK 测量已经采集过。这种情况下我们如何来利用 RTK 开展测量工作呢？到每一个控制点重新采集其 WGS84 坐标是可行的，但能否有更省时省力的办法呢？

如果基准站安置在某控制点上，则基准站设置时以该点已有的 WGS84 坐标作为基准站坐标即可，不需要再实时采集基准站坐标，然后利用各控制点的两套坐标计算转换参数即可。

如果基准站安置在任意点时，则基准站 WGS84 坐标是基准站单点定位提供的。GPS 控制网是相对定位，其 WGS84 绝对坐标由控制网中其中一点的单点定位结果提供。由于单点定位精度较差，因此可理解为基准站 WGS84 坐标和各控制点已有的 WGS84 坐标不是同一套坐标系统，相互之间存在平移量。这种情况下，直接利用各控制点的 WGS84 坐标计算转换参数，然后进行测量工作，各点所得结果必然存在一共同的偏移量。

有两种方案可以采用，方案一：可以利用流动站去采集另一基准点 WGS84 坐标，采集到的 WGS84 坐标和已有 WGS84 坐标之间存在差值，利用该差值对采集到的基准站 WGS84 坐标进行纠正，然后再计算转换参数即可。方案二：基准站 WGS84 坐标实时采集，然后利用所有控制点两套坐标计算转换参数，再利用流动站去采集任一基准点的地方坐标（或国家坐标），采集到的坐标和原坐标之间存在差异，记住该差值，对后续采集到的所有点坐标利用该差值进行改正即可。显然第二种方案操作比较简单，目前大多 RTK 软件中都提供了对该偏移量进行纠正的措施，这一步骤叫做一点校正。

还有一种情况，在某测区利用 RTK 进行测量工作，由于各控制点 WGS84 坐标未知，因此利用流动站到各控制点采集并保存，计算转换参数后测量。由于测量工作未完成，第二天接着开展测量工作，请大家思考，此时能否利用前一天的坐标转换参数，该如何操作。

三、RTK 的高程测量

RTK 测量所得高为大地高系统，而我国工程上采用的高为正常高系统，地面上一点的大

地高和正常高之间差值叫做高程异常。RTK 测量中高程异常模型常用如下几种模型表示

零次模型：$\xi = \alpha_0$

一次模型：$\xi = \alpha_0 + \alpha_1 X + \alpha_2 Y$

二次模型：$\xi = \alpha_0 + \alpha_1 X + \alpha_2 Y + \alpha_3 X^2 + \alpha_4 Y^2 + \alpha_5 XY$

以二次模型为例，设测区内有 6 个控制点，各点平面坐标以及大地高和正常高皆已知，则可得代入二次模型解算出 6 个系数值。如果超过六个控制点，则需要利用最小二乘法获得六参数最优估计值。则测区内的任一点如果知道其平面坐标，就可以计算出其高程异常，再利用高程异常就可把点的大地高转换为正常高。

【例 4-1】 某道路工程中需要利用 RTK 放样道路中桩，道路设计长为 50 km。已知道路两端各有两个平面控制点。现有静态接收机 3 台，动态 RTK 一套。请说明如何完成该工程道路中线的放样工作。

【解】

(1) 在设计线路沿线布设控制点，控制点沿线路方向相邻点距离约 4 km 左右。

(2) 利用已知点和新布设控制点设计 GPS 控制网，用静态接收机采用边连式进行数据采集。

(3) 对 GPS 控制网进行数据处理，获得各点的 WGS84 坐标和平面坐标值。

(4) 利用 RTK 从线路一端开始放样。在地势较高，空间无遮挡，且附近无强电磁干扰以及较强反射面的地方安置基准站，设置并发送差分信号。

(5) 选择基准站附近的若干控制点，在手簿中输入其 WGS84 坐标和平面坐标，计算转换参数。

(6) 到最近的一控制点完成点校正(选择基准站在未知点模式)。

(7) 测量该控制点坐标，检验测量值和已知数据是否符合，如果相差较小，则进入点位放样进行道路中桩放样。

(8) 未放样点距离基准站超过 4 km 时，重新选择基准未知进行后续放样工作。

思考与练习题

4-1 在利用全站仪放样时，在仪器中输入后视点坐标和已知后视点方位角有什么不同？

4-2 利用 RTK 放样和利用全站仪器放样各有什么优缺点？

4-3 在某测区利用 RTK 开展放样工作，已知平面控制点 C_1、C_2 和 C_3 三点点位及坐标值。由于前期在该地利用以上控制点进行过测图工作，因此软件中依然保存有坐标转换参数。请问如何能够快速的完成放样前的相关设置工作。

4-4 请分析平面控制点在测区的分布位置对于放样精度有什么影响？什么样的分布方式最优？

4-5 利用 RTK 测量时，流动站有时显示是单点解。请问能否用单点解进行放样工作？单点解、双差浮点解和双差固定解哪个精度最高？

4-6 利用 RTK 放样时，基准站安置有什么特殊要求？

4-7 例 4-1 中，如果基准站直接安置在某平面控制点上，能否不到各控制点联测其 WGS84 坐标，且不进行点校正工作，请简述操作步骤。

第五章　线路测量

线路测量是指铁路、公路、管道、输电线路、水渠、河道等线状工程在勘测设计、施工建造和运营管理三个阶段中所进行的测量工作的总称。线路测量的任务，在勘测设计阶段是为线路工程的各设计阶段提供充分、详细的地形资料；在施工建造阶段是将线路中线及其构筑物按设计文件要求的位置、形状和规格，正确地放样于地面；在运营管理阶段，是检查、监测线路的运营状态，并为线路上各种构筑物维修、养护、改建、扩建提供资料。本章主要结合新建铁路介绍相关测量工作，公路测量工作大部分与铁路相似。

第一节　平面控制测量

一切测绘工作都必须遵循“从整体到局部”的原则，按照“先控制后碎部”的程序进行。由于新建铁路线路一般较长，且沿线国家高等级平面控制点稀少，为有效地控制铁路线路的走向，提高线路勘测控制网的整体精度，铁路工程测量控制网依照分级布设、逐级控制的原则建立。

我国铁路工程测量平面控制网是在框架控制网（CP0）基础上分三级布设，第一级为基础平面控制网（CPⅠ），沿线路走向布设，按 GPS 静态相对定位原理建立，主要为勘测设计、施工建设及运营维护提供坐标基准；第二级为线路平面控制网（CPⅡ），沿线路附近布设，主要为勘测和施工提供控制基准；第三级为轨道控制网（CPⅢ），沿线路布设的三维控制网，起闭于CPⅠ或 CPⅡ，一般在线下工程施工完成后进行施测，主要为轨道铺设和运营维护提供控制基准。

一、主要技术要求

我国新建铁路工程平面控制网（含线路控制网、桥梁和隧道等工程的施工控制网）主要采用卫星定位测量、导线测量和三角形网测量等方法进行施测。

1. 卫星定位测量控制网主要技术要求

铁路卫星定位测量控制网按其精度等级划分为一、二、三、四、五等，其主要技术要求如表 5-1所示。当基线长度短于 500 m 时，一、二、三等边长中误差应小于 5 mm，四等边长中误差应小于 7.5 mm，五等边长中误差应小于 10 mm。

表 5-1　卫星定位测量控制网的主要技术要求

等级	固定误差 a(mm)	比例误差系数 b(mm/km)	基线方位角中误差(″)	约束点间的边长相对中误差	约束平差后最弱边边长相对中误差
一等	≤5	≤1	0.9	1/500 000	1/250 000
二等	≤5	≤1	1.3	1/250 000	1/180 000

续上表

等级	固定误差 a(mm)	比例误差系数 b(mm/km)	基线方位角中误差(″)	约束点间的边长相对中误差	约束平差后最弱边边长相对中误差
三等	≤5	≤1	1.7	1/180 000	1/100 000
四等	≤5	≤2	2.0	1/100 000	1/70 000
五等	≤10	≤2	3.0	1/70 000	1/40 000

各等级静态卫星定位测量作业的基本技术要求如表5-2所示。

表5-2　卫星定位测量作业的基本技术要求

项目＼等级		一等	二等	三等	四等	五等
静态测量	卫星截止高度角(°)	≥15	≥15	≥15	≥15	≥15
	同时观测有效卫星数	≥4	≥4	≥4	≥4	≥4
	时段长度(min)	≥120	≥90	≥60	≥45	≥40
	观测时段数	≥2	≥2	1～2	1～2	1
	数据采样间隔(s)	10～60	10～60	10～60	10～30	10～30
	PDOP或GDOP	≤6	≤6	≤8	≤10	≤10
	PDOP(GDOP)	—	—	—	≤7(8)	≤7(8)

静态卫星定位测量基线质量检验限差如表5-3所示。表中 n 为构成闭合环或附合线路的基线边数，σ 为基线弦长标准差，按(5-1)式计算，单位为毫米(mm)。

$$\sigma = \pm\sqrt{a^2 + (b \cdot d)^2} \tag{5-1}$$

式中，a 为固定误差(mm)；b 为比例误差系数(mm/km)；d 为相邻点间距离(km)。

表5-3　基线质量检验限差

检验项目	限差要求			
	X 坐标分量闭合差	Y 坐标分量闭合差	Z 坐标分量闭合差	环线全长闭合差
同步环	$w_x \leqslant \frac{\sqrt{n}}{5}\sigma$	$w_y \leqslant \frac{\sqrt{n}}{5}\sigma$	$w_z \leqslant \frac{\sqrt{n}}{5}\sigma$	$w \leqslant \frac{\sqrt{3n}}{5}\sigma$
独立环(附合路线)	$w_x \leqslant 3\sqrt{n}\sigma$	$w_y \leqslant 3\sqrt{n}\sigma$	$w_z \leqslant 3\sqrt{n}\sigma$	$w \leqslant 3\sqrt{3n}\sigma$
重复观测基线长度较差	$d_s \leqslant 2\sqrt{2}\sigma$			

2. 导线测量控制网主要技术要求

导线测量控制网按其精度等级可划分为二、三、四等、一、二级，其主要技术要求如表5-4所示，表中 n 为测站数。当边长短于500 m时，二等边长中误差应小于2.5 mm，三等边长中误差应小于3.5 mm，四等和一级边长中误差应小于5 mm，二级边长中误差应小于7.5 mm。

表 5-4 导线测量的主要技术要求

等级	测角中误差(″)	测距相对中误差	方位角闭合差(″)	导线全长相对闭合差	测回数			
					0.5″级仪器	1″级仪器	2″级仪器	6″级仪器
二等	1	1/250 000	$\pm 2.0\sqrt{n}$	1/100 000	6	9	—	—
三等	1.8	1/150 000	$\pm 3.6\sqrt{n}$	1/55 000	4	6	10	—
四等	2.5	1/100 000	$\pm 5\sqrt{n}$	1/40 000	3	4	6	—
一级	4	1/50 000	$\pm 8\sqrt{n}$	1/20 000	—	2	2	—
二级	7.5	1/25 000	$\pm 15\sqrt{n}$	1/10 000	—	—	1	3

3. 三角形测量控制网主要技术要求

三角形测量控制网(含测角网、测边网及边角网)按其精度等级可划分为二、三、四等,其主要技术要求如表 5-5 所示。

表 5-5 三角形网测量的主要技术要求

等级	测角中误差(″)	三角形最大闭合差(″)	测边相对中误差	最弱边边长相对中误差	测回数		
					0.5″级仪器	1″级仪器	2″级仪器
二等	1.0	3.5	1/250 000	1/100 000	6	9	—
三等	1.8	7.0	1/150 000	1/70 000	4	6	9
四等	2.5	9.0	1/100 000	1/40 000	2	4	6

4. 基本观测元素主要技术要求

(1)水平角观测

水平角观测方法主要采用方向观测法,当观测方向数不超过 3 个,可不做归零观测。水平角方向观测法的主要技术要求如表 5-6 所示。在一测回中,各方向 2C 互差在一定程度上反映了观测成果的质量。但当比较的两个方向垂直角相差较大时,2C 互差中可能含有较大的仪器横轴误差影响。为防止误判,当观测方向的垂直角超过 ±3°的范围时,该方向 2C 互差应与相邻测回同方向进行比较,其值应满足表中一测回内各方向 2C 互差的限值。

表 5-6 水平角方向观测法的主要技术要求

等 级	仪器等级	半测回归零差(″)	一测回内各方向 2C 互差(″)	归零后同一方向值各测回较差(″)
四等及以上	0.5″级仪器	4	6	4
	1″级仪器	6	9	6
	2″级仪器	8	13	9
一级及以下	2″级仪器	12	18	12
	6″级仪器	18	—	24

(2)边长测量

用全站仪或测距仪测量边长时,其技术要求应符合表 5-7 的规定。表中一测回是指全站仪盘左盘右各测量一次。

表 5-7　边长测量技术要求

等　级	使用测距仪精度等级	每边测回数		一测回读数较差限值(mm)	测回间较差限值(mm)
		往测	返测		
二等	Ⅰ	4	4	2	3
	Ⅱ			5	7
三等	Ⅰ	2	2	2	3
	Ⅱ	4	4	5	7
四等	Ⅰ	2	2	2	3
	Ⅱ			5	7
	Ⅲ	4	4	10	15
一级及以下	Ⅰ	1	1	2	—
	Ⅱ			5	—
	Ⅲ	2	2	10	15
	Ⅳ			20	30

测距仪的精度等级是按仪器出厂的标准标称精度(每千米测距标准偏差 m_D)划分的,如表 5-8所示。

表 5-8　测距仪的精度分级

精度等级	每千米测距标准偏差	精度等级	每千米测距标准偏差
Ⅰ	$\lvert m_D \rvert \leqslant 2$ mm	Ⅲ	5 mm $< \lvert m_D \rvert \leqslant 10$ mm
Ⅱ	2 mm $< \lvert m_D \rvert \leqslant 5$ mm	Ⅳ	10 mm $< \lvert m_D \rvert \leqslant 20$ mm

测距仪标称精度 m_D按下式计算:

$$m_D = a + b \times D \tag{5-2}$$

式中,a 为标称精度中的固定误差(mm);b 为标称精度中的比例系数(mm/km);D 为测距长度(km)。

用于测距气象条件改正的干湿温度和气压读数精度要求如表 5-9 所示。

表 5-9　气压、气温读数精度要求

测量等级	干湿温度表(℃)	气压表(hPa)
二等	0.2	0.5
三等	0.2	0.5
四等	0.5	1
一级及以下	1	2

5. 高速铁路平面控制网等级划分及测量方法

高速铁路平面控制网等级划分及测量方法如表 5-10 所示。

表 5-10 各级平面控制网设计的主要技术要求

控制网	测量方法	测量等级	点间距	相邻点的相对中误差(mm)	备 注
CP0	GPS	—	50 km	20	
CPⅠ	GPS	二等	≤4 km 一对点	10	点间距≥800 m
CPⅡ	GPS	三等	600 ~ 800 m	8	
	导线	三等	400 ~ 800 m	8	附合导线网
CPⅢ	自由测站边角交会	—	50 ~ 70 m 一对点	1	

二、框架控制网(CP0)测量

框架控制网 CP0 作为铁路首级平面控制网,是基础控制网 CPⅠ 的坐标起算基准。CP0 控制网不仅可以有效提高 CPⅠ 控制网的精度,同时保证 CPⅠ 控制网复测时有一套稳固的、高精度的起算基准,使复测结果与原测结果有可比性,便于复测坐标与原测坐标的对比。

框架控制网 CP0 在初测前采用 GPS 静态测量方法建立,按边联结构网使每个点都有闭合环检核条件,全线一次性布网,统一测量,整体平差。

1. 控制点选埋

框架控制网 CP0 使用周期长,贯穿于高速铁路建设及运营管理的始终,为铁路勘察设计、施工建设及运营管理各个阶段提供统一的平面控制基准,其点位选埋要求比其他几级精密测量控制网更为严格,不但要满足 GPS 静态测量要求,而且必须稳固永久。

CP0 控制点标石的选埋必须符合下列要求:

(1)控制点沿线路走向每 50 km 左右布设一个点,在线路起点、终点或与其他线路衔接地段,至少有 1 个 CP0 控制点。如果沿线有国家既有 GPS 控制点,且其精度和位置满足 CP0 控制网要求,应将其作为高速铁路 CP0 控制点。

(2)控制点必须设在满足 GPS 静态观测作业要求的地点,且点位周边交通便利,易于寻找和到达,距离线路中线不超过 10 km。

(3)控制点标石必须埋设在基础稳定、能够长期保存,且不受施工和其他人为活动干扰的地点。标石埋设完成后,应绘制点之记,并办理测量标志委托保管书。

2. 构网联测

我国《高速铁路工程测量规范》规定:“CP0 控制网应以 2000 国家大地坐标系作为坐标基准,以 IGS 参考站或国家 A、B 级 GPS 控制点作为约束点,进行控制网整体三维约束平差”,因此 CP0 控制网必须与 IGS 参考站或国家 A、B 级 GPS 点进行联测。全线联测的已知站点数不少于 2 个,且在网中均匀分布。每个 CP0 控制点与相邻的 CP0 连接数不得少于 3 个;IGS 参考站或国家 A、B 级 GPS 点与其相邻的 CP0 连接数也不得少于 2 个。

3. 观测作业

(1)观测计划拟定

观测工作是 GPS 测量的主要外业工作,观测工作开始之前应仔细拟定观测计划,这对顺利完成观测任务、保障测量成果精度及提高作业效益十分重要。

观测计划拟订的依据:GPS 控制网的布设方案、网的规模大小、点位精度、观测时段 GPS 卫星星座分布的几何图形强度、参加作业的 GPS 接收机的类型和数量、测区交通情况及后勤保障情况等等。

观测计划的主要内容:编制 GPS 卫星的可见性预报图、卫星的几何图形强度、选择最佳的观测时段、观测区域设计与划分、观测工作进程及接收机的调度计划等。

(2)测量仪器选用

CP0 控制网观测要求使用标称精度不低于 5 mm +1 ppm 的双频 GPS 接收机,仪器设备应通过国家法定机构检定,并在检定有效期内。为保证同步扩展时采用边联结构网,参与同步观测的 GPS 接收机不少于 4 台。

(3)观测纲要及技术要求

外业观测前,必须根据控制网技术设计确定的作业模式,设置接收机的预置参数并检查电池容量、内存是否满足作业的需要;检校接收机天线基座,确保其水准器和光学对中器满足设备安置精度要求等。

观测工作开始后,观测者到达测站在关机状态下连接接收机和天线等设备。天线安置应严格对中整平,天线对中误差不得大于 1 mm,天线定向标志指向正北方向。天线高必须在测前(开机之前)和测后(关机之后)各量取一次,每次在相同的位置从天线三个不同方向(间隔 120°)量取,或用接收机天线专用量高器量取。单次天线高重复量取的读数互差不大于 ±2 mm时,取平均值作为单次天线高观测值;测前和测后天线高观测值读数互差不大于 ±3 mm时,取平均值作为天线高最终观测值。

整个观测过程中,作业人员必须遵守调度命令,按照规定的时间同步观测同一组卫星。观测时段按昼夜均匀分布,夜间观测时段数不少于 1 个。观测时段不能跨越北京时间早 8:00(世界协调时 0:00);同一时段的观测过程中必须保证足够的电量,不允许中间关闭并重新启动接收机,不得改变仪器的参数设置,不得转动天线位置;观测过程中若遇强雷雨、风暴天气应立刻停止当前观测时段的作业。

CP0 控制网观测工作的各项技术要如表 5-11 所示。

表 5-11　CP0 观测技术要求

卫星截止高度角	数据采样间隔	同时观测有效卫星数	有效卫星的最短连续观测时间	观测时段数	有效时段长度
≥15°	30 s	≥4	≥15 min	≥4	≥300 min

4. 基线向量解算

(1)基线解算

CP0 基线采用多基线严密平差模式及 IGS 公布的最终精密星历(Final Orbit)进行解算,主要使用 Garmit 或 Bernese GPS 基线解算软件,或经国家、铁路主管部门鉴定为合格的长基线解算软件。解算结果包括基线向量的各坐标分量及其协方差阵等平差所需的元素。基线向量解算引入的起算点坐标位置基准应为国际地球参考框架(ITRF)中的坐标成果,该坐标框架应与采用的精密星历坐标框架保持一致。起算点选用联测的 IGS 参考站或国家 A、B 级 GPS 点,其点位坐标精度应小于 0.1 m。

(2)质量检核

基线处理结果的质量检核主要内容包括:同一时段观测值的数据剔除率不应超过 10%;基线解算完成后,对同一基线不同时段的基线向量各分量及边长较差、由基线向量组成的独立(异步)闭合环或附合线路的各坐标分量闭合及环线全长闭合差进行检核,当满足规范要求时方可进行网平差计算。

5. 网平差计算

(1)无约束平差

基线解算的质量检验符合要求后,即可根据控制网技术设计方案进行无约束平差。在无约束平差中求出基线向量各分量的改正数,且其绝对值必须满足规范要求。无约束平差结束后,应输出 ITRF 或 IGS 国际地球参考框架下各点的三维坐标、各基线向量平差值、各基线的坐标分量、改正数及其精度。

(2)外部数据处理质量检核

联测站点的已知坐标成果与无约束平差成果间差值的绝对值应小于 0.2 m,且由此计算的基线长度相对误差应小于 $0.3\times D\times10^{-6}$。

(3)约束平差

CP0 控制网约束平差所采用的约束点为 IGS 参考站或国家 A、B 级 GPS 点的 2000 国家大地坐标系成果。整体约束平差结束后,其基线向量各分量改正数与无约束平差同一基线改正数较差的绝对值应满足式规范要求。

整体约束平差应输出 2000 国家大地坐标系中各点的地心坐标和大地坐标、各基线向量平差值、各基线的坐标分量、改正数及其精度。

三、基础平面控制网(CPⅠ)测量

1. 平面控制网网形布设

由于现代铁路工程建设对测量控制网的要求是“三网合一”,即勘测设计、施工建设和运营维护三个阶段的平面控制网采用相同的基准,CPⅠ作为基础平面控制网必须在线路勘测设计阶段完成。

CPⅠ控制网沿线路走向每 4 km 左右布设 1 对 GPS 点,GPS 点间距不小于 800 m,距线路中线 50~1 000 m。点位布设应兼顾桥梁、隧道及其他大型构(建)筑物布设施工控制网的要求,并附合于 CP0 控制网上。

整个控制网的扩展采用边联结方式,形成三角形或大地四边形组成的带状网,如图 5-1 所示。在线路勘测设计起点、终点或与其他铁路平面控制网衔接地段,要求有 2 个以上的 CPⅠ控制点相重合,并在测量成果中反映出相互关系。

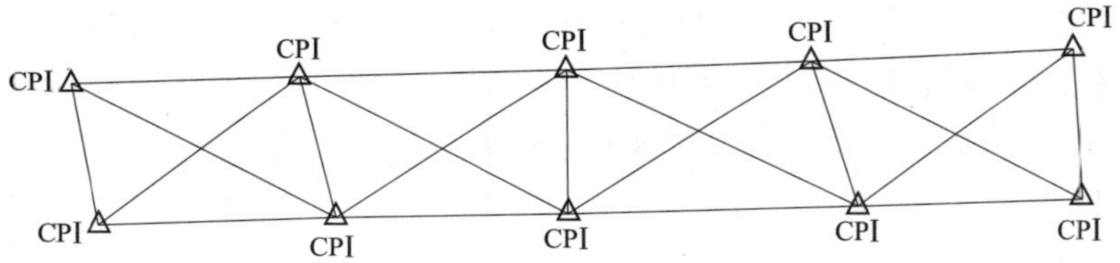

图 5-1 CPⅠ控制网示意图

为将铁路工程独立坐标系统引入国家坐标系统、城市平面坐标系统，或对路外提供 CPI 控制点的国家坐标系统、城市平面坐标系统坐标的需要，CPI 控制网应与沿线的国家或城市三等及以上平面控制点联测，一般每 50 km 左右联测一个平面控制点，全线(段)联测平面控制点的总数不得少于 3 个，特殊情况下不得少于 2 个。当联测点数为 2 个时，应尽量分布在网的两端；当联测点数为 3 个及其以上时，应在网中均匀分布。

为了求得 CPI 控制网的正常高，CPI 控制网还应与附近的已知水准点联测。

2. 控制点选埋

基础平面控制网 CPI，沿线路走向布设，按 GPS 静态相对定位原理建立，主要为勘测、施工、运营维护提供坐标基准。因此，其点位选埋不但要满足 GPS 测量要求，而且还要兼顾布设施工控制网的要求。CPI 控制点选埋主要要求如下：

(1)控制点必须设在适合于 GPS 观测作业的地点，周围 200 m 范围内不得有强电磁干扰源或强电磁反射源、无大面积光滑的反射区、视野开阔，在视场周围障碍物的高度角应不小于 15°，点位应尽量靠近线路中线。

(2)控制点标石必须埋设在不易被施工破坏、稳定可靠、便于测量的地方。

(3)要兼顾桥梁、隧道及其他大型构(建)筑物布设施工控制网的要求。

(4)标石规格和埋设标准按规范要求执行，点位标志如图 5-2 所示。

图 5-2　CPI 控制点标志示意图

(5)标石埋设完成后，绘制点之记。

3. 控制网施测

CPI 控制网主要采用静态卫星定位测量法施测。作业前，首先是拟定观测计划，然后按照观测计划组织实施。作业人员必须服从调度命令，按规定的时间同步观测同一组卫星，按规定的时段数完成测站作业。当不能按计划到达点位时，应及时向组织者汇报情况，以便组织者对时段作业做必要的调整，作业人员不得擅自更改观测计划。

CPI 测量仪器设备选用要求与 CP0 测量相同。GPS 静态测量作业接收机开始记录数据后，应及时将测站名、测站号、时段号、天线高等信息输入接收设备并记录在相应的记录表中。观测过程中，应注意观察卫星数量的变化及电池余量等。

4. 基线向量解算

(1)基线向量解算

CPI 基线解算可使用 TBC、LGO 等 GPS 数据处理软件，或经国家、铁路主管部门鉴定为合格的其他 GPS 数据处理软件。基线解算可采用多基线解或单基线解，星历可采用广播星历。如果基线长于 30 km 或需要高精度处理时，必须采用精密星历和专用的计算软件。基线解算中每个同步图形应选定一个起算点。起算点应按连续跟踪站、已知点、单点定位结果的顺序选择。起算点的精度应不低于 20 m。

(2)质量检核

CPⅠ控制网基线长一般不超过 15 km，基线解算时采用双差固定解。如果基线长度大于 15 km 而小于 30 km，则应在双差固定解和双差浮点解中选择最优结果。如果基线长度超过 30 km，一般采用三差解。

CPⅠ基线向量解算时同一时段观测值的数据剔除率不能大于 10%。基线解算完成后，应对基线解算的质量进行检核。检核的主要项目有：同一基线不同时段重复观测基线较差、同步环闭合差及由若干条独立基线边组成的独立环或附合路线各坐标分量(W_x、W_y、W_z)及全长 W_s 闭合差，检核计算参考表 5-3 所列的相关公式。

5. 网平差计算

(1)无约束平差

基线解算的质量检验符合要求后，即可根据控制网技术设计方案进行无约束平差。CPⅠ中的 GPS 观测量首先在 WGS-84 坐标系统中进行三维无约束平差，检查 GPS 控制网测量的内符合精度，环闭合差是否满足要求，并提供无约束平差 WGS-84 坐标系中的空间直角坐标，基线矢量及其改正数和其精度信息。

在无约束平差中求出基线向量各分量改正数，其绝对值必须满足(5-3)式要求：

$$\left.\begin{aligned} V_{\Delta X} &\leqslant 3\sigma \\ V_{\Delta Y} &\leqslant 3\sigma \\ V_{\Delta Z} &\leqslant 3\sigma \end{aligned}\right\} \tag{5-3}$$

式中，σ 为基线弦长标准差(mm)，按(5-1)式计算，其中 $a=5$ mm，$b=1$ mm/km；d 为取各时段基线长度平均值(km)。

(2)约束平差

用作 CPⅠ控制网约束平差的约束点间边长相对中误差不得小于 1/250 000。CPⅠ中的 GPS 观测量应首先在 WGS-84 坐标系统中进行三维无约束平差，然后把 WGS-84 的坐标转换为工程独立平面坐标。为减少尺度误差，工程独立平面坐标系统以沿线路敷设的控制基桩对应的轨道设计高程为投影面。

约束平差结束后，其基线向量各分量改正数与无约束平差同一基线改正数较差的绝对值应满足式(5-4)要求。

$$\left.\begin{aligned} \mathrm{d}V_{\Delta X} &\leqslant 2\sigma \\ \mathrm{d}V_{\Delta Y} &\leqslant 2\sigma \\ \mathrm{d}V_{\Delta Z} &\leqslant 2\sigma \end{aligned}\right\} \tag{5-4}$$

约束平差结束后，输出相应坐标系的空间直角坐标，基线矢量及其改正数和其精度信息。转换到国家或城市平面坐标系统时，应以联测的国家或城市平面控制点作为固定点进行 CPⅠ

控制网的二维约束平差，计算 CPⅠ 控制点的国家或城市平面坐标。

四、线路平面控制网（CPⅡ）测量

1. 平面控制网网形布网

CPⅡ控制网一般在线路方案稳定后，定测时采用铁路三等 GPS 测量或三等导线测量方法施测。CPⅡ控制点沿铁路设计中线两侧 50 ~ 200 m 范围内布点，并附合于 CPⅠ 控制网上，如图 5-3 所示。在线路勘测设计起、终点及不同测量单位衔接地段，联测 2 个及以上 CPⅡ控制点作为共用点，并在测量成果中反映出相互关系。

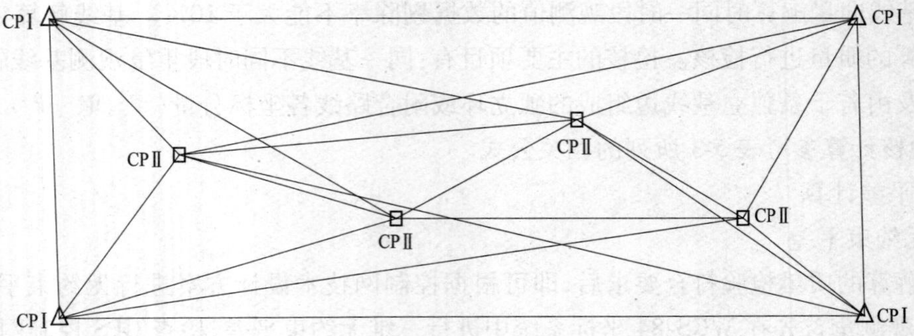

图 5-3　CPⅡ控制网示意图

由于 CPⅡ控制网可以采用全站仪测量，也可以采用 GPS 测量，因此在网形布设和选点时应注意二者之间的差异，具体布设应满足表 5-10 中相关的要求。

2. 控制点选埋

CPⅡ控制网是线路定测放线和线下工程施工测量的基础，其点位选埋不但要满足导线或 GPS 测量要求，而且还要兼顾定测放线和线下工程施工测量的使用要求。CPⅡ控制点的选埋应满足下列要求：

（1）控制点标石必须埋设在不易被施工破坏、地质情况稳定、地基坚实，且地下水位较低，利于观测，能长期保存且通视条件良好的稳定区域。

（2）要充考虑桥梁、隧道及其他大型构（建）筑物施工测量的要求，在沿线大型桥梁、隧道处适当增加布点密度。

（3）当采用 GPS 测量时，CPⅡ控制点在距离线路中心线 50 ~ 150 m 范围内，沿线路一侧布设点，且分段起闭于 CPⅠ 控制点。控制点应有良好的对空通视条件，相邻点之间应通视，特别困难地区至少有一个通视点，以满足定测放线或施工测量的需要。如果要跨线路布设，则必须考虑路基对通视的影响。

（4）当采用全站仪导线测量时，CPⅡ网应布设成近似直伸附合导线形式，导线起闭于 CPⅠ 控制点。点位一般选在距离线路中线 50 ~ 100 m 土质坚实、稳固可靠、便于保存的地方，视野相对开阔，便于加密、扩展和寻找，导线边长为 400 ~ 800 m。导线附合长度 2 km 以上时，应采用导线网方式布网，导线网的边数以 4 ~ 6 条边为宜。

（5）标石规格和埋设标准按规范要求执行。标石埋设完成后，现场填写点位说明，丈量标石至明显地物的距离，绘制点位示意图，作好点之记。

3. 控制网测量

(1)GPS 测量

CPⅡ控制网采用 GPS 测量方法施测时,其作业方法与 CPⅠ基本相同,相关技术要求按三等 GPS 静态测量执行。

基线向量解算:CPⅡ控制网基线边长一般比较短,基线解算时采用双差固定解。基线解算可使用 TBC、LGO 等 GPS 数据处理软件,或经国家、铁路主管部门鉴定为合格的其他 GPS 数据处理软件,采用广播星历按单基线解算。

基线解算完成后,需对基线处理结果质量进行检核,检核方法与 CPⅠ相同。

网平差计算:CPⅡ网平差方法与 CPⅠ相同,其坐标转换应在 GPS 基线网三维无约束平差的基础上,以联测 CPⅠ控制点作为约束点进行平差,计算 CPⅡ控制点的工程独立坐标。用作 CPⅡ控制网约束平差的约束点间边长相对中误差应满足 1/180 000 要求。

(2)导线测量

CPⅡ控制网采用铁路三等导线测量方法建立时,其主要技术要求应符合表 5-4 中相关的规定。

CPⅡ控制网导线测量时,要求使用标称精度不低于(2″、2 mm +2 ppm)的全站仪施测。仪器应在有效检定期内,作业前应按规定进行必要的检校。仪器检校的主要项目有:照准部旋转轴正确性、水平轴垂直于垂直轴正确性、补偿器的有效补偿区间、照准部旋转时仪器基座的位移、光学(或激光)对点器的对中误差、测距仪使用的气象仪表精度、测尺频率的校正精度、周期误差的振幅、加常数、乘常数等。

CPⅡ控制网水平角观测采用方向观测法,技术要求如表 5-6 所示。CPⅡ控制网边长测量采用测回法观测,即用全站仪盘左测半测回、盘右测半测回,二者取平均为一测回。边长测量的具体技术要求应符合表 5-7 和 5-9 中的相关规定。

CPⅡ控制网导线成果计算在方位角闭合差及导线全长相对闭合差满足要求后,采用严密平差方法计算。CPⅡ控制网导线测量的主要技术要求如表 5-12 所示。

表 5-12 CPⅡ控制网导线测量的主要技术要求

控制网	附合长度(km)	边长(m)	测距中误差(mm)	测角中误差(″)	相邻点的相对中误差(mm)	导线全长相对闭合差限差	方位角闭合差限差(″)	导线等级
CPⅡ	≤5	400 ~ 800 m	5	1.8	8	1/55 000	$\pm 3.6\sqrt{n}$	三等

在同一测区内,当 CPⅡ控制网的导线环(段)数超过 20 个时,必须按式(5-5)计算测角中误差:

$$m_\beta = \sqrt{\frac{1}{N}\left[\frac{f_\beta^2}{n}\right]} \tag{5-5}$$

式中,f_β为导线环(段)的角度闭合差(″);n 为导线环(段)的测角个数;N 为导线环(段)的个数。

五、轨道控制网(CPⅢ)平面测量

1. 轨道控制网布设

轨道控制网 CPⅢ是沿线路布设的三维控制网,主要为轨道铺设和运营维护提供控制基准。CPⅢ网起闭于CPⅠ或CPⅡ,一般在线下工程竣工并通过沉降变形评估合格后施测。按照行车速度的不同,CPⅢ控制网施测方法通常可分为导线测量模式和自由测站边角交会法测量模式。后者主要用于高速铁路轨道施测。

采用自由测站边角交会法施测CPⅢ控制网布设时,要求其点位均匀布设于线路两侧,距线路中线的距离约为3~4 m,控制点间距一般为60~80 m。对线路特殊地段、曲线控制点、线路变坡点、竖曲线起终点及道岔处均要增设加密控制点,曲线地段加密控制点间距为50~60 m。CPⅢ控制点沿线路的布设形式如图5-4所示。

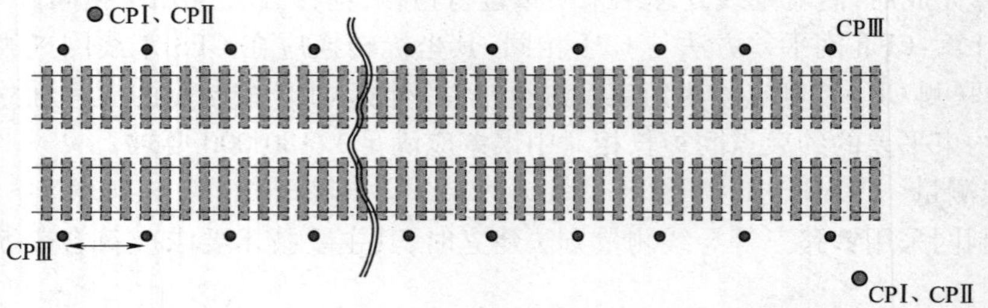

图5-4　CPⅢ控制点布设示意图

2. 控制点标志元器件

由于高速铁路无砟轨道CPⅢ控制网网点间的相对精度高达±1 mm,而且CPⅢ控制网的服务期限长,从轨道粗调开始,到全线轨道线形竣工,以及竣工后线路运营期间的轨道维护等均要对其进行测量,因此对CPⅢ控制网的测量标志必须进行特殊设计、精密加工,以满足要求。

(1)元器件结构

无砟轨道CPⅢ控制点的元器件必须采用工厂精加工元器件,要求采用数控机床,用不易生锈、不易腐蚀的金属材料制作。元器件一般由固定埋设标和可以装卸的连接件组成,常见的套件如图5-5所示。连接件由棱镜测量杆(短标)和高程测量杆(长标)组成,观测时根据不同的需要选用不同的测量杆。标志连接件的加工误差不应大于0.05 mm。

(a)固定埋设标　(b)棱镜测量杆　(c)高程测量杆

图5-5　CPⅢ控制点的元器件

(2)重复安装精度要求

CPⅢ控制点使用时间长且重复使用频繁,因此对元器件的重复安装精度要求很高。用于CPⅢ控制网的同一套测量标志或不同套测量标志,在同一点重复安装的空间位置偏差应小于±0.5 mm,分解到X、Y方向上的重复安装偏差不应大于±0.4 mm,分解到Z方向的重复安装

偏差不应大于 ±0.2 mm。

另外,要求同一段线路上的轨道施工精调和精测单位、竣工时的轨道线形竣工测量单位、运营期间的轨道维护和测量单位,必须使用同一型号的 CPⅢ控制网测量标志。

(3)控制点的埋设要求

CPⅢ标志按规范要求,一般每隔 60 m 左右设置一对 CPⅢ标预埋件,并且要求每对 CPⅢ之间的连线应与此处钢轨的延伸方向大致垂直,相邻 CPⅢ控制点应大致等高,其位置应高于设计轨道面 0.3 m。同一条铁路应采用统一的 CPⅢ棱镜组件。

路基地段,一般埋设在接触网杆基础上,也可设置在专门的混凝土立柱上,如图 5-6 及图 5-7所示。桥梁上,一般埋设在桥防撞墙上,如图 5-8 所示。隧道里,一般埋设在电缆槽顶面以上 30 ~50 cm 的边墙内衬上,如图 5-9 所示。

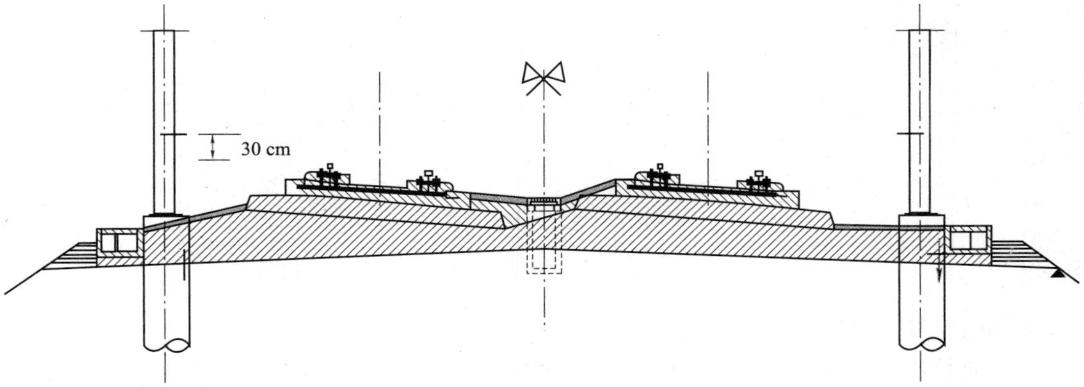

图 5-6 路基地段 CPⅢ控制点布设在接触网杆上的示意图

图 5-7 路基地段 CPⅢ控制点布设在专用的混凝土立柱上的示意图

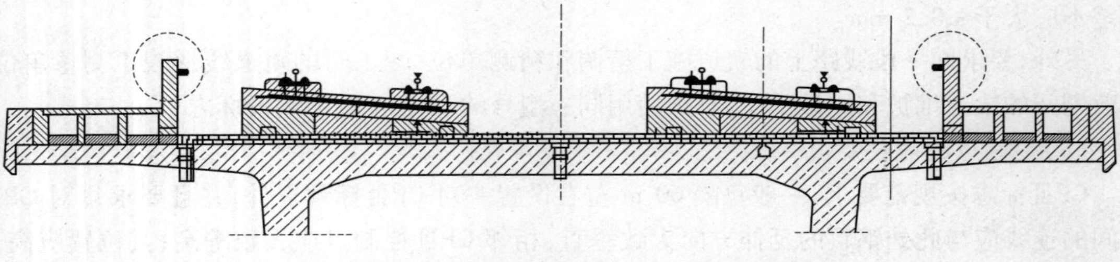

图 5-8　桥梁上 CPⅢ控制点布设在防护墙上的示意图

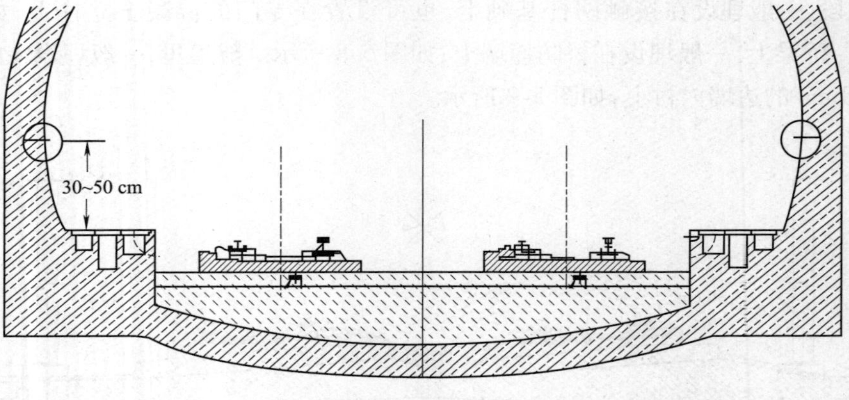

图 5-9　隧道里 CPⅢ控制点布设在边墙内衬上的示意图

(4)CPⅢ点的编号

在 CPⅢ控制点预埋件附近,应清晰、明显粘贴点号编号标识。点号标识采用统一规格,一般字高为 6 cm 的正楷字体,白底红字。CPⅢ网的点号编号主要规则是:按照公里数递增进行编号,其编号反应里程数;以数字为代码,所有处于线路里程增大方向线路左侧的编号为奇数,右侧的标记点号为偶数,在有长短链地段应注意编号不能重复;点号由 7 位数字组成,前 4 位数字表示 CPⅢ点所在连续里程的整公里数,第 5 位正线部分为“3”,表示是 CPⅢ等级点,第 6,7 位为顺序号,01 ~ 99 号数循环;点的顺序号由小里程向大里程方向顺次编号,按 60 m 间距一对点计算,一公里范围内点数在 32 ~ 36 个范围内。如:点号为 0766307 表示线路里程为 766 ~ 767 km区间的 CPⅢ点第 07 号,位于下行线里程增加方向左侧;里程数不足一千公里时,在前面用“0”补充;丢失或破坏后补埋点,沿用原点号,并在成果表的备注中说明新埋设情况。

3. 测量仪器设备

CPⅢ作为轨道精调控制网,精度要求很高,因此对于使用的全站仪应具有自动目标搜索、自动照准、自动观测、自动记录功能,仪器端口必须能与数据采集软件、平差软件、轨道(板)精调系统相匹配,每台仪器至少配 13 个棱镜。全站仪的基本精度必须满足:

角度测量精度:$\pm 1''$;

距离测量精度:$\pm(1+2\times 10^{-6})$ mm;

4. 平面网施测

CPⅢ控制网平面测量在线下工程竣工,并通过沉降变形评估合格后采用自由测站边角交会法施测。CPⅢ测量前应对全线的 CPⅠ、CPⅡ控制网进行复测,并采用复测后合格的 CPⅠ、CPⅡ成果进行 CPⅢ控制网测设。

(1)自由测站点选位

CPⅢ控制网平面观测的自由测站间距约为 120 m,自由测站到 CPⅢ点的最远观测距离一般为 150 m,最大不应大于 180 m,每个 CPⅢ控制点应保证至少有三个自由测站的方向和距离观测量。

(2)观测技术要求

CPⅢ控制网每个测站测量前,首先应把棱镜测量杆插入预先安置好的预埋件里,且使棱镜测量杆的突出横截面和预埋件管口严密连接,禁用扳手、锤子等工具强力安装棱镜测量杆。然后将棱镜安装在棱镜测量杆插头上,旋转棱镜头正对准全站仪。为进行气象改正计算,还应测量环境气温、气压,依次设定全站仪的测量参数。

CPⅢ控制网平面观测时,在选定的自由测站上架设全站仪,精确照准 CPⅢ观测点,采用全圆方向观测法进行观测。如果观测方向较多,也可以采用分组全圆方向观测法进行观测。采用分组全圆方向观测法时,应以同一方向为归零方向,并重复观测一个方向。每个测站至少完成两个完整的测角、测距测回,水平方向观测技术要求应满足表 5-6 的规定,距离观测技术要求应满足表 5-13 的规定。

表 5-13　CPⅢ平面网距离观测技术要求

控制网名称	测回	半测回间距离较差	测回间距离较差
CPⅢ控制网	≥2	±1 mm	±1 mm

(3)观测步骤

第 1 站,在起始的 2 对 CPⅢ点中间自由设站,测量前后各 1 对(共 2 对计 4 个)CPⅢ点的角度和距离;

第 2 站,在 4 对(包括起始第 1 对点)CPⅢ点中间自由设站,测量前后各 2 对共 8 个点的角度和距离;

第 3 站,在 6 对 CPⅢ之间自由设站,测量前后 3 对点共 12 个点的角度和距离。而后每一站都测量 12 个 CPⅢ点的角度和距离。

每个测站至少观测每个 CPⅢ点 2 测回,距离的观测应与水平角观测同步进行,并由全站仪自动进行。

一般情况下,最终要保证 CPⅢ控制网的每个 CPⅢ点至少被观测 3 次,如图 5-10 所示。在 1 个测段结束的最后 3 站要按开始的相反顺序进行测量,即倒数第 3 站测量 12 个 CPⅢ点,倒数第 2 站测量 8 个 CPⅢ点,最后 1 站测量 4 个 CPⅢ点。

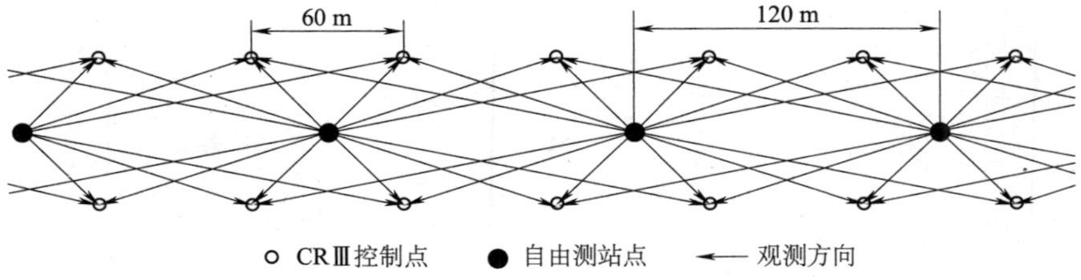

图 5-10　测站间距为 120 m 的 CPⅢ平面网观测网形示意图

特殊情况下,当无法保证 CPⅢ控制网的每个 CPⅢ点至少被观测 3 次时,如遇到施工干扰、观测条件较差或受到地形条件限制时，可以缩短相邻两自由测站点间的距离为 60 m 左右，CPⅢ平面控制网采用如图 5-11 所示的构网形式。这样可以保证每个 CPⅢ控制点都有四个方向交会。

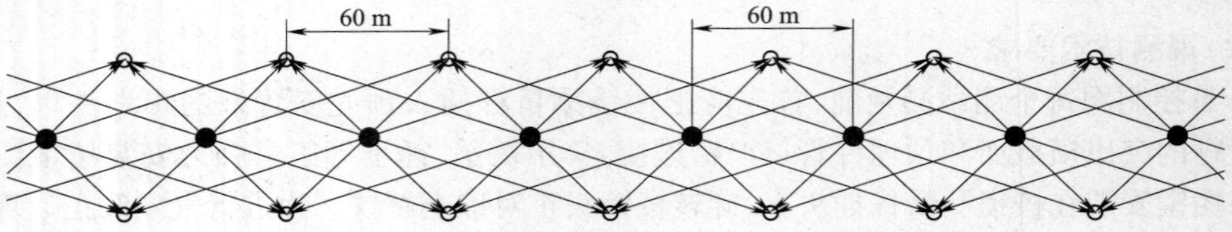

○ CPⅢ控制点　● 自由测站点　← 观测方向

图 5-11　测站间距为 60 m 的 CPⅢ平面网构网形式

CPⅢ平面网可根据施工需要分段测量，分段测量的区段长度一般不大于 4 km，且区段接头不能位于车站范围内。在区段接头处重复观测不少于 6 对 CPⅢ点，作为分段重叠观测区域，以保证相邻区段的正确衔接。

(4)观测注意事项

CPⅢ平面控制网外业观测时，测量数据除采用电子手簿进行数据记录以外，还应按下表 5-14格式现场填写 CPⅢ平面控制测量自由测站测量记录表。

表 5-14　CPⅢ平面控制测量自由测站测量记录表

____线____段　　　　　　　　　　　　　　　　第___页共___页

测量单位：________　天气：________　测量日期：______年____月____日

自由测站点编号		温　度		气　压	
CPⅢ点编号	备　注		CPⅢ点编号	备　注	

自由测站、CPⅢ点编号示意图

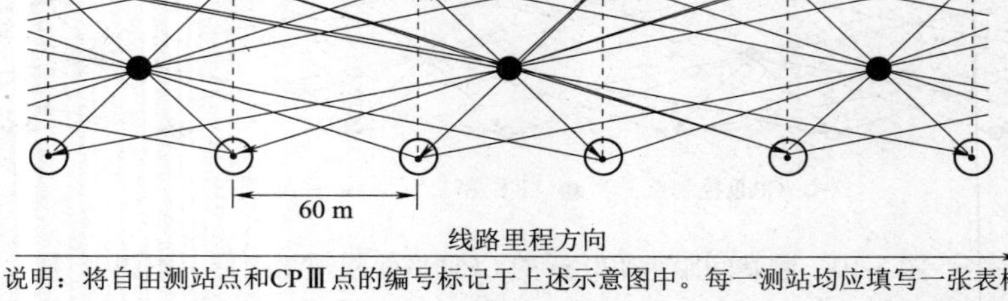

说明：将自由测站点和CPⅢ点的编号标记于上述示意图中。每一测站均应填写一张表格。

观测：　　　　　　　　　　记录：　　　　　　　　　　测量时间：　时　分

CPⅢ平面控制网外业观测时，应注意如下事项：

①CPⅢ点的编号统一；

②每次测量在同一个点使用同一个棱镜；

③棱镜常数应正确设置；

④边长观测应进行温度、气压等气象元素改正，温度读数精确至 0.2 ℃，气压读数精确至 0.5 hPa；

⑤外业观测时，每个测站观测的 CPⅢ点为 12 个，每次搬站只向前移动一对棱镜；

⑥一般应尽量选择无风的阴天进行或夜间进行观测；

⑦测量人员操作过程中要严格按照规范要求，避免不必要的人为误差；

⑧数据采集完毕后，必须检查外业观测数据的连续性，并对明显的单个错误数据进行改正。

5. 控制点联测

为了给 CPⅢ控制网平差计算提供平面坐标起算基准，CPⅢ平面网必须附合于 CPⅠ、CPⅡ控制点上，附合路线长度通常在 600 m 左右（400～800 m）。自由测站至 CPⅠ、CPⅡ控制点的距离一般不大于 300 m。如果 CPⅡ点位密度和位置不能满足 CPⅢ联测要求，需要按同精度扩展方式增设 CPⅡ控制点。

CPⅢ控制网与上一级 CPⅠ、CPⅡ控制点的联测方法常用的有两种，其一是在自由测站点置镜观测 CPⅠ、CPⅡ控制点；其二是在 CPⅠ、CPⅡ控制点置镜观测 CPⅢ点。

（1）自由测站置镜观测法

在自由测站点置镜观测 CPⅠ、CPⅡ控制点的联测方法如图 5-12 所示。为保证 CPⅢ控制网与上一级 CPⅠ、CPⅡ控制点间的联测精度、提高其间的相关性，应在 2 个或以上连续的自由测站上观测 CPⅠ、CPⅡ控制点。

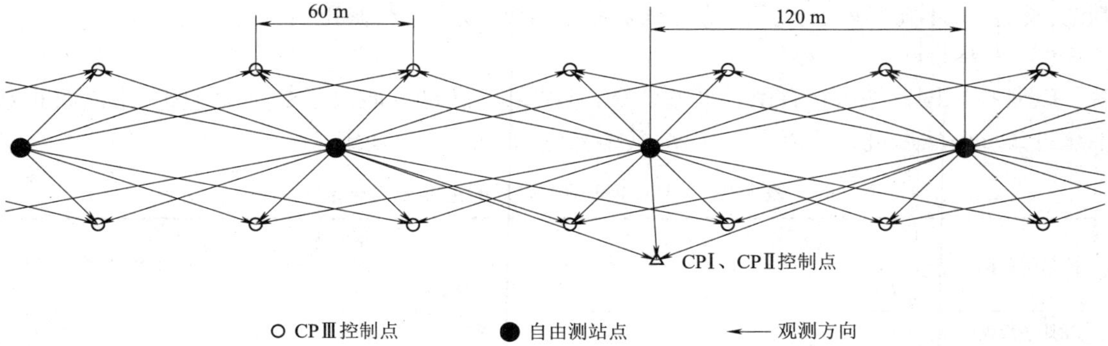

图 5-12　在自由测站置镜观测 CPⅠ、CPⅡ控制点的观测网图

（2）CPⅠ、CPⅡ控制点置镜观测法

在 CPⅠ、CPⅡ控制点置镜观测 CPⅢ点的联测方法如图 5-13 所示。为保证 CPⅢ控制网与上一级 CPⅠ、CPⅡ控制点间的联测精度、提高其间的相关性，要求在 CPⅠ、CPⅡ控制点置镜观测三个以上的 CPⅢ控制点。

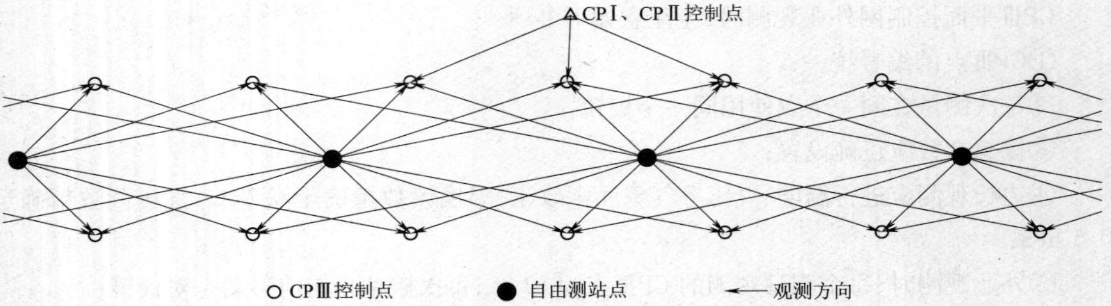

图 5-13　在 CPⅠ、CPⅡ控制点置镜观测 CPⅢ点的观测网图

6. 平面网数据处理

(1)数据传输及预处理

CPⅢ外业测量工作结束后，应立即将外业全站仪机载软件记录的观测数据导入计算机，并对测回内及测回间观测数据进行检核，满足要求后方可提交平差计算。

(2)坐标概算及距离改化

CPⅢ网内业数据处理采用间接平差法，其误差方程列立是基于待定点的近似坐标的，因此坐标概算是网平差计算的首要任务。近似坐标的计算方法有很多种，如导线推算法、距离交会法、方向交会法等。

由于 CPⅢ网精度要求较高，内业数据处理时必须考虑投影变形问题，即对外业观测数据进行距离改化。距离改化包括高斯投影距离改化和距离高程改化。可在观测值预处理软件中进行改化，也可在概算后平差时改化。

(3)边、角权比的确定

使用 Helmert 方差分量估计的方法通过逐次平差确定两类观测量(边、角)的合理的权阵。

(4)起算点兼容性的确定

平差前应对联测的已知点进行兼容性判断，采用拟稳平差和地面控制点复测数据综合评判的方法。对不兼容的已知点应进行外业复核，并对成果进行修正。

(5)平差计算

CPⅢ控制网首先进行自由网平差计算，其结果应满足方向改正数不大于 3″、距离改正数不超过 2 mm；然后进行约束平差计算，其结果应满足表 5-15 规定。

表 5-15　CPⅢ平面网平差后的主要技术要求

控制网名称	与 CPⅠ、CPⅡ联测		与 CPⅢ联测		点位中误差
	方向改正数	距离改正数	方向改正数	距离改正数	
CPⅢ平面网	4.0″	4 mm	3.0″	2 mm	2 mm

CPⅢ轨道控制网的主要技术指标技术要求如表 5-16 所示。

表 5-16　CPⅢ平面网的主要技术要求

控制网名称	测量方法	方向观测中误差	距离观测中误差	相邻点的相对点位中误差
CPⅢ平面网	自由测站边角交会	±1.8″	±1.0 mm	±1.0 mm

7. 搭接及坐标换带处理

施工时，CPⅢ控制网两端应分别预留 6 对 CPⅢ点区段，作为后续 CPⅢ控制网连接区域。测段之间衔接时，前后测段独立平差重迭点坐标差值应满足≤±3 mm。满足该条件后，后一测段 CPⅢ网平差，应采用本测段联测的 CPⅡ控制点及重叠段前测段 CPⅢ点坐标进行约束平差。完成全部平差后，公共点的坐标应采用前一区段 CPⅢ网的平差结果。

坐标换带处 CPⅢ平面网计算时，应分别采用相邻两个投影带的 CPⅠ、CPⅡ坐标进行约束平差，并分别提交相邻投影带两套 CPⅢ平面网的坐标成果。两套坐标成果都应该满足上面的精度要求。提供两套坐标的 CPⅢ测段长度不应小于 800 m。

第二节　高程控制测量

铁路工程测量中高程控制测量分为一等、二等、精密水准、三等、四等及五等，主要测量方法为水准测量，如确有困难（山岭地带、沼泽及水网地区），三等及以下高程控制测量方可采用光电测距三角高程测量。高速铁路工程测量高程控制网分二级布设，第一级线路水准基点控制网，按二等水准测量方法布设，为高速铁路工程勘测设计、施工提供高程基准；第二级轨道高程控制网，按精密水准测量方法布设，为高速铁路轨道施工、维护提供高程基准。精密水准测量是介于国家二等水准测量和国家三等水准测量精度之间的一个等级，专用于高速铁路 CPⅢ高程控制测量。

铁路工程的高程系统采用 1985 国家高程基准。当个别地段无 1985 国家高程基准的水准点时，可引用其他高程或以独立高程起算，但是在全线高程测量贯通后，应消除断高，换算成 1985 国家高程基准。如果换算成 1985 国家高程基准有困难时，也要换算成全线统一的高程系统。

一、主要技术要求

各等级水准测量的观测方法见表 5-17。

表 5-17　水准测量的观测方法

等级	水准仪等级	水准尺	观测次数		观测顺序
			与已知点联测	附合或环线	
一等	DS_{05}	因瓦	往返	往返	奇数站：后—前—前—后 偶数站：前—后—后—前
二等	DS_1	因瓦	往返	往返	奇数站：后—前—前—后 偶数站：前—后—后—前
精密水准	DS_1	因瓦	往返	往返	奇数站：后—前—前—后 偶数站：前—后—后—前
三等	DS_1	因瓦	往返/单程双转点/两组单程	往返/单程双转点/两组单程	后—前—前—后
	DS_3	双面			
四等	DS_3	双面	往返/单程双转点/两组单程	往返/单程双转点/两组单程	后—后—前—前 或，后—前—前—后
五等	DS_3	单面	单程	单程	后—前

水准观测的主要技术要求如表 5-18 所示。

表 5-18　水准观测的主要技术要求

等级	水准仪类别	水准尺类型	视距(m)		前后视距差(m)		测段的前后视距累积差(m)		视线高度(m)		数字水准仪重复测量次数
			光学	数字	光学	数字	光学	数字	光学(下丝读数)	数字	
一等	DSZ_{05} DS_{05}	因瓦	≤30	≥4 且 ≤30	≤0.5	≤1.0	≤1.5	≤3.0	≥0.5	≤2.8 且 ≥0.65	≥3 次
二等	DSZ_1 DS_1	因瓦	≤50	≥3 且 ≤50	≤1.0	≤1.5	≤3.0	≤6.0	≥0.3	≤2.8 且 ≥0.55	≥2 次
精密水准	DSZ_1 DS_1	因瓦	≤60	≥3 且 ≤60	≤1.5	≤2.0	≤4.0	≤6.0	≥0.3	≤2.8 且 ≥0.4	≥2 次
三等	DSZ_1 DS_1	因瓦	≤100	≤100	≤2.0	≤3.0	≤5.0	≤6.0	三丝能读数	≥0.35	≥1 次
	DSZ_2 DS_2	双面木尺 单面条码	≤75	≤75							
四等	DSZ_1 DS_1	双面木尺 单面条码	≤150	≤100	≤3.0	≤5.0	≤10.0	≤10.0	三丝能读数	≥0.35	≥1 次
	DSZ_3 DS_3	双面木尺 单面条码	≤100	≤100							
五等	DS_3		≤100		大致相等		—		—		

水准观测的测站限差应满足表 5-19 的规定。

表 5-19　水准观测的测站限差(mm)

等级＼项目		基、辅分划[两次]读数之差	基、辅分划[两次]所测高差之差	检测间歇点高差之差	上下丝读数平均值与中丝读数之差
一等		0.3	0.4	0.7	3
二等		0.5	0.7	1	3
精密水准		0.5	0.7	1	3
三等	光学测微法	1	1.5	3	—
	中丝读数法	2	3		
四等		3	5	5	—
五等		4	7	—	—

各等级水准测量应满足表 5-20 中规定的限差要求。表中 K 为测段水准路线长度(km)；L 为水准路线长度(km)；R_i 为检测测段长度(km)；n 为测段水准测量站数，当山区水准测量每公里测站数 n≥25 站以上时，采用测站数计算高差测量限差。

表 5-20 水准测量限差要求(mm)

水准测量等级	测段、路线往返测高差不符值		测段、路线的左右路线高差不符值	附合路线或环线闭合差		检测已测测段高差之差
	平原	山区		平原	山区	
一等	$\pm 1.8\sqrt{K}$		—	$\pm 2\sqrt{L}$		$\pm 3\sqrt{R_i}$
二等	$\pm 4\sqrt{K}$	$\pm 0.8\sqrt{n}$	—	$\pm 4\sqrt{L}$		$\pm 6\sqrt{R_i}$
精密水准	$\pm 8\sqrt{K}$	—	$\pm 6\sqrt{K}$	$\pm 8\sqrt{L}$		$\pm 8\sqrt{R_i}$
三等	$\pm 12\sqrt{K}$	$\pm 2.4\sqrt{n}$	$\pm 8\sqrt{K}$	$\pm 12\sqrt{L}$	$\pm 15\sqrt{L}$	$\pm 20\sqrt{R_i}$
四等	$\pm 20\sqrt{K}$	$\pm 4\sqrt{n}$	$\pm 14\sqrt{K}$	$\pm 20\sqrt{L}$	$\pm 25\sqrt{L}$	$\pm 30\sqrt{R_i}$
五等	$\pm 30\sqrt{K}$		$\pm 20\sqrt{K}$	$\pm 30\sqrt{L}$		$\pm 40\sqrt{R_i}$

各等级高程控制网的技术要求如表 5-21 所示。

表 5-21 高程控制网的技术要求

水准测量等级	每千米高差偶然中误差 M_Δ(mm)	每千米高差全中误差 M_W(mm)	附合路线或环线周长的长度(km)	
			附合路线长	环线周长
一等	≤0.45	≤1	—	≤1 600
二等	≤1	≤2	≤750	≤750
精密水准	≤2	≤4	≤4	—
三等	≤3	≤6	≤150	≤200
四等	≤5	≤10	≤80	≤100
五等	≤7.5	≤15	≤30	≤30

高程控制测量每千米高差中数偶然中误差 M_Δ 按下式计算：

$$M_\Delta = \sqrt{\frac{1}{4n}\left[\frac{\Delta\Delta}{L}\right]} \tag{5-6}$$

式中，Δ 为测段往返高差不符值(mm)；L 为测段长或环线长(km)；n 为测段数。

当高程控制网的附合路线或环线超过 20 个时，还应以附合或环线闭合差，计算每千米高差全中误差 M_W，其计算公式如下：

$$M_W = \sqrt{\frac{1}{N}\left[\frac{WW}{L}\right]} \tag{5-7}$$

式中，W 为附合或环线闭合差(mm)；N 为水准路线环数。

二、高程控制网的布设

铁路水准测量多是沿线路布设成附合水准路线，在这种布设方法下，网形的变化对精度的影响不是很大，而主要与水准路线的长度以及测量等级有关，因此不再对此进行详细设计，而是直接按照《铁路工程测量规范》要求：将高程控制网布设成沿线路的单一的附合水准路线，水准点设在距线路 100 m 范围内，并设在不易风化的基岩或坚固稳定的建筑物上，或是埋设混凝土水准点。

水准网的布设力求做到经济合理。因此，首先对测区情况进行调查研究，搜集和分析测区已有的水准测量资料，从而拟定出比较合理的方案。

1. 线路水准基点布设

线路水准基点沿线路布设成附合路线或闭合环，距线路中线 50 ~ 300 m 范围内，每 2 km 左右布设一个水准基点。对于重点工程（如特大桥、长大隧道及特殊路基结构等）地段应根据实际情况增设水准基点。线路水准基点控制网应全线（段）一次布网测量。

水准点埋设应满足以下要求：

（1）水准点应选在土质坚实、安全僻静、观测方便和利于长期保存的地方。

（2）严寒冻土地区普通水准点标石应埋设至冻土线 0. 3 m 以下，以保证线路水准基点的稳定。

（3）普通水准点标石可采用预制桩或现浇桩，并按规范要求埋设。

（4）水准基点可与平面控制点共用。共桩点的埋设标石规格应符合水准点埋设的标石规格要求。

（5）在地表沉降不均匀及地质不良地区，一般按每 10 km 设置一个深埋水准点，每 50 km 设置一个基岩水准点，并按规范石要求埋设。

2. 轨道控制网（CPⅢ）水准点布设

CPⅢ控制点按精密水准测量技术要求施测，水准点间密度约为 50 ~ 70 m 且与 CPⅢ平面控制网共点，水准路线附合于线路水准基点，附合路线长度不大于 3 km。

长大桥梁、特大隧道及特殊路基结构等施工的高程控制网应根据相关专业要求确定测量等级和布点要求。

三、线路水准测量

1. 水准测量观测

观测前 30 min，应将仪器置于露天阴影处，使仪器与外界气温趋于一致；观测时应用测伞遮蔽阳光；迁站时应罩以仪器罩。同一测站上观测时，不得两次调焦；当采用精密光学水准仪测量时，转动仪器的测微螺旋的最后旋转方向均应为旋进，以避免测微器隙动差对观测成果的影响。

在水准路线上每一测段的往测与返测，其测站数均应为偶数，由往测转向返测时，两水准标尺应互换位置，并应重新整置仪器。每一测段的水准测量路线进行往测和返测，可以消除或减弱性质相同、正负号也相同的误差影响，如水准标尺垂直位移的误差影响。每一测段仪器测站安排成偶数，可以削减两水准标尺零点不等差等误差对观测高差的影响。

一个测段的水准测量路线的往测和返测应在不同的气象条件下进行，如分别在上午和下午观测。水准测量的观测工作间歇时，最好能结束在固定的水准点上；否则，应选择两个坚稳可靠、表面光滑突出、便于放置水准标尺的固定点，作为间歇点加以标记；间歇后，应对两个间歇点的高差进行检测，检测结果如符合限差要求，就可以从间歇点起测。如果仅能选定一个固定点作为间歇点，则在间歇后应仔细检视，在确认没有发生任何位移的情况下，方可由间歇点起测。

线路水准基点间密度不超过 2 km，水准路线一般 150 km 与国家一、二等水准点联测，最长不应超过 400 km。线路水准测量的观测方法与《国家一、二等水准测量规范》（GB 12897—2006）中的二等要求相同，具体观测方法可参考表 5-17。线路水准测量观测的测站限差及主要技术要求分别参考表 5-18 ~ 表 5-21 之规定。

2. 水准测量超限处理

水准测量测段往返测高差不符值超限时,应先就可靠程度较小的往测或返测进行整段重测,并按下列原则进行取舍:

(1)若重测的高差与同方向原测高差的较差超过往返测高差不符值的限差,但与另一单程高差的不符值不超出限差,则取用重测结果。

(2)若同方向两高差不符值未超出限差,且其中数与另一单程高差的不符值亦不超出限差,则取同方向中数作为该单程的高差。

(3)若(2)中的重测高差[或(3)中两同方向高差中数]与另一单程的高差不符值超出限差,应重测另一单程。

(4)若超限测段经过两次或多次重测后,出现同向观测结果靠近而异向观测结果间不符值超限的分群现象时,如果同方向高差不符值小于限差之半,则取原测的往返高差中数作往测结果,取重测的往返高差中数作为返测结果。

3. 水准测量的概算

二等水准测量高程控制网采用严密平差方法进行整体平差,并计算各点的高程中误差。二等水准测量平差计算所采用的高差可根据实际情况,进行水准标尺长度、水准标尺温度、正常水准面不平行、重力异常、环线闭合差等项计算改正。

(1)水准标尺长度改正

二等水准测量出测前后一般应对水准标尺长度进行检定,若出测前后水准标尺每名义米长的变化不大于 30 μm,则取平均值进行改正;若变化超过 30 μm,应分析变化原因,决定是否重测或如何进行改正。

设 f 为水准标尺每米间隔平均真长误差(mm/m),则对一个测站的观测高差 h 应加的改正数为

$$\delta_f = hf$$

对于一个测段来说,应加的改正数为

$$\sum \delta_f = f \sum h \tag{5-8}$$

(2)水准标尺温度改正

高等级水准测量精度要求较高,一般要考虑因瓦水准标尺受温度变化引起的改正,特别是在温差变化较大的测区进行水准测量作业时更应注意。水准标尺温度改正,不是直接对水准尺进行温度改正,而是直接对一个测段高差进行改正,改正数∂按(5-9)式计算:

$$\partial = \sum [(t - t_0) \cdot a \cdot h] \tag{5-9}$$

式中,t 为标尺温度(℃);t_0为标尺长度检定温度(℃);a 为标尺因瓦带膨胀系数 mm/(mm · ℃);h 为测温时段中的测站高差(m)。

(3)正常水准面不平行改正

水准椭球面上的正常重力计算公式:

$$\gamma = 978\ 032(1 + 0.005\ 302\ 4\ \sin^2\varphi - 0.000\ 005\ 8\ \sin^2 2\varphi) \tag{5-10}$$

式中,φ 为水准点纬度;γ 值取至 $0.01 \times 10^{-5}\ \mathrm{m/s^2}$。

两水准点正常重力平均值计算公式:

$$\gamma_m = (\gamma_i + \gamma_{i+1})/2 - 0.154\ 3\ H_m$$

式中,H_m为两水准点概略高程平均值(m)。

测段高差正常水准面不平行改正数 ε 由式(5-11)计算：

$$\varepsilon = -(\gamma_{i+1} - \gamma_i) \cdot H_m / \gamma_m \tag{5-11}$$

式中，γ_m 为两水准点正常重力平均值，单位为 $10^{-5}\ \mathrm{m/s^2}$；γ_i、γ_{i+1} 分别为 i、$i+1$ 点椭球面上的正常重力值。

(4)水准路线闭合差的改正

若所计算的水准路线自成独立环线，或闭合于两个已知高程的水准点之间的单一路线，则此路线闭合差 W 应按测段站数 n 成比例配赋于各测段高差中，按式(5-12)计算高差改正数 v_i：

$$v_i = -\frac{n_i}{\sum n} W \tag{5-12}$$

式中，W 为已施加各项改正后的闭合差(mm)；n_i 为第 i 测段的测站数。

表 5-22　二等附合水准测量外业观测高差不符值检核及其每千米高差中数偶然中误差计算表

编号	测段距离(km)	实测高差 往测(m)	实测高差 返测(m)	不符值(mm)	限差(mm)	$\frac{\Delta\Delta}{R}$	每公里往返测高差中数的偶然中误差
Ⅰ-35							
Ⅱ-1	5.8	20.344 42	−20.346 28	−1.86	9.63	0.596	
Ⅱ-2	5.6	77.304 18	−77.302 85	1.33	9.47	0.316	
Ⅱ-3	5.0	55.576 08	−55.577 65	−1.57	8.94	0.493	
Ⅱ-4	6.0	73.450 18	−73.451 80	−1.62	9.80	0.437	
Ⅱ-5	5.4	17.094 70	−17.094 10	0.60	9.30	0.067	
Ⅱ-6	5.7	32.770 58	−32.772 95	−2.37	9.55	0.985	
Ⅱ-7	5.9	80.548 52	−80.547 05	1.47	9.72	0.366	$M_\Delta = \sqrt{\frac{1}{4n}\left[\frac{\Delta\Delta}{L}\right]}$ =0.32 mm
Ⅱ-8	4.9	11.745 28	−11.745 02	0.26	8.85	0.014	
Ⅱ-9	5.3	−18.074 48	18.071 82	−2.66	9.21	1.335	
Ⅱ-10	4.8	−10.145 55	10.146 12	0.57	8.76	0.068	
Ⅱ-11	5.6	−101.097 35	101.099 32	1.97	9.47	0.693	
Ⅱ-12	5.2	−61.959 32	61.959 85	0.53	9.12	0.054	
Ⅱ-13	4.7	−54.996 60	54.996 18	−0.42	8.67	0.038	
Ⅱ-14	5.9	10.050 25	−10.051 68	−1.43	9.72	0.347	
Ⅰ-36	5.1	15.648 22	−15.649 72	−1.5	9.03	0.441	

表 5-23　二等附合水准测量外业观测高差水准标尺长改正计算及高差中数计算表

编号	测段距离(km)	实测高差 往测(m)	实测高差 返测(m)	水准标尺长改正数 往测(mm)	水准标尺长改正数 返测(mm)	加入尺长改正后的高差 往测(m)	加入尺长改正后的高差 返测(m)	高差中数(m)
Ⅰ-35								
Ⅱ-1	5.8	20.344 42	−20.346 28	−0.81	0.81	20.343 61	−20.345 47	20.344 54

续上表

编号	测段距离（km）	实测高差 往测（m）	实测高差 返测（m）	水准标尺长改正数 往测（mm）	水准标尺长改正数 返测（mm）	加入尺长改正后的高差 往测（m）	加入尺长改正后的高差 返测（m）	高差中数（m）
Ⅱ-2	5.6	77.304 18	−77.302 85	−3.09	3.09	77.301 09	−77.299 76	77.300 42
Ⅱ-3	5.0	55.576 08	−55.577 65	−2.22	2.22	55.573 86	−55.575 43	55.574 64
Ⅱ-4	6.0	73.450 18	−73.451 80	−2.94	2.94	73.447 24	−73.448 86	73.448 05
Ⅱ-5	5.4	17.094 70	−17.094 10	−0.68	0.68	17.094 02	−17.093 42	17.093 72
Ⅱ-6	5.7	32.770 58	−32.772 95	−1.31	1.31	32.769 27	−32.771 64	32.770 45
Ⅱ-7	5.9	80.548 52	−80.547 05	−3.22	3.22	80.545 30	−80.543 83	80.544 56
Ⅱ-8	4.9	11.745 28	−11.745 02	−0.47	0.47	11.744 81	−11.744 55	11.744 68
Ⅱ-9	5.3	−18.074 48	18.071 82	0.72	−0.72	−18.073 76	18.071 10	−18.072 43
Ⅱ-10	4.8	−10.145 55	10.146 12	0.41	−0.41	−10.145 14	10.145 71	−10.145 43
Ⅱ-11	5.6	−101.097 35	101.099 32	4.04	−4.04	−101.093 31	101.095 28	−101.094 29
Ⅱ-12	5.2	−61.959 32	61.959 85	2.48	−2.48	−61.956 84	61.957 37	−61.957 11
Ⅱ-13	4.7	−54.996 60	54.996 18	2.20	−2.20	−54.994 40	54.993 98	−54.994 19
Ⅱ-14	5.9	10.050 25	−10.051 68	−0.40	0.40	10.049 85	−10.051 28	10.050 56
Ⅰ-36	5.1	15.648 22	−15.649 72	−0.63	0.63	15.647 59	−15.649 09	15.648 34

注：$f = -0.04$ mm/m。

表 5-24　二等附合水准测量外业观测高差正常水准面不平行改正计算表

编号	纬度	高差中数（m）	高程（m）	平均高程（m）	正常重力（10^{-5} m/s^2）	平均重力（10^{-5} m/s^2）	不平行改正（mm）	改正后高差（m）
Ⅰ-35	25°28′		424.876		978 987.39			
Ⅱ-1	25	20.344 54	445.220 54	435	978 983.89	978 918.51	1.56	20.346 09
Ⅱ-2	22	77.300 42	522.520 96	484	978 980.40	978 907.48	1.73	77.302 15
Ⅱ-3	19	55.574 64	578.095 60	550	978 976.90	978 893.74	1.96	55.576 60
Ⅱ-4	16	73.448 05	651.543 65	615	978 973.42	978 880.29	2.19	73.450 24
Ⅱ-5	14	17.093 72	668.637 37	660	978 971.10	978 870.40	1.57	17.095 28
Ⅱ-6	11	32.770 45	701.407 82	685	978 967.62	978 863.66	2.43	32.772 89
Ⅱ-7	9	80.544 56	781.952 39	742	978 965.30	978 852.02	1.75	80.546 32
Ⅱ-8	8	11.744 68	793.697 07	788	978 964.14	978 843.16	0.93	11.745 61
Ⅱ-9	9	−18.072 43	775.624 64	785	978 965.30	978 843.65	−0.93	−18.073 35
Ⅱ-10	10	−10.145 43	765.479 21	771	978 966.46	978 846.98	−0.91	−10.146 34
Ⅱ-11	11	−101.094 29	664.384 92	715	978 967.62	978 856.72	−0.85	−101.095 14
Ⅱ-12	13	−61.957 11	602.427 81	633	978 969.94	978 871.04	−1.50	−61.958 61
Ⅱ-13	15	−54.994 19	547.433 62	575	978 972.26	978 882.38	−1.36	−54.995 55
Ⅱ-14	17	10.050 56	557.484 19	552	978 974.58	978 888.17	−1.31	10.049 25
Ⅰ-36	20	15.648 34	573.132 53	565	978 978.07	978 889.10	−2.01	15.646 33

表 5-25　二等附合水准测量外业观测高差经正常水准面不平行改正后高差闭合差配赋表

编号	改正后高差(m)	测段距离(km)	闭合差改正(mm)	改正后高差(m)	改正后高程(m)
Ⅰ-35					424.876
Ⅱ-1	20.346 09	5.8	−0.70	20.345 39	445.221
Ⅱ-2	77.302 15	5.6	−0.68	77.301 47	522.523
Ⅱ-3	55.576 60	5.0	−0.60	55.576 00	578.099
Ⅱ-4	73.450 24	6.0	−0.73	73.449 52	651.548
Ⅱ-5	17.095 28	5.4	−0.65	17.094 63	668.643
Ⅱ-6	32.772 89	5.7	−0.69	32.772 20	701.415
Ⅱ-7	80.546 32	5.9	−0.71	80.545 60	781.961
Ⅱ-8	11.745 61	4.9	−0.59	11.745 02	793.706
Ⅱ-9	−18.073 35	5.3	−0.64	−18.074 00	775.632
Ⅱ-10	−10.146 34	4.8	−0.58	−10.146 92	765.485
Ⅱ-11	−101.095 14	5.6	−0.68	−101.095 81	664.389
Ⅱ-12	−61.958 61	5.2	−0.63	−61.959 24	602.430
Ⅱ-13	−54.995 55	4.7	−0.57	−54.996 12	547.434
Ⅱ-14	10.049 25	5.9	−0.71	10.048 54	557.482
Ⅰ-36	15.646 33	5.1	−0.62	15.645 71	573.128

四、轨道控制网(CPⅢ)水准测量

CPⅢ网是一个三维控制网，CPⅢ控制点的高程测量是CPⅢ网建网测量工作的一部分。CPⅢ高程控制点与平面控制点共点，在进行水准高程测量时，只需将水准测量杆直接插入套筒内就可以进行测量，将测量值减去水准杆球形半径而得的差值，就获得了球型棱镜中心所代表的测量点的精确高程。

1. 水准测量的观测方法

CPⅢ高程控制测量主要方法是利用水准仪按精密水准测量技术要求进行测量，其测站观测程序与线路水准测量相同。为了保证测量精度，每一测段联测的二等水准点不得少于3个，以形成必要的检核条件。

CPⅢ控制点高程采用水准测量时，一般按如图5-14所示的水准路线形式观测，这样的水准路线，可以保证每相邻的四个CPⅢ点之间都构成一个闭合环。测量时，左边第一个闭合环的四个高差由两个测站完成，其他闭合环的三个高差可由一个测站单程观测。单程观测所形成的闭合环如图5-15所示。

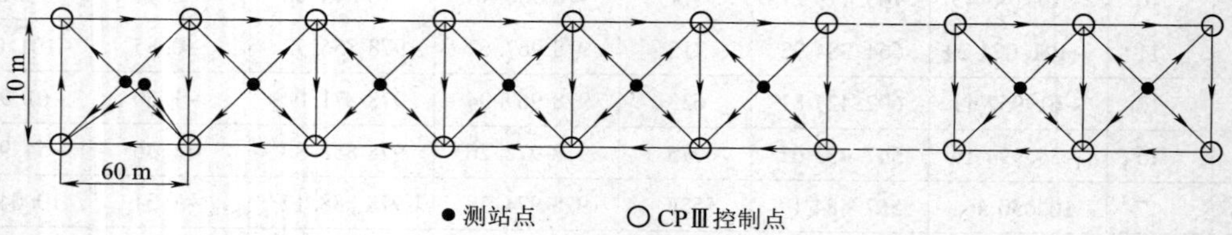

图 5-14　矩形法 CPⅢ水准测量原理示意图

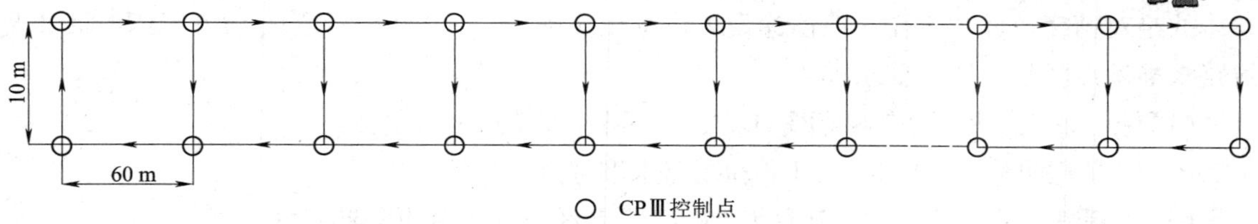

图 5-15 CPⅢ水准网单程观测形成的闭合环示意图

2. 水准测量限差要求

精密水准观测的主要技术要求应满足表 5-17 ~ 表 5-21 中的相关的要求。

为保证 CPⅢ相邻控制点高差测量的精度,应对相邻4 个 CPⅢ点水准测量所构成的闭合环进行环闭合差检核,且水准环闭合差不得大于 1 mm。相邻 CPⅢ点高差中误差不应大于 ±0.5 mm。

CPⅢ控制点高程测量根据需要可以采用分区测量,区段之间衔接时,前后区段独立平差重叠点高程差值应≤ ±3 mm。满足该条件后,后一区段 CPⅢ网平差,应采用本区段联测的线路水准基点及重叠段前一区段连续 1 ~2 对 CPⅢ点高程成果进行约束平差。

五、成果资料整理

高程控制测量完成后,应提交下列成果资料:(1)技术设计书;(2)外业观测手簿及仪器鉴定证书;(3)外业高差各项改正数计算资料;(4)测量平差计算表;(5)高程成果表;(6)水准点点之记;(7)水准路线联测示意图;(8)技术总结报告。

第三节 控制网维护测量

由于从定测到施工一般有一定的时间间隔,在这段时间内,由于自然和人为的原因,部分定测桩点可能会产生位移、丢失甚至损坏。为保证控制网的稳定性、测量基准的统一性,在施工开始之前、施工期间及至运营管理的整个阶段,必须对测量控制网进行定期或不定复测期检查,这项工作称为测量控制网复测维护。

一、设计交桩

施工前,建设单位应组织设计单位向施工单位提交控制测量成果资料和现场桩橛,并履行交接手续,监理单位按有关规定参加交接工作。控制网交桩成果资料内容:(1)CP0、CPⅠ、CPⅡ控制点成果及点之记;(2)CPⅠ、CPⅡ测量平差计算资料;(3)线路水准基点成果及点之记;(4)水准测量平差计算资料;(5)测量技术报告(含平面、高程控制网联测示意图)。(6)CP0、CPⅠ、CPⅡ控制桩和线路水准基点桩。

二、测量控制网复测维护

1. 控制网定期复测维护

测量控制网定期复测维护是对铁路平面和高程控制网进行全面检查,目的是维护控制网整体的绝对精度。此项工作一般由建设单位组织实施,复测内容包括全线 CP0、CPⅠ、CPⅡ及线路水准基点。复测频次要求如下:

(1)施工单位接桩后,应对 CPⅠ、CPⅡ和线路水准基点进行复测。

(2)CPⅢ建网前,CP0、CPⅠ、CPⅡ和线路水准基点应复测一次。

(3)工程静态验收前,CP0、CPⅠ、CPⅡ、CPⅢ及线路水准基点复测一次。

(4)特殊地区、地面沉降地区或施工期间出现异常的地段,适当增加复测次数。

2. 控制网不定期复测维护

测量控制网不定期复测维护是对铁路平面和高程控制网进行局部检查,目的是检查控制点间的相对位置是否发生位移,点位的相对精度是否满足要求。此项工作一般以标段为单位由施工单位组织实施,复测内容除包括本标段所有的 CPⅠ、CPⅡ、线路水准基点及施工加密控制点外,还应包括与相邻标段搭接每端不少于 2 个控制点。复测周期一般不超过 6 个月。

三、控制网复测检核精度要求

测量控制网复测前应检查标石的完好性,对丢失和破坏的控制点应按同精度扩展方法补设。在编写复测技术方案的基础上,采用与原测相同的方法和精度进行测量。当测量成果满足相应等级精度指标要求时,将该成果与原测成果进行比较,根据其较差判断控制点点位的稳定性。对比较结果满足限差要求的,采用原测成果;否则,应进行二次复测,查明原因,并提交监理和设计单位确认。如确属点位发生位移,应按同精度扩展方法更新坐标成果。

1. CP0 复测检核精度要求

CP0 复测成果转换为平面坐标后与原测成果的东坐标和北坐标的坐标较差限差为 ±20 mm。

2. GPS 法 CPⅠ 和 CPⅡ 复测检核精度要求

(1)坐标较差计算

$$\left.\begin{aligned}\Delta X_i &= X_{i复} - X_{i原}\\ \Delta Y_i &= Y_{i复} - Y_{i原}\end{aligned}\right\} \tag{5-13}$$

(2)相邻点间坐标差之差及其相对误差

$$\left.\begin{aligned}\Delta X_{ij} &= (X_j - X_i)_{复} - (X_j - X_i)_{原}\\ \Delta Y_{ij} &= (Y_j - Y_i)_{复} - (Y_j - Y_i)_{原}\\ \Delta Z_{ij} &= (Z_j - Z_i)_{复} - (Z_j - Z_i)_{原}\end{aligned}\right\} \tag{5-14}$$

$$\frac{d_s}{s} = \frac{\sqrt{(\Delta X_{ij}^2 + \Delta Y_{ij}^2 + \Delta Z_{ij}^2)}}{s} \tag{5-15}$$

式中,s 为相邻点间的二维平面距离或三维空间距离;ΔX_{ij}、ΔY_{ij} 为相邻点 i 与 j 间二维坐标差之差(m);ΔZ_{ij} 为相邻点 i 与 j 间 Z 方向坐标差之差,当只统计二维坐标差之差的相对精度时该值为零(m)。

(3)限差要求

复测与原测成果较差应满足表 5-26 的规定。

表 5-26 GPS 复测相邻点间坐标差之差的相对精度限差

控制网等级	坐标较差限差(mm)	相邻点间坐标差之差的相对精度限差
CPⅠ	20	1/130 000
CPⅡ	15	1/80 000

3. 导线法 CPⅡ复测检核精度要求

水平角、边长和坐标较差应满足表 5-27 的规定,表中 m_D 为仪器标称精度。对于隧道洞内 CPⅡ控制测量导线而言,当导线附合长度大于 7 km 时,导线等级选用隧道二等。

表 5-27 导线复测较差的限差

控制网	等　级	水平角较差限差(″)	边长较差限差(mm)	坐标较差限差(mm)
CPⅡ	三等	3.6	$2\sqrt{2}m_D$	15
CPⅡ	隧道二等	2.6	$2\sqrt{2}m_D$	15

4. CPⅢ平面网复测

CPⅢ点复测与原测成果的 X、Y 坐标较差应≤ ±3 mm,且相邻点的复测与原测坐标增量 ΔX、ΔY 较差应≤ ±2 mm。

5. 高程控制测量复测检核精度要求

线路水准测量结束后,对水准测量测段间往返测较差、附合水准路线高差闭合差、水准路线每千米高差偶然中误差进行统计,比较水准点间的复测高差与原测高差,如果其高差之较差满足 $\pm 6\sqrt{R_i}$ 限差要求,则采用原测成果;否则,应进行二次复测,查明原因,并采用同精度扩展方法更新成果,提交监理和设计单位确认。

CPⅢ点复测与原测成果的高程较差≤ ±3 mm,且相邻点的复测成果高差与原测成果高差较差≤ ±2 mm 时,采用原测成果。较差超限时应分析判断超限原因,确认复测成果无误后,应对超限的 CPⅢ点采用同级扩展方式更新成果。

四、复测报告编写内容

1. 任务依据、技术标准。
2. 测量日期、作业方法、人员、设备情况。
3. 复测控制点的现状及数量,复测外业作业过程及内业数据处理方法。
4. 复测控制网测量精度统计分析:

(1)独立环闭合差及重复基线较差统计;

(2)GPS 自由网平差和约束平差后最弱边方位角中误差和边长相对中误差统计;

(3)导线方位角闭合差、全长相对闭合差,测角中误差统计;

(4)水准测量测段间往返测较差、附合水准路线高差闭合差、水准路线每千米高差偶然中误差统计。

5. 复测与原测成果的对比分析:

(1)平面控制网复测与原测坐标成果较差;

(2)GPS 网复测与原测相邻点间坐标差之差的相对精度的比较;

(3)导线复测与原测水平角、边长较差。

(4)相邻水准点复测与原测高差较差。

6. 需说明的问题及复测结论。

第四节　初测地形测绘

初测的一项重要内容就是测绘大比例尺带状地形图,为初步设计提供线路方案附近一定范围内地物、地貌的现实信息。带状地形图的比例尺一般为1∶2 000～1∶10 000,且主要采用摄影测量方法成图,其技术指标和精度应符合铁路现行《铁路工程摄影测量规范》的规定。

对于小地区或局部改建等专业用图,可采用常规的全站仪、GPS RTK 等数字化测图法测图。图根点可用导线法、支导线法和 GPS RTK 法测设,起闭于初测控制点。图根点相对于邻近控制点,平面点位中误差不大于图上0.1 mm,高程中误差不大于1/10 基本等高距。地形点的分布及密度,应能反映地形的真实情况,满足正确插入等高线的需要。

采用全站仪数字化测图时,应绘制草图,草图上的测点编号应与仪器记录的测点编号一致,测点的地形编码应与草图绘制的符号对应;地形图上需注记的各种名称、地物属性、相互关系等,草图上应标记正确、清楚;为了便于内业绘图,必须在野外根据实际情况将地性线在草图上描绘出来。

用全站仪数字化测图法观测碎部点时,最大观测距离应符合表5-28 的规定。

表5-28　全站仪测图最大观测距离(m)

测图比例尺	1∶500	1∶1 000	1∶2 000	1∶5 000	1∶10 000
观测距离	240	360	600	900	1 200

采用GPS RTK 数字化测图时,求解转换参数的高等级控制点应均匀分布于周围,且数量不少于4 个;数据采集开始前,必须检测1 个以上不低于图根点精度的已知点,其平面较差不应大于图上0.2 mm,高程较差不应大于1/5 基本等高距;根据测图比例尺的精度要求在GPS 控制器上设置精度指标,当测点的精度满足精度指标时存储测量点成果;在测量记录各个点时,应输入测量点的属性(点号、代码),必要时现场绘制草图,标明点的连接关系。

地形图绘制时,地形图图例符号执行中华人民共和国国家标准《国家基本比例尺地形图图式》和原铁道部现行《铁路工程制图图形符号标准》的规定。1∶2 000、1∶5 000、1∶10 000 地形图高程点的注记至0.1 m;1∶500、1∶1 000 地形图高程点的注记至0.01 m。

第五节　线路中线测设

根据初测阶段的地形图和其他经济技术资料,设计人员在地形图上对线路的走向、位置进行设计(称为"纸上定线"),定测阶段的主要任务,就是将图纸上确定的线路方案在实地标定出来,并详细测绘线路纵横向的地面起伏形态和地物位置,为施工图设计提供所需资料。

一、线路平面组成与平面位置的标志

1. 线路的平面组成

由于受地形、地质等自然条件以及经济、技术等条件的限制,铁路、公路的线路需要经常改变方向。为了保证行车的平稳性,必须保持线路的圆顺,在改变方向的两条直线之间,必须用曲线连接起来，这种曲线称为平面曲线。平面曲线有圆曲线和缓和曲线两种形式，圆曲线是一段圆弧，其曲率半径在该段圆弧中是定值；缓和曲线是一段连接直线与圆曲线的过渡曲线，其曲率半径从无穷大渐变为圆曲线半径。可见，线路平面是由直线、缓和曲线和圆曲线组成的，如图 5-16 所示。相邻直线方向变化的角度称为线路转向角，按里程增加方向看向左转时称为左转向角（通常用 α_Z 表示），向右转时称为右转向角（通常用 α_Y 表示）。

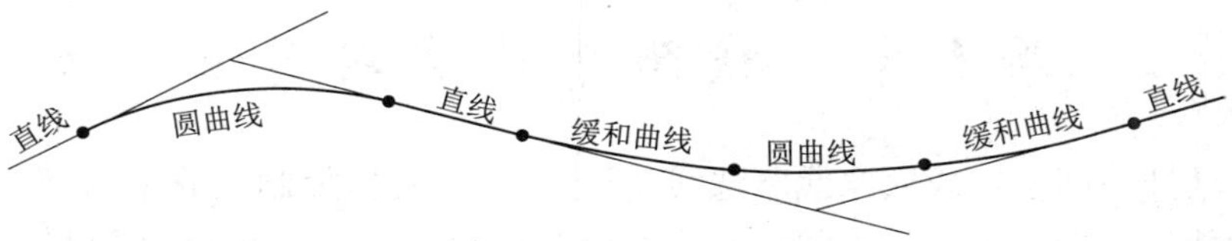

图 5-16　线路平面组成示意图

2. 平面位置的标志

线路的平面位置是指线路中心线的平面位置。在地面上则是将线路的中心线用木桩标定出来，这些表示线路中心线位置的木桩称为中线桩，简称中桩。按作用不同，中线桩分为控制桩、公里桩、百米桩、加桩等。

控制桩是对线路位置起控制作用的桩点，直线上的控制桩有交点桩（用 JD 表示）和转点桩（用 ZD 表示），曲线上的控制桩有直线与圆曲线的切点直圆点（用 ZY 表示）和圆直点（用 YZ 表示），或直线与缓和曲线的切点直缓点和缓直点、缓和曲线与圆曲线的切点缓圆点（用 HY 表示）和圆缓点（用 YH 表示），以及曲线中间点曲中点（用 QZ 表示）。根据规范规定，所有线路控制桩用桩顶与地面平齐的方桩，并用小钉精确表示点位，还应钉设标志桩，标志桩上应写明控制桩的名称、编号和里程。标志桩距离控制桩 30 ~ 50 cm，字面朝向控制桩，直线上钉设在线路前进方向的左侧，曲线上钉设在曲线外侧。

公里桩和百米桩统称为里程桩。所谓里程是指从线路起点起，沿线路中线到该点的距离。例如，某中线桩的里程为 DK326 + 750. 89，表示从线路起点起沿中线到该点的距离为 326 km 又 750. 89 m。顾名思义，公里桩和百米桩分别是指里程为整公里和整百米的中线桩。

二、中线测设

中线测设是以线路控制网为基础，采用全站仪极坐标法、GPS RTK 法。全站仪极坐标法测设距离一般不大于 400 m。GPS RTK 法中线测设时，参考站应设在已知控制点上，求解基准转换参数时，公共点平面残差应控制在 1. 5 cm 以内，高程残差应控制在 3 cm 以内。中线测设作业前，所有流动站均对已知点进行测量并存储，平面互差要小于 2 cm，高程互差要小于 4 cm。重新设置参考站后，要对最后两个中线桩进行复测并记录，平面互差应小于 2. 5 cm，高程互差应小于 5 cm。

为了能详细表示中线位置，或精确确定线路中线附近的地物地貌情况，在直线上不远于 50 m、曲线上不远于 20 m，以及在地形变化和设计需要的位置上还应设置中线桩，这些中线桩称为加桩。新建双线铁路在左右线并行时，以左线钉设桩橛，并标注贯通里程；在绕行地段，两线应分别钉桩，并分别标注左右线里程。里程桩和加桩均用板桩钉设在中线位置上，朝向线路起点的一侧桩面写明该桩的里程。

中线桩桩位检测限差应满足：

纵向：S/2 000 +0.1（S 为相邻中桩间距离，以 m 计）

横向：±10 cm

中桩高程一般要观测两次，两次测量成果的差值不大于0.1 m。

中桩放样坐标与设计坐标较差不大于5 cm。

第六节　线路中线资料计算

在初测带状地形图上完成铁路线路选线设计后，线路走向控制点的坐标、设计选配的圆曲线半径和缓和曲线长即已确定。为便于中线测设尚需计算中线资料，中线资料主要包括：线路的转向角、曲线常数、要素、主点里程、主点及一定密度的中线点坐标。

一、线路转向角计算

线路转向角计算主要是依据线路起点、交点及终点的设计坐标。线路转向角是指按里程增加方向线路改变方向的水平角，即按里程增加方向，后方直线的延长线与前方直线所夹水平角，且以后方直线的延长线为基准，如果改变的方向为左转称为左转向角（记 α_Z），反之则称为右转向角（记 α_Y）（表5-29）。

表5-29　转向角计算表

点号	坐标(m)		坐标增量(m)		距离 S	方位角 α	转向角
	x	y	Δx	Δy	(m)	(°　′　″)	(°　′　″)
JD1	4 031.150 0	99 644.714 1					
			+245.749 4	−1 993.556 7	2 008.646 5	2 770 139.1	
JD2	4 276.899 4	97 651.157 4					(左)5 19 22.1
			+69.149 5	−2 323.415 8	2 324.444 5	2 714 217.0	
JD3	4 346.048 9	95 327.741 6					(左)7 12 16.6
			−170.631 1	−1 772.109 8	1 780.305 6	2 643 000.4	
JD4	4 175.417 8	93 555.631 8					(右)4 56 34.8
			−41.669 4	−4 287.188 5	4 287.391 0	2 692 635.2	
JD5	4 133.748 4	89 268.443 3					

二、圆曲线资料计算

圆曲线是指具有一定半径的圆弧，其两端相邻的线路可为缓和曲线或直线，本段主要介绍后一种形式。

1. 圆曲线要素计算

(1)圆曲线的主点

圆曲线的主点是指不同线形的分界点及曲中点，这些点对曲线的平面位置和形状起着控制作用。如图5-17所示，圆曲线的主点有：

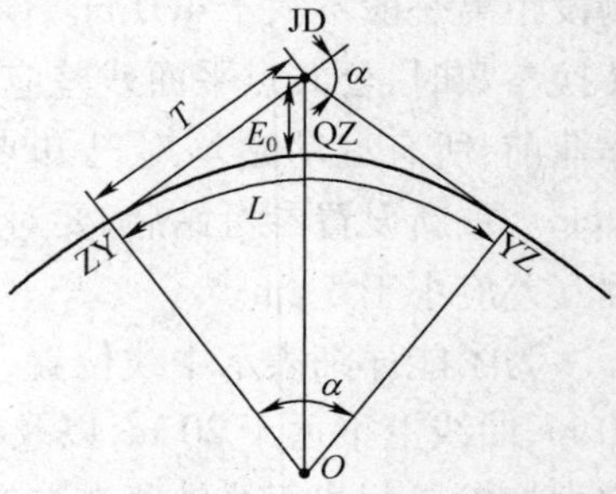

图5-17　圆曲线主点及要素

①直圆点：即按线路里程增加方向由直线进入圆曲线分界点，用ZY表示。

②曲中点：即圆心和交点（JD）之连线与圆曲线的交点，用 QZ 表示。

③圆直点：即按线路里程增加方向由圆曲线进入直线分界点，用 YZ 表示。

交点（JD）既是直线的控制点也是圆曲线的控制点，通常在线路放线测量时已放出。

（2）圆曲线的要素计算

为了测设主点及推算线路的里程，必须先进行圆曲线的要素计算。圆曲线的要素有：

①切线长：JD 至 ZY（或 YZ）的线段长度，以 T 表示。

②曲线长：ZY 至 YZ 的圆弧长度，以 L 表示。

③外矢距：QZ 至 JD 的线段长度，以 E_0 表示。

④切曲差：始、末两端切线长之和与曲线长度之差值，以 q 表示。

根据图 5-17，可得计算要素的公式如下：

$$\left.\begin{aligned} T &= R\tan\frac{\alpha}{2} \\ L &= R\alpha\cdot\frac{\pi}{180^\circ} \\ E_0 &= R\left(\sec\frac{\alpha}{2}-1\right) \\ q &= 2T-L \end{aligned}\right\}\qquad(5\text{-}16)$$

式中，R 为设计时选配的圆曲线半径；α 为线路方向改变的角度，即转向角。

【例 5-1】 已知某圆曲线设计选配的半径为 $R=500$ m、转向角 $\alpha_Y=32°15'43''$，试计算该圆曲线的要素。

【解】 按式（5-16）计算的圆曲线要素为：

$$T=R\tan\frac{\alpha}{2}=500\times\tan\frac{32°15'43''}{2}=144.61\ \text{m}$$

$$L=R\alpha\cdot\frac{\pi}{180°}=500\times32.26°\times\frac{\pi}{180°}=281.54\ \text{m}$$

$$E_0=R\left(\sec\frac{\alpha}{2}-1\right)=20.49\ \text{m}$$

$$q=2T-L=7.68\ \text{m}$$

2. 曲线主点里程推算

曲线主点的里程应从一个已知里程的点开始，按里程增加方向逐点向前推算。如图 5-18 所示，其推算方向是：$ZD\rightarrow ZY_1\rightarrow QZ_1\rightarrow YZ_1\rightarrow ZY_2\rightarrow QZ_2\rightarrow YZ_2$。

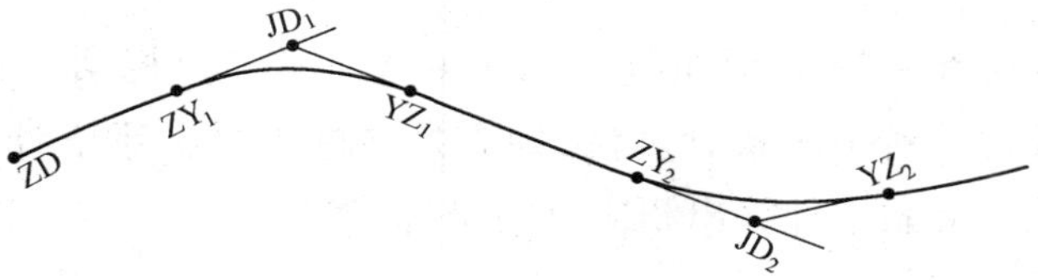

图 5-18　主点里程推算

【例 5-2】 已知铁路线路某转点 ZD 的里程为 DK125＋032.58，如图 5-18 所示，其他已知数据如表 5-30 所示，试推算各主点的里程。

表 5-30　曲线资料

点　号	圆曲线半径 R (m)	转向角 α (° ′ ″)	水平距离 D (m)
ZD			
			1 032.75
JD_1	500	32　15　43 (Y)	
			724.86
JD_2	500	25　30　16 (Z)	

【解】 要素计算结果如表 5-31 所示。

表 5-31　曲线要素计算表

点　号	切线长 T (m)	曲线长 L (m)	外矢距 E_0 (m)	切曲差 q (m)
JD_1	144.61	281.54	20.49	7.68
JD_2	113.16	222.57	12.65	3.75

里程推算：

ZD	DK125 +032.58
$+(D_1-T_1)$	888.14
ZY_1	DK125 +920.72
$+L_1/2$	140.77
QZ_1	DK126 +061.49
$+L_1/2$	140.77
YZ_1	DK126 +202.26
$+(D_2-T_1-T_2)$	467.09
ZY_2	DK126 +669.35
$+L_2/2$	111.28
QZ_2	DK126 +780.63
$+L_2/2$	111.29
YZ_2	DK126 +891.92

检核计算：

ZY_1	DK125 +920.72
$+2T_1$	289.22
	DK126 +209.94
$-q$	7.68
YZ_1	DK126 +202.26
ZY_2	DK126 +669.35
$+2T_2$	226.32
	DK126 +895.67
$-q$	3.75
YZ_2	DK126 +891.92

3. 圆曲线放样点坐标计算

圆曲线放样点的密度一般为 20 m，且设在整桩处。施工坐标系下放样点坐标可采用直接计算法或间接计算法。所谓直接计算法，即直接在施工坐标系下计算坐标；间接计算法则是指首先在圆曲线坐标系下计算出相应点的坐标，然后再通过四参数坐标系转换到施工坐标系下。

由于单纯圆曲线线型简单，通常采用直接计算法，如图 5-19 所示；而带缓和曲线的圆曲线线型较复杂，一般采用间接计算法。本段主要介绍直接计算法，间接计算法将在后续的缓和曲线坐标计算中介绍。

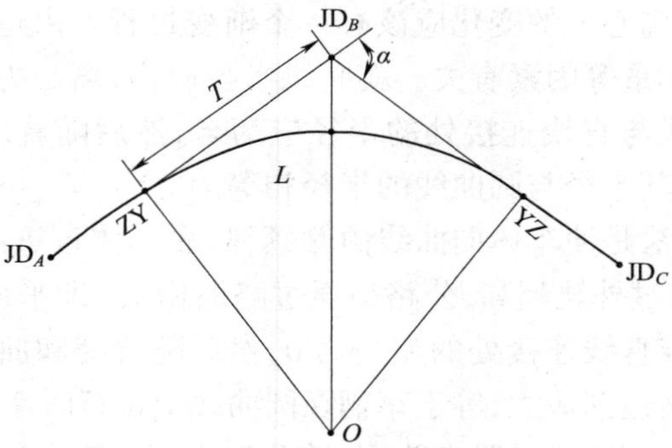

图 5-19　圆曲线坐标计算示意图

（1）主点坐标计算

$$\left.\begin{aligned} x_{ZY} &= T\cos\alpha_{BA} + x_B \\ y_{ZY} &= T\sin\alpha_{BA} + y_B \\ x_{YZ} &= T\cos\alpha_{BC} + x_B \\ x_{YZ} &= T\sin\alpha_{BC} + y_B \end{aligned}\right\} \tag{5-17}$$

式中，x_{ZY}、y_{ZY}为 ZY 点的坐标；x_{YZ}、y_{YZ}为 YZ 点的坐标；x_B、y_B为 JD$_B$的坐标；T 为曲线的切线长；α_{BA}、α_{BC}为相应边的坐标方位角，可根据相应点的坐标算出。

（2）圆心坐标计算

$$\left.\begin{aligned} \alpha_{ZY,O} &= \alpha_{AB} \pm 90^\circ \\ x_O &= R\cos\alpha_{ZY,O} + x_{ZY} \\ y_O &= T\sin\alpha_{ZY,O} + y_{ZY} \end{aligned}\right\} \tag{5-18}$$

式中，α_{AB}为 JD$_A$至 JD$_B$的坐标方位角，$\alpha_{ZY,O}$为 ZY 点至圆心 O 的坐标方位角，当线路左转时取“－”，右转时取“＋”；x_O、y_O为圆心点的坐标；R 为圆曲线的半径。

（3）放样点坐标计算

$$\left.\begin{aligned} \alpha_i &= \alpha_{O,ZY} \pm \frac{K_i - K_{ZY}}{R} \cdot \frac{180^\circ}{\pi} \\ x_i &= R\cos\alpha_i + x_O \\ y_i &= T\sin\alpha_i + y_O \end{aligned}\right\} \tag{5-19}$$

式中，α_i为圆心至放样点的坐标方位角，当线路左转时取“－”，右转时取“＋”；K_i、K_{ZY}分别为放样点和 ZY 点的里程。

圆曲线放样点坐标计算，一般由 ZY 依次计算至 YZ，并与主点计算的 YZ 点坐标闭合，以资检核。

三、缓和曲线常数计算

车辆由直线驶入圆曲线或由圆曲线驶入直线时，其运行状态发生改变，为保证车辆平顺而安全地运行，通常在直线与圆曲线之间加一段过渡曲线，称为缓和曲线。

1. 缓和曲线的性质

车辆在直线上运行没有离心力，而在圆曲线作圆周运动会产生离心力。由直线进入圆曲线，或由圆曲线进入直线，离心力的变化应该有一个渐变过程。由运动力学知：离心力的大小与行车速度、曲线半径及车重等因素有关。就曲线半径而言，离心力大小与曲线半径成反比。因此，作为过渡的缓和曲线与直线连接处的半径应为∞，然后随着缓和曲线的增长而逐渐减小，至与圆曲线的连接处，其半径与圆曲线的半径相等。

克服离心力的有效方法是使车体向曲线内侧倾斜，靠车体自重产生一个向心力以平衡离心力（图 5-20）。铁路是通过外轨超高，公路是通过路面横坡（即平曲线超高），实现车体向内倾斜的。显然，缓和曲线与直线连接处的超高为 0，然后随着缓和曲线的增长而逐渐增大，至与圆曲线的连接处，其超高达到最大，等于车辆在圆曲线上运行时用来平衡离心力的超高值。

为使车辆顺利通过曲线，铁路线路内轨（公路路面内侧）需加宽。由直线的正常值到圆曲线加宽值也应在缓和曲线上逐渐过渡。

综上所述，缓和曲线主要作用是：运行状态过渡、超高过渡和加宽过渡。其性质是：缓和曲线上任一点的曲率半径 R_P 与该点到缓和曲线起点的曲线长 l_P 成反比（图 5-21），即

$$R_P \propto 1/l_P \text{或} R_P = C/l_P$$

式中，C 为常数，称为缓和曲线半径的变更率。

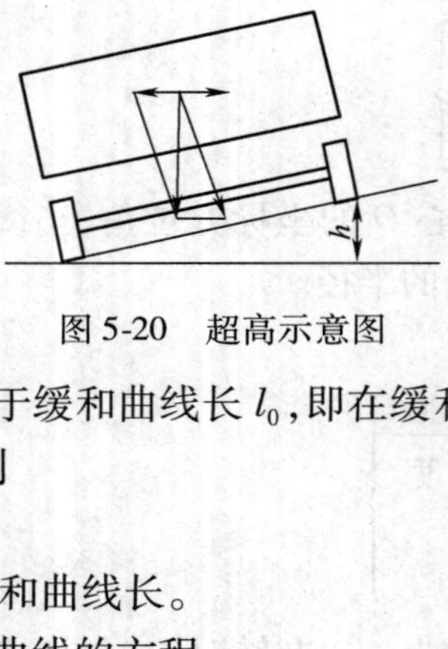

图 5-20　超高示意图

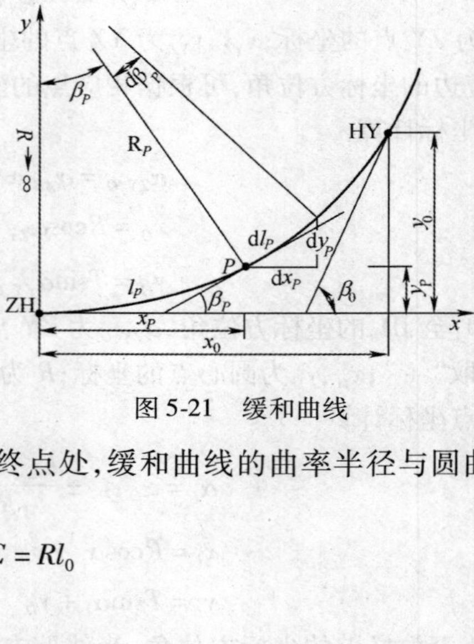

图 5-21　缓和曲线

当 l_P 等于缓和曲线长 l_0，即在缓和曲线终点处，缓和曲线的曲率半径与圆曲线的半径相等，$R_P = R$，则

$$C = Rl_0 \tag{5-20}$$

式中，l_0 为缓和曲线长。

2. 缓和曲线的方程

以缓和曲线起点为原点，以切线为 x 轴，且指向交点方向为正向，以过原点切线之垂线为 y 轴，且指向曲线内侧为正向而建立的平面直角坐标系，称为缓和曲线坐标系，如图 5-21 所示。设 P 点为缓和曲线上任意点，坐标为 x_P、y_P；l_P 为 P 点到缓和曲线起点的曲线长，dl_P 是 l_P 的微分增量；β_P 是过 P 点的缓和曲线之切线与 x 轴的夹角，称为过 P 点的缓和曲线角度；$d\beta_P$、dx_P、dy_P 为由 dl_P 引起的 β_P、x_P、y_P 的微分增量，则有

$$d\beta_P = \frac{dl_P}{R_P} \cdot \frac{180°}{\pi}, \quad dx_P = \cos\beta_P dl_P, \quad dy_P = \sin\beta_P dl_P$$

根据缓和曲线性质 $R_P l_P = Rl_0$，有 $d\beta_P = \frac{l_P}{Rl_0} \cdot \frac{180°}{\pi} dl_P$，则

$$\beta_P = \int_0^{l_P} \frac{l_P}{Rl_0} \cdot \frac{180^\circ}{\pi} \mathrm{d}l_P = \frac{l_P^2}{2Rl_0} \cdot \frac{180^\circ}{\pi} \tag{5-21}$$

将 $\cos\beta$、$\sin\beta$ 按级数展开：

$$\mathrm{d}x_P = \left(1 - \frac{1}{2!}\beta^2 + \frac{1}{4!}\beta^4 - \cdots\right)\mathrm{d}l_P = \left(1 - \frac{1}{8R^2 l_0^2} l_P^4 + \frac{1}{384R^4 l_0^4} l_P^8 - \cdots\right)\mathrm{d}l_P$$

$$\mathrm{d}y_P = \left(\beta - \frac{1}{3!}\beta^3 + \frac{1}{5!}\beta^5 - \cdots\right)\mathrm{d}l_P = \left(\frac{1}{2Rl_0} l_P^2 - \frac{1}{48R^3 l_0^3} l_P^6 + \cdots\right)\mathrm{d}l_P$$

积分得：

$$\left.\begin{aligned} x_P &= \int_0^{l_P} \mathrm{d}x = \sum_{j=1}^{n} \frac{(-1)^{j+1}}{(2j-2)!} \cdot \frac{1}{(2Rl_0)^{2j-2}} \cdot \frac{1}{4j-3} l_P^{4j-3} \\ y_P &= \int_0^{l_P} \mathrm{d}y = \sum_{j=1}^{n} \frac{(-1)^{j+1}}{(2j-1)!} \cdot \frac{1}{(2Rl_0)^{2j-1}} \cdot \frac{1}{4j-1} l_P^{4j-1} \end{aligned}\right\} \tag{5-22}$$

显然，式(5-22)是交错级数，且各项的绝对值又依次递减，故其截断误差可按下式估算：

$$\left.\begin{aligned} |R_{n+1}(x)| &\leqslant \frac{l_0^{2n+1}}{(2n)! \cdot (2R)^{2n} \cdot (4n+1)} \\ |R_{n+1}(y)| &\leqslant \frac{l_0^{2n+2}}{(2n+1)! \cdot (2R)^{2n+1} \cdot (4n+3)} \end{aligned}\right\} \tag{5-23}$$

【例 5-3】　已知某曲线设计时选配的圆曲线半径 $R = 200$ m，缓和曲线长 $l_0 = 70$ m，若 $n = 2$，试按式(5-5)估算坐标计算的截断误差。

【解】

$$\left.\begin{aligned} |R_3(x)| &\leqslant \frac{70^5}{4! \times 400^4 \times 9} \times 1\,000 = 3.0 \times 10^{-1}\,\text{mm} \\ |R_3(y)| &\leqslant \frac{70^6}{5! \times 400^5 \times 11} \times 1\,000 = 8.7 \times 10^{-3}\,\text{mm} \end{aligned}\right\}$$

在铁路或汽车专用公路设计中，圆曲线半径一般要大于200 m，因此在应用式(5-22)时，式中的 n 值通常取 2，且为

$$\left.\begin{aligned} x_P &= l_P - \frac{l_P^5}{40R^2 l_0^2} \\ y_P &= \frac{l_P^3}{6Rl_0} - \frac{l_P^7}{336R^3 l_0^3} \end{aligned}\right\} \tag{5-24}$$

如果铁路或公路设计中，圆曲线半径小于200 m，则应根据式(5-5)进行估算，以确定 n 值的大小。

作为特殊情况，当 $l = l_0$ 时，则 $\beta_P = \beta_0$，$x_P = x_0$，$y_P = y_0$，且

$$\left.\begin{aligned} \beta_0 &= \frac{l_0}{2R} \cdot \frac{180^\circ}{\pi} \\ x_0 &= l_0 - \frac{l_0^3}{40R^2} \\ y_0 &= \frac{l_0^2}{6R} - \frac{l_0^4}{336R^3} \end{aligned}\right\} \tag{5-25}$$

3. 加缓和曲线后曲线的变化

缓和曲线插入直线与圆曲线之间的方法很多,我国铁路和公路系统采用的方法是:圆曲线的半径不变,圆心向曲线内侧移动一定的距离后将缓和曲线插入。

如图 5-22 所示,圆心 O_1 向曲线内侧移动至 O 点,使圆曲线在垂直于切线方向上移动的距离为 p,该值称为圆曲线的移动量。增设缓和曲线后,圆曲线两端各被 $l_0/2$ 长的缓和曲线所代替,其所对的圆心角恰等于 β_0。因此,缓和曲线有一半在原圆曲线范围内,剩余部分则在原直线范围内。

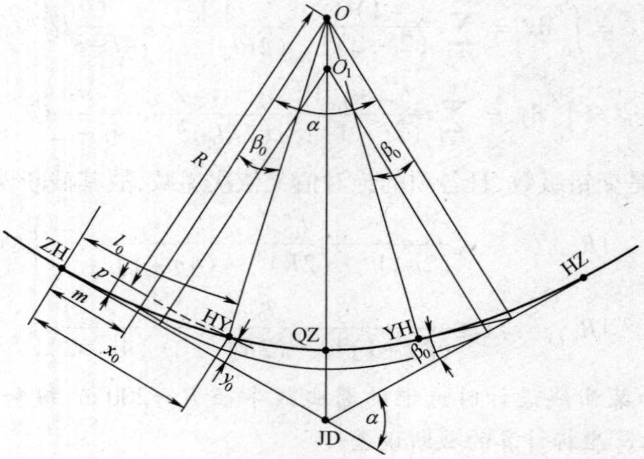

图 5-22　加缓和曲线后曲线变化示意图

4. 缓和曲线常数

缓和曲线常数是确定缓和曲线如何与直线和圆曲线相连的主要数据。如图 5-23 所示,缓和曲线常数除缓和曲线角 β_0 及缓和曲线终点的坐标 x_0、y_0 外还有:

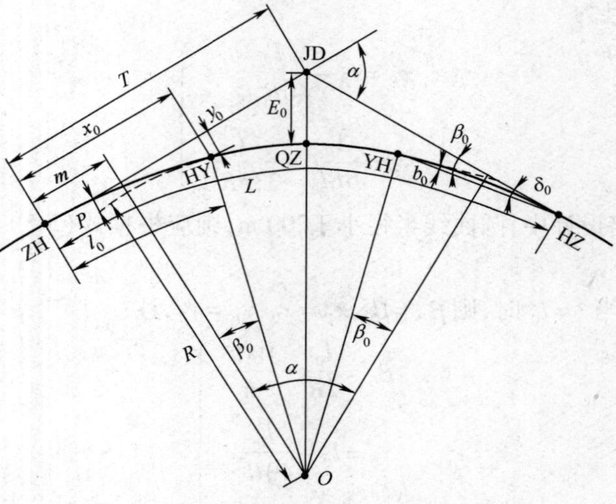

图 5-23　加缓和曲线后曲线综合示意图

(1)内移距 p

原圆曲线端点内移后相对于切线的移动量,称为圆曲线的内移距,且

$$p=(y_0+R\cos\beta_0)-R\approx\frac{L_0^2}{24R} \tag{5-26}$$

(2)切垂距 m

圆曲线内移后,过新圆心作切线的垂线,其垂足到缓和曲线起点的距离,称为切垂距,且

$$m=x_0-R\sin\beta_0\approx\frac{L_0}{2}-\frac{L_0^3}{240R^2} \tag{5-27}$$

(3)缓和曲线偏角 δ_0

缓和曲线的起点和终点之弦线与缓和曲线起点之切线间的夹角,称为缓和曲线偏角,且

$$\delta_0=\arctan\frac{y_0}{x_0}\approx\frac{1}{3}\beta_0 \tag{5-28}$$

(4)缓和曲线反偏角 b_0

缓和曲线终点和起点之弦线与缓和曲线终点之切线间的夹角,称为缓和曲线反偏角,且

$$b_0=\beta_0-\delta_0 \tag{5-29}$$

四、曲线综合要素计算

1. 曲线主点

如图 5-23 所示,按里程增加方向,曲线的主点有:①直缓点,由直线进入缓和曲线之分界点,以 ZH 表示;②缓圆点,由缓和曲线进入圆曲线之分界点,以 HY 表示;③曲中点,JD 和圆心的连线与圆曲线之点,以 QZ 表示;④圆缓点,由圆曲线进入缓和曲线之分界点,以 YH 表示;⑤缓直点,即由缓和曲线进入直线之分界点,以 HZ 表示。就缓和曲线而言,其起点是指 ZH 或 HZ,即与直线的连接点;其终点是指 YH 或 HY,即与圆曲线的连接点。

2. 曲线综合要素计算

增设缓和曲线后,曲线要素计算较单纯圆曲线要素计算要复杂,考虑的因素也多,故称为综合要素计算。如图 5-23 所示为两端增设等长缓和曲线的情况(关于两端增设不等长缓和曲线的情况,将在后续有关章节中介绍),其曲线的综合要素按如下公式计算:

$$\left.\begin{aligned}&\text{切线长:}\quad T=(R+p)\tan\frac{\alpha}{2}+m\\&\text{曲线长:}\quad L=R(\alpha-2\beta_0)\cdot\frac{\pi}{180^\circ}+2l_0\quad\text{或}\quad L=R\alpha\cdot\frac{\pi}{180^\circ}+l_0\\&\text{外矢距:}\quad E_0=(R+p)\sec\frac{\alpha}{2}-R\\&\text{切曲差:}\quad q=2T-L\end{aligned}\right\} \tag{5-30}$$

3. 主点里程推算

增设缓和曲线后,主点里程仍是从一个已知里程的点开始,按里程增加方向逐点向前推算,现以一例说明其推算方法。

【例 5-4】 已知线路某转点 ZD 的里程为 DK25 +536.32,ZD 到 JD 的距离为 $D=893.86$ m。设计时选配的圆曲线半径 $R=500$ m,缓和曲线长 $l_0=60$ m,转向角 $\alpha_z=35°51'23''$,试计算缓和曲线常数和综合要素,并推算各主点的里程。

【解】 1. 缓和曲线常数

$$\beta_0 = \frac{l_0}{2R} \cdot \frac{180°}{\pi} = 3.4377° = 3°26'16''$$

$$x_0 = l_0 - \frac{l_0^3}{40R^2} = 59.978 \text{ m}$$

$$y_0 = \frac{l_0^2}{6R} - \frac{l_0^4}{336R^3} = 1.200 \text{ m}$$

$$p = (y_0 + R\cos\beta_0) - R = 0.300 \text{ m}$$

$$m = x_0 - R\sin\beta_0 = 29.996 \text{ m}$$

$$\delta_0 = \arctan\frac{y_0}{x_0} = 1°08'45''$$

$$b_0 = \beta_0 - \delta_0 = 2°17'31''$$

2. 曲线综合要素

$$T = (R+p)\tan\frac{\alpha}{2} + m = 191.86 \text{ m}$$

$$L = R\alpha \cdot \frac{\pi}{180°} + l_0 = 372.91 \text{ m}$$

$$E_0 = (R+p)\sec\frac{\alpha}{2} - R = 25.83 \text{ m}$$

$$q = 2T - L = 10.81 \text{ m}$$

3. 主点里程推算

里程推算:		检核计算:	
ZD $+(D-T)$	DK25 +536.32 702.00		
ZH $+l_0$	DK26 +238.32 60	ZH $+2T$	DK26 +238.32 383.72
HY $+(L-2l_0)/2$	DK26 +298.32 126.45		DK26 +622.04 $-q$ 10.81
QZ $+(L-2l_0)/2$	DK26 +424.77 126.46	HZ	DK26 +611.23
YH $+l_0$	DK26 +551.23 60		
HZ	DK26 +611.23		

五、曲线坐标计算

曲线坐标计算选用间接计算法,其基本思路是:首先计算出曲线点位于局部坐标系(主要是指 ZH—XY 坐标系和 HZ—$X'Y'$ 坐标系)下的坐标,然后根据局部坐标系与工程施工坐标系的关系,按四参数转换方法进行坐标变换得到工程施工坐标系下的坐标。

1. 局部 ZH—xy 测量坐标系下曲线点坐标计算

如图 5-24 所示,以始端缓和曲线 ZH 为原点,以 ZH 切线为 x 轴,且指向交点方向为正向,建立测量中的平面直角坐标系 ZH—xy，则在此坐标系下，ZH ~ HY 段曲线点的坐标为：

$$\left.\begin{aligned} x_A &= l_A - \frac{l_A^5}{40R^2 l_0^2} \\ y_A &= \pm\left(\frac{l_A^3}{6Rl_0} - \frac{l_A^7}{336R^3 l_0^3}\right) \end{aligned}\right\} \tag{5-31}$$

式中，l_A 为 A 点到缓和曲线起点的曲线长；l_0 为缓和曲线长；R 为圆曲线半径；按里程增加方向，当曲线右转时 y_A 坐标为正，左转时 y_A 坐标为负。

HY ~ YH 段曲线点的坐标为：

$$\left.\begin{aligned} x_B &= R\sin\alpha_B + m \\ y_B &= \pm[R(1-\cos\alpha_B)+p] \end{aligned}\right\} \tag{5-32}$$

式中 $\alpha_B = \dfrac{K_B - K_{\mathrm{HY}}}{R}\cdot\dfrac{180^\circ}{\pi} + \beta_0$，$K_B$ 为 B 点的里程，K_{HY} 为 HY 里程。按里程增加方向，当曲线右转时 y_B 坐标为正，左转时 y_B 坐标为负。

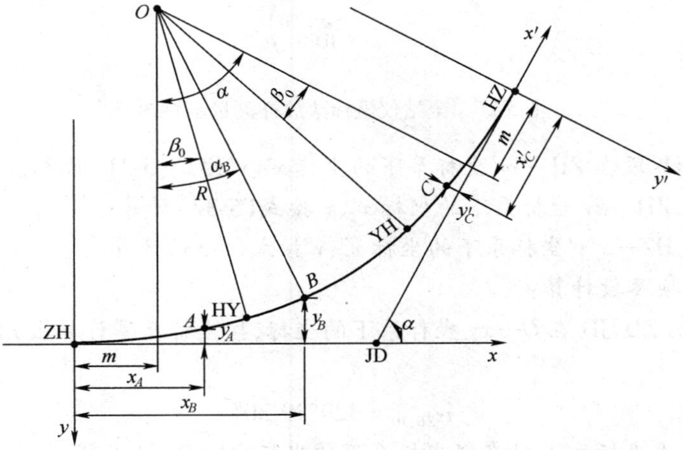

图 5-24　测量坐标系建立示意图

2. 局部 HZ—$x'y'$ 测量坐标系下曲线点坐标计算

YH ~ HZ 段曲线点在以 HZ 点为原点，以 HZ 点切线为 x 轴，交点至 HZ 方向为正向的测量坐标系（HZ—$x'y'$）下的坐标为

$$\left.\begin{aligned} x'_C &= -\left(l_C - \frac{l_C^5}{40R^2 l_0^2}\right) \\ y'_C &= \pm\left(\frac{l_C^3}{6Rl_0} - \frac{l_C^7}{336R^3 l_0^3}\right) \end{aligned}\right\} \tag{5-33}$$

式中，l_C 为 C 点到缓和曲线起点的曲线长；按里程增加方向，当曲线右转时 y'_C 坐标为正，左转时 y'_C 坐标为负。

3. 坐标转换基本公式

由数学知识知，坐标平移、旋转公式为

$$\begin{bmatrix} x \\ y \end{bmatrix} = \begin{bmatrix} \cos\gamma & -\sin\gamma \\ \sin\gamma & \cos\gamma \end{bmatrix}\begin{bmatrix} x' \\ y' \end{bmatrix} + \begin{bmatrix} a \\ b \end{bmatrix} \tag{5-34}$$

式中，x、y 为新坐标系下坐标，x'、y' 为原坐标系下坐标，旋转参数 γ 为原坐标系 X' 轴在新坐标系下的坐标方位角，平移参数 a、b 为原坐标系的原点在新坐标系下的坐标。

当两套坐标系之间存在多于两个公共点时，可按最小二乘法求解转换参数。

【例 5-5】 如图 5-25 所示，M、N 为既有控制点，设控制点所在的平面直角坐标系为 O—xy，在此坐标系下，ZD、JD 的坐标分别为 $x_{ZD}=8\ 567.294$、$y_{ZD}=5\ 633.515$，$x_{JD}=9\ 338.720\ 6$、$y_{JD}=5\ 181.976\ 8$。曲线资料同例 5-4，置镜在 M 点后视 N 点，用极坐标法测设曲线，试完成测设数据的计算。

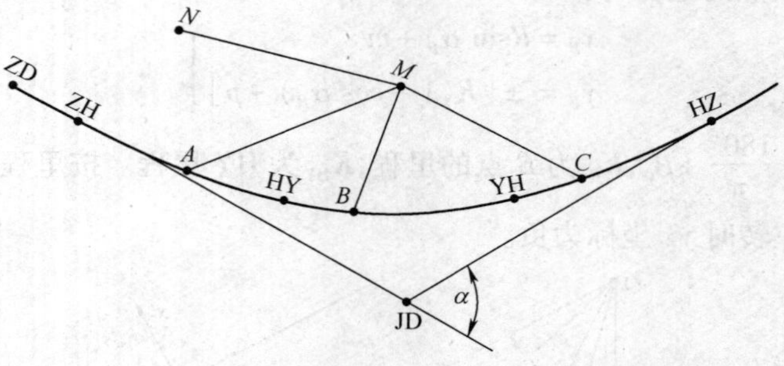

图 5-25　全站仪坐标法放样测量示意图

【解】 ZH ~ HY 段在 ZH—xy 坐标系下的坐标 x'、y' 按式（5-31）计算；

HY ~ YH 段在 ZH—xy 坐标系下的坐标 x'、y' 按式（5-32）计算；

YH ~ HZ 段在 HZ—$x'y'$ 坐标系下的坐标 x''、y'' 按式（5-33）计算；

ZH ~ YH 段转换参数计算：

旋转参数，根据 ZD、JD 在 O—xy 坐标系下的坐标，按坐标反算计算出 ZD→JD 的坐标方位角为

$$\alpha_{ZD,JD}=329°39'30''$$

此坐标方位角就是原坐标系 X 轴在新坐标系下的坐标方位角，从而得

$$\gamma=\alpha_{ZD,JD}=329°39'30''$$

平移参数，ZH 在 O—xy 坐标系下的坐标

$$x_{ZH}=x_{JD}+T\cos\alpha_{JD,ZD}=9\ 173.140=a$$
$$y_{ZH}=y_{JD}+T\sin\alpha_{JD,ZD}=5\ 278.896=b$$

YH ~ HZ 段转换参数计算：

根据 ZD→JD 的坐标方位角 $\alpha_{ZD,JD}$ 及转向角 α 计算 JD→HZ 的坐标方位角为

$$\alpha_{JD,HZ}=329°39'30''-35°51'23''=293°48'07''$$

从而得

$$\gamma=\alpha_{JD,HZ}=293°48'07''$$

HZ 在 O—xy 坐标系下的坐标

$$x_{HZ}=x_{JD}+T\cos\alpha_{JD,HZ}=9\ 416.151=a$$
$$y_{HZ}=y_{JD}+T\sin\alpha_{JD,HZ}=5\ 006.435=b$$

坐标转换计算：

根据局部坐标及其相应的转换参数，按（式 5-34）计算施工坐标系下的坐标，其计算结果

列于表5-32和表5-33中。

表5-32 极坐标法曲线测设资料计算表

点 号	里 程	ZH—xy		O—xy	
		x′	y′	x	y
ZH	DK26 +238. 320	0. 000	0. 000	9 173. 140	5 278. 896
1	248. 320	10. 000	−0. 006	9 181. 767	5 273. 840
2	258. 320	20. 000	−0. 044	9 190. 378	5 268. 754
3	+268. 320	29. 999	−0. 150	9 198. 954	5 263. 612
4	+278. 320	39. 997	−0. 356	9 207. 479	5 258. 384
5	+288. 320	49. 991	−0. 694	9 215. 933	5 253. 043
HY	DK26 +298. 320	59. 978	−1. 200	9 224. 297	5 247. 562
1	+300	61. 655	−1. 303	9 225. 692	5 246. 626
2	+320	81. 584	−2. 968	9 242. 050	5 235. 121
3	+340	101. 431	−5. 429	9 257. 935	5 222. 972
4	+360	121. 164	−8. 682	9 273. 322	5 210. 197
5	+380	140. 750	−12. 721	9 288. 185	5 196. 817
6	+400	160. 159	−17. 540	9 302. 502	5 182. 853
7	+420	179. 361	−23. 131	9 316. 248	5 168. 328
QZ	DK26 +424. 770	183. 906	−24. 578	9 319. 440	5 164. 784
6	+440	198. 323	−29. 486	9 329. 403	5 153. 265
5	+460	217. 016	−36. 593	9 341. 945	5 137. 688
4	+480	235. 409	−44. 443	9 353. 854	5 121. 622
3	+500	253. 475	−53. 022	9 365. 111	5 105. 092
2	+520	271. 182	−62. 317	9 375. 698	5 088. 126
1	+540	288. 504	−72. 312	9 385. 598	5 070. 749
YH	DK26 +551. 225	298. 046	−78. 223	9 390. 847	5 060. 828

表5-33 极坐标法曲线测设资料计算表

点 号	里 程	HZ—xy		O—xy	
		x′	y′	x	y
YH	DK26 +551. 225	−59. 978	−1. 200	9 390. 847	5 060. 828
5	+561. 225	−49. 991	−0. 694	9 395. 340	5 051. 894
4	+571. 225	−39. 997	−0. 356	9 399. 684	5 042. 887
3	+581. 225	−29. 999	−0. 150	9 403. 907	5 033. 822
2	+591. 225	−20. 000	−0. 044	9 408. 039	5 024. 716
1	+601. 225	−10. 000	−0. 006	9 412. 110	5 015. 582
HZ	DK26 +611. 225	0. 000	0. 000	9 416. 151	5 006. 435

六、圆曲线两端设有不等长缓和曲线时的曲线要素计算

由于受地形条件限制或改线设计的需要,圆曲线两端有时需要设置不等长缓和曲线。如图 5-26 所示,始端缓和曲线长为 l_{01},缓和曲线角度为 β_{01},圆曲线的移动量为 p_1,切垂距为 m_1;末端缓和曲线长为 l_{02},缓和曲线角度为 β_{02},圆曲线的移动量为 p_2,切垂距为 m_2;圆曲线半径为 R,转向角为 α。

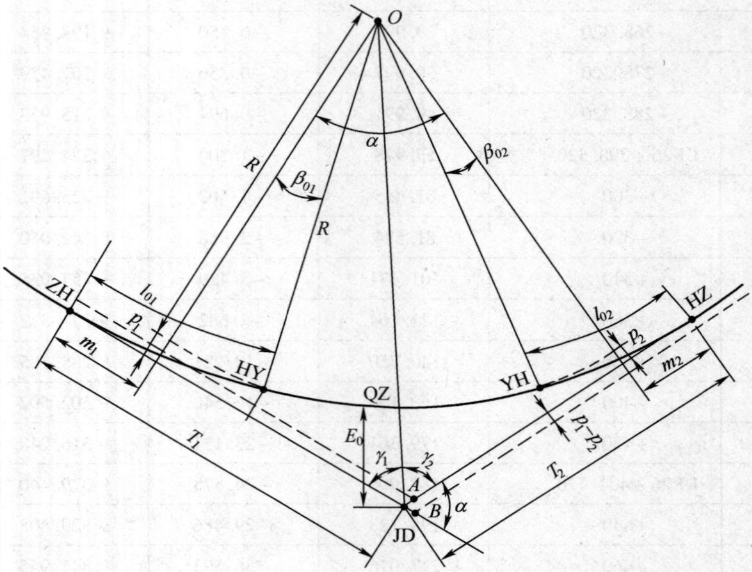

图 5-26　两端不等长缓和曲线综合示意图

设想如果将末端缓和曲线长改成与始端缓和曲线长相等,则末端切线应相对于原位置平移,且当 $l_{01}>l_{02}$ 时,向曲线外侧平移,当 $l_{01}<l_{02}$ 时,向曲线内侧平移,平移距离为 $|p_1-p_2|$。如果将始端缓和曲线长改成与末端缓和曲线长相等,则始端切线应相对于原位置平移,且当 $l_{02}>l_{01}$ 时,向曲线外侧平移,当 $l_{02}<l_{01}$ 时,向曲线内侧平移,平移距离亦为 $|p_1-p_2|$。如图 5-26 所示中的 A 点为始端切线平移后与原末端切线之交点,B 点为末端切线平移后与原始端切线之交点。假想调整切线的目的是变两端不等长缓和曲线形式为等长形式,进而推出两端不等长缓和曲线要素的计算公式。

显然,圆曲线两端设有不等长缓和曲线时的切线长可按下式计算:

$$\left.\begin{aligned}T_1&=D_{\mathrm{ZH},B}-D_{\mathrm{JD},B}\\T_2&=D_{\mathrm{HZ},A}+D_{\mathrm{JD},A}\end{aligned}\right\}\tag{5-35}$$

而 $D_{\mathrm{ZH},B}$、$D_{\mathrm{HZ},A}$ 相当于圆曲线两端设有等长缓和曲线时的切线长,故根据式(5-30)得其计算公式为

$$\left.\begin{aligned}D_{\mathrm{ZH},B}&=(R+p_1)\tan\frac{\alpha}{2}+m_1\\D_{\mathrm{HZ},A}&=(R+p_2)\tan\frac{\alpha}{2}+m_2\end{aligned}\right\}\tag{5-36}$$

图 5-27 为图 5-26 交点(JD)处的局部放大示意图,从中可知 $D_{JD,B}=D_{JD,A}$,且

$$D_{JD,A}=D_{JD,B}=\frac{p_1-p_2}{\sin\alpha} \tag{5-37}$$

综上所述得圆曲线两端设有不等长缓和曲线时的曲线要素为

$$\left.\begin{aligned}
T_1&=(R+p_1)\tan\frac{\alpha}{2}+m_1-\frac{p_1-p_2}{\sin\alpha}\\
T_2&=(R+p_2)\tan\frac{\alpha}{2}+m_2+\frac{p_1-p_2}{\sin\alpha}\\
L&=(\alpha-\beta_{01}-\beta_{02})R\cdot\frac{\pi}{180^\circ}+l_{01}+l_{02}\\
\gamma_1&=\arctan\frac{R+p_1}{T_1-m_1}\\
\gamma_2&=\arctan\frac{R+p_2}{T_2-m_2}\\
E_0&=\frac{R+p_1}{\sin\gamma_1}-R=\frac{R+p_2}{\sin\gamma_2}-R
\end{aligned}\right\} \tag{5-38}$$

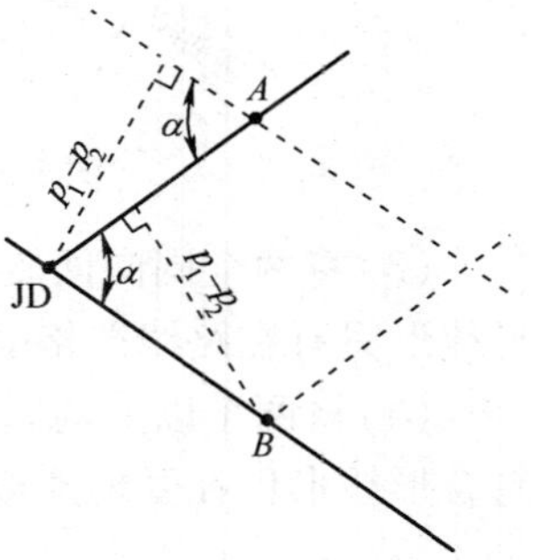

图 5-27　交点局部放大示意图

七、线路其他种类的形状及复曲线要素计算

1. 主要线型形状

由于地形条件纷繁复杂,线路要克服各种地形障碍,以满足行车要求。因而除基本形状外,有时会形成其他种类的形状。

铁路线路常见的有:当转向角超过 180°时,如图 5-28 所示,称此种曲线为回头曲线或套线;当转向角超过 360°时,如图 5-29 所示,称此种曲线为螺旋线;用两段或更多段同向不同半径圆弧组成的一个曲线,如图 5-30 所示,称为复曲线;两条方向不同的曲线首尾相接而组成的一条曲线,如图 5-31 所示,称为反向曲线。

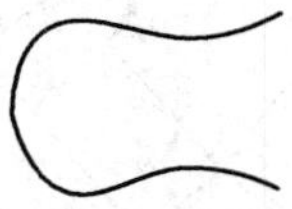

图 5-28　回头曲线

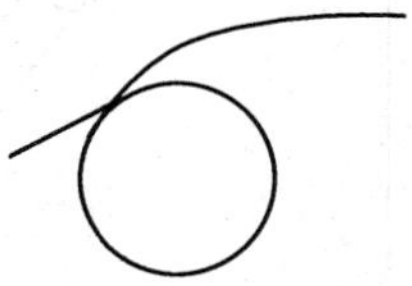

图 5-29　螺旋线

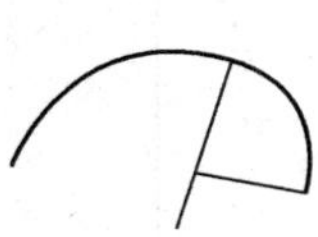

图 5-30　复曲线

图 5-31　反向曲线

公路线形设计要求:两同向曲线应设有足够长度的直线,不得以短直线相连,否则应调整线形使之成为一个单曲线或复曲线或运用回旋线组合成卵形、凸形、复合形等曲线;两反向曲线间应设置不小于一定长度的夹直线,否则应调整线形,或运用回旋线(即缓和曲线)组合成 S 形曲线。以下是常见的几种组合形式:

(1)两个反向圆曲线用回旋线连接起来的线形,称为 S 形(图 5-32)。回旋线参数 A_1、A_2 可以相同亦可不同。

(2)用一个回旋线连接两个同向圆曲线的组合,称为卵形(图 5-33)。

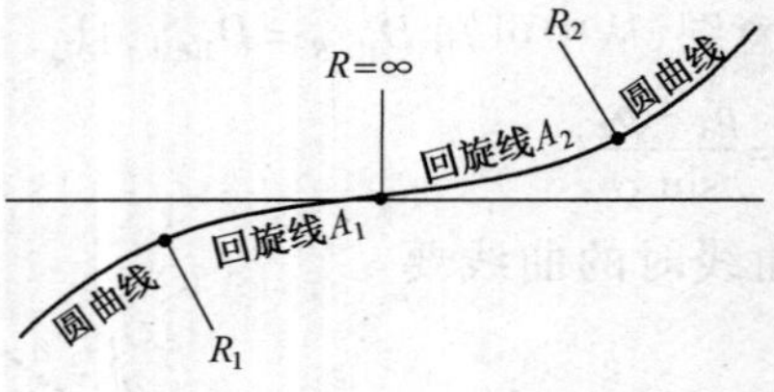

图 5-32 S形曲线

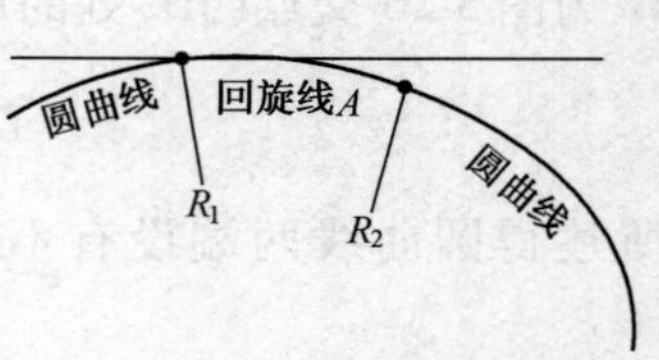

图 5-33 卵形曲线

(3)将两个同向回旋线在半径较小的点上径相衔接而成的线形,称为凸形(图 5-34)。凸形线形只有在路线严格受地形限制处方可采用。

(4)将两个以上的同向回旋线在曲率相等处相互连接而成的线形,称为复合形(图 5-35)。复合形线形仅在受地形或其他因素限制处使用。

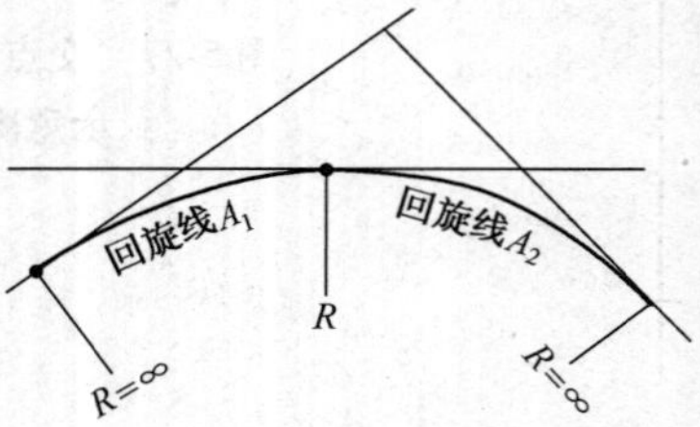

图 5-34 凸形曲线

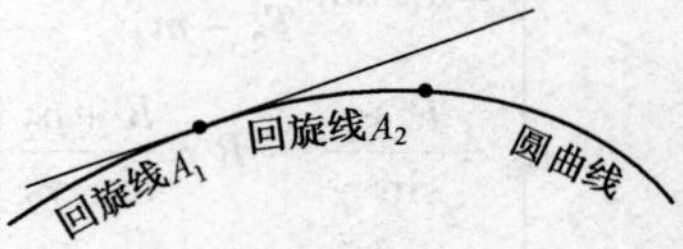

图 5-35 复合形曲线

复曲线构成的方法有很多,常见的主要有:由两个圆曲线直接连接而成、两端有缓和曲线中间由两个圆曲线直接连接而成、两端有缓和曲线中间也用缓和曲线连接而成等形式。现分述如下:

2. 要素计算

(1)由两个圆曲线直接连接而成的复曲线

如图 5-36 所示,连接圆心 O_1、O_2 与曲线交于 Y_1Y_2,过该点的切线交始、末端切线于 A、B,则

$$\left.\begin{aligned} T'_1 &= T_1 + d_{AC} \\ T'_2 &= T_2 + d_{BC} \end{aligned}\right\} \tag{5-39}$$

$$\left.\begin{aligned} T_1 &= R_1 \tan\frac{\alpha_1}{2} \\ T_2 &= R_2 \tan\frac{\alpha_2}{2} \\ d_{AB} &= T_1 + T_2 \\ d_{AC} &= \frac{\sin\alpha_2}{\sin\alpha} d_{AB} \\ d_{BC} &= \frac{\sin\alpha_1}{\sin\alpha} d_{AB} \end{aligned}\right\} \tag{5-40}$$

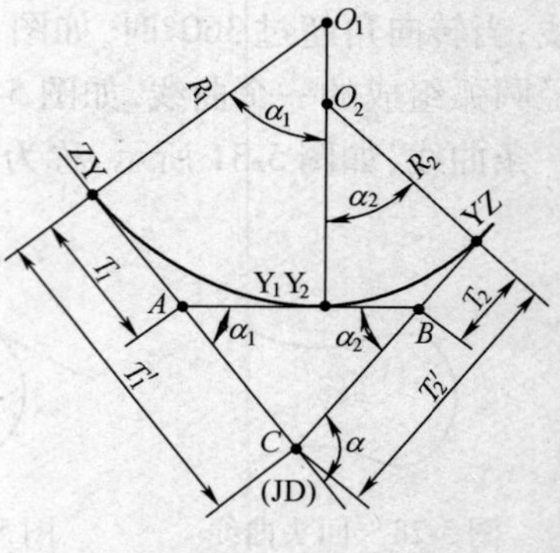

图 5-36 由圆曲线构成的复曲线

式中,α 为转向角,且 $\alpha = \alpha_1 + \alpha_2$。

(2)两端有缓和曲线中间由两个圆曲线直接连接而成的复曲线

如图 5-37 所示,连接圆心 O_1、O_2 与曲线交于 D 点,过该点的切线交始、末端切线于 A、B,且 $\alpha = \alpha_1 + \alpha_2$。

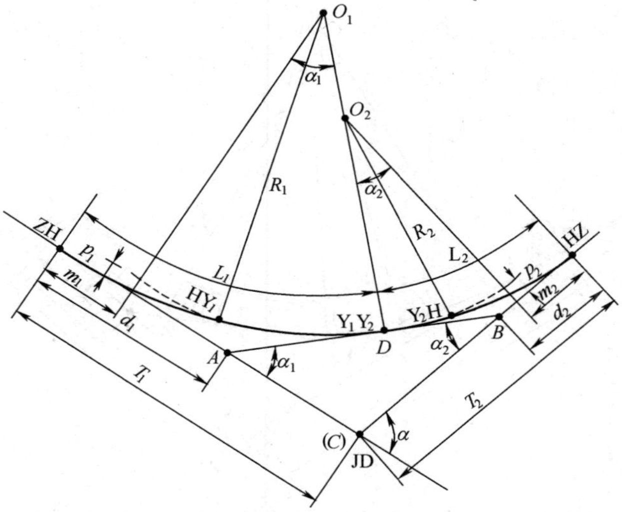

图 5-37 两端缓和曲线中间由圆曲线构成的复曲线

辅助计算：

$$\left.\begin{aligned} d_1 &= (R_1 + p_1)\tan\frac{\alpha_1}{2} - \frac{p_1}{\sin\alpha_1} + m_1 \\ d_2 &= (R_2 + p_2)\tan\frac{\alpha_2}{2} - \frac{p_2}{\sin\alpha_2} + m_2 \end{aligned}\right\} \tag{5-41}$$

$$\left.\begin{aligned} d_{AD} &= (R_1 + p_1)\tan\frac{\alpha_1}{2} + p_1\cot\alpha_1 \\ d_{DB} &= (R_2 + p_2)\tan\frac{\alpha_2}{2} + p_2\cot\alpha_2 \end{aligned}\right\} \tag{5-42}$$

$$\left.\begin{aligned} d_{AC} &= \frac{d_{AD} + d_{DB}}{\sin\alpha}\sin\alpha_2 \\ d_{BC} &= \frac{d_{AD} + d_{DB}}{\sin\alpha}\sin\alpha_1 \end{aligned}\right\} \tag{5-43}$$

曲线的综合要素为：

$$\left.\begin{aligned} T_1 &= d_1 + d_{AC} \\ T_2 &= d_2 + d_{BC} \\ L_1 &= \alpha_1 R_1 + \frac{l_{01}}{2} \\ L_2 &= \alpha_2 R_2 + \frac{l_{02}}{2} \end{aligned}\right\} \tag{5-44}$$

(3)两端有缓和曲线中间也用缓和曲线连接而成的复曲线

如图 5-38 所示，连接圆心 O_1、O_2 与半径为 R_1 圆曲线的延长线交于 D 点，过该点的切线交始、末端切线于 A、B，设中间缓和曲线长为 l_n。

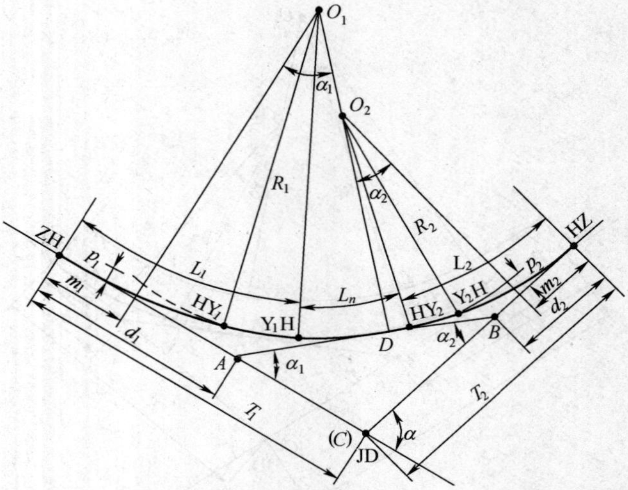

图 5-38　两端缓和曲线中间也由缓和曲线构成的复曲线

辅助计算：

$$\left.\begin{aligned}
R_n &= \frac{R_1 R_2}{R_1 - R_2} \\
p_n &= \frac{l_n^2}{24R_n} \\
d_1 &= R_1 \tan\frac{\alpha_1}{2} - p_1 \cot\alpha_1 + m_1 \\
d_2 &= R_2 \tan\frac{\alpha_2}{2} + \frac{p_n}{\sin\alpha_2} - p_2 \cot\alpha_2 + m_2 \\
d_{AB} &= R_1 \tan\frac{\alpha_1}{2} + \frac{p_1}{\sin\alpha_1} + R_2 \tan\frac{\alpha_2}{2} + \frac{p_2}{\sin\alpha_2} - p_n \cot\alpha_2
\end{aligned}\right\} \tag{5-45}$$

$$\alpha = \alpha_1 + \alpha_2 \tag{5-46}$$

$$\left.\begin{aligned}
d_{AC} &= \frac{d_{AB}}{\sin\alpha}\sin\alpha_2 \\
d_{BC} &= \frac{d_{AB}}{\sin\alpha}\sin\alpha_1
\end{aligned}\right\} \tag{5-47}$$

曲线的综合要素为

$$\left.\begin{aligned}
T_1 &= d_1 + d_{AC} \\
T_2 &= d_2 + d_{BC} \\
L_1 &= \alpha_1 R_1 + \frac{l_{01}}{2} - \frac{l_n}{2} \\
L_2 &= \alpha_2 R_2 + \frac{l_{02}}{2} + \frac{l_n}{2}
\end{aligned}\right\} \tag{5-48}$$

复曲线测设时，如果采用偏角法，则应根据几何关系先定出主点，然后再分段测设；如果采用极坐标法，为简化计算，可建立局部坐标系。

(4) 回头曲线的测设

回头曲线的特点是转向角大(通常超过 180°),圆曲线较长,交点位于曲线内侧,其计算要素如下:

1. $180° < \alpha < 360°$

如图 5-39(a)为交点位于直线范围,其切线长 T 为正值,图 5-39(b)为交点位于切线范围,其切线长 T 为负值,它们的切线长均按下式计算:

$$T = (R + p)\tan\frac{360° - \alpha}{2} - m \tag{5-49}$$

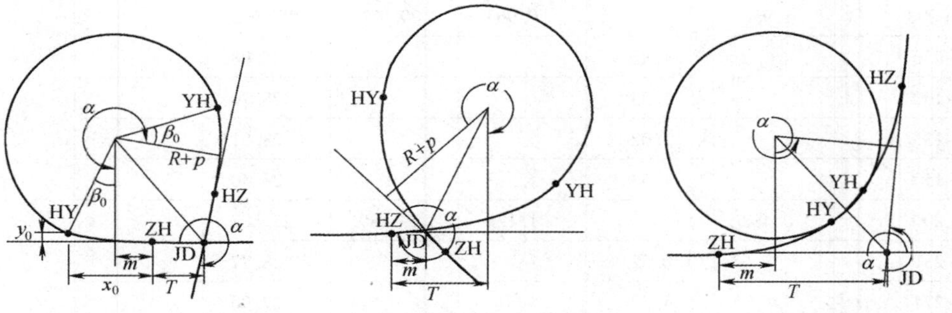

(a) 交点位于直线 (b) 交点位于切线 (c) 转向角大于360°

图 5-39 不同类型的回头曲线

2. $360° < \alpha < 540°$

如图 5-39(c)所示,其切线长为:

$$T = (R + p)\tan\frac{\alpha - 360°}{2} + m \tag{5-50}$$

回头曲线由于其圆曲线较长,用任意点极坐标法测设为好。如果受仪器设备等条件限制而只能用偏角法测设曲线时,应将圆曲线分成若干段,以便分段测设分段闭合。选定的分段点位置要适当,以不低于主点测设的精度,用极坐标法将其设出。

第七节 纵横断面测量

一、线路纵断面测量

线路纵断面测量的任务,是测定线路中线上所有桩点(中桩)的地面高程,并绘制纵断面图,供纵断面设计使用。

1. 纵断面测量的方法

线路中桩的地面高程,可采用水准测量、全站仪三角高程测量或 GPSRTK 等方法。无论采用何种方法,均应起闭于水准点,构成附合路线,闭合差的限差为 $50\sqrt{L}$(mm),L 为附合路线的长度,以 km 计。

采用水准测量方法时,直线的转点(ZD),曲线的起点(ZH 或 ZY)和终点(HZ 或 YZ),长度大于 500 m的曲线中点(QZ)均应作为高程转点,其读数应到 mm,其余中线桩可作为中视点,读数到 cm 即可。由于中视点没有检核条件,应观测两次,两次观测的较差应不大于10 cm。表 5-34 为某段线路中桩水准测量的观测记录，每个测站按以下公式进行计算：

$$仪器高程 = 后视点高程 + 后视读数$$

$$中视点地面高程 = 仪器高程 - 中视读数$$

$$前视点地面高程 = 仪器高程 - 前视读数$$

表 5-34　中桩水准测量手簿

桩　号	水准尺读数			视线高程	测得高程	采用高程	备　注
	后　视	中　视	前　视				
BM_1	2.623			28.938		26.315	
0+000	1.956		0.963	29.931	27.975		
+050		1.85			28.08		
+100		1.23			28.70		
+133		1.02			28.91		
+150		1.53			28.40		
+200	0.482		1.124	29.289	28.807		
+230		0.52			28.77		
+274		1.39			27.90		
+300		0.78			28.51		
Z_1	1.651		1.892	29.048	27.397		
⋮		⋮			⋮		$f=-35$ mm $F=\pm 50\sqrt{2.1}$ $=\pm 72$ mm $f<F$
2+072.71	2.785		1.562	35.296	32.511		
BM_2			1.489		33.807	33.842	
Σ	44.155		36.663				
计算检核	44.155 −36.663 +7.492				33.807 −26.315 +7.492		

当线路跨越深沟时，为了避免水准测量下沟上沟多次安置仪器，提高观测速度，保证观测精度，可按图 5-40 所示的方法进行观测。即仪器安置在测站Ⅰ时，后视 Z_1 读数后，紧接着前视 Z_2，将高程传递到对岸，然后前视 Z_A，开始下沟。在观测沟谷一侧的桩点时，同时观测对岸高度适宜的桩点。沟内各桩点观测完毕后，将仪器安置在测站Ⅳ，后视 Z_2，开始观测对岸的各桩点。为了减小测站Ⅰ上前后视距不等产生的误差对后续观测结果的影响，测站Ⅳ应尽可能位于后视距离与测站Ⅰ的前视距离大致相等，前视距离与测站Ⅰ的后视距离大致相等的位置上，即尽可能使 $l_1 \approx l_4$，$l_3 \approx l_2$。

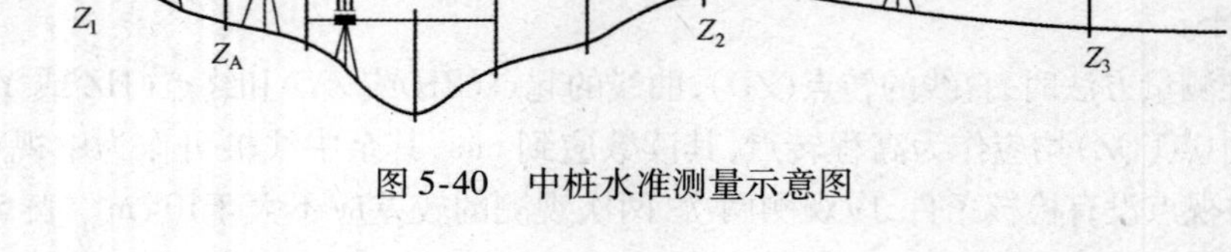

图 5-40　中桩水准测量示意图

采用全站仪三角高程测量或 GPSRTK 方法时，中桩高程测量可与中桩测设同时进行。全站仪三角高程测量的技术要求见表 5-35。

表 5-35 加桩光电三角高程测量的技术要求

类别	距离测回数	竖直角			半测回或两次间高差较差(mm)
		最大竖直角(°)	测回数	半测回较差(″)	
高程转点	往返各一测回	30	中丝法往返各一测回	12	
加桩	单向一测回	40	单向两次		100
			单向一测回	30	

2. 线路纵断面图

线路纵断面图是表示线路中线上地面起伏变化情况的断面图，一般绘制在透明方格纸上。其地面线按中线桩里程和高程绘制，横坐标为里程，比例尺为 1∶10 000，纵坐标为高程，比例尺为 1∶1 000。高程比例尺比水平比例尺大 10 倍，以突出地面的起伏变化。纵断面图应按线路里程增加方向从左向右绘制。

图 5-41 是纵断面图的一部分，其上半部分是线路中线经过的地形起伏情况和线路的设计高程位置，以及桥涵、隧道、车站、水准点、地质钻孔、断链、断高等位置及其相关说明和数据；下半部分为线路经过地区的地质情况及线路平面和高程方面的设计资料。

线路纵断面图下半部分的内容包括：

(1)里程。表示勘测里程，应首先绘出。百米桩应绘制在方格纸的厘米分划线上。在定测阶段，常常由于线路局部改线或分段测设，使得线路里程不连续，发生重叠或间断，这种情况称为断链。里程重叠时称为“长链”，里程间断时称为“短链”。例如图 5-41 中，第 1 勘测队定测终点里程为 DK128 + 122.00，该点同时又是第 2 勘测队的定测起点，其里程为 DK128 + 400.00，两种里程间产生间断，出现短链 278.00 m。出现断链时，两相邻百米桩的间距不等于 100 m，为了在绘制断面图时使后续的百米桩也落在方格纸的厘米分划线上，断链前后两百米桩的间距不按比例绘制，但需在断链处加绘断链标志，并予以说明。

(2)加桩。在所有加桩和百米桩处绘制竖线，竖线旁的数字表示该桩到上一个百米桩的距离。

(3)地面高程。依次标注所有中线桩的地面高程。

(4)设计坡度。竖线表示变坡点的位置，斜线表示坡度的方向，斜线上方的数字表示坡度的千分率(‰)，斜线下方的数字表示坡段长度。

(5)路肩设计高程。即设计的路基肩部标高。根据变坡点的路肩标高和设计坡度，计算出所有位于该坡段上的中桩处的路肩设计标高，并标注在该栏内。

(6)工程地质特征。根据地质调查或钻探结果填写沿线地质情况。

(7)线路平面。用示意图表示线路的平面形状。位于中央的直线表示线路的直线段，向上或向下凸出的折线表示线路的曲线，向上凸出表示线路向右转，向下凸出表示线路向左转。折线中间的水平线表示圆曲线，两端的斜线表示缓和曲线。曲线起终点的里程只标志百米以下的尾数，即该点到上一个百米桩的距离。

(8)连续里程。指消除了断链以后，从线路起点开始连续计算的里程。用短竖线表示公里标的位置，其下的数字表示公里数，短线左侧的数字表示公里标到上一个相邻百米桩的距离。

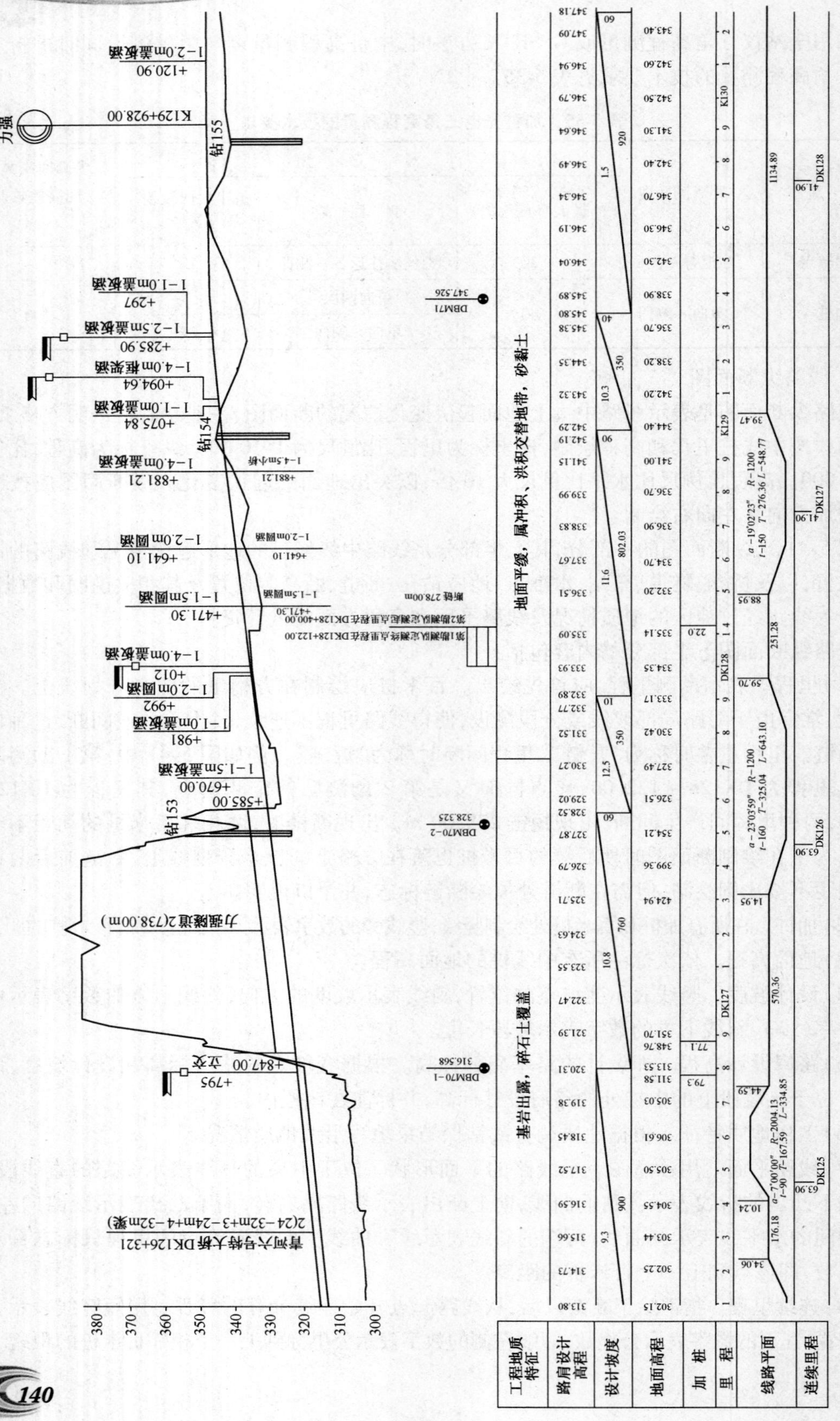
工程地质特征
路肩设计高程
设计坡度
地面高程
加桩
里程
线路平面
连续里程
基岩出露，碎石土覆盖
地面平缓，属冲积、洪积交替地带，砂黏土
青河六号特大桥 DK126+321
力强隧道2(738.00m)
力强

图 5-41 纵断面图

二、线路横断面测量

线路横断面是指垂直于线路中线方向上的地面断面线。线路横断面测量的任务，就是测定线路中线桩两侧一定范围的地面起伏形状，并绘制横断面图供路基断面设计、路基土石方量计算或路基边坡放样使用。

1. 横断面测量的密度和宽度

横断面测量的密度，应根据地形、地质及设计需要确定。定测横断面间距一般为 20 m，不同线下基础之间过渡段范围应加密为 5 ~ 10 m。在曲线控制桩、百米桩和线路纵（横）向地形明显变化大中桥头、隧道洞口、高路堤、深路堑、挡土墙、站场等终点工程地段和地质不良地段，横断面的测绘密度应适当加大。

横断面的测绘宽度，应根据地面坡度、路基中心填挖高度、路基边坡的设计坡度等因素确定，应能满足路基、取土坑、弃土堆及排水沟设计的需要。

2. 横断面测量的方法

横断面测量的实质，是测定横断面方向上一定范围内地面坡度变化点相对于中桩的水平距离和高差。横断面测量优先采用航测法。当采用全站仪、GPS RTK、水准仪绳尺等方法时，其检测限差应按下列公式计算：可采用水准仪法、经纬仪视距法或光电测距仪法等方法。

高差　$$0.1\left(\frac{L}{100}+\frac{h}{10}\right)+0.2\quad(\mathrm{m})\tag{5-51}$$

距离　$$\frac{L}{100}+0.1\quad(\mathrm{m})\tag{5-52}$$

式中　h——检测点至线路中桩的高差，m；

L——检测点至线路中桩的水平距离，m。

3. 横断面图绘制

横断面图一般按断面里程的顺序，自下而上，从左到右排列，逐个绘制在方格纸上，如图 5-42所示。其水平比例尺和高程比例尺相同，一般均为 1∶200，以便于进行路基横断面设计和面积计算。

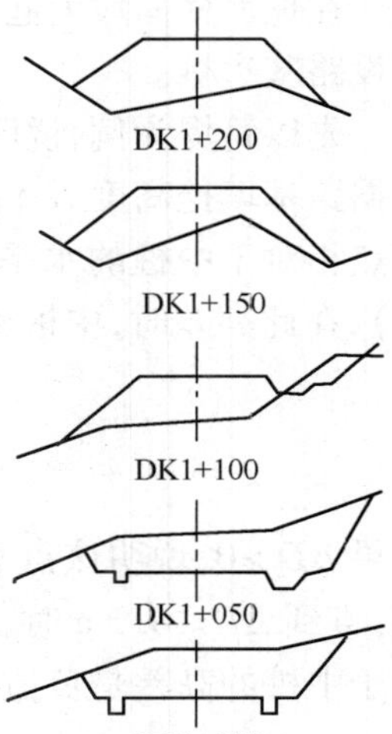

图 5-42　横断面图

第八节　路基边桩测设

路基边桩测设的目的，是根据路基的设计横断面和中桩位置，在地面上标定出路基填挖边界，即路堤的坡脚线和路堑的坡顶线，以便根据边桩确定路基填筑或开挖的范围。

根据不同的条件，路基边桩测设可以用计算法、图解法或试探法等几种方法。

1. 计算法

如图 5-43 所示，如果地面平坦，中桩到边桩的距离为

$$D=\frac{b}{2}+mH\tag{5-53}$$

式中　b——路堤顶面或路堑底面（含侧沟和平台）的宽度；

m——路基边坡系数；

H——路基填挖高度。

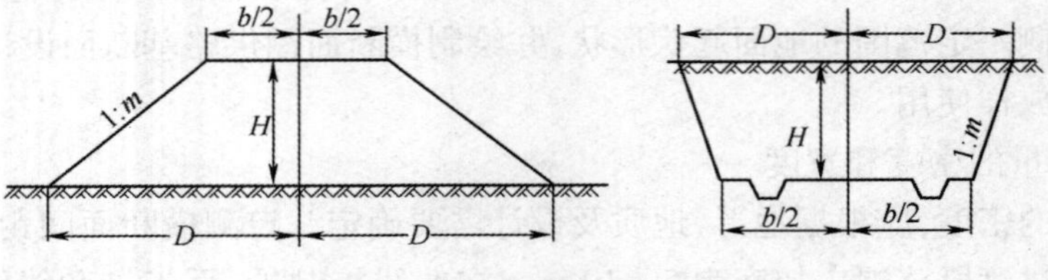

图 5-43　路基横断面示意图

2. 图解法

在地势比较平坦的地段，如果横断面测绘精度较高，可以在路基横断面设计图上直接量取中桩到边桩的距离，然后在现场进行放样。

3. 试探法

在地面横向坡度起伏较大的地段，两侧边桩到中桩的距离相差也较大。此时应用试探法测设路基边桩。

先以路堤为例，说明试探法测设边桩的过程。如图 5-44(a)所示，在路基横断面方向上，根据路基填挖高度 H 和边坡系数，先估计一个边桩的大致位置，例如上坡一侧在 1 点处，测出该点相对于中桩的水平距离 D'_1 和高差 h_1，显然，路基面到 1 点的高差为 $H-h_1$，根据式(5-53)，在此高差时，中桩到边桩的水平距离应为

$$D_1=\frac{b}{2}+m\times(H-h_1) \tag{5-54}$$

$$\Delta D=D'_1-D_1 \tag{5-55}$$

如果 $\Delta D>0$，说明该点靠外了，应向内移动，反之应向外移动。移动后用同样的方法再次观测，直到 $\Delta D\leqslant 0.1$ m时，则可认为观测点的位置就是边桩的位置。在下坡一侧，由于观测点相对于中桩的高差是负值，式(5-54)仍然适用。

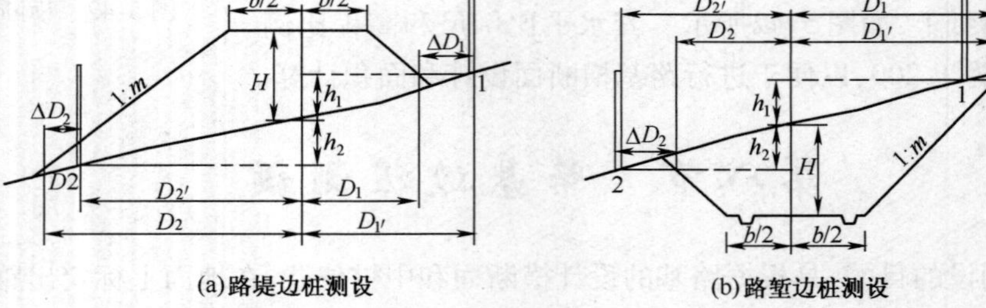

图 5-44　试探法示意图

再讨论路堑边桩。如图 5-44(b)所示，如果在上坡一侧选定了边桩的大致位置 1 点，测定其相对于中桩的高差 h_1 和平距 D'_1 后，该点相对于中桩的高差为 $H+h_1$，在此高差时边桩距中桩的理论距离为

$$D_1=\frac{b}{2}+m\times(H+h_1) \tag{5-56}$$

按式(5-55)计算出偏移量 ΔD 后,用上述方法测设出边桩位置。显然,式(5-56)同样适用于路堑的下坡一侧。

需要特别注意的是,在公式(5-54)和(5-56)中,H 是路基填挖高度的绝对值,而 h_1 是观测点相对于中桩的高差,应考虑其正负号。从图 5-44 还可看出,对于路堤,当估计的边桩位置在上坡一侧时,移动量应略小于 ΔD,下坡一侧应略大于 ΔD;对于路堑则恰好相反。有经验后试测一两次即可确定边桩的位置。

第九节　线路竣工测量

线路竣工测量主要内容包括:中桩测量、高程测量、横断面竣工测量。

一、中桩测量

1. 中桩点密度要求

线下工程竣工后,应进行全线贯通测量。贯通后的中线位置,应符合路基宽度和建筑限界的要求,中线里程应全线贯通,消除断链。

中线上除钉设公里桩和百米桩外,直线上间距不大于 50、曲线上间距不大于 20 m 钉设加桩。另外,在曲线起终点、变坡点、竖曲线起终点、立交道中心、涵洞中心、桥梁墩台中心、隧道进出口、隧道内断面变化处、道岔中心、支挡工程的起终点和中间变化点等处均应设置加桩。

2. 中桩测设精度要求

线路中桩以线路控制点 CPⅡ、施工加密控制点或 CPⅢ控制点为基础,桩位测设限差应满足:

纵向 $S/20\ 000+0.01$(S 为相邻中桩间的距离,以 m 计);

横向 ±10 mm。

二、高程测量

线路水准基点按二等水准测量精度要求全线贯通,对存在断高的要消除断高。线路中桩高程以线路水准基点为基础进行测量,中桩高程限差为 ±10 mm。

三、线路横断面竣工测量

以线路中线贯通测量测设的中线桩为基础,测量路基、桥梁和隧道的横断面。

路基、桥梁横断面应采用全站仪或水准仪进行测量。路基横断面测点主要包括路基面高程变化点、路肩等。路基面范围各测点平面、高程测量中误差为 ±10 mm。桥面横断面测点主要包括左右轨道中心线、桥梁中心线、挡砟墙脚和顶面。

隧道竣工横断面采用测距精度不低于 5 mm + 2 ppm 的全站仪或断面仪进行测量,断面点测量中误差不应超过 ±10 mm。断面点应包括左右轨道中心线、隧道中心线、排水沟、电缆沟、内拱顶、起拱线以及轨顶以上 1.1 m、3 m、5.8 m 处的断面点。

思考与练习题

5-1　铁路测量控制网建立原则。

5-2　铁路工程测量平面控制网分哪几个级别？采用什么测量方法？主要用途是什么？

5-3　GPS 接收机标称精度如何表示，并解释表达式符号意思？

5-4　卫星定位测量的基线弦长标准差如何表示，并解释表达式符号意思？

5-5　导线测量控制网分哪几个等级？衡量一条导线是否达到某一等级精度要求需要哪些指标？

5-6　全站仪或测距仪的标称精度如何表示，并解释表达式符号意思？铁路工程测量中是如何划分全站仪测距精度等级的？

5-7　铁路高程控制测量控制网分哪几个等级？衡量一条水准测量路线是否达到某一等级精度要求需要哪些指标？

5-8　二等水准测量概算中需要进行哪些项目的改正计算？

5-9　简述测量控制网复测维护内容和方法。

5-10　简述中线测设方法及中线点的密度。

5-11　圆曲线测设资料计算某铁路曲线设计选配的圆曲线半径 $R=4\ 000$ m，实测转向角 $\alpha_Z=2°14'22''$，ZY 的里程为 DK35 +569.83，试计算该曲线的要素、推算主点里程。

5-12　简述缓和曲线的作用及性质。

5-13　何谓缓和曲线常数？其有何作用？

5-14　增设缓和曲线后的曲线全图如图 5-45 所示，请于其上用常规符号标注所有点、线段和角度。

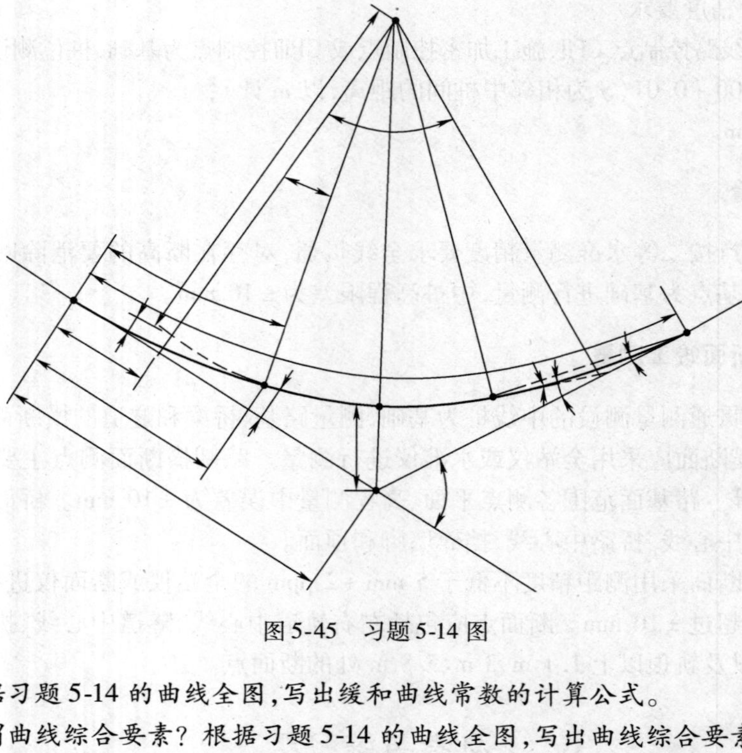

图 5-45　习题 5-14 图

5-15　根据习题 5-14 的曲线全图，写出缓和曲线常数的计算公式。

5-16　何谓曲线综合要素？根据习题 5-14 的曲线全图，写出曲线综合要素的计算公式。

5-17　某铁路曲线设计选配的圆曲线半径 $R=500$ m，缓和曲线长 $l_0=60$ m，设计转向角 $\alpha_Z=25°19'51''$，ZH 的里程为 DK75 +239.56，试计算该曲线常数、综合要素、推算主点里程。

如果置镜于JD后视ZH，用坐标法测设曲线，测量坐标系为ZH—XY，试编算测设资料，并简述曲线点测设方法。

5-18 解释下列名词：里程，断链，中线控制桩，中线桩，里程桩，加桩，线路纵断面，线路横断面。

5-19 某段线路纵断面测量的记录如表5-36所示，试完成其计算和检核。

表5-36 习题4-14数据

测点	读数(m)			仪器高程(m)	高程(m)	备注
	后视读数	中视读数	前视读数			
BM1	1.234				154.671	f_h = F_h = f_h F_h
DK23+234.58		2.10				
DK23+250		2.32				
DK23+300	2.115		2.866			
DK23+350		1.67				
DK23+400		1.32				
DK23+450		1.93				
DK23+500	1.891		1.225			
BM2			0.789			155.021 m
Σ						

5-20 简述路基边桩计算原理，并以试探法测设路堤边桩为例具体说明应用步骤。

5-21 简述线路路基竣工测量的目的和任务。

第六章　桥梁施工测量

桥梁施工测量的基本任务是:根据设计文件,按照规定的精度,将图纸上设计的桥梁标定于地面,据此指导施工,确保建成的桥梁在平面位置、高程位置和外形尺寸等方面均符合设计要求。

第一节　桥梁施工控制测量

桥梁施工平面控制测量应结合地形环境等条件、测量仪器设备、桥梁长度及其结构类型,采用卫星定位测量、三角形网测量、导线测量等方法,或这些方法的组合测量。高程控制网一般情况下采用水准测量方法测量,条件困难的山区可采用精密光电测距三角高程测量方法。桥梁施工控制网按严密平差法进行平差计算。为了合理地拟定桥梁施工平面控制测量的布网方案和观测方案,保证墩台中心的定位精度,必须预先估算桥轴线长度测定的必要精度。

一、桥轴线长度精度估算

依照《铁路工程测量规范》(TB 10101—2009)的规定,当桥式已确定时,桥轴线长度测量的精度按下述方法进行估算。

1. 按梁的类型估算

(1)钢筋混凝土梁

钢筋混凝土梁一般梁长都不是很长,且相邻梁端的伸缩缝也较大,在估算桥轴线长度的精度时,可以不考虑梁长的制造误差、温度变形及弹性变形等因素的影响,只考虑墩台中心点位误差。设墩台中心点位放样的极限误差为 Δ_D(通常取 $\Delta_D = 10$ mm),中误差为 $\Delta_D/2$,则相邻两墩台中心的跨距中误差为

$$m_l = \pm\frac{\Delta_D}{2}\sqrt{2} = \pm\frac{\Delta_D}{\sqrt{2}} \tag{6-1}$$

设全桥共有 N 跨,则桥轴线长度的中误差为

$$m_L = m_l\sqrt{N} = \pm\frac{\Delta_D}{\sqrt{2}}\sqrt{N} \tag{6-2}$$

式中,m_l 为单跨跨距中误差,mm;Δ_D 为墩台中心点位放样的极限误差,mm,通常取 $\Delta_D = 10$ mm,中误差为 $\Delta_D/2$。

(2)钢板梁及短跨($l \leqslant 64$ m)简支钢桁梁

钢板梁和简支钢桁梁都是在墩台的垫石上安装支座,将梁架设在支座上。因而在估算桥轴线长度的精度时,应顾及到梁长的制造误差和固定支座安装误差的共同影响。工厂制造钢梁时,规定梁长 l 的相对限差为1/5 000;设支座安装的极限误差为 δ(通常取 $\delta = \pm 7$ mm),则由于梁长制造误差和固定支座安装误差的共同影响,单跨钢板梁桥和单跨简支钢桁梁桥的桥

轴线长度中误差为

$$m_l = \pm \frac{1}{2}\sqrt{\left(\frac{l}{5\ 000}\right)^2 + \delta^2} \tag{6-3}$$

当桥梁为 N 跨时，则桥轴线长度 L 的中误差为

$$m_L = \pm \sqrt{m_{l_1}^2 + m_{l_2}^2 + \cdots + m_{l_N}^2} \tag{6-4}$$

式中，1/5 000 为工厂制造钢梁时规定的梁长相对极限误差；l 为钢梁制造长度，mm；δ 为固定支座安装的极限误差，mm，通常取 $\delta = \pm 7$ mm。

(3)连续梁及长跨($l > 64$ m)简支钢桁梁

连续式和长跨简支式的钢桁梁，都是由工厂生产杆件，在现场拼装。拼装时，先由多个杆件拼装成一个节间，再由多个节间相联，拼装成为连续式的一联或者简支式的一跨。显然，对于这种形式的钢桁梁的梁长误差主要是由拼装误差引起的。对于由 n 个节间构成的单联或单跨桥梁，设节间拼装的极限误差为 Δ_l（通常取 $\Delta_l = \pm 2$ mm），则由于梁体拼装误差和固定支座安装误差的共同影响，桥轴线长度的中误差为

$$m_l = \pm \frac{1}{2}\sqrt{n\Delta_l^2 + \delta^2} \tag{6-5}$$

式中，n 为构成单联或单跨桥梁的节间个数；Δ_l 为节间拼装的极限误差，单位为毫米(mm)，通常取 $\Delta_l = \pm 2$ mm。

当桥梁为 N 跨时，则桥轴线长度 L 的中误差为

$$m_L = \pm \sqrt{m_{l_1}^2 + m_{l_2}^2 + \cdots + m_{l_N}^2} \tag{6-6}$$

式中，m_{li} 为第 i 联连续梁或第 i 跨简支钢桁梁梁长中误差。

(4)桥梁施工平面控制网中跨河桥轴线边的相对中误差

$$\frac{m_S}{S} = \frac{m_L}{\sqrt{2}L} \tag{6-7}$$

式中，m_S 为控制网中桥轴线边的中误差，mm；S 为控制网中桥轴线边的边长，mm。

2. 按施工放样精度估算

(1)跨河正桥施工平面控制网中最弱点的坐标中误差

$$m_x(m_y) \leqslant 0.4M \tag{6-8}$$

(2)跨河正桥施工平面控制网中最弱边的边长相对中误差

$$\frac{m_S}{S} \leqslant \frac{0.4\sqrt{2}M}{S} \tag{6-9}$$

式中，M 为施工中放样精度要求最高的几何位置中心的容许误差，mm；S 为跨河正桥施工平面控制网中最弱边的边长，mm。

【例 6-1】　某桥系三联三跨连续梁，每跨支座间距离为 128 m，由长 16 m 的 8 个节间组成，每联 24 个节间，固定支座安装极限误差为 ±7 mm，试计算全桥桥轴线中误差。

【解】　单联中误差为

$$m_l = \pm \frac{1}{2}\sqrt{n\Delta_l^2 + \delta^2} = \pm \frac{1}{2}\sqrt{24 \times 2^2 + 7^2} = \pm 6.02 \text{ mm}$$

全桥桥轴线中误差为

$$m_L = \pm\sqrt{m_{l_1}^2 + m_{l_2}^2 + \cdots + m_{l_N}^2} = m_l\sqrt{3} = \pm 10.43\ \text{mm}$$

全桥相对中误差为 $K = \dfrac{m_L}{L} = \dfrac{1}{110\ 450}$

二、桥梁施工平面控制测量

1. 桥梁施工平面控制网的测量等级确定

桥梁施工平面控制网的测量等级根据桥轴线长度精度估算的结果，按表6-1确定。如果按桥梁施工平面控制网中跨河桥轴线边的必要精度估算出的结果与按施工中放样精度要求最高的几何位置中心的容许误差估算的必要精度不符时，按精度高的要求确定控制网的精度等级。

表6-1　桥梁施工平面控制测量等级和精度

测量等级			桥轴线边相对中误差	最弱边相对中误差
GPS测量	三角形网测量	导线测量		
一等	—	—	≤1/250 000	1/180 000
二等	—	—	≤1/200 000	1/150 000
三等	二等	—	≤1/150 000	1/100 000
四等	三等	三等	≤1/100 000	1/70 000
五等	四等	四等	≤1/70 000	1/40 000

2. 桥梁施工平面控制网网形布设

布设桥梁施工平面控制网时，正桥采用一次布网施测的方式；引桥可在正桥施工平面控制网的基础上以附网形式布设施测。桥轴线控制点必须纳入平面控制网中，作为网中的一条边，每岸应设立至少1~2个轴线控制点。控制网可根据仪器设备情况和测区条件布设GPS网、三角形网、精密导线或其组合网。

3. 桥梁施工平面控制测量外业

桥梁施工平面控制测量外业工作，应根据平面控制网的布网形式、测量方法及等级要求，采用相应的作业方法。

GPS测量技术要求参照表5-1~表5-3。

三角形网测量的水平角观测采用方向观测法，当观测方向数不超过3个时，可不归零。三角形网测量的等级和主要技术要求如表5-5~表5-9。

导线测量时水平角观测采用方向观测法，当测站只有两个方向时，在观测总测回数中以奇数测回的度盘位置观测导线前进方向左角；以偶数测回度盘位置观测右角。导线测量的等级和主要技术要求应符合表5-4的规定。当边长短于500 m时，三等边长中误差应小于3.5 mm，四等边长中误差应小于5 mm。

边长测量采用全站仪或光电测距仪观测，边长测量的技术要求应符合表5-7~表5-9的规定。测距边外业观测获得的斜距需经仪器的加常数、乘常数改正和周期误差改正。如果仪器没有设置自动气象改正，或测距精度要求较高，尚需要人工计算气象改正。之后，按(6-10)式归算至墩顶(或轨底)平均高程面上。

$$D = D_0\left(1 + \frac{H_0 + H_m}{R_A}\right) \tag{6-10}$$

式中，D 为归算到墩顶（或轨底）平均高程面上的测距边长度，m；D_0 为测距边两端平均高程面上的平距，m；H_0 为墩顶（或轨底）平均高程面的高程，m；H_m 为测距边两端的平均高程，m；R_A 为参考椭球体在测距边方向的法截弧曲率半径，m。

4. 桥梁施工平面控制网坐标系的确定

当施工控制网的精度能满足桥梁施工放样的精度时，采用与施工控制网相同的坐标系；否则，应建立桥梁施工独立坐标系，特别是对施工条件复杂的特大桥。根据需要，桥梁施工独立坐标系的建立可选择下列方法之一：

（1）基于国家或线路坐标系统的桥梁施工独立坐标系

以施工控制网中一个稳定的控制点（一般为桥轴线控制点）的国家或线路坐标作为起算坐标，以该点至另一点（一般也为桥轴线控制点）在国家或线路坐标系中的坐标方位角为起算方位角，选取桥梁墩顶或轨底平均高程平面为坐标投影面建立坐标系。

（2）桥址里程坐标系统

以桥轴线为坐标纵轴，即 X 轴，且里程增加方向为其正向；与 X 轴垂直的方向为坐标横轴，即 Y 轴，且 X 轴左侧为负，右侧为正；选定桥轴线上较为稳定的一点作为坐标起算点，设其里程值为 X 值，选取桥梁墩顶或轨底平均高程平面为坐标投影面建立坐标系。对于直线桥（图 6-1），是以桥轴线上两控制桩中里程较小的一个为坐标原点，以桥轴线按里程增加方向为 X 轴正向而建立的测量坐标系；对于曲线桥（图 6-2），坐标原点为位于线路中线上的桥轴线控制点，且以该点处曲线的切线方向为 X 轴，以线路前进方向为 X 轴的正向而建立的测量坐标系。

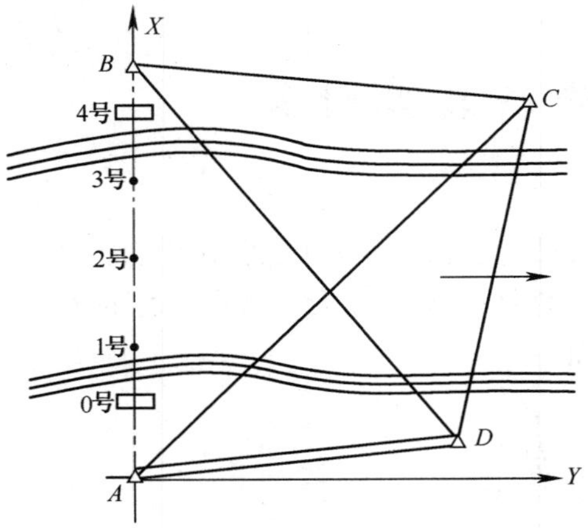

图 6-1　直线桥施工测量坐标系

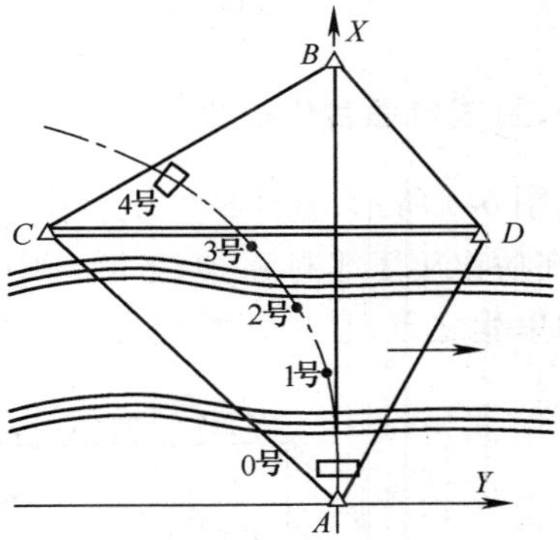

图 6-2　曲线桥施工测量坐标系

三、桥梁施工高程控制测量

桥梁施工高程控制网中的各水准点，应沿桥轴线两侧以 400 m 左右的间距均匀布设，并构成连续水准环。为了便于施工放样，可根据实际需要在施工地点附近设立若干个施工水准点。

当桥墩较高、两岸地貌陡峭时,可在陡坡上一定的高差范围内设立施工水准点,以便于放样桥墩的高程。施工水准点的高程必须定期检测。

水准点应与相邻的线路水准点联测,以保证桥梁与相邻线路在高程位置上的正确衔接。水准点应根据地形条件、地质情况、使用期限和精度要求分别埋设混凝土标石、钢管标石、岩石标石、管桩标石、钻孔桩标石或基岩标石。无论采用什么样的标石,均应嵌以凸出的铜质或不锈钢的标心。

高速铁路桥梁施工高程控制网统一按二等水准测量精度施测,技术要求应符合表 5-17 ~ 表 5-21 的相关规定。时速 160 km 及以下的有砟铁路桥梁应根据式(6-11)对跨河两水准点间高差的中误差进行估算,据此设计施工高程控制网等级,但不能低于表 6-2 中的规定。

$$m_H \leqslant 0.2\Delta_H \tag{6-11}$$

式中,m_H 为跨河两水准点间高差的中误差,mm;ΔH 为施工中放样精度要求最高的几何位置中心的高程容许误差,mm。

表 6-2　水准测量等级适用范围

跨河距离(m) 项　目	1 000≤S≤3 500	S<1 000
跨河高程测量	二等	三等
网中高程控制点间联测	三等	四等
网的起算点高程引测	三等	四等

水准路线跨越较宽的河流或深谷时,其宽度往往超过了规定的视线长度,这就使得前、后视线不能相等,实测高差中包含有较大的 i 角误差影响。由于视线增长,大气垂直折光影响必然增大;加之水准标尺上的分划线,在望远镜中的成像就显得非常细小,甚至无法读数。这时可采用跨河水准测量方法。

第二节　桥梁资料及其计算

一、直线桥墩台中心坐标计算

如图 6-3 所示,直线桥的墩台中心均位于桥轴线上,且桥轴线和线路中线完全重合。由此可见,在桥梁施工坐标系中,各墩台中心的 Y 坐标均为零;X 坐标为各墩台中心的里程与坐标原点的里程之差,且相邻两墩台里程之差即为跨距。

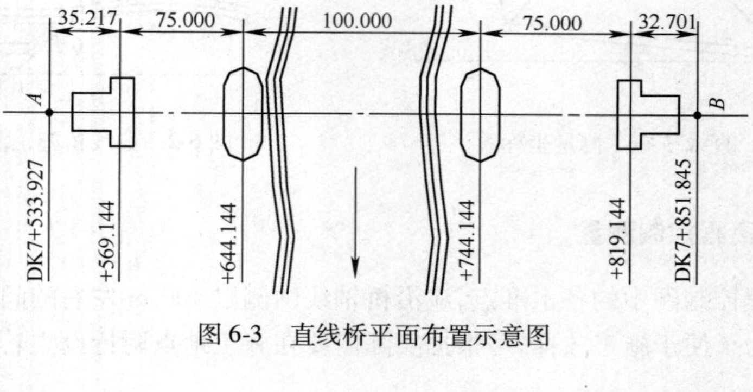

图 6-3　直线桥平面布置示意图

设桥轴线控制点 A 为施工坐标系的原点，其里程为 DK_A，第 i 号墩的里程为 DK_i，则该墩中心的坐标 x_i、y_i 为

$$\left.\begin{aligned} x_i &= DK_i - DK_A \\ y_i &= 0 \end{aligned}\right\} \tag{6-12}$$

若第 i-1 号墩中心的里程为 DK_{i-1}，则第 i-1 号墩与第 i 号墩的跨距为

$$l_i = DK_i - DK_{i-1} \tag{6-13}$$

与直线桥相比，曲线桥墩台中心坐标的计算要复杂的多，涉及的内容也较多，下面就有关内容分述如下。

二、曲线桥布置形式

1. 梁在曲线上的布置形式

桥梁位于曲线上，线路中线为缓和曲线或具有一定半径的圆曲线，而预制梁的中线为直线，这就要求梁中线必须随着线路中线的弯曲形成与线路曲线基本相符的连续折线，如图 6-4 所示。这条连续折线称为曲线桥梁的工作线，其顶点为相邻两梁中线的交点。相邻两交点之间的水平距离，称为交点距，亦称墩中心距或跨距，以 L 表示。

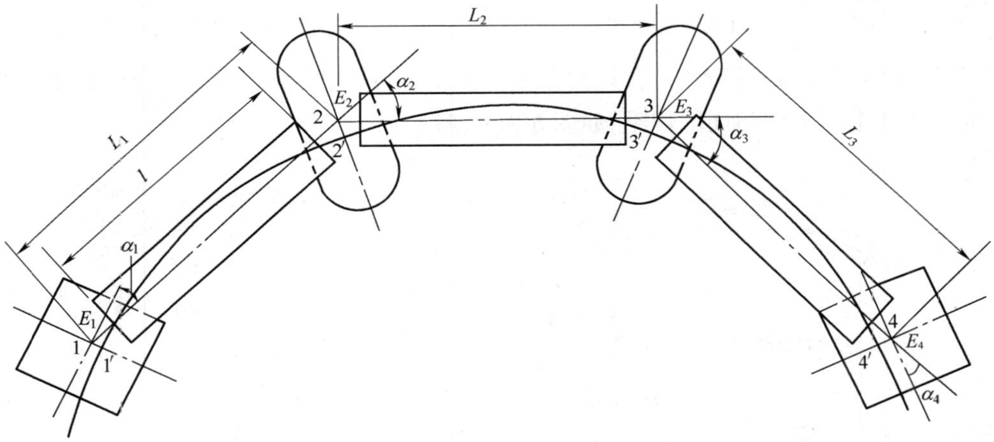

图 6-4　曲线桥与线路关系示意图

在曲线桥上，桥梁工作线为折线，线路中线为曲线，两者并不重合，列车通过时，桥梁必然承受偏心荷载。为了使桥梁承受较小的偏心荷载，桥梁设计中，每孔梁中心线的两个端点并不位于线路中心线上，而必须将梁的轴线向曲线外侧移动一段距离，这段距离称为桥墩偏距 E。相邻梁跨工作线构成的偏角 α 称为桥梁偏角。根据跨长及曲线半径，梁中线向曲线外侧所移动的距离(偏距)，可以等于以梁长为弦线的中矢值(称为切线布置)，如图 6-5(a)所示；也可以等于该中矢值的一半(称为平分中矢布置)，如图 6-5(b)所示。这两种布置形式相比较，平分中矢布置较为有利，铁路曲线桥基本上都采用这种布置形式。

2. 桥台在曲线上的布置形式

桥台在曲线上的布置形式与梁稍有不同，如果将桥台的中心线和与其相邻的梁跨中线布

置在同一条直线上，则台尾中心必然偏离到线路中线的外侧，如图 6-6 所示。设其偏距为 d，如果 $d \leq 10$ cm时，则桥台就采用这种布置形式；否则，应旋转桥台，使台前的偏距与相邻梁跨的偏距相同，台尾的偏距为 0，如图 6-7 所示。前者布置形式称为直线布置，后者称为折线布置。

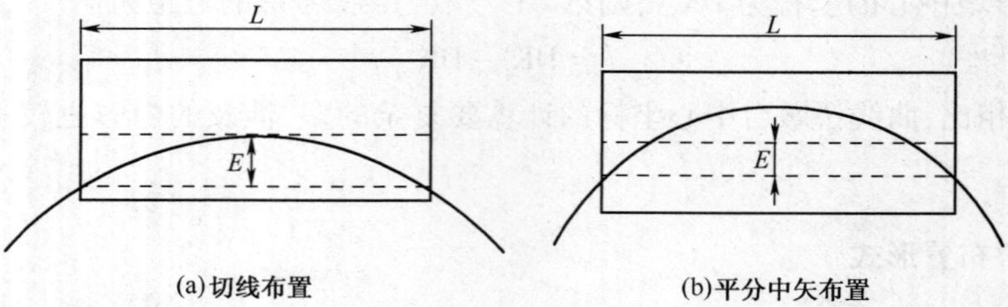

(a)切线布置　　(b)平分中矢布置

图 6-5　梁在曲线上的布置形式

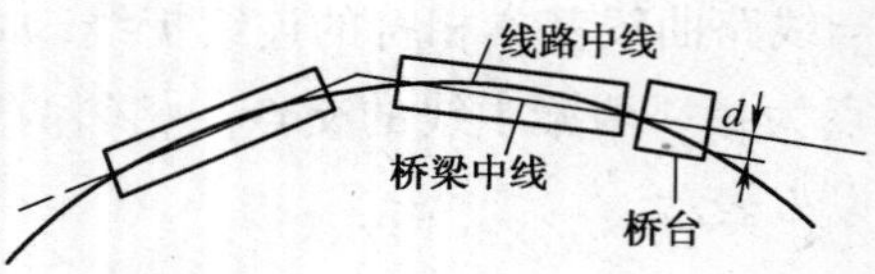

图 6-6　桥台的直线布置形式

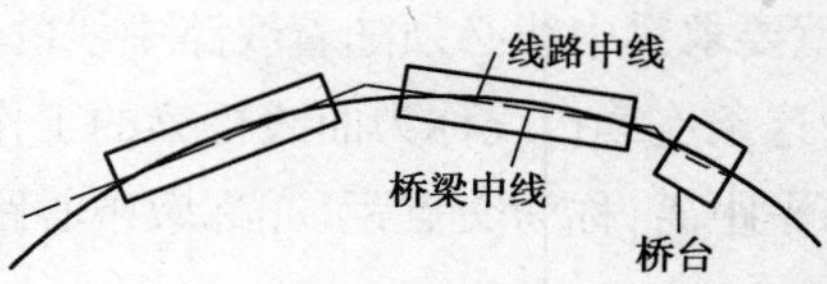

图 6-7　桥台的折线布置形式

当采用折线形式布置桥台时，台尾偏角可能会出现负值，如图 6-8(a)所示，如果出现这种情况，则台前和台尾采用相同的偏距，如图 6-8(b)所示。

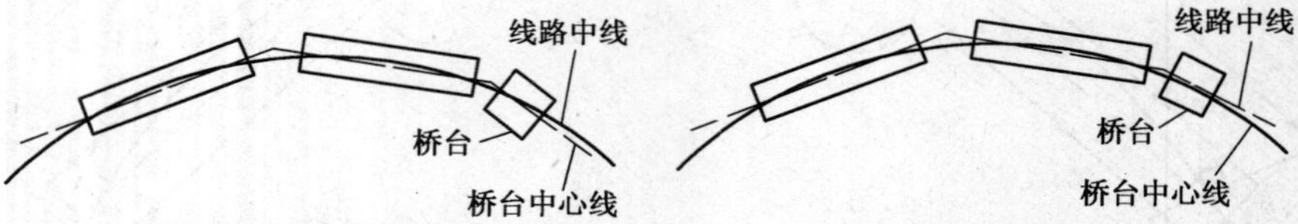

(a)台尾偏角出现负值示意图　　(b)台尾调整后的示意图

图 6-8　折线形式布置的桥台调整示意图

三、偏距 *E* 的计算

在曲线桥上，梁的中线由弦线位置向曲线外侧移动的一段距离称为偏距 E。由于曲线半径很大，相邻两跨梁中线的偏转角很小，故可以认为偏距 E 就是桥梁工作线各转折点相对线路中线外移的距离。

1. 切线布置

在圆曲线上的梁，其偏距为

$$E = \frac{L^2}{8R} \tag{6-14}$$

在缓和曲线上的梁，其偏距为

$$E = \frac{L^2}{8R} \cdot \frac{l_i}{l_0} \tag{6-15}$$

2. 平分中矢布置

在圆曲线上的梁，其偏距为

$$E=\frac{L^2}{16R} \tag{6-16}$$

在缓和曲线上的梁，其偏距为

$$E=\frac{L^2}{16R}\cdot\frac{l_i}{l_0}\quad(\text{cm}) \tag{6-17}$$

式中，E 桥梁偏距，cm；L 为交点距，m；R 为圆曲线半径，m；l_0 为缓和曲线总长，m；l_i 为 ZH（或 HZ）至计算点的缓和曲线长，cm。

曲线桥梁设计中，桥墩的中心选在桥梁工作线的转折点上，其纵轴线位于工作线转折角的角平分线上，横轴线与纵轴线垂直。由偏距的计算公式可以看出，当相邻两孔梁的跨距不等，或虽然跨距相等，但位于缓和曲线上时，所求得的偏距 E 值不等，导致相邻两孔梁中线的交点不在两孔梁的正中间，这就造成两孔梁在墩上不能对称放置。为了避免这种情况的发生，规定了当相邻梁跨都小于16 m时，按较小跨度梁的要求计算偏距 E 值，而大于20 m时，按较大跨度梁的要求计算偏距 E 值。

四、交点距 L 的计算

考虑到梁体的制造误差、架设误差、梁在受力后的伸长、温度变化对梁长的影响、墩台施工误差和测量误差等，相邻两跨梁的梁端之间、桥台胸墙线与相邻梁端之间应留有一定的间隙。对于直线桥，梁端之间、梁端与桥台胸墙线之间彼此平行，其间隙称为直线桥的梁缝。对于曲线桥，相邻两跨梁的梁端之间、桥台胸墙线与相邻梁端之间不平行，规定曲线内侧的间隙不小于一个定值，该定值称为曲线桥的梁缝，如图 6-9 所示。由于梁缝的存在，使得交点距 L 并不等于梁的长度 L'。

交点距的计算公式为

$$L=L'+2F \tag{6-18}$$

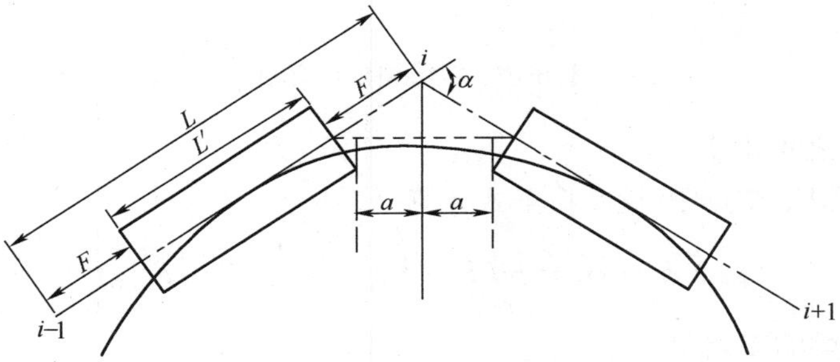

图 6-9　曲线桥要素综合示意图

其中：

$$F=\frac{a+\frac{B}{2}\cdot\sin\frac{\alpha}{2}}{\cos\frac{\alpha}{2}}=a\cdot\sec\frac{\alpha}{2}+\frac{B}{2}\cdot\tan\frac{\alpha}{2}$$

式中　F——墩中心至相邻梁端的距离；

a——规定的最小梁缝之半；

B——梁的宽度；

α——工作线转向角。

当 α 很小时，$\sec\frac{\alpha}{2}\approx 1$，$\tan\frac{\alpha}{2}\approx\frac{\alpha}{2}$，则

$$F\approx a+\frac{B}{2}\cdot\frac{\alpha}{2} \tag{6-19}$$

五、桥梁偏角 α 的计算

1. 桥梁偏角 α 的构成

桥梁偏角 α，即曲线桥梁工作线的偏转角。桥梁在曲线上的布置，可以看成先将梁布置在线路上，此时相邻两梁中线转向角即为线路偏角；然后将梁向曲线外侧移动，以满足受力要求，此时相邻两梁中线转向角即为桥梁偏角。梁向曲线外侧移动后，如果相邻三个交点的偏距值均相等，即梁体是相对平移的，则桥梁偏角的值与线路偏角的值相等；否则，桥梁偏角的值就由线路偏角的值和梁体两端位移不等产生的角值共同组成。梁体两端位移不等产生的角值称为外移偏角，是由于外移的偏距不等而产生的。由此可见，桥梁偏角实际上是由线路偏角和外移偏角组成的，如图 6-10 所示。设线路偏角为 α_A，外移偏角为 α_E，则桥梁偏角 α 为

$$\alpha=\alpha_A+\alpha_E \tag{6-20}$$

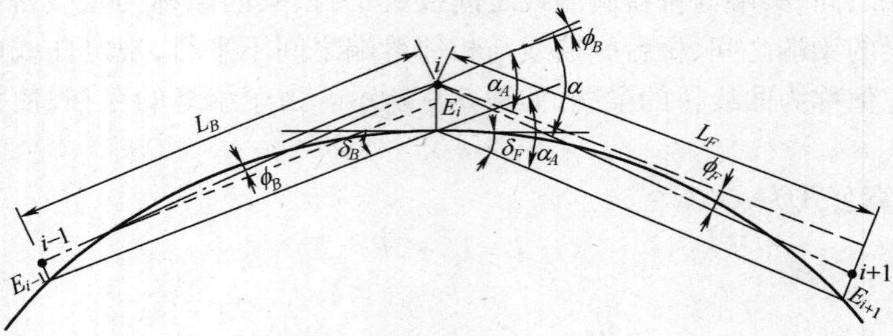

图 6-10　桥梁偏角示意图

2. 桥梁外移偏角的计算

桥梁外移偏角根据交点距、偏距按下式计算

$$\alpha_E=\phi_B+\phi_F=\frac{1}{L_B}(E_i-E_{i-1})+\frac{1}{L_F}(E_i-E_{i+1}) \tag{6-21}$$

式中　L_B——后跨梁的交点距，m；

L_F——前跨梁的交点距，m；

E_{i-1}——后交点 $i-1$ 的偏距，m；

E_i——计算点 i 的偏距，m；

E_{i+1}——前交点 $i+1$ 的偏距，m。

3. 线路偏角的计算

线路偏角的计算，可采用前后视偏角计算法或坐标计算法。前者是根据前后视偏角 δ_F、δ_B

计算;后者是根据坐标反算坐标方位角,进而计算出线路偏角。前后视偏角计算法的基本公式为

$$\alpha_A=\delta_B+\delta_F \tag{6-22}$$

由于梁体在线路上的位置不同,δ_B、δ_F 的计算方法也不一样,下面根据墩台中心所处的不同位置,讨论相应的桥梁线路偏角计算公式。

(1)后点、计算点位于直线上,前点位于缓和曲线上

如图6-11所示,后点 $i-1$ 和计算点 i 位于直线上,前点 $i+1$ 位于缓和曲线上,且简称为直直缓形。

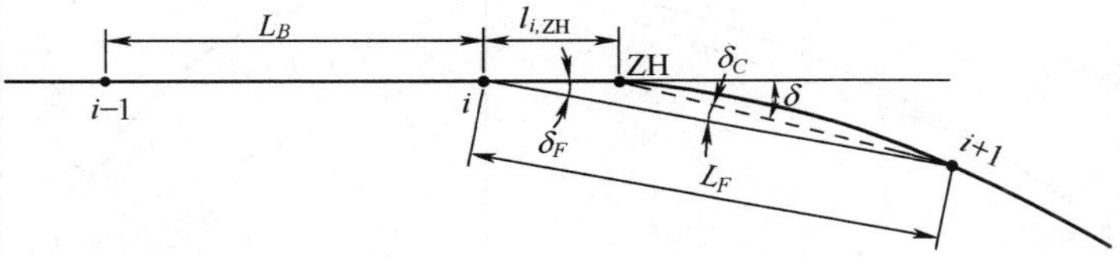

图6-11　直直缓形线路偏角计算示意图

因后跨梁位于直线上,故后视偏角为零,即 $\delta_B=0$;前视偏角 δ_F 为

$$\delta_F=\delta-\delta_C=\frac{1}{6Rl_0}l_{i+1}^2\left(1-\frac{l_{i,ZH}}{L_F}\right) \tag{6-23}$$

式中　$l_{i,ZH}$——i 点至ZH点的水平距离,m;

l_{i+1}——$i+1$ 点至ZH点曲线长,m;

L_F——前跨交点距,m。

(2)后点位于直线上,计算点、前点位于缓和曲线上

如图6-12所示,后点 $i-1$ 位于直线上,计算点 i 和前点 $i+1$ 位于缓和曲线上,简称为直缓缓形。

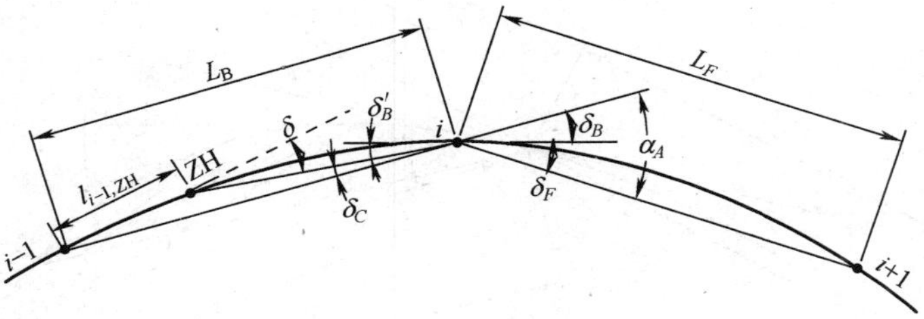

图6-12　直缓缓形线路偏角计算示意图

设弦线 $i-$ZH 相对ZH点切线和计算点切线的偏角分别为 δ、δ'_B,i 与 $i-1$ 和 i 与ZH点连线的夹角为 δ_C,则后视偏角 δ_B 为

$$\delta_B=\delta'_B+\delta_C=\frac{l_i^2}{3Rl_0}\left(1+\frac{l_{i-1,ZH}}{2L_B}\right) \tag{6-24}$$

前视偏角为

$$\delta_F=\frac{L_F}{6Rl_0}(3l_i+L_F) \tag{6-25}$$

式中 $l_{i-1,ZH}$——$i-1$ 点至 ZH 点的水平距离，m；

l_i——i 点至 ZH 点的曲线长，m；

L_B——后跨交点距，m。

(3)后点、计算点及前点均位于缓和曲线上

如图 6-13 所示，后点 $i-1$、计算点 i 及前点 $i+1$ 均位于缓和曲线上，简称为缓缓缓形。其后视偏角 δ_B、前视偏角 δ_F 分别为

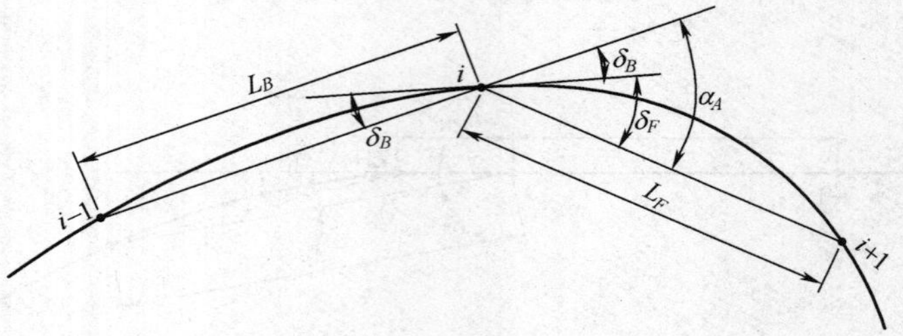

图 6-13　缓缓缓形线路偏角计算示意图

$$\left.\begin{aligned}\delta_B&=\frac{L_B}{6Rl_0}(3l_i-L_B)\\ \delta_F&=\frac{L_F}{6Rl_0}(3l_i+L_F)\end{aligned}\right\}\tag{6-26}$$

(4)后点、计算点均位于缓和曲线上，前点位于圆曲线上

如图 6-14 所示，后点 $i-1$ 和计算点 i 均位于缓和曲线上，前点 $i+1$ 位于圆曲线上，简称为缓缓圆形。

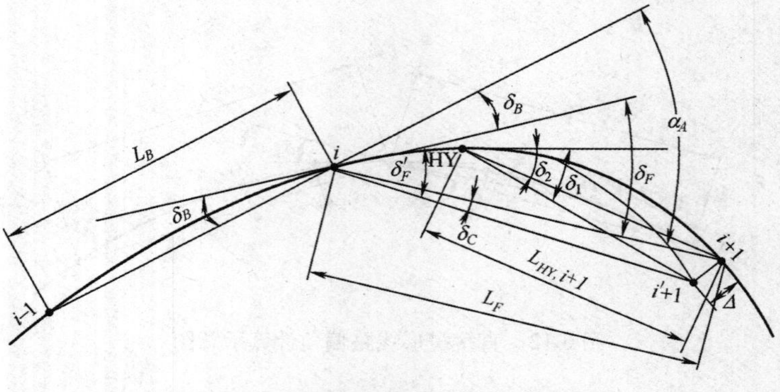

图 6-14　缓缓圆形线路偏角计算示意图

由于后点 $i-1$、计算点 i 均位于缓和曲线上，故后视偏角 δ_B 为

$$\delta_B=\frac{L_B}{6Rl_0}(3l_i-L_B)\tag{6-27}$$

为了计算前视偏角需增设辅助线，即自 HY 点向圆曲线方向将缓和曲线延长至$i'+1$点，且延长的长度与 HY 到 $i+1$ 点的曲线长相等，则前视偏角 δ_F 为

$$\delta_F = \delta'_F - \delta_C = \delta'_F - \frac{\Delta}{L_F} = \delta'_F - \frac{l_{HY,i+1}}{L_F}(\delta_1 - \delta_2)$$

$$= \frac{L_F}{6Rl_0}(3l_i + L_F) - \frac{l^3_{HY,i+1}}{6Rl_0L_F} \tag{6-28}$$

（5）后点位于缓和曲线上，计算点、前点位于圆曲线上

如图6-15所示，后点 $i-1$ 位于缓和曲线上，计算点 i 和前点 $i+1$ 位于圆曲线上，简称为缓圆圆形。

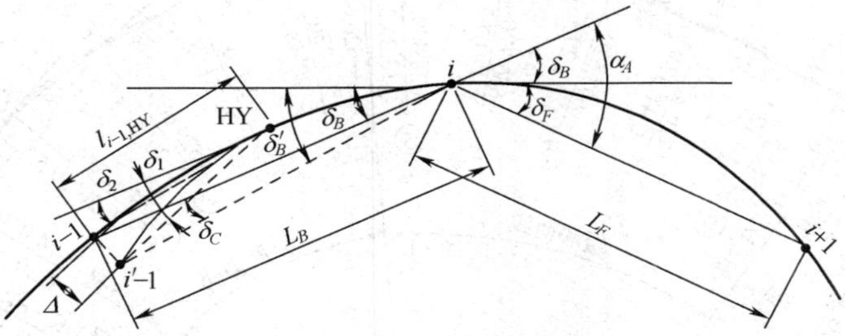

图6-15　缓圆圆形线路偏角计算示意图

为计算后视偏角需增设辅助线，即自HY点向缓和曲线方向将圆曲线延长至 $i'-1$ 点，且延长的长度与HY到 $i-1$ 点的曲线长相等。设弦线（$i'-1$）~i 相对于 i 点切线的偏角为 δ'_B，i 点与 $i-1$ 和 i 点与 $i'-1$ 连线的夹角为 δ_C，则后视偏角 δ_B 为

$$\delta_B = \delta'_B - \delta_C = \frac{L_B}{2R} - \frac{\Delta}{L_B} = \frac{L_B}{2R} - \frac{l_{HY,i-1}}{L_B}(\delta_1 - \delta_2) = \frac{L_B}{2R} - \frac{l^3_{HY,i-1}}{6Rl_0L_B} \tag{6-29}$$

由于计算点 i 和前点 $i+1$ 均位于圆曲线上，则前视偏角 δ_F 为

$$\delta_F = \frac{1}{2R}L_F \tag{6-30}$$

（6）后点、计算点及前点均位于圆曲线上

如图6-16所示，后点 $i-1$、计算点 i 及前点 $i+1$ 均位于圆曲线上，简称为圆圆圆形。

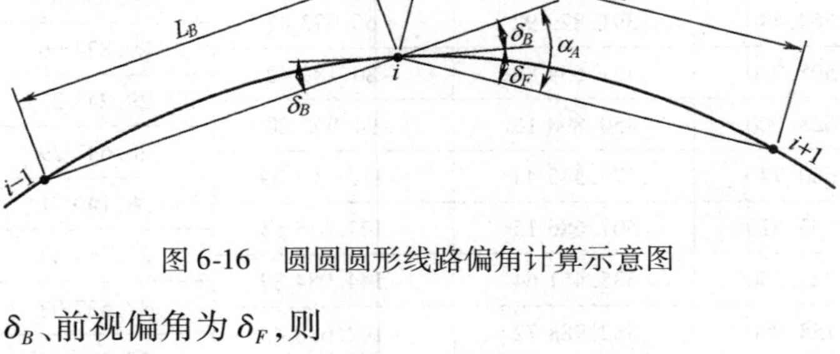

图6-16　圆圆圆形线路偏角计算示意图

设后视偏角为 δ_B、前视偏角为 δ_F，则

$$\left.\begin{aligned}\delta_B &= \frac{1}{2R}L_B\\ \delta_F &= \frac{1}{2R}L_F\end{aligned}\right\} \tag{6-31}$$

线路偏角的坐标计算法是利用方位角求差值的方法，即首先计算弦线端点的坐标，然后按

坐标反算计算出弦线的坐标方位角,最后根据坐标方位角求出前一条弦线相对于后一条弦线的偏角,即线路偏角。现以一例说明此法。

【例 6-2】 如图 6-17 所示,某铁路桥位于曲线上,该曲线设计选配的半径 $R=800$ m,缓和曲线长 $l_0=150$ m,经复测后确认的转向角 $\alpha_Z=32°52'19.7''$,ZH 里程为 DK3 +161.658,各墩台中心的里程如图,试计算桥梁偏角。

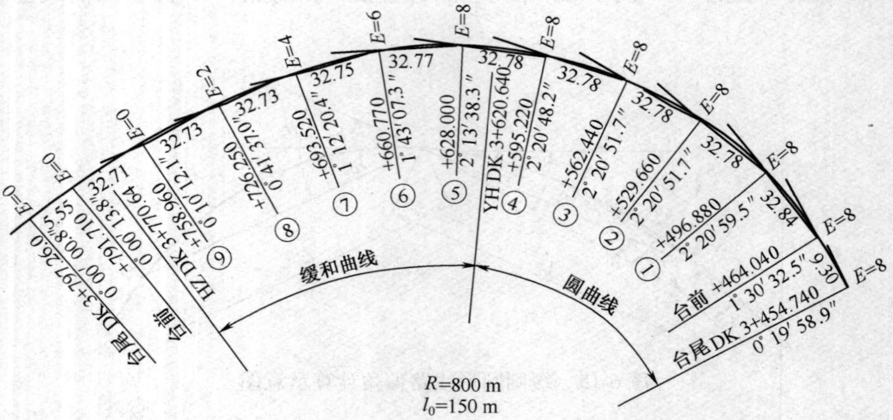

图 6-17 曲线桥布置示意图

【解】 计算步骤:

在 ZH—xy 测量坐标系下计算相应里程中线点的坐标,其结果见表 6-3。

表 6-3 中线点坐标计算(m)

点号	里程	坐标 x	坐标 y	坐标增量 Δx	坐标增量 Δy
0 台尾	DK3 +454.740	290.368 84	−30.712 68		
				8.941 82	−2.555 92
0 台前	DK3 +464.040	299.310 66	−33.268 60		
				31.324 58	−9.853 17
1	DK3 +496.880	330.635 24	−43.121 77		
				30.837 81	−11.108 90
2	DK3 +529.660	361.473 05	−54.230 67		
				30.356 87	−12.362 80
3	DK3 +562.440	391.829 92	−66.593 47		
				29.824 96	−13.595 95
4	DK3 +595.220	421.654 88	−80.189 42		
				29.243 27	−14.805 78
5	DK3 +628.000	450.898 15	−94.995 20		
				28.647 29	−15.909 09
6	DK3 +660.770	479.545 44	−110.904 29		
				28.140 71	−16.751 26
7	DK3 +693.520	507.686 15	−127.655 55		
				27.765 49	−17.329 34
8	DK3 +726.250	535.451 64	−144.984 89		
				27.537 08	−17.653 54
9	DK3 +758.960	562.988 72	−162.638 43		
				27.507 40	−17.773 73
10 台前	DK3 +791.710	590.496 12	−180.412 16		
				4.661 36	−3.012 35
10 台尾	DK3 +797.260	595.157 48	−183.424 51		

根据坐标反算坐标方位角,其结果见表 6-4。

根据坐标方位角计算线路偏角，即

$$\alpha_A = |\alpha_{前} - \alpha_{后}|$$

其结果见表 6-4。

根据偏距及交点距计算外移偏角，即

$$\alpha_E = \phi_B + \phi_F = \frac{1}{L_B}(E_i - E_{i-1}) + \frac{1}{L_F}(E_i - E_{i+1})$$

其结果见表 6-4。

根据线路偏角及外移偏角计算桥梁偏角，即

$$\alpha = \alpha_A + \alpha_E$$

其结果见表 6-4。

表 6-4 中 0 号台尾的线路偏角为台尾点的切线与台尾中线间的偏角，即

$$\delta = \frac{L}{2R} \cdot \frac{180°}{\pi} = 0°19'58.9''$$

表 6-4　桥梁偏角计算

点　号	交点距（m）	方　位　角（°　′　″）	线路偏角（°　′　″）	偏　距（cm）	外移偏角（°　′　″）	桥梁偏角（°　′　″）
0 台尾			0　19　58.9	8	0　00　00.0	0　19　58.9
	9.300	344　02　52.9				
0 台前			1　30　32.5	8	0　00　00.0	1　30　32.5
	32.838	342　32　20.4				
1			2　20　59.5	8	0　00　00.0	2　20　59.5
	32.778	340　11　20.9				
2			2　20　51.7	8	0　00　00.0	2　20　51.7
	32.778	337　50　29.2				
3			2　20　51.7	8	0　00　00.0	2　20　51.7
	32.778	335　29　37.5				
4			2　20　48.2	8	0　00　00.0	2　20　48.2
	32.778	333　08　49.3				
5			2　11　32.4	8	0　02　05.9	2　13　38.3
	32.768	330　57　16.9				
6			1　43　07.2	6	0　00　00.1	1　43　07.3
	32.749	329　14　09.7				
7			1　12　20.3	4	0　00　00.1	1　12　20.4
	32.730	328　01　49.4				
8			0　41　36.9	2	0　00　00.1	0　41　37.0
	32.710	327　20　12.5				
9			0　12　18.2	0	−0　02　06.1	0　10　12.1
	32.750	327　07　54.3				
10 台前			0　00　13.8	0	0　00　00.0	0　00　13.8
	5.550	327　07　40.5				
10 台尾			0　00　00.0	0	0　00　00.0	0　00　00.0

六、墩台中心坐标的计算

交点距 L 和桥梁偏角 α 求出后，便可据此计算墩台中心的坐标。由于曲线桥的桥梁工作线是一条连续折线，在计算墩台中心坐标时，可将其视为依次向前延伸的导线，相邻两墩台中心的交点距即为导线的边长，导线边的坐标方位角可由后跨梁中线的坐标方位角和前跨梁中线相对于后跨梁中线的桥梁偏角算出，并至末端台尾闭合，依图 6-17 计算的墩台中心坐标列于表 6-5。

表 6-5　墩台中心坐标计算

点　号	里　程	桥梁偏角 (°　′　″)	方　位　角 (°　′　″)	边　长 (m)	坐标 x	坐标 y
0 台尾	K3 +454.740	0　19　58.9			290.390 5	-30.636 0
			344　02　52.9	9.300		
0 台前	K3 +464.040	1　30　32.5			299.332 4	-33.191 9
			342　32　20.4	32.838		
1	K3 +496.880	2　20　59.5			330.657 3	-43.045 1
			340　11　20.9	32.778		
2	K3 +529.660	2　20　51.7			361.495 4	-54.154 1
			337　50　29.2	32.778		
3	K3 +562.440	2　20　51.7			391.852 5	-66.517 1
			335　29　37.5	32.778		
4	K3 +595.220	2　20　48.2			421.677 7	-80.113 1
			333　08　49.3	32.778		
5	K3 +628.000	2　13　38.3			450.921 2	-94.919 0
			330　55　11.0	32.768		
6	K3 +660.770	1　43　07.3			479.558 5	-110.845
			329　12　03.7	32.749		
7	K3 +693.520	1　12　20.4			507.688 9	-127.613
			327　59　43.3	32.730		
8	K3 +726.250	0　41　37.0			535.444 1	-144.960
			327　18　06.3	32.710		
9	K3 +758.960	0　10　12.1			562.970 4	-162.630
			327　07　54.2	32.750		
10 台前	K3 +791.710	0　00　13.8			590.477 8	-180.404
			327　07　40.4	5.550		
10 台尾	K3 +797.260	0　00　00.0			595.139 2	-183.416

第三节　墩台定位及其纵横轴线的测设

在桥梁施工测量中，主要的工作是准确地测设出桥梁墩、台的中心位置，即所谓的墩、台中心定位，简称墩台定位。

墩台定位必须满足一定的精度要求，特别是对预制梁桥更是如此。由于预制梁是在工厂里按照设计尺寸预先制造的，墩、台施工完成以后再进行现场架梁工作。如果墩、台定位的精度不够，将给架梁工作造成困难，甚至无法架设；或即便把梁架上，也可能会使墩、台的受力偏心距超出设计要求，影响墩、台的使用寿命及行车安全。因此，要保证以必要的精度定出墩、台中心的位置。

一、直线桥梁的墩台定位

直线桥梁的墩台定位，根据所处的环境条件和精度要求，可采用直接丈量法、光电测距法或前方交会法。

1. 直接丈量法

如图 6-18 所示，直线桥梁的墩、台中心都位于桥轴线的方向上，若桥墩位于干涸的河道上，或水面较窄时，可沿桥轴线方向用钢尺直接定出墩台中心位置，此法称为直接丈量法。这种方法实际上是依据桥轴线两岸控制桩及其里程和墩、台中心的设计里程测设已知长度，故可根据地形条件采用测设已知平距或测设已知斜距的方法进行放样。

为保证直接丈量法的测设精度，丈量用的钢尺应经过检定，测设时应考虑尺长改正、温度改正和倾斜改正，施加的拉力应与检定钢尺时的拉力相同，以经纬仪正倒镜分中法标定丈量的方向。测设的顺序最好从一端到另一端，并在终端与桥轴线上的控制桩进行校核，达到精度要求后，将其闭合差按比例分配于各跨距内；也可从中间向两端测设。按照这种顺序，容易保证每一桥跨都满足精度要求。一般不允许从桥轴线两端的控制桩向中间测设，因为这样会将误差积累在中间衔接的一跨上，可能影响桥梁的架设。

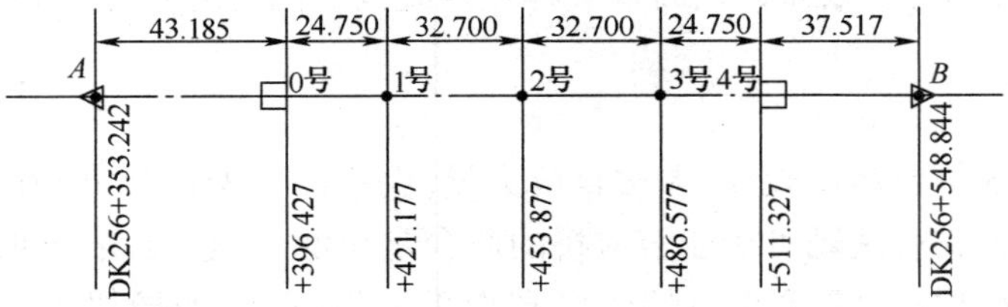

图 6-18　直线桥布置示意图(单位:m)

2. 全站仪测距法

直线桥墩台定位所采用的全站仪测距法，实质上是极坐标法放样的一种特殊情况，即所有放样点均位于极轴上(桥轴线上)。这种方法与直接丈量法相比，是一种迅速、方便且误差不累积的方法。对地形条件的要求也较直接丈量法宽松，只要墩台中心处可以安置反光镜，且仪器与反光镜及轴线上的控制点能够通视，便可采用这种方法。

测设时，仪器安置于一岸的桥轴线控制点上，后视另一岸的桥轴线控制点定向。在其方向线上估计某墩台的概略位置，树立单杆反光镜，使用光电测距仪的自动跟踪功能或全站仪的放样功能，指挥反光镜前后移动。当距离显示值与距离应有值相符时，应安置脚架及反光镜，精确测定该点与测站间的距离。根据经过加常数改正、乘常数改正、周期误差改正、气象改正、倾斜政正和归化改正后的实测距离与应有距离的差值，用辅助小钢尺沿桥轴线方进行改正；之后，调整反光镜位置，重新精确测定该点与测站间的距离，直至实测距离与应有距离的差值在容许范围内为止。用另一盘位以同样的方法测设，则两测点的中心即为该墩台中心的位置。

二、曲线桥梁的墩台定位

曲线桥梁的墩台定位和直线桥类似，必须在桥梁两端的线路上各埋设一个控制桩，做为放样墩台中心和检核墩台定位精度的依据，并保证桥梁与相邻线路正确衔接。曲线桥梁墩台中心定位测量所依据的原始资料是控制桩及墩台中心的坐标。

曲线桥梁的墩台定位，根据所处的环境条件和精度要求，可采用全站仪极坐标法、导线法或前方交会法。

1. 导线法

导线法适用于岸上桥跨长而跨数少的曲线桥墩台中心定位，其测设原理类是拨角测距。由于各个墩台处的桥梁偏角 α、交点距 L 都是已知的，因此测设时可根据交点距和桥梁偏角逐点安置仪器，测设已知水平角 α，定出工作线方向，在该方向线上测设已知水平距离 L，则可依次将各墩台中心的位置设置出来。

测设水平角时，应以精度不低于 1 秒级的仪器测设两测回，偏角总闭合差不应超过下式计算的结果：

$$F_\beta = \pm 8''\sqrt{N} \tag{6-32}$$

式中，N 为桥梁跨数。

2. 全站仪极坐标法

全站仪极坐标法既适用于岸上也适用于水中的桥墩台中心点定位。使用全站仪极坐标法进行桥墩台中心点定位时，要求至少置镜于两个控制点，由不同控制点放样的墩台中心点点位的不符值不应大于 2 *cm*，在限差以内时取放样点连线构成图形之几何中心作为墩台中心点。

三、前方交会法

如果桥墩所处的位置河水较深，无法直接丈量，也不便于架设反光镜时，则可采用前方交会法测设墩位。前方交会法既可用于直线桥的墩台定位测量，也可用于曲线桥的墩台定位测量。用交会法测设墩位时，需要在河的两岸布设平面控制网，如导线、三角网、边角网、测边网等。

1. 前方交会法的基本原理

如图 6-19 所示，A、B、C、D 四点为桥梁施工平面控制网的控制点，其中 A、B 两点为桥轴线上的控制点。交会角 α_i、β_i 可根据控制点的坐标和第 i 号墩中心的坐标计算。测设时，置镜于 C、D 两点，分别后视 B 和 A 定向，再分别测设 α_i、β_i，则两条方向线的交点即为第 i 号墩中心的位置。

理论上，根据上述两条方向线即可交出第 i 号墩中心的位置，但为了防止发生错误及检核交会的精度，实际作业时要求交会方向线不得少于三条。如果为直线桥则应尽量利用桥轴线（图 6-19）置镜于 A 点，后视 B 点，即以桥轴线方向为第三条交会方向线。

2. 示误三角形

实地测设时，通常将三台经纬仪分别安置于三个控制点上，用三条方向线同时交会。理论上三条方向线应交于一点，而实际上由于控制点误差和交会测设误差的共同的影响，三条方向线一般不会交于一点，而是形成一个小三角形，如图 6-20 所示。该三角形的大小反映了交会的精度，故称其为示误三角形。

示误三角形的最大边长或两交会方向与桥中线交点间的长度，在墩台下部（承台、墩身）不应大于25 mm，在墩台上部（托盘、顶帽、垫石）不应大于15 mm。若交会的一个方向为桥轴线，则以其他两个方向线的交会点 P_1 投影在桥轴线上的 P 点作为墩台中心。交会方向中不含桥轴线方向时，示误三角形的边长不应大于30 mm，并以交会得到的示误三角形的重心作为桥墩台中心。

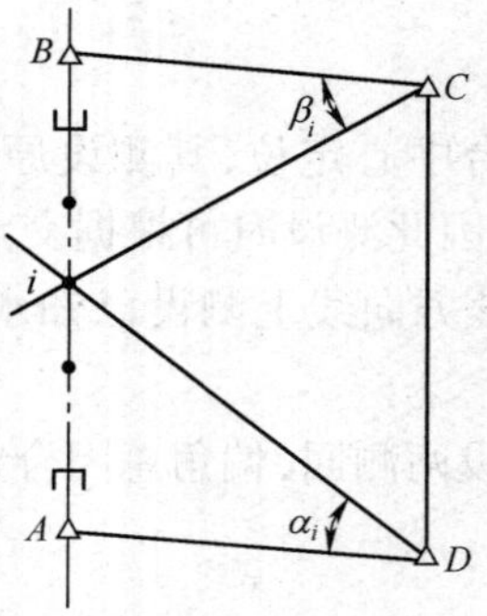

图 6-19　前方交会示意图

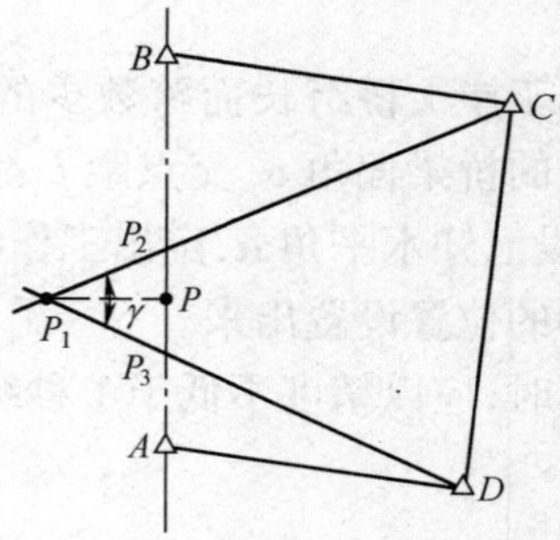

图 6-20　示误三角形示意图

3. 交会角的要求

墩台中心交会的精度，不仅和测量误差的大小有关，而且还与示误三角形的形状有关，即与交会角 γ 的大小有关。为保证墩台交会必要的精度，必须对交会角的大小加以限制。如果交会的一个方向为桥轴线方向，则其他两交会方向线之间的夹角 γ，当置镜点位于桥轴线两侧时(图 6-21)应在 90°～150°之间；当置镜点位于桥轴线一侧时(如图 6-22 所示)应在 60°～110°之间。因此，在桥梁控制网网形设计和布网时，应充分考虑每个墩台中心交会时交会角的大小，必要时可根据情况增设插点或精密导线点作为次级控制点。

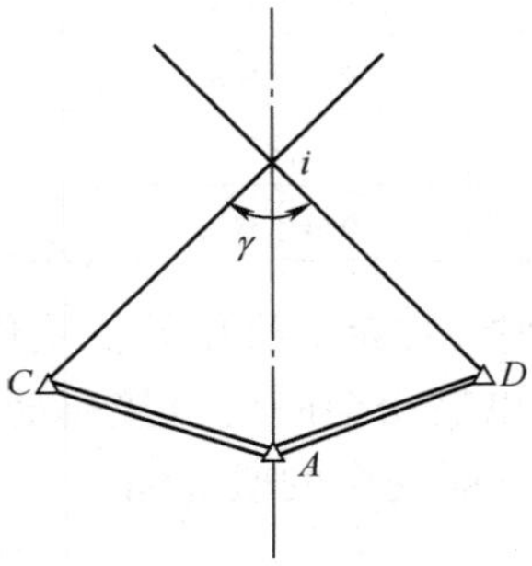

图 6-21 异侧交会示意图

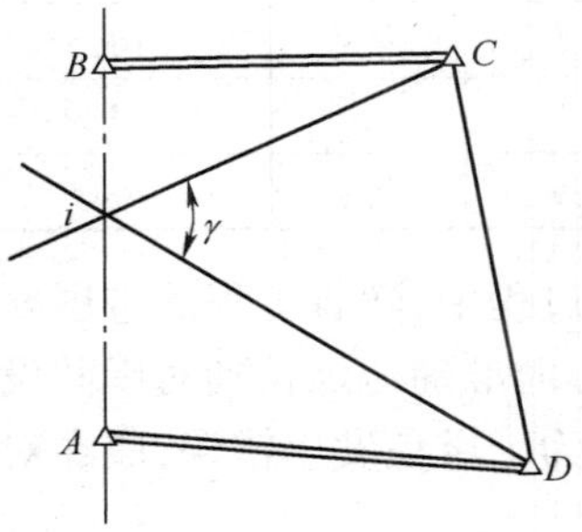

图 6-22 同侧交会示意图

4. 测设数据计算

为了便于作业，应根据控制点的坐标和墩台中心的坐标计算测设数据并将其编制成表。墩台定位测设数据表主要包括：置镜点、后视点、后视定向读数、前视水平度盘读数等。

后视定向读数可以安置为 0°00′00.0″，此时要计算 α_i、β_i，然后依据实际位置关系确定墩台定位时的仪器水平度盘读数。后视定向读数也可以安置为置镜点至后视点的坐标方位角，墩台定位时仪器水平度盘的读数为置镜点至前视点的坐标方位角。与前者比较，后者的优点是不需要计算 α_i、β_i，后视定向点可以灵活选择。

表 6-6 是按图 6-19 编算的交会法或极坐标法墩台中心定位的测设数据表格式。

表 6-6 墩台中心定位的测设数据表格式

置镜点	墩台号	边长(m)	坐标方位角(° ′ ″)	水平度盘读数(° ′ ″)		
				后视 A 点	后视 B 点	后视 D 点
C	A	D_{CA}	α_{CA}	0 00 00	$\alpha_{CA}-\alpha_{CB}$	$\alpha_{CA}-\alpha_{CD}$
	B	D_{CB}	α_{CB}	$\alpha_{CB}-\alpha_{CA}$	0 00 00	$\alpha_{CB}-\alpha_{CD}$
	D	D_{CD}	α_{CD}	$\alpha_{CD}-\alpha_{CA}$	$\alpha_{CD}-\alpha_{CB}$	0 00 00
	1	D_{C1}	α_{C1}	$\alpha_{C1}-\alpha_{CA}$	$\alpha_{C1}-\alpha_{CB}$	$\alpha_{C1}-\alpha_{CD}$
	2	D_{C2}	α_{C2}	$\alpha_{C2}-\alpha_{CA}$	$\alpha_{C2}-\alpha_{CB}$	$\alpha_{C2}-\alpha_{CD}$
	3	D_{C3}	α_{C3}	$\alpha_{C3}-\alpha_{CA}$	$\alpha_{C3}-\alpha_{CB}$	$\alpha_{C3}-\alpha_{CD}$
	⋮	⋮	⋮	⋮	⋮	⋮
	N	D_{CN}	α_{CN}	$\alpha_{CN}-\alpha_{CA}$	$\alpha_{CN}-\alpha_{CB}$	$\alpha_{CN}-\alpha_{CD}$

续上表

置镜点	墩台号	边长（m）	坐标方位角（° ′ ″）	水平度盘读数（° ′ ″）		
				后视 A 点	后视 B 点	后视 C 点
D	A	D_{DA}	α_{DA}	0 00 00	$\alpha_{DA}-\alpha_{DB}$	$\alpha_{DA}-\alpha_{DC}$
	B	D_{DB}	α_{DB}	$\alpha_{DB}-\alpha_{DA}$	0 00 00	$\alpha_{DB}-\alpha_{DC}$
	C	D_{DC}	α_{DC}	$\alpha_{DC}-\alpha_{DA}$	$\alpha_{DC}-\alpha_{DB}$	0 00 00
	1	D_{D1}	α_{D1}	$\alpha_{D1}-\alpha_{DA}$	$\alpha_{D1}-\alpha_{DB}$	$\alpha_{D1}-\alpha_{DC}$
	2	D_{D2}	α_{D2}	$\alpha_{D2}-\alpha_{DA}$	$\alpha_{D2}-\alpha_{DB}$	$\alpha_{D2}-\alpha_{DC}$
	⋮	⋮	⋮	⋮	⋮	⋮
	N	D_{DN}	α_{DN}	$\alpha_{DN}-\alpha_{DA}$	$\alpha_{DN}-\alpha_{DB}$	$\alpha_{DN}-\alpha_{DC}$

墩台施工过程中，随着工程的进展要经常测设墩台中心，为了简化外业工作，提高放样精度，可把交会方向准确地延长到对岸并设立照准标志。以后交会时可直接照准对岸的标志获取交会方向。为了避免发生错误，应在对岸照准标志上注明交会的墩台编号。

四、墩台轴线测设

在测设出墩台中心位置以后，便可据此测设墩台的纵横轴线，以固定墩台的方向，同时它也是墩台施工中细部放样的依据。

如图 6-23 所示，在直线桥上，各个墩台的纵轴线均与桥轴线重合，故可根据桥轴线两端的控制桩进行测设。直线桥的横轴线与纵轴线正交或斜交，放样时可将经纬仪安置于墩台中心，后视桥轴线控制桩定向，依据设计文件，测设相应的水平角度，既可定出墩台横轴线方向。

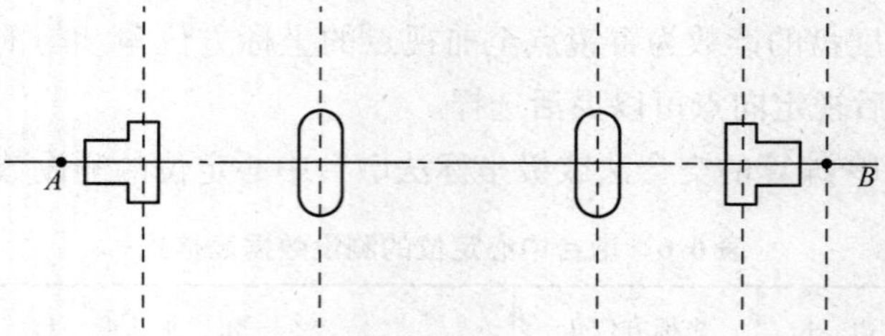

图 6-23　直线桥墩台轴线示意图

在曲线桥上，墩台纵轴线是各墩台中心桥梁偏角 α 的角平分线，而墩台横轴线则是过墩台中心的纵轴线的垂线，如图 6-24 所示。测设时，将经纬仪安置于墩台中心，后视相邻墩台中心定向后，向曲线外测设 $\alpha/2$ 角，则得到纵轴线方向；向曲线内侧测设（$90° - \alpha/2$）角，则得到横轴线方向；再实测纵横轴线之间的夹角，以资检核。

为消除仪器误差和便于恢复墩台的纵横轴线，测设时，应采用经纬仪正倒镜分中法，并在墩台两侧的适当位置以不少于 3 个木桩将纵横轴线的方向予以标定，这些轴线标志桩称为护桩。护桩应位于施工场地以外、地质情况稳定、土质坚实处；若工期较长，则还应用水泥包桩或埋设混凝土桩，以防止点位变化。护桩设出后，要对其统一进行编号并绘制点之记，以便于管理和使用。

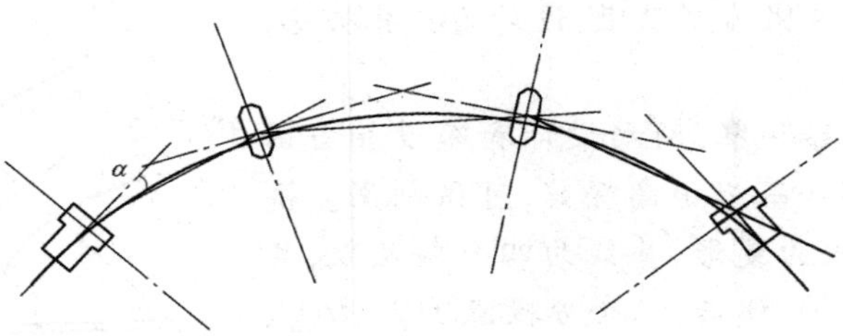

图 6-24　曲线桥墩台轴线示意图

【例 6-3】　某铁路桥梁设计的结构形式为：1×24 m预应力钢筋混凝土梁＋3×64 m箱形连续钢梁＋1×24 m预应力钢筋混凝土梁，为直线桥，各墩台中心的设计里程如表 6-7。试完成桥轴线长度精度估算、平面控制测量的实施及墩台中心定位资料的计算。

【解】　1. 桥轴线长度精度估算

第 1 孔和第 5 孔为预应力钢筋混凝土简支梁，设其跨长中误差分别为 m_{l1} 和 m_{l5}，则

$$m_{l1}=m_{l5}=\pm\frac{\Delta_D}{\sqrt{2}}=\pm 7.07\ \mathrm{mm}$$

第 2～4 孔为预制的梁段为64 m箱形连续钢梁，运到现场后拼接，并以高强螺栓固定连接。已知 $n=12$，设其中误差为 $m_{l2\sim4}$，则

$$m_{l2\sim4}=\pm\frac{1}{2}\sqrt{n\Delta_l^2+\delta^2}=\pm 4.92\ \mathrm{mm}$$

设桥轴线长度中误差为 m_L 则

$$m_L=\pm\sqrt{m_{l1}^2+m_{l5}^2+m_{l2\sim4}^2}=\pm 11.15\ \mathrm{mm}$$

由表 6-7 知桥长 $L=242.75$ m，则桥轴线长度的相对中误差为

$$\frac{m_L}{L}=\frac{1}{21\ 700}$$

表 6-7　墩台中心的设计里程及其坐标（m）

桩号及墩台号	里　　程	间　　距（m）	x（至 D_4 点的距离）
0 号台	DK638＋798.92		−12.807 0
		12.807	
D_4	＋811.727		0
		11.943	
1 号墩	＋823.67		11.943 0
		64.65	
2 号墩	＋888.32		76.593 0
		64.00	
3 号墩	＋952.32		140.593 0
		64.60	
4 号墩	DK639＋016.92		205.193 0
		21.936 6	
D_2	＋038.856 6		227.129 6
		2.813 4	
5 号台	＋041.67		229.943 0

2. 平面控制网的技术设计

根据桥轴线长度的估算精度，可知该桥的施工平面控制网按五等三角网施测即可。该桥位于深山峡谷之中，地形陡峭，地质情况复杂。0 号台和 1 号墩位于砂页岩互层的基础上，高度分别约为 6 m 和 10 m。2 号和 3 号墩位于浅水河道中，高约 50 m。4 号墩和 5 号台位于较

厚的黄土覆盖层上。4 号墩为制动墩，设计为挖孔桩基，埋深约 9 m。

由于地势陡峻、河谷狭窄，网形设计和布设相当困难。枯水季节，河中有一基岩小岛裸露，可供利用。桥梁施工平面控制网布设为菱形，基线为四个整尺段，其长度约为桥轴线长度的0.88倍，三个分段点 DQ_1、DQ_2、DQ_3 可供交会放样时选用。控制网略图如图 6-25 所示。由于桥轴线长度小于桥长，故控制网提高一个等级施测。

当时，箱形连续钢梁属新型结构，在墩台施工、梁体架设和运营管理阶段均要进行变形观测，故控制网应提高一个等级施测。所以，技术设计书中规定，该桥施工平面控制网按三等三角网施测。

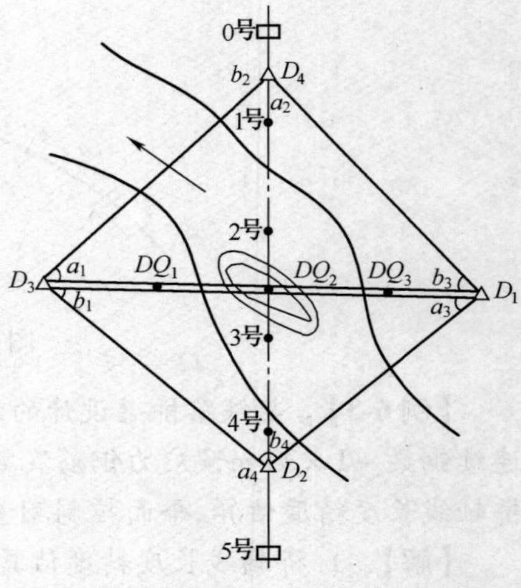

图 6-25　直线桥施工控制网示意图

3. 三角网观测

以控制点 D_1、D_3 间的边长为基线，经实测和数据处理后，其最或然值 $b_0 = 199.900\ 8$ m，相对中误差为1/260 000。

三角网的角度观测采用方向观测法，根据方向观测结果计算的角度观测值如表 6-8 所示。

表 6-8　三角网的角度观测值、角度平差值

角　号	角度观测值 (° ′ ″)	角度平差值 (° ′ ″)	改　正　数 (″)
a_1	43 04 08.1	43 04 08.68	+0.58
b_1	58 33 45.1	58 33 43.37	-1.73
a_2	51 06 05.0	51 06 05.93	+0.93
b_2	40 39 40.4	40 39 40.41	+0.01
a_3	46 47 34.1	46 47 33.19	-0.91
b_3	45 10 04.5	45 10 04.98	+0.48
a_4	37 42 28.8	37 42 27.54	-1.26
b_4	36 56 17.4	36 56 15.90	-1.50
Σ	360 00 03.4	360 00 00.00	-3.40

4. 平差计算

平差计算依等权角度按条件观测平差。平差后，桥轴线长度为227.129 6 m，相对中误差为1/189 000 < 1/75 000，角度平差值列于表 6-9 中，测角中误差 $m_\beta = \pm 1.49''$，小于三角网规定的 ±1.8″。

以桥轴线控制点 D_4 为坐标原点，以桥轴线按里程增加方向为 x 轴正向，各控制点和墩台中心在该坐标系中的坐标列于表 6-9 中。

表 6-9　控制点和墩台中心坐标计算表

桩号及墩台号	x(m)	y(m)
D_1	119.539 1	−92.415 8
D_2	227.129 6	0
D_3	141.370 0	106.289 3
D_4	0	0
0 号	−12.807 0	0
1 号	11.943 0	0
2 号	76.593 0	0
3 号	140.593 0	0
4 号	205.193 0	0
5 号	229.943 0	0

5. 交会数据表编算

以控制点 D_1 和 D_3 为置镜点的交会测设数据列于表 6-10 中，用基线分段点进行交会的测设数据从略。

表 6-10　测设数据计算表

置镜点	墩台号	边长 (m)	坐标方位角 (°　′　″)	水平度盘读数 (°　′　″)		
D_1				后视 D_2 点	后视 D_3 点	后视 D_4 点
	D_2	141.793 1	40　39　40.4	0 00 00.0	316 55 51.3	258 22 07.9
	D_3	199.900 8	83　43　49.1	43 04 08.7	0 00 00.0	301 26 16.6
	D_4	151.096 9	142　17　32.5	101 37 52.1	58 33 43.4	0 00 00.0
	0 号	161.419 2	145　04　25.8	104 24 45.4	61 20 36.7	2 46 53.3
	1 号	141.836 5	139　20　24.9	98 40 44.5	55 36 35.8	357 02 52.4
	2 号	101.907 1	114　55　28.3	74 15 47.9	31 11 39.2	332 37 55.8
	3 号	94.783 7	77　09　57.9	36 30 17.5	353 26 08.8	294 52 25.4
	4 号	126.005 0	47　10　28.8	6 30 48.4	323 26 39.7	264 52 56.3
	5 号	143.978 1	39　55　54.1	359 16 13.7	316 12 05.0	257 38 21.6
D_3				后视 D_1 点	后视 D_2 点	后视 D_4 点
	D_1	199.900 8	263　43　49.1	00 00 00.0	314 49 55.0	46 47 33.2
	D_2	136.572 8	308　53　54.1	45 10 05.0	0 00 00.0	91 57 38.2
	D_4	176.869 7	216　56　15.9	313 12 26.8	268 02 21.8	0 00 00.0
	0 号	187.264 4	214　34　56.3	310 51 07.2	265 41 02.2	357 38 40.4
	1 号	167.477 7	219　23　37.9	315 39 48.8	270 29 43.8	2 27 22.0
	2 号	124.472 8	238　38　24.6	334 54 35.5	289 44 30.5	21 42 08.7
	3 号	106.292 1	269　34　52.2	5 51 03.1	320 40 58.1	52 38 36.3
	4 号	123.979 0	300　59　00.0	37 15 10.9	352 05 05.9	84 02 44.1
	5 号	138.356 8	309　48　18.4	46 04 29.3	0 54 24.3	92 52 02.5

第四节　桥梁竣工测量

墩台施工完成以后架梁以前,应进行墩台的竣工测量。墩台竣工测量的目的是:测定建成后墩台的实际情况,并检查是否符合设计要求以及为架梁提供依据;为运营期间桥梁监测提供基本资料。

对于隐蔽工程,如桥梁墩台的基础等,在竣工后无法测绘,必须在施工过程中随时测绘和记录,做为竣工资料的一部分。

墩台施工完成后架梁前,应做如下测量工作。

1. 测定墩台中心、纵横轴线及跨距

墩台中心及其纵横轴线应根据环境条件、仪器设备选用相应的方法测定。

对于跨距测量,如跨距较短,可用钢尺直接丈量;如果跨距较长可用光电测距仪或全站仪直接测定;亦可先定出墩台中心的坐标,然后按坐标反算间接求得。测定或求算的跨距与设计跨距之差超过2 cm时,应根据墩台设计允许偏差逐墩调整跨距。

2. 丈量墩台各部尺寸

墩台各部尺寸的丈量,是以墩台纵横轴线为依据丈量顶帽的长和宽;按设计尺寸放样支座轴线及梁端轮廓线,并弹出墨线,供支座安装和架梁使用。

3. 测定墩帽和支承垫石的高程

水准测量时,为保持前后视距相等,应隔墩设站测定高程。显然,为了测出所有墩的高程,必须进行往返观测,且往返测设站在不同的墩顶。

如果运营期间要对墩台进行变形观测,则应对两岸水准点及各墩顶的水准点以不低于二等水准测量的精度联测。

桥梁竣工后,应测定桥中线、纵横坡度等,并根据测量结果按规定编绘墩台中心距表、墩顶水准点和垫石高程表、墩台竣工平面图、桥梁竣工平面图等。

思考与练习题

6-1　桥轴线长度精度估算的目的是什么?

6-2　桥梁施工控制网的作用是什么?桥梁施工控制网有哪几种形式?

6-3　桥梁在曲线上的布设形式有哪几种形式?

6-4　桥台在曲线上的布设形式有哪几种形式?

6-5　何谓偏距?何谓交点距?

6-6　何谓桥梁工作线?何谓桥梁偏角?如何计算桥梁偏角?

6-7　简述角度交会法测设墩台中心的基本原理。

6-8　何谓示误三角形?其大小应满足什么要求?在误差允许范围内对示误三角形如何处理?

6-9　用角度交会法测设墩台中心时,对交会角有何要求?

6-10　某铁路桥梁设计的结构形式为 6×32 m 预应力钢筋混凝土简支梁直线桥,桥轴线长度为252.11 m,试估算桥轴线长度精度,并据此确定桥梁施工三角网的等级。

6-11　某铁路桥梁设计的结构形式为 6×32 m预应力钢筋混凝土简支梁直线桥，根据桥轴线精度估算值，拟定桥梁施工平面控制网为五等且布设为大地四边形。控制网略图及墩台中心的设计里程如图 6-26 所示。A、B 为桥轴线控制桩，起始边 AD 归算至墩顶高程面上的长度为 $D_{AD}=391.622$ m，角度观测值列于表 6-11 中。以 A 点为原点，B 点为 x 正向建立施工测量坐标系，试完成如下计算。

(1)列出条件方程式，并对自由项进行检核；

(2)组成法方程；

(3)计算角度改正数，并回代条件方程式中检核；

(4)计算角度平差值；

(5)评定精度；

(6)计算控制点的坐标；

(7)计算墩台中心的坐标；

(8)编算以控制点 C、D 为置镜点，进行墩台中心定位的测设数据表；

(9)详述 3 号墩交会法测设步骤；

(10)详述 3 号墩极坐标法测设步骤。

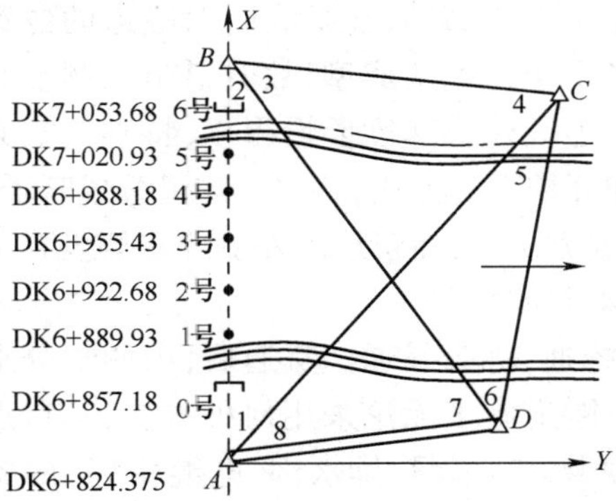

图 6-26　习题 6-11 图

表 6-11　习题 6-11 数据

角　号	角度观测值 (°　′　″)
1	35　03　26.5
2	51　17　25.5
3	55　43　48.5
4	37　55　23.3
5	46　01　44.7
6	40　19　03.0
7	43　53　38.8
8	49　45　29.0
Σ	

第七章　隧道施工测量

隧道施工测量的主要任务是:保证相向开挖的工作面,按照规定的精度在预定位置贯通;保证洞内各项建筑物以规定的精度按照设计位置修建,不得侵入建筑限界。隧道施工测量的主要内容有:隧道洞外控制测量、进洞测量、洞内控制测量、隧道施工中线测设、贯通误差的调整及竣工测量。

第一节　隧道施工及其测量工作的特点

隧道一般是由进、出口的两个开挖面相向开挖,在洞内预定位置挖通。隧道开挖主要采用先挖导坑后扩大成型法或全断面开挖法。前者由于是扩大成型的,在扩大时对隧道的位置还有一定的纠正余地,故隧道施工测量可先粗后精;后者由于是一次成型,故隧道施工测量必须一次到位。在线路工程施工中,与其他建筑物相比,隧道的建设速度要慢得多,特别是长大隧道。为了保证工程的工期,在隧道施工中,常利用增加开挖面的方法,将整个隧道分成若干段,同时施工,以提高隧道的建设速度。增加开挖面的主要方法有:在正线的左侧或右侧设置平行导坑,或根据地形和地质条件,在隧道中部设置横洞、斜井或竖井。

隧道自两端开挖面相向开挖,在洞内预定的位置挖通,称为贯通。贯通后,由两端分别引进的线路中线,应按设计规定的精度要求正确衔接。隧道施工无论采用何种方法,其特点都是:开挖顺着中线不断地向洞内延伸,衬砌和洞内建筑物(避车洞、排水沟、电缆槽等)的施工紧跟其后,不等贯通,隧道内的大部分建筑物已经建成;隧道的实际贯通误差也只有在贯通后才能确定。由此可见,一旦出错,后果将不堪设想。

作为指导隧道施工的测量工作,在隧道开挖前一般要建立具有必要精度的、独立的隧道洞外施工控制网,作为引测进洞的依据;对于较短的隧道,可不必单独建立洞外施工控制网,而以经隧道施工复测、调整并确认后的洞外线路中线控制桩为引测进洞的依据。

在隧道施工中,洞内测量工作是分级控制的,其控制顺序是:控制点控制正式点,正式点控制临时点。例如对于先挖导坑后扩大成型开挖的隧道,在隧道开挖初期,先以洞外平面控制点引测临时中线点进洞,指导导坑掘进;当隧道延伸到一定程度时,为防止临时中线点累积的误差过大,影响隧道洞内衬砌和洞内建筑物的正确修建,必须由洞外平面控制点测设正式中线点;之后再由正式中线点测设临时中线点,继续指导导坑掘进;当隧道延伸长度达到一个导线边长时,为防止正式中线点累积的误差过大,影响隧道贯通,必须布设洞内第一个导线点,并与洞外平面控制点联测,然后以该导线点为基础,测量工作重复上述过程,则隧道继续向前开挖。临时中线点的作用是控制导坑掘进,正式中线点是洞内衬砌和洞内建筑物施工放样的依据。洞内高程控制测量的作业过程与上述相仿,临时水准点控制导坑开挖面的高低,正式水准点控制洞内衬砌和洞内建筑物的高程。

对于采用全断面开挖法开挖的隧道，其测量过程与先挖导坑后扩大成型开挖的隧道基本一样，不同的是对临时中线点、临时水准点的测设精度要求较高，或者是直接测设正式中线点、正式水准点。

由于隧道施工的特殊环境，在隧道贯通前，洞内平面控制测量只能采用支导线的形式，测量误差随着开挖的延伸而积累。为保证隧道在贯通后由两端洞口分别引进的线路中线满足规定的衔接精度要求，洞外控制网应具有必要的精度，洞内施工控制测量也应采取一定的措施保证测量的精度。

第二节　隧道贯通误差

一、贯通误差及其对隧道贯通的影响

在隧道施工中，由于洞外控制测量、洞内外联系测量、洞内控制测量和洞内中线放样等项误差的共同影响，使得由相向开挖的两条施工中线可能产生在贯通面里程的中线点不重合，该两点连线的空间线段称为贯通误差。如图 7-1 所示，贯通误差在水平面上的正射投影称为平面贯通误差，在铅垂面上的正射投影称为高程贯通误差，简称高程误差。平面贯通误差在水平面内可分解为两个分量，其一是与贯通面平行的分量，称为横向贯通误差，简称横向误差；其二是与贯通面垂直的分量，称为纵向贯通误差，简称纵向误差。

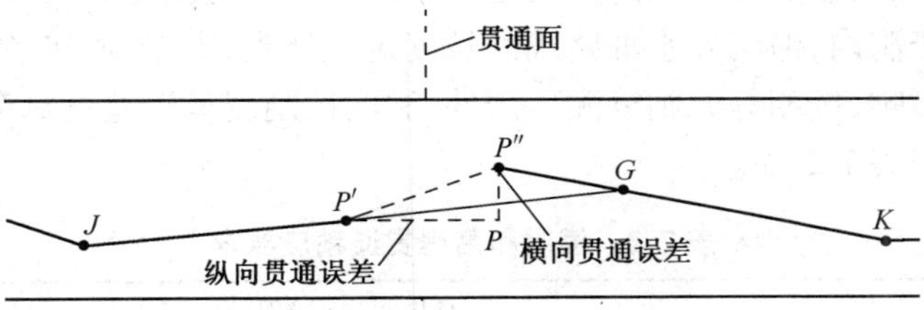

图 7-1　隧道贯通误差示意图

高程误差主要影响线路坡度。若高程误差为50 mm，当隧道长度为500 m时，对坡度的影响为 0. 1‰，当隧道长度为5 000 m时，对坡度的影响只有 0. 01‰。由此可见，当高程误差不超过50 mm时，几乎不影响原有的设计。对于这样的精度要求，按现有高程测量技术很容易做到。

纵向误差影响隧道中线的长度和线路的设计坡度。设线路的设计坡度为 i，路线长度为 L，纵向误差为 ΔL，则纵向误差对坡度的影响 Δi 为

$$\Delta i = i' - i = \frac{h}{L + \Delta L} - \frac{h}{L} = -\frac{i \cdot \Delta L}{L + \Delta L}$$

由于 ΔL 相对 L 很小，故

$$\Delta i \approx \frac{i \cdot \Delta L}{L}$$

从而得

$$\Delta L = -\frac{\Delta i \cdot L}{i}$$

由上式可见，当纵向误差对坡度的影响 Δi 和路线长度 L 一定时，纵向误差 ΔL 与设计坡 i 成反比；当纵向误差对坡度的影响 Δi 和设计坡度 i 一定，纵向误差 ΔL 与路线长度成正比。假设可以忽略的坡度影响 $\Delta i=0.001‰$，则当路线长度 $L=300$ m，设计坡度 $i=3‰$ 时，纵向误差 $\Delta L=0.1$ m，距离测量的精度为 1/3 000。显然，纵向误差只要不大于定测中线的误差，能够满足铺轨的要求，对工程的影响一般是可以忽略的。

横向误差影响线路方向，如果超过一定的范围，就会引起隧道几何形状的改变，甚至造成侵入建筑限界而迫使大段衬砌拆除重建，既给工程造成重大经济损失又延误了工期。因此，必须对横向误差加以限制。《铁路工程测量规范》(TB 10101—2009)规定的横向误差和高程误差的限差见表 7-1。

表 7-1　横向误差和高程误差的限差

相向开挖隧道长度(km)	$L<4$	$4\leqslant L<7$	$7\leqslant L<10$	$10\leqslant L<13$	$13\leqslant L<16$	$16\leqslant L<19$	$19\leqslant L<20$
横向贯通限差(mm)	100	130	160	200	250	320	360
高程贯通误差(mm)	50						

影响贯通面上贯通误差大小的主要因素是洞内、洞外控制测量的误差。对于隧道平面控制测量而言，洞外观测条件好于洞内，故对其精度要求也高于洞内。一般是将洞外平面控制测量的误差做为影响隧道横向贯通误差的一个独立的因素，将两相向开挖的洞内导线测量的误差各为一个独立的因素，按照等影响原则确定相应的横向贯通误差。而对于高程控制测量，虽然洞外观测条件好于洞内，但洞外水准路线的长度远长于洞内，故洞内、洞外高程测量的误差对高程贯通误差的影响，按相等原则分配。洞外、洞内控制测量误差对每个贯通面上贯通误差的影响值的规定列于表 7-2 中。

表 7-2　横向和高程贯通精度要求

项　目	横向贯通误差限差							高程贯通误差限差
	$L<4$	$4\leqslant L<7$	$7\leqslant L<10$	$10\leqslant L<13$	$13\leqslant L<16$	$16\leqslant L<19$	$19\leqslant L<20$	
洞外贯通中误差(mm)	30	40	45	55	65	75	80	18
洞内贯通中误差(mm)	40	50	65	80	105	135	160	17
洞内外综合贯通中误差(mm)	50	65	80	100	125	160	180	25
贯通限差(mm)	100	130	160	200	250	320	360	50

二、贯通误差估算

隧道施工，只有在贯通后方可测定实际的贯通误差，此时发现问题为时已晚。因此，在隧道开挖前的控制测量设计阶段，就应对其误差影响进行预估。贯通误差估算，即在控制测量设计时，根据控制网的网形、等级，对洞外、洞内控制测量的误差在贯通面上所产生的影响进行精度估算，以保证其误差在贯通面上所产生的影响小于表 7-2 中的规定。贯通误差估算的方法，因控制网的形式不同而各异，常见的有如下几种方法：

1. GPS 测量误差引起的隧道验前横向贯通中误差

$$M^2 = m_J^2 + m_C^2 + \left(\frac{L_J\cos\theta \times m_{\alpha_J}}{\rho}\right)^2 + \left(\frac{L_C\cos\varphi \times m_{\alpha_C}}{\rho}\right)^2 \tag{7-1}$$

式中，m_J、m_C分别为进、出口 GPS 控制点的 Y 坐标误差，mm；L_J、L_C分别为进、出口 GPS 控制点至贯通点的长度，mm；$m_{\alpha J}$、$m_{\alpha c}$分别为进、出口 GPS 联系边的方位中误差，″；θ、φ 分别为进、出口控制点至贯通点连线与贯通点线路切线的夹角，°。

2. 导线测量和三角测量误差引起的验前横向贯通中误差

$$M = \sqrt{m_{y\beta}^2 + m_{yl}^2} \tag{7-2}$$

$$m_{y_\beta} = \frac{m_\beta}{\rho''}\sqrt{\sum R_x^2} \tag{7-3}$$

$$m_{y_l} = \frac{m_l}{l}\sqrt{\sum d_y^2} \tag{7-4}$$

式中，$m_{y\beta}$为测角误差影响在贯通面上的横向中误差，mm；m_{yl}为测边误差影响在贯通面上的横向中误差，mm；m_β为控制网设计的测角中误差，″；Rx 为控制网各点至贯通面的垂直距离，m；m_l/l 为控制网设计的边长相对中误差；d_y为控制网各边在贯通面上的投影长度，m。

3. 验后横向贯通中误差

隧道平面控制网施测完成后，应根据洞口到贯通点的坐标差的方差和协方差按(7-5)式计算验后横向贯通中误差。该式既适用于 GPS 定位测量，也适用于导线及三角形网测量。

$$M^2 = \sigma_{\Delta x}^2 \cos^2\alpha_F + \sigma_{\Delta y}^2 \sin^2\alpha_F + \sigma_{\Delta x\Delta y}\sin 2\alpha_F \tag{7-5}$$

式中，$\sigma_{\Delta x}$、$\sigma_{\Delta y}$、$\sigma_{\Delta x\Delta y}$为进、出口推算至贯通点的 x、y 坐标差的方差和协方差；α_F为贯通面方位角。

4. 洞内外高程控制测量误差引起的高程贯通中误差

在贯通面上，受洞外或洞内高程控制测量误差影响而产生的高程中误差为：

$$m_{\Delta h} = M_\Delta\sqrt{L} \tag{7-6}$$

式中，M_Δ 为每千米水准测量的偶然中误差，mm；L 为洞外或洞内两开挖洞口间高程路线长度，mm。

第三节 隧道控制测量

隧道施工控制测量包括洞外平面控制测量、洞外高程控制测量和洞内平面控制测量、洞内高程控制测量和。建立洞外施工控制网时，应将两端洞口已确认的平面控制桩及选定的高程控制桩纳入相应的网中，按测量设计规定的方案和精度施测，精确确定这些控制桩间的相对位置，做为引测进洞和洞内控制测量的基础，确保按规定的精度贯通。

一、隧道洞外控制测量

1. 平面控制测量

隧道洞外平面控制测量常用的方法有：导线法和 GPS 定位测量法，平面控制测量设计要素如表 7-3 所示。

表 7-3　平面控制测量设计要素

测量部位	测量方法	测量等级	适用长度(km)	洞口联系边方向中误差(″)	测角中误差(″)	边长相对中误差
洞外	GPS测量	一	6~20	1.0		1/250 000
		二	4~6	1.3		1/180 000
		三	<4	1.7		1/100 000
	导线测量	二	8~20		1.0	1/200 000
			6~8			1/100 000
		三	4~6		1.8	1/80 000
		四	1.5~4		2.5	1/50 000

(1)导线法

导线法对地形的适应性比较强、受中线位置的约束较小,布设灵活。以导线方式建立的隧道洞外平面控制网,导线点应沿两端洞口的连线布设于已经确认洞口控制桩之间。导线的边长应根据隧道的长度和辅助坑道的数量及分布情况,并结合地形条件和仪器测程来选择。导线最短边长不应小于300 m,相邻边长的比不应小于1:3,并尽量采用长边。

(2)GPS 测量法

GPS 测量法是目前隧道洞外平面控制测量的主要方法,特别是长大隧道优势非常明显,与常规地面测量方法相比,洞口之间控制点的联结不再需要无用中间过渡点,且外业工作也较简单。以 GPS 法建立的隧道洞外平面控制网主要由洞口子网和子网之间的联系主网组成。洞口子网一般应布设成大地四边形,联系边必须为直接观测边。联系网可布设成四边形或大地四边形,且在不同时段进行观测。

2. 高程控制测量

洞外高程控制测量的任务,是按照测量设计中规定的精度要求,以洞口附近一个线路定测点的高程为起算高程,测量并传算到隧道另一端洞口与定测另一个高程点闭合。闭合的高程差应设断高,或推算到路基段调整。这样,既使整座隧道具有统一的高程系统,又使之与相邻线路正确衔接,从而保证隧道按规定精度在高程方面正确贯通,保证各项建筑物在高程方面按规定限界修建。

隧道高程控制测量一般采用水准测量,对于四、五等高程控制测量也可采用光电测距三角高程测量。洞外高程控制测量设计要素如表 7-4 所示。

表 7-4　高程控制测量设计要素

测量部位	测量等级	两开挖洞口间高程路线长度(km)	每千米高程测量偶然中误差(mm)
洞外	二	>36	≤1.0
	三	13~36	≤3.0
	四	5~13	≤5.0
	五	<5	≤7.5

隧道洞外水准点主要作用是引测进洞,向洞内传递高程,故水准点应选在不受施工干扰、稳定可靠和便于引测进洞的地方。每一洞口(包括正洞进出口、横洞、斜井等)附近,均应埋设

两个以上水准点，其间的高差，以安置一次仪器即可联测为宜。

水准测量作业结束后，应以测段往返测高差不符值或环闭合差，计算每千米水准测量的偶然中误差 M_{Δ}，其值应满足相应等级水准测量的要求。

二、隧道洞内控制测量

洞内控制测量起始于两端洞口处的洞外控制点，随着隧道的开挖而向前延伸，因此只能敷设成支线形式，其形状完全取决于隧道的形状，且只能用重复观测的方法进行检核。

洞内平面控制通常有两种形式，即中线形式和导线形式。中线形式就是以定测或稍高于定测时的精度，在洞内按中线测量的方法测设隧道中线。这种方法只适用于短隧道。导线形式主要有以下几种形式。

1. 单导线

如图 7-2 所示，O 为洞外平面控制点，1、2、3 点为引测进洞后布设的单导线。随着隧道的延伸，需由 3 点建立新点 4 时，应先在 2 点测量 γ 角值，并与以前测量的该角角值比较，以检查 1、2、3 点相互间有无位移；在确认 1、2、3 点相互间无位移的情况下，在 3 点上测量导线的转折角及 3 点到 4 点的边长，进而推算出 4 点的坐标。如果 1、2、3 点相互间有位移，应检查原因，重新测算 2、3 点后，再测量 4 点。单导线角度观测时，为了检查测角是否有误和提高角度观测精度，应以奇数测回观测左角 α，以偶数测回观测右角 β。

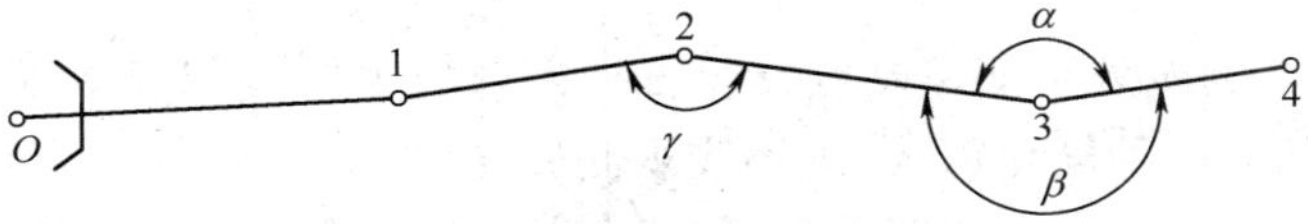

图 7-2　洞内单导线布置示意图

2. 导线环

如图 7-3 所示，O 为洞外平面控制点，引测进洞后布设为导线环。

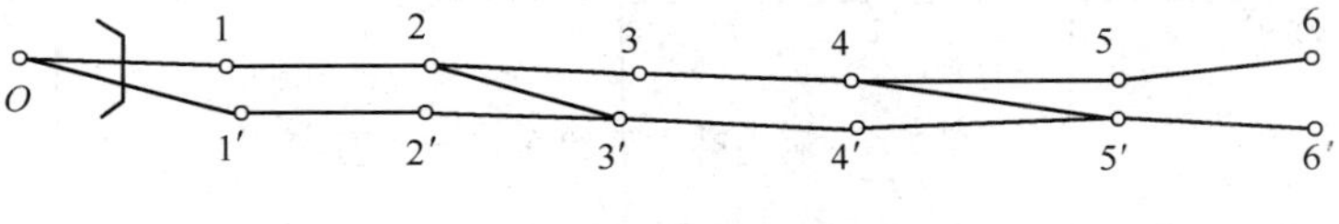

图 7-3　洞内导线环布置示意图

导线每一闭合环观测所有的内角和边长，与支导线相比增加了多余观测，提高了点位精度。向前设立新点前，应检核与之相关的既有导线点是否有变动。如欲设立 6、6′点，则应对 4、4′、5、5′四点间的相对位置进行检核。检核的方法是：实测∠45′4′，并量 44′和 55′的距离，与以前的实测资料核对，以检查 4、4′、5、5′四点有无位移。

完成一对新点测量和计算后，尚需根据新点的坐标反算其间的距离，并与实地距离比较，以检核新点测算有无错误。

导线环按简易平差计算。

3. 主副导线环

如图 7-4 所示，O 为洞外平面控制点，洞内布设为主副导线环。

主副导线环形式上与导线环相同，实际上是为了提高单导线的角度测量精度，即为了提高

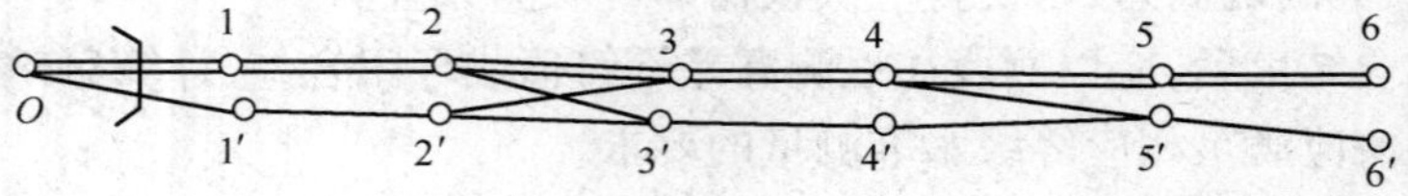

图 7-4 洞内主副导线环布置示意图

导线点的点位横向精度而采用的单导线变相形式。如图中的双线为主导线,既测角又测边;单线为副导线,只测角不测边。闭合环角度闭合差平均分配后,导线点坐标只按主导线推算。

4. 交叉导线

如图 7-5 所示,O 为洞外平面控制点,洞内布设为两条并行导线,且每向前延伸一点就交叉一次,亦可每隔数边交叉一次。

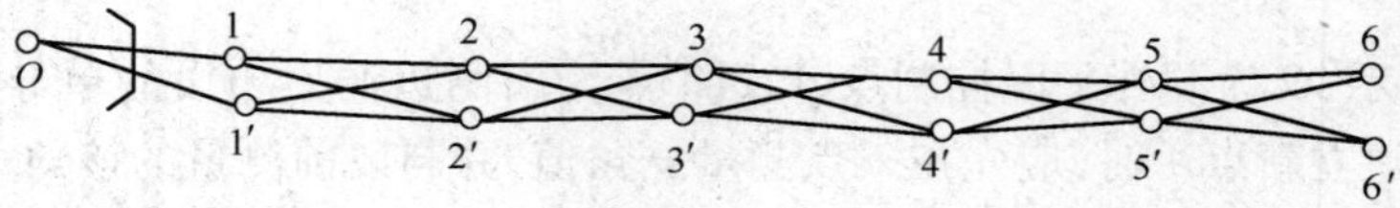

图 7-5 洞内交叉导线布置示意图

交叉导线是导线环的加强形式,但一般不做闭合环的角度平差。交叉导线点的坐标按两条路线推算,并取其平均值做为该点的最后结果。

5. 旁点导线

如图 7-6 所示,O 为洞外平面控制点,1、2、3…为洞内主导线,A、B…为旁点。旁点闭合环实际上是主副导线环的一种简化形式,主导线观测转角和边长,旁点闭合环观测所有内角,并进行角度平差。旁点两侧与主导线联系的边长可测可不测,但旁点闭合环应互相搭接,在搭接处用平差角传算坐标方位角,有利于提高点位横向精度。

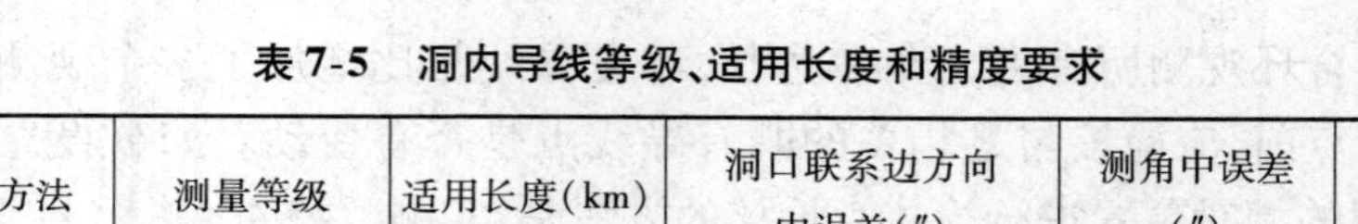

图 7-6 洞内旁点导线布置示意图

洞内导线等级、适用长度和精度要求见表 7-5。

表 7-5 洞内导线等级、适用长度和精度要求

测量部位	测量方法	测量等级	适用长度(km)	洞口联系边方向中误差(″)	测角中误差(″)	边长相对中误差
洞内	导线测量	二	9~20		1.0	1/100 000
		隧道二等	6~9		1.3	1/100 000
		三	3~5		1.8	1/50 000
		四	1.5~4		2.5	1/50 000
		一级	<1.5		4.0	1/20 000

洞内导线布设和观测中应注意如下几方面的问题:导线点应尽量布设在施工干扰小、通视

良好、地层稳固的地方，点间视线应离开洞内设施0.2 m以上；导线的边长在直线地段不宜短于200 m，在曲线地段不宜短于70 m，并尽量选择长边和接近等边；洞内导线点标石顶面应埋于坑道底板面以下 10 ~ 20 cm，上面盖铁板以保护桩面及标志中心不受损坏，为便于寻找，应在边墙上用红油漆予以标注；测角时，采用双照准法观测，测回间要重新对中仪器和觇标，以减小对中误差和对点误差的影响；由洞外引向洞内的测角工作，宜在夜晚或阴天进行，以减小折光差的影响；洞内导线应重复观测，定期检查；设立新点前必须对与之相关的既有导线点进行检查，在对既有导线点确认的基础上测量新点。新点测量和计算完成后，亦要采取适当的措施对新点测量成果加以确认；洞内导线应构成多边形闭合导线或主副导线环；当有平行导坑时，应利用横向通道，使平行导坑的单导线与正洞的导线联测，以资检核。

三、洞内高程控制测量

洞内高程控制测量的目的，是由洞口高程控制点向洞内传递高程，即测定洞内各高程控制点的高程，做为洞内施工高程放样的依据。洞内应每隔 200 ~ 500 m设立一对高程控制点。高程控制点可选在导线点上，也可根据情况埋设在隧道的顶板、底板或边墙上。三等及以上的高程控制测量应采用水准测量，四、五等可采用水准测量或光电测距三角高程测量。当采用水准测量时，应进行往返观测；采用光电测距三角高程测量时，应进行对向观测，高程导线宜构成闭合环。

洞内高程测量的等级、适用长度和使用仪器等级见表 7-6 中。

表 7-6　洞内高程测量的等级、适用长度

测量部位	测量等级	两开挖洞口间高程路线长度(km)	每千米高程测量偶然中误差(mm)
洞内	二	>32	≤1.0
	三	11 ~ 32	≤3.0
	四	5 ~ 11	≤5.0
	五	<5	≤7.5

洞内高程控制测量采用水准测量时，除采用常规的方法外，有时为避免施工干扰还采用倒尺法传递高程，如图 7-7 所示。应用倒尺法传递高程时，规定倒尺的读数为负值，则高差的计算与常规水准测量方法相同，即为

$$h = a - b \tag{7-7}$$

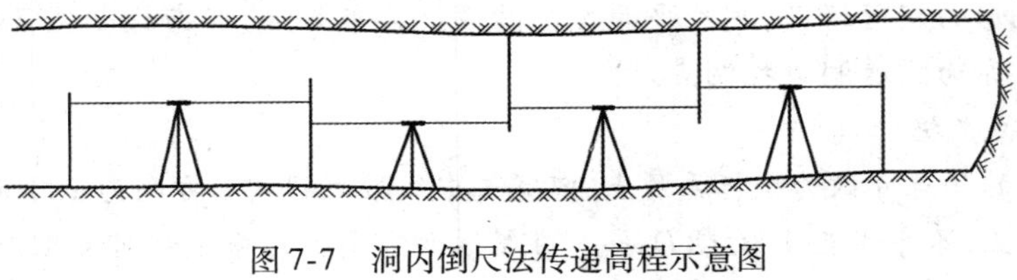

图 7-7　洞内倒尺法传递高程示意图

洞内高程控制测量随着掘进不断地向前增设新的高程控制点。增设新的高程控制点前，应对与之相关的既有高程控制点检核，在确认其无误的基础上，增设新的高程控制点。洞内高程点必须定期复测，以检查其稳定性。

如果隧道内的后期施工对高程的精度要求较高，如铺设整体道床，则在隧道贯通以后，以两端洞口高程控制点为起闭点，将洞内所有高程控制点重新复测一次，最后将闭合差按高程控制点之间距离进行分配。

四、隧道控制网技术设计

隧道长度大于1 500 m时，应根据横向贯通精度要求进行隧道平面控制网设计。隧道相邻两开挖洞口（包括横洞口、斜井口）高程路线长度大于5 000 m，应根据高程贯通精度要求进行隧道高程控制网设计。隧道测量设计就是根据贯通的精度要求，参照隧道形状、长度、施工方法、地形条件和仪器设备等因素，设计控制网的网形并按预先拟定的控制网测量等级精度进行验前贯通误差估算，以验证设计控制网的网形及预先拟定等级精度可行性，并选定最经济合理的作业方案。测量控制网设计一般要洞内洞外一并考虑。隧道控制网技术设计的主要步骤是：

首先，根据测区地形环境条件、测量仪器设备及隧道几何形状等情况，参照表7-3和7-4确定控制网的测量方法和等级。

其次，在地形图上进行网形设计。构网时每个洞口平面控制点布设不应少于3个，各控制点间应尽量通视，以便于使用常规仪器进行控制点稳定性校核及引测进洞。用于向洞内传递方向的洞外联系边不应小于300 m，GPS控制网进洞联系边最大俯仰角不大于5°，导线网、三角形网的最大俯仰角不大于15°。洞口附近的水准点不应少于2个，且水准点应尽可能与隧道洞口等高，两水准点间高差以水准测量1～2站即可联测为宜。

第三，验前贯通误差估算。

最后，编制技术设计书。

【例7-1】 某铁路隧道为直线隧道，设计长度为$L=1\ 636.29$ m，试完成隧道施工平面控制测量设计并判定设计方案能否满足贯通的精度要求。

【解】 1. 隧道施工平面控制测量设计过程

控制测量设计，首先是根据设计提供的隧道设计地形资料进行现场踏勘，结合现场实际地形确定控制网布设形式及进行现场选点，并将选定的控制点标注在地形图上；然后图解相关数据、确定控制测量等级，用以估算贯通误差；如果估算的贯通误差超限，则应重新进行控制测量设计，直至满足要求为止。

2. 洞外平面控制网设计

（1）踏勘选点及图上标注

本例根据地形的实际情况，洞外平面控制网设计为单导线，其布设如图7-8所示。A、F为导线的始、终点，亦为隧道洞口控制点。

（2）图解相关数据

以洞外导线的始点A做为坐标系原点，以隧道中线按里程增加方向为x轴正向，建立测量坐标系。在地形图上，各导线点A、B、C、D、E、F在贯通面方向上的垂足分别为A'、B'、C'、D'、E'、F'，量算出各导线点的垂距R_x及各导线边在贯通面方向上的投影长度d_y，其结果见表7-7中。

（3）确定隧道洞外平面控制测量等级

本例隧道长度介于1.5～4.0 km之间，根据表7-3洞外导线测量适用长度知，洞外导线可布设为四等，即导线测量设计的测角中误差可为$m_\beta=\pm 2.5''$，边长相对中误差为$m_l/l=1/50\ 000$。

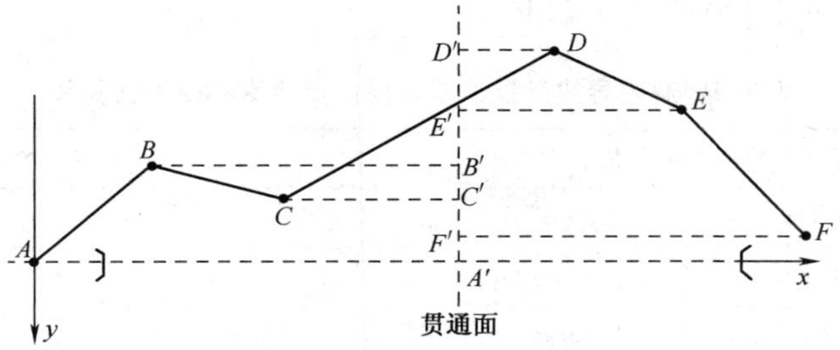

图 7-8 隧道洞外导线布置示意图

(4)估算洞外导线测量误差对贯通的影响

洞外导线测量误差对贯通的影响按式(7-2)估算,其计算结果列于表 7-7 中。

表 7-7 洞外导线测量误差对横向贯通影响

各导线点至贯通面的垂直距离 R_X			各导线边在贯通面方向的投影长度 d_y		
点　名	R_X(m)	R_X^2(m^2)	导线边	d_y(m)	d_y^2(m^2)
B	785	616225	A ~ B	261	68121
C	444	197136	B ~ C	91	8281
D	241	58081	C ~ D	388	150544
E	557	310249	D ~ E	160	25600
			E ~ F	331	109561
Σ		1181691	Σ		362107

$m_\beta = \pm 2.5''$　$\frac{m_l}{l} = \frac{1}{50\,000}$　$m_{y_\beta} = \pm 13.2\ mm$　$m_{y_l} = \pm 12.0\ mm$　$m_w = \pm 17.8\ mm$

注:计算洞外导线测角误差影响值时,不应计入始、终点(即洞口控制桩)。但在引入洞内导线时,两洞口控制桩上需测角,故其测角误差应计入洞内的测量误差。

洞外导线测量中误差对隧道的影响预计是 17.8mm,其允许值是 30mm,显然洞外导线测量设计可行。

3. 洞内平面控制网设计

(1)图上选点

隧道施工由于受环境条件的限制,洞内平面控制网只能布设成导线的形式。隧道洞内导线,应根据隧道施工的作业方法、施工测量的仪器设备情况等进行布设。如本例的隧道洞内导线,布设成如图 7-9 所示的直伸形式,各导线点 a、b、c、d、e、f、g 均布设在隧道线路中线上。

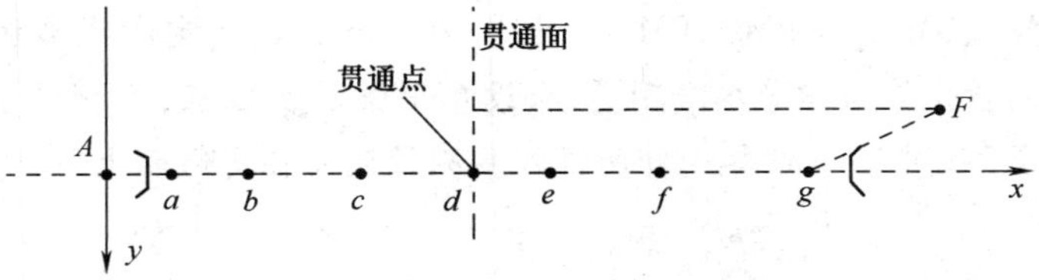

图 7-9 隧道洞内导线布置示意图

(2)图解相关数据

在地形图上,量算出隧道洞内各导线点 a、b、c、d、e、f、g 的垂距 R_x 及各导线边在贯通面方

向上的投影长度 d_y，其结果列于表 7-8 中。

表 7-8　洞内导线测量误差对横向贯通影响值的估算算

各导线点至贯通面的垂直距离 R_x			各导线边在贯通面方向的投影长度 d_y		
点　名	R_x(m)	R_x^2(m^2)	导线边	d_y(m)	d_y^2(m^2)
A	1 073	1 151 329	$A \sim a$	0	0
a	683	466 489	$a \sim b$	0	0
b	516	266 256	$b \sim c$	0	0
c	257	66 049	$c \sim d$	0	0
d	0	0	$d \sim e$	0	0
e	185	34 225	$e \sim f$	0	0
f	430	184 900	$f \sim g$	0	0
g	768	589 824	$g \sim F$	60	3 600
F	879	772 641			
Σ		3 531 713	Σ		3 600
$m_\beta = \pm 2.5''$　$\frac{m_l}{l} = \frac{1}{50\ 000}$　$m_{y_\beta} = \pm 22.8$ mm　$m_{y_l} = \pm 1.2$ mm　$m_N = \pm 22.8$ mm					

(3)确定隧道洞内平面控制测量等级

根据表 7-5 洞内导线等级、适用长度和精度要求知，洞内导线可布设为四等，即导线测量设计的测角中误差可为 $m_\beta = \pm 2.5''$，边长相对中误差为 $m_l/l = 1/50\ 000$。

(4)估算洞内导线测量误差对贯通的影响

洞内导线测量误差对贯通的影响按式(7-2)估算，其计算结果列于表 7-8 中。

洞内导线测量中误差对隧道的影响预计是 22.8 mm，其允许值是 40 mm，显然洞内导线测量设计可行。

4. 洞外、洞内平面控制测量误差对隧道贯通的综合影响

根据误差传播定律，洞外、洞内综合影响值为

$$m = \pm \sqrt{m_w^2 + m_N^2} = \pm 28.9 \text{ mm}$$

可见设计方案可满足横向贯通的精度要求。

【例 7-2】　某铁路直线隧道，设计长度为 5 246 m，分别由两端洞口相向开挖。两端洞口分别埋设四个水准点：BM_{23}、BM_{23-1} 和 BM_{24}、BM_{24-1}，其中 BM_{23} 和 BM_{24} 为定测线路水准点，如图 7-10 所示。洞外高程控制测量设计为四等水准测量，布设 6 个临时水准点，各测段水准路线长度、往返测高差观测值列于表 7-9 中。试估算洞外高程控制测量误差在贯通面上所产生的影响。

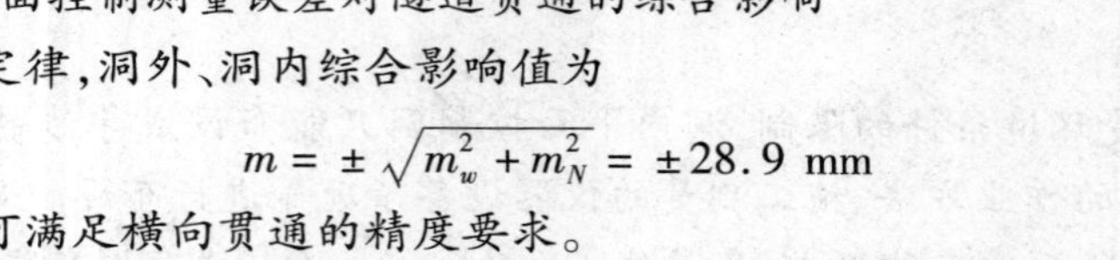

图 7-10　隧道洞外水准路线布置示意图

【解】 1.高程计算,其结果列于表7-9中。

表7-9 往返测高差观测值及高程计算

点号	实测高差(m) 往测	实测高差(m) 返测	平均高差(m)	高程(m)	备注
BM_{23}				569.760	起算高程
	-2.345	+2.347	-2.346		
BM_{23-1}				567.414	
	-6.299	+6.302	-6.3005		
P_1				561.113 5	
	-19.326	+19.322	-19.324		
P_2				541.789 5	
	+23.632	-23.626	+23.629		
P_3				565.418 5	
	+17.423	-17.427	+17.425		
P_4				582.843 5	
	-27.576	+27.580	-27.578		
P_5				555.265 5	
	-9.048	+9.045	-9.0465		
P_6				546.219	
	+21.072	-21.074	+21.073		
BM_{24-1}				567.292	
	-1.288	+1.287	-1.287 5		
BM_{24}				566.004 5	定测为566.003 m
Σ	-3.755	3.756	-3.755 5		断高为0.001 5 m

2.每千米水准测量高差中数的偶然中误差 m_{Δ},计算结果列于表7-10中,表中相关计算公式如下:

$$\Delta = h_{往} + h_{往}, \quad \Delta_{限} = \pm 20\sqrt{R}$$

表7-10 每千米水准测量高差中数的偶然中误差计算

点号	测段长度 R (km)	高差不符值Δ(mm) 实测	高差不符值Δ(mm) 限差	ΔΔ/R	备注
BM_{23}					$M_{\Delta} = \pm\sqrt{\frac{1}{4n}\left[\frac{\Delta\Delta}{R}\right]} = \pm 2.1\text{ mm} < \pm 5.0\text{ mm}$ 达到四等水准测量的精度要求。
	0.9	+5	±19	27.78	
P_1					
	1.1	-4	±21	14.55	
P_2					
	0.9	+6	±19	40.00	
P_3					
	1.3	-4	±23	12.31	
P_4					
	1.0	+4	±20	16.00	
P_5					
	1.0	-3	±20	9.0	
P_6					
	1.2	-3	±22	7.50	
BM_{24}					
Σ	7.4	+1		127.14	

高程贯通中误差为:

$$m_{\Delta h} = m_{\Delta}\sqrt{L} = \pm 5.7\text{ mm} < \pm 18\text{ mm}$$

可见,洞外高程控制测量误差在贯通面上所产生的高程贯通中误差满足精度要求。

第四节　进洞关系计算和进洞测量

洞外控制测量完成之后，隧道两端洞口所有已确认的线路中线控制桩与洞外平面控制点的相对位置关系便得以确定，即确定了隧道线路中线与平面控制网之间的精确关系。根据这些测量成果，求算隧道洞门或洞内某中线点开挖的测设数据（即线路进洞关系计算），据此放样，指导隧道进洞及洞内控制建立之前的洞内开挖。

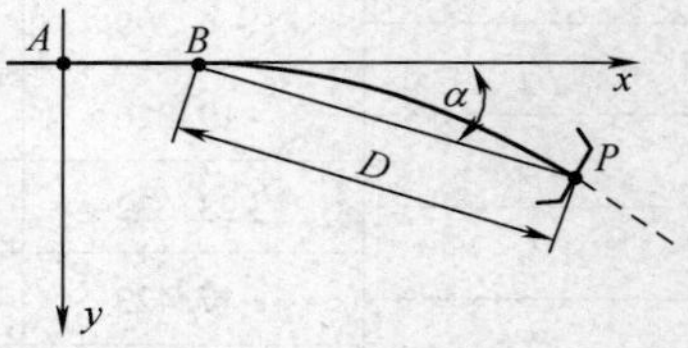

图 7-11　极坐标法进洞测量原理图

隧道洞口可能位于直线或曲线上，有时甚至是通过平行导坑、横洞或斜井等进洞，但不论其位于何处，如果采用极坐标法测设，其原理是一样的，因此本节主要介绍此种方法。如图 7-11 所示，A、B 是已确认的线路中线控制桩并纳入洞外平面控制网，平面控制测量平差计算完成后，其坐标已知。P 为设计的洞门位置，其坐标可根据线路控制桩 A、B 与线路中线的关系求得。根据这些点的坐标，利用坐标反算即可求得 P 点的极坐标法测设数据：水平角 α 和平距 D。

一、直线隧道

如图 7-12 所示为一直线隧道，A、B、C、D 为定测中线控制桩，且 A、D 之连线决定线路中线的理论位置。由于定测点的精度较低，无法满足隧道贯通精度的要求，尚需建立平面控制网。经确认将 A、B、C、D 四点纳入洞外平面控制网，成为洞外平面控制点。洞外平面控制测量完成后，即可求得 A、B、C、D 四点的精确坐标，则进洞方向的测设数据可按下式计算：

$$\left.\begin{aligned}\alpha_1 &= \alpha_{AD} - \alpha_{AE}\\ \alpha_2 &= \alpha_{DG} - \alpha_{DA}\end{aligned}\right\} \quad 或 \quad \left.\begin{aligned}\beta_1 &= \alpha_{AD} - \alpha_{AB}\\ \beta_2 &= \alpha_{DA} - \alpha_{DC}\end{aligned}\right\} \tag{7-8}$$

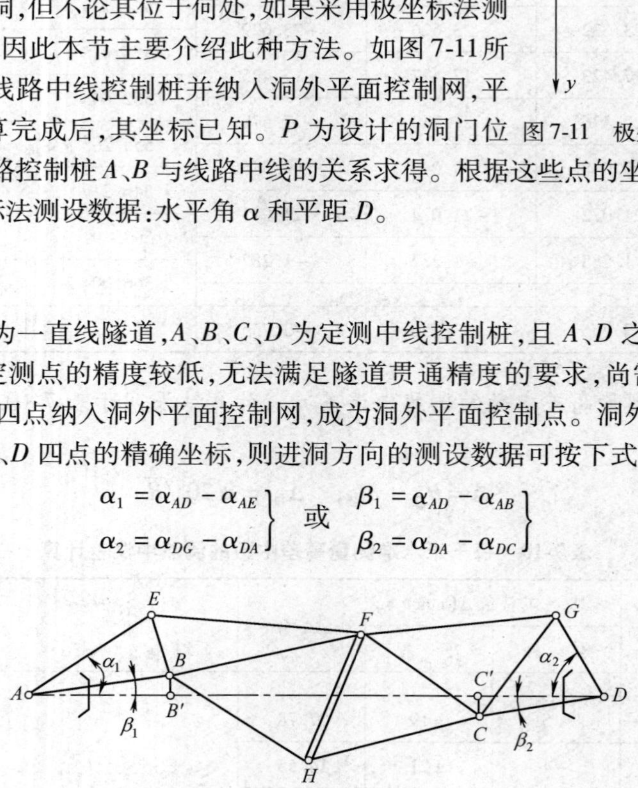

图 7-12　直线隧道进洞测量示意图

进洞测量时，进口端置镜于 A 点，后视 E（或 B）点，测设 α_1（或 β_1）得到 AD 方向，即隧道中线方向，指导进洞；出口端置镜于 D 点，后视 G（或 C）点，测设 α_2（或 β_2）得到 DA 方向，指导进洞。测设距离根据相应点的里程求算。

直线隧道进洞施工时，为了简化测量工作，通常根据 B、C 两点的精确坐标值，将其改正到隧道中线上，图 7-12 中的 B'、C'两点，成为直线隧道进洞施工测量的方向标，然后用正倒镜分中法指导进洞方向。由图知，B、C 到理论中线的垂距分别为

$$\left.\begin{aligned}D_{BB'} &= D_{AB} \cdot \sin\beta_1\\ D_{CC'} &= D_{CD} \cdot \sin\beta_2\end{aligned}\right\} \tag{7-9}$$

移点时，将经纬仪分别安置于 B 和 C，并分别后视 A 和 D，测设 $90°-\beta_1$、$90°-\beta_2$，自 B、C 点，

于相应的视线方向上量取 $D_{BB'}$ 和 $D_{CC'}$，即可定出方向标 B' 和 C'。

二、曲线隧道

如图 7-13 所示为一曲线隧道，A、B 和 C、D 分别为定测的始端、末端切线方向控制桩，经确认后纳入主网成为洞外平面控制点。经过洞外平面控制测量，可求得这些点的坐标，据此按坐标反算求得曲线始末切线的坐标方位角分别为 α_{AB} 和 α_{CD}，则曲线转向角为

$$\alpha = \alpha_{CD} - \alpha_{AB} \tag{7-10}$$

由于定测精度较低，由上式计算 α 与原来定测时所测得的转向角值一般是不相符的。为了保证隧道的正确贯通，应根据由式(7-10)求得的转向角 α 及设计选配的圆曲线半径 R 和缓和曲线长 l_0，重新计算曲线综合要素、各主要点里程，并重新标定曲线的主点。

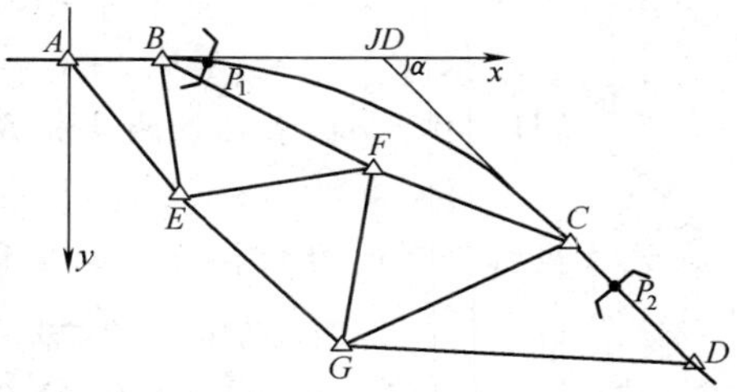

图 7-13　曲线隧道进洞测量示意图

曲线隧道进洞测量主要是采用极坐标法，故其进洞计算主要也是坐标计算。现以一个实例说明。

【例 7-3】　如图 7-13 所示，某曲线隧道设计选配的圆曲线半径 $R = 1\ 000$ m，缓和曲线长为 $l_0 = 100$ m，两端洞门 P_1、P_2 设计的里程分别为 DK58 + 860. 500、DK59 + 600. 000，A、B 和 C、D 分别为始端、末端切线方向控制桩，已纳入平面控制网，经过精测并平差计算后，其在隧道施工坐标系中的坐标列入表 7-11 中，A 点的里程为 DK58 + 420. 500。试计算进洞测设数据。

【解】

1. 转向角计算

根据表 7-11 中的坐标按坐标反算求得

$$\alpha_{AB} = 0°00'00.00''$$

$$\alpha_{CD} = 11°08'28.36''$$

则转向角为

$$\alpha = 11°08'28.36''$$

表 7-11　施工坐标系中的坐标计算

点　号	坐　　标	
	x(m)	y(m)
A	0. 000	0. 000
B	401. 274	0. 000
C	917. 283	72. 345
D	1 236. 549	135. 221

2. 曲线综合要素计算

根据转向角 α 及其他数据可算得：

切垂距：$m = 49.996$ m

圆曲线移动量：$p = 0.417$ m

切线长：$T = 147.570$ m

曲线长：$L = 294.451$ m

外矢距：$E_0 = 5.164$ m

3. 交点坐标计算

通过对 AB 直线方程和 CD 直线方程的联立求解，可算出交点的坐标为

$$x_{JD} = 549.936 \text{ m}, \quad y_{JD} = 0.000 \text{ m}$$

4. 根据 A、JD 两点的坐标计算该两点间的距离

$$D_{A,JD} = 549.936 \text{ m}$$

5. 主点里程推算

$$\begin{aligned}
&ZH: && K_{ZH}=K_A+D_{A,JD}-T &&= DK58+822.866\\
&HY: && K_{HY}=K_{ZH}+l_0 &&= DK58+922.866\\
&YH: && K_{YH}=K_{ZH}+L-l_0 &&= DK59+017.317\\
&HZ: && K_{HZ}=K_{ZH}+L &&= DK59+117.317
\end{aligned}$$

6. 施工坐标系下主点坐标计算

ZH： $x_{ZH}=K_{ZH}-K_A=822.866-420.500=402.366\ \text{m}$

$y_{ZH}=0.000\ \text{m}$

HY： $x_{HY}=x_{ZH}+x_0=402.500+99.975=502.341\ \text{m}$

$y_{HY}=y_{ZH}+y_0=1.667\ \text{m}$

YH： 在末端切线坐标系下的坐标为

$$x_0=-99.975\ \text{m},\quad y_0=1.667\ \text{m}$$

施工坐标系下的坐标按坐标的平移和旋转求算如下：

$$x_{YH}=x_0\cos\alpha-y_0\sin\alpha+T(1+\cos\alpha)+x_{ZH}=596.312\ \text{m}$$

$$y_{YH}=x_0\sin\alpha+y_0\cos\alpha+T\sin\alpha+y_{ZH}=10.831\ \text{m}$$

HZ： 在末端切线坐标系下的坐标为

$$x_0=0.000\ \text{m},\quad y_0=0.000\ \text{m}$$

施工坐标系下的坐标按坐标的平移和旋转求算如下：

$$x_{HZ}=x_0\cos\alpha-y_0\sin\alpha+T(1+\cos\alpha)+x_{ZH}=694.725\ \text{m}$$

$$y_{HZ}=x_0\sin\alpha+y_0\cos\alpha+T\sin\alpha+y_{ZH}=28.515\ \text{m}$$

7. 施工坐标系下洞口点坐标计算

隧道入口 P_1 点位于缓和曲线上，且距 ZH 点的距离为

$$l=860.500-822.866=37.634\ \text{m}$$

则该点在始端切线坐标系下的坐标为

$$x'=37.634\ \text{m},\quad y'=0.089\ \text{m}$$

在施工坐标系下的坐标为

$$x_{P_1}=x_{ZH}+x'=402.366+37.634=440.000\ \text{m}$$

$$y_{P_1}=y_{ZH}+y'=0.089\ \text{m}$$

隧道出口 P_2 位于直线上，且距 HZ 点的距离为

$$D=600.000-117.317=482.683\ \text{m}$$

则该点在施工坐标系下的坐标为

$$x_{P_2}=x_{HZ}+D\cos\alpha=1\ 168.311\ \text{m}$$

$$y_{P_2}=y_{HZ}+D\sin\alpha=121.783\ \text{m}$$

第五节　隧道施工中线测设

隧道施工中线一般分为永久中线和临时中线。对于长度不大于1 000 m的直线隧道和长度不大于500 m的曲线隧道，永久中线通常是用独立的中线法测设的，即直线段采用正倒镜分中延伸直线法测设，曲线段采用弦线偏角法测设。长度超出上述范围的隧道，永久中线根

据导线按极坐标法测设。永久中线点的点间距应满足表 7-12 规定。

表 7-12　永久中线点的点间距

中线测量	直线地段（m）	曲线地段（m）
由导线测设中线	150 ~ 250	60 ~ 100
独立的中线法	>100	>50

由导线点按极坐标法测设的中线点，不但测设数据计算简便而且测设也方便。但应注意的是，中线点是独立的，必须对其进行检核。因此，由导线点测设中线点的一般要求是：一次测设不少于 3 个点，以便于相互检核。检核方法：直线上测设出三个点后，可用串线法检核；曲线上测设出三个点后，置镜于中间点实测偏角检核。如图 7-14 所示，$i-1$、i、$i+1$ 为根据导线点测设的位于曲线上的三个中线点，检核时，实测 γ 角，则 i 点的偏角为

$$\delta' = 180° - \gamma \tag{7-11}$$

与其对应的理论偏角 δ 可根据曲线要素和 $i-1$、i、$i+1$ 三点的里程算出，根据 $\delta' - \delta$ 值进行检核。

当由于某种原因，一次只能测设出 1 个或 2 个中线点时，这种情况下对测设的中线点的检核方法是：先计算出测设的中线点与两个以上的且通视的已知点间的夹角，然后置镜于该中线点上实测夹角检核。如图 7-15 所示，A、B、C 为三个已知点，i 为测设的中线点，按坐标反算求出其间的夹角分别为 α、β，置镜于 i 点，实测其间的夹角分别为 α'、β'，根据这些角值即可对 i 点测设的位置进行检核。

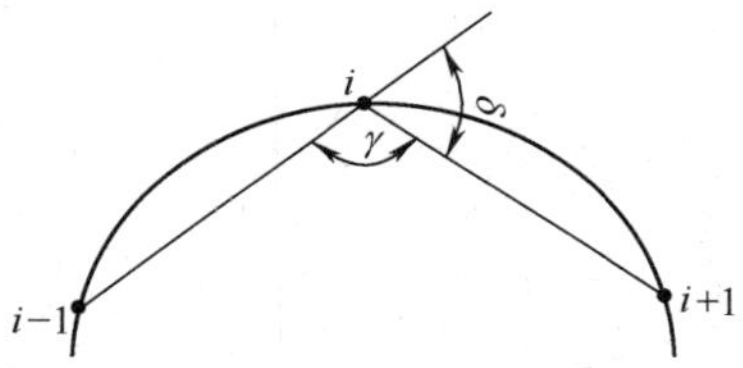

图 7-14　中线点偏角法检核示意图

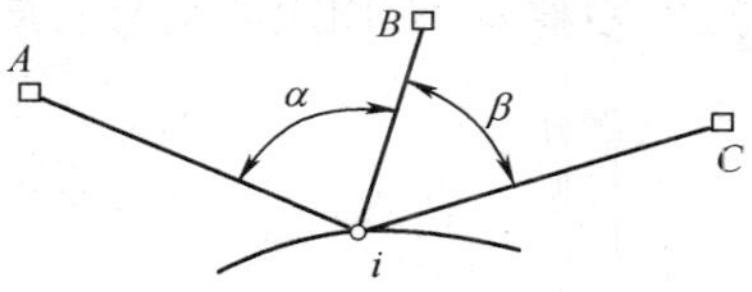

图 7-15　中线点与导线点夹角法检核示意图

由表 7-12 可以看出，永久中线点的点间距是有一定要求的，只有当隧道延伸达到一定的长度时才能设立新的中线点。为满足施工需要，隧道向前掘进时主要以临时中线点控制。临时中线点一般根据其作用和掘进长度选用目测法或仪器标定法测设。供延伸用的临时中线点，当延伸长度直线段不超过30 m、曲线段不超过20 m时用目测法测设。当一次延伸长度超过上述规定或临时中线点供衬砌使用时，应采用仪器标定法测设临时中线点。用仪器测设临时中线点时，在直线上采用正倒镜分中法，在曲线上可按定测中的任何一种方法测设。

应用目测法测设临时中线点时，直线段采用串线法，曲线段可采用串线法或弦偏距法。

如图 7-16 所示，4′、5′、2 点为位于直线段上的三个临时中线点，其中 2 点是由仪器标定的。串线时，在这三个点上悬挂垂球线，然后用眼瞄准串通这三条垂线，向前延伸放出 6′点。同理，在 5′、2、6′点上悬挂垂球线，放出 7′点，直至放出限制长度内的最后一点。接下来的 3 点要用仪器测设。3 点标定以后，又可以用串线法向前延伸。应用串线法时要注意，相邻两垂球线的间距不宜小于5 m。

如图 7-17 所示，A、B、C 为已经测定的位于曲线上的临时中线点，D 点为待测临时中线点。应用串线法测设的原理是：在 AB 方向上量出方向距 Bb，由 b、C 两点定出 CD 方向，以指导开

挖,待挖够 c_3 的长度后,自 C 点沿 CD 方向量出弦长 c_3 标定出 D 点。

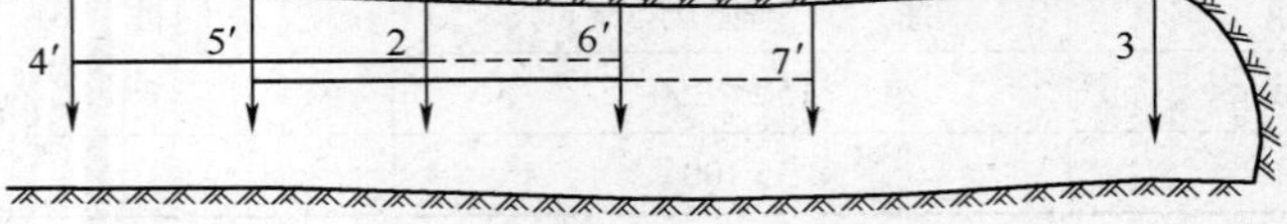

图 7-16　目测串线法延伸直线示意图

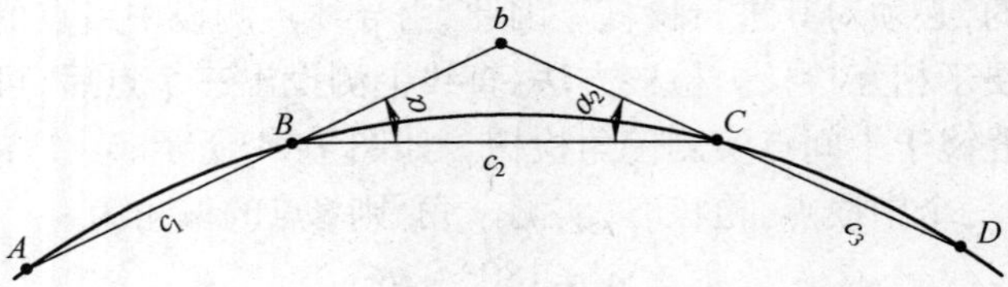

图 7-17　串线法测设曲线上临时中线点原理

方向距 Bb 按下式计算:

$$Bb = c_2 \cdot \frac{\sin \alpha_2}{\sin(\alpha_1 + \alpha_2)} \tag{7-12}$$

式中,α_1、α_2 可利用曲线桥梁偏角中的线路偏角计算方法计算。

如图 7-18 所示,A、B 为已经测定的位于曲线上的临时中线点,C 点为待测临时中线点。应用弦偏距法测设的原理是:自 B 点在 AB 方向上量出弦延长线长度 d,定出点 C'。根据 B、C' 点到 C 点的距离 c_2、S,用距离交会法即可放出 C 点。

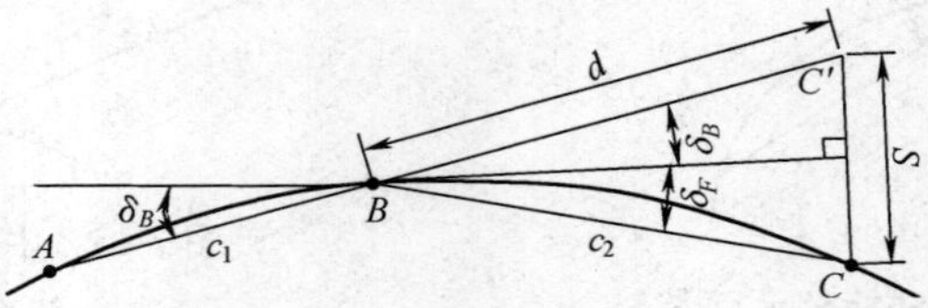

图 7-18　弦偏距法测设曲线上临时中线点原理图

弦延长线长度 d、弦偏距 S 按下式计算:

$$\left.\begin{aligned} d &= c_2 \cdot \frac{\cos \delta_F}{\cos \delta_B} \\ S &= c_2 \cdot \frac{\sin(\delta_B + \delta_F)}{\cos \delta_B} \end{aligned}\right\} \tag{7-13}$$

式中,δ_F、δ_B 为前后视偏角,计算方法与曲线桥梁中线路偏角计算相同。

第六节　贯通误差的调整及竣工测量

隧道贯通后,应及时进行贯通测量,测定实际的贯通误差,并对其进行适当调整。

一、测定贯通误差的方法

1. 采用中线法测量的隧道,贯通以后,应从相向测量的两个方向分别延伸中线并测定出贯通点，如图7-19所示的P、P'点。根据两实际贯通点P、P'间的位置关系即可确定横向和纵向误差。

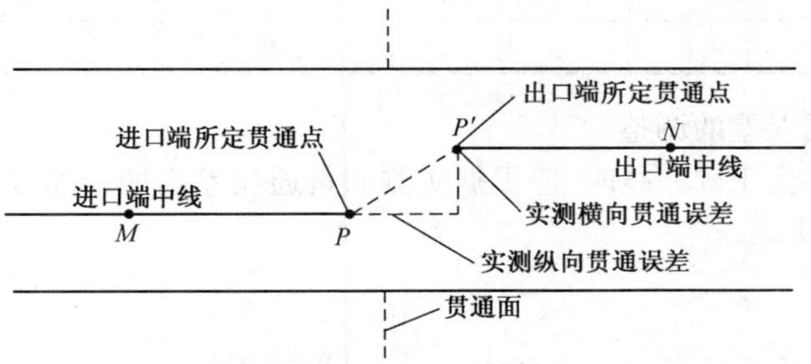

图7-19 中线法测量的隧道贯通误差测量方法

2. 采用导线作洞内控制的隧道，应在贯通面中线附近钉一临时桩点，由两端导线分别测量和计算该点坐标，且将其坐标闭合差分别投影至贯通面及其相垂直的方向上，即为横向和纵向贯通误差。另外，在该点上置镜，实测该点与相邻导线点间的水平角，如图7-20所示的β角，则其方位角贯通误差f_α按下式计算：

$$f_\alpha = \alpha'_{BC} - \alpha_{BC} \quad (7\text{-}14)$$

其中，α_{BC}为由出口端导线推算的BC边的坐标方位角，α'_{BC}为根据进口端导线坐标方位角α_{AB}和实测的β角推算的BC边的坐标方位角，且

$$\alpha'_{BC} = \alpha_{AB} + \beta \pm 180°$$

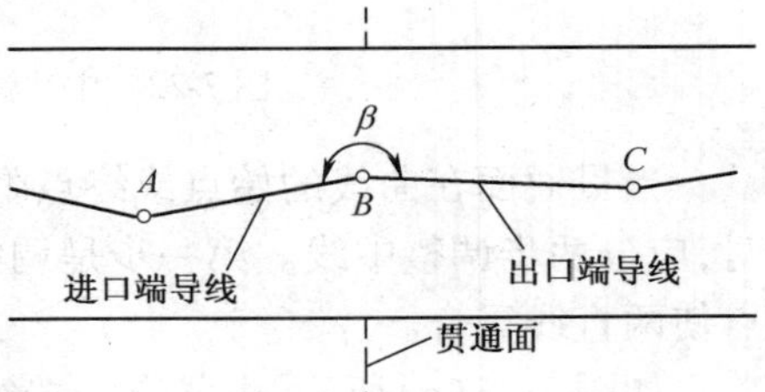

图7-20 导线法测量的隧道贯通误差测量方法

3. 由两端洞口高程控制点向洞内分别测量出贯通面处同一临时点的高程，其高程差即为高程贯通误差。

二、贯通误差的调整

隧道贯通以后，中线和高程的实际贯通误差，应在未衬砌地段，即调线地段调整。调线地段的开挖和衬砌，均应以调整后的中线和高程进行放样。

1. 直线地段贯通误差的调整

如图7-21所示，A、B为贯通面两侧的中线点，将其相连构成折线中线。因调线A、B两点分别产生β_1、β_2的转折角。如果转折角小于5′时，可视为直线线路。转折角在5′～25′时，应按顶点内移量（表7-13）确定线路及相应衬砌位置。转折角大于25′时，则应加设半径为4 000 m的圆曲线。

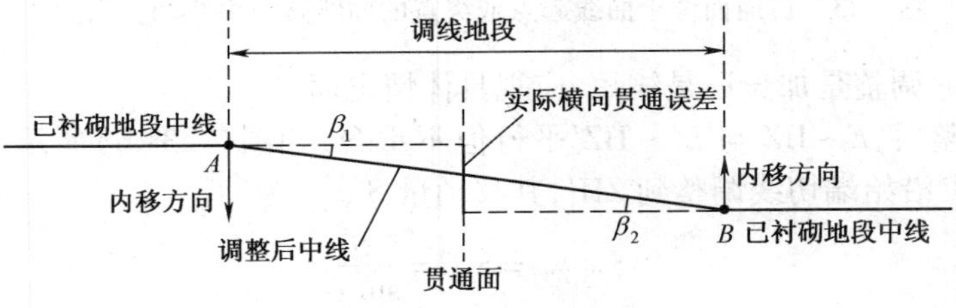

图7-21 中线法测量的直线隧道贯通误差调整示意图

表 7-13　顶点内移量

转折角(′)	5	10	15	20	25
内移量(mm)	1	4	10	17	26

2. 曲线地段贯通误差的调整

当调线地段全部位于圆曲线时,应根据实测的贯通误差由两端曲线向贯通面按长度比例调整中线,如图 7-22 所示。

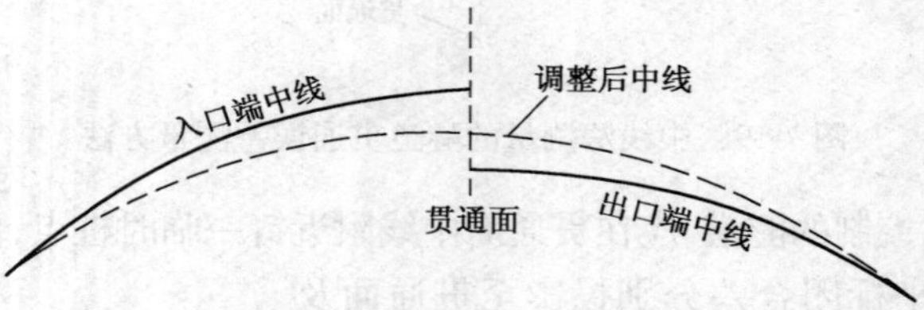

图 7-22　中线法测量的曲线隧道贯通误差调整示意图

当贯通面在曲线的始点或终点附近,从曲线延伸出来的直线与直线段既不平行又不重合时,应分两步调整中线。第一步是调整圆曲线的长度使两直线平行,第二步是调整曲线的始终点使两直线重合。

如图 7-23(a)所示,由隧道一端经过 E 点测设至曲线终点 HZ 点,另一端由 C 点也测设到曲线终点,为 HZ′点。HZ 与 HZ′不重合,再自 HZ′点延伸直线到 E'。E ~ HZ 与 E' ~ HZ′既不平行也不重合。为了使二者平行,需调整圆曲线的长度。调整的圆曲线长度 $S_{CC'}$ 与两直线 E ~ HZ、E' ~ HZ′的夹角 δ 和圆曲线半径 R 有关,且

$$S_{CC'} \approx \frac{S_{E,E'} - S_{\mathrm{HZ,HZ'}}}{S_{E,\mathrm{HZ}}} \cdot R \tag{7-14}$$

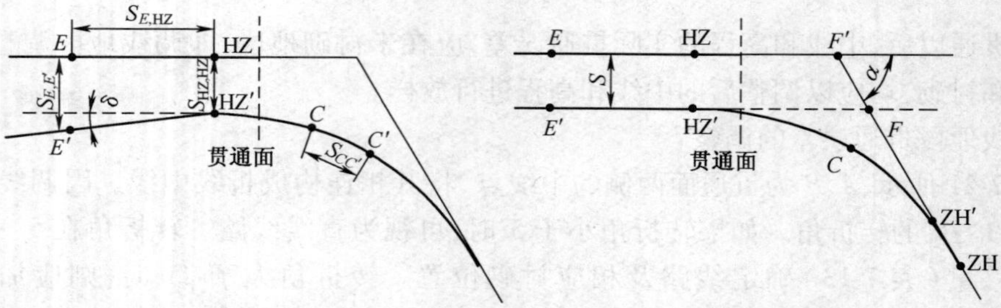

(a) 曲线长调整示意图　　(b) 曲线起点或终点调整示意图

图 7-23　贯通面位于曲线起点或终点的曲线隧道中线调整示意图

圆曲线长度的调整是加长还是缩短,应视具体情况而定。

经过上述调整后,E ~ HZ 与 E' ~ HZ′平行但不重合,如图 7-23(b)所示。为了使其重合,将曲线起点 ZH 点沿始端切线调整到 ZH′,其移动量 $S_{\mathrm{ZH,ZH'}}$ 为

$$S_{\mathrm{ZH,ZH'}} = S_{FF'} = \frac{S}{\sin\alpha} \tag{7-15}$$

式中　S——延伸直线与直线段平行后的间距,mm;

α——曲线总转向角(含 δ)。

上述贯通误差调整方法主要是针对中线形式控制的隧道。以导线形式控制的隧道,测得的贯通误差如果在规定的限差以内时,先将方位角贯通误差分配在未衬砌地段的导线角上,然后计算贯通点坐标闭合差,并按边长比例将其分配在调线地段的导线上。如果实际的贯通误差很小,也可将两端洞口控制点间的整个洞内导线按坐标平差,以消除贯通误差,但方向贯通误差不参与平差。未衬砌地段中线放样均以调整后的导线坐标为准。

实测的高程贯通误差在其允许范围时,其调整方法是:首先将由两端测得的贯通点的高程取平均值,作为该点高程的最或然值,然后根据该点的实测高程与其最或然值之差值计算出相应水准路线的闭合差,最后在未衬砌地段分别将闭合差按其路线长度的比例调整到相应的高程点上。未衬砌地段高程放样均以调整后的高程为准。

三、隧道竣工测量

隧道竣工测量的目的,是为了检查线路中线和洞内主要结构物的位置是否符合设计要求和提供竣工资料,并为运营阶段的养护维修和设备安装提供测量控制点。

1. 隧道线路中线复测

隧道线路中线复测,实际上是对线路中线的一次全面恢复。对于采用中线形式控制的隧道,先检测竣工时仍保存的中线点,然后根据已检测的中线点恢复丢失的中线点。对于采用导线形式控制的隧道,先检测竣工时仍保存的导线点,检测可靠后即可据此测设中线点;在丢失导线点地段,先在原导线点间加设新点,再按原测量精度施测并进行局部平差计算,最后根据平差后的导线点测设中线点。

中线恢复时,一般不允许按洞口控制点采取重新串线或重新测设曲线的方法恢复。特别是对较长的隧道,采取这种方法可能造成较大的中线偏差,甚至侵入限界。

2. 永久中线点的设立

中线复测后,直线地段每200～250 m设立一个永久中线点;曲线地段应在主点设立永久中线点,圆曲线地段按通视条件加设。隧道竣工时洞内仍保存的中线点其间距和埋石均符合永久中线点的要求时,不再埋设新点。永久中线点设立后,应在隧道的边墙上绘出标志,注明中线点的名称和里程。

3. 永久高程点的设立

洞内高程点应在复测的基础上每1 km设立一个;小于1 km的隧道至少设立一个或两端洞口附近各设一个。永久高程点设立后,也要按规定在边墙上予以标定,必要时在记录本上绘出点之记示意图,注明里程及位置,以便日后寻找。永久高程点设立后,应与两端洞口附近的高程控制点构成附合路线进行测量,平差后确定各点的高程。

4. 净空断面测绘

隧道竣工后,在直线地段每50 m、曲线地段每20 m 以及其他需要加测断面处,测绘隧道的实际净空断面。净空断面测量包括:内拱顶高程、起拱线宽度、轨顶面以上1.1 m、3.0 m及5.8 m处的宽度。

隧道净空断面测绘的依据是线路中线和轨顶高程。隧道净空断面测绘所需的临时中线点应在中线复测时设出,轨顶高程根据永久高程点设出。断面测绘可采用支距法或摄影测量的方法。

5. 竣工资料编绘

隧道竣工测量结束后，根据测量成果编绘相关的图表作为竣工资料。竣工图表主要包括：永久中线点、永久高程点的成果表和示意图，净空断面测量资料和断面图，注明连续里程和施工里程的中桩表、断链表、坡度表等。

思考与练习题

7-1　何谓贯通误差？其对隧道的贯通有何影响？

7-2　贯通误差估算的目的是什么？

7-3　隧道洞外控制测量的作用是什么？

7-4　何谓进洞关系？如何计算进洞关系？

7-5　洞内导线布设有哪几种形式？增设新点时应注意什么？

7-6　何谓倒尺法传递高程？

7-7　简述洞内线路中线测设方法和要求。

7-8　简述贯通误差的调整方法。

7-9　简述隧道竣工测量的内容和要求。

7-10　某曲线隧道长1 540 m，隧道中线及洞外导线如图7-24所示。根据《新建铁路工程测量规范》，拟定洞外导线测量的等级为五等。根据表7-14中的数据，试估算该洞外导线测量误差对贯通精度的影响。

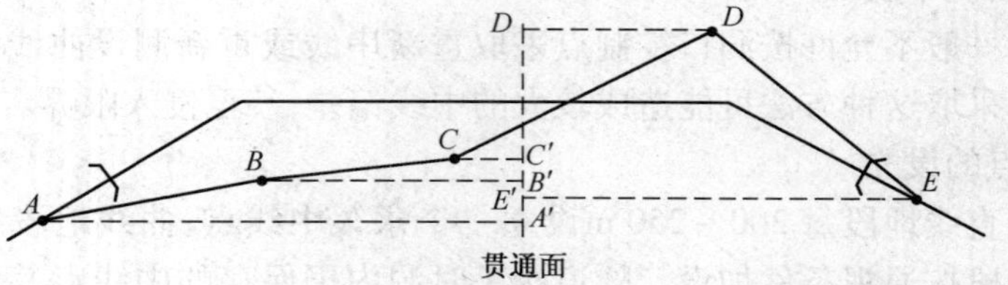

图7-24　习题7-10图

表7-14　习题7-10数据

各导线点至贯通面的垂直距离 R_x			各导线边在贯通面方向的投影长度 d_y		
点　名	R_x(m)	R_x^2(m^2)	导线边	d_y(m)	d_y^2(m^2)
B	600		$A \sim B$	90	
C	100		$B \sim C$	15	
D	450		$C \sim D$	150	
			$D \sim E$	200	
Σ			Σ		
$m_\beta =$	$\frac{m_l}{l} =$	$m_{y_\beta} =$	$m_{y_l} =$	$m_w =$	

7-11　如图7-25所示，A、B和C、D分别为位于始、末切线上的洞外控制点，经过精确测定并严密平差计算后，其在施工坐标系下的坐标列于表7-15中，控制点A的里程为DK36 + 566.650，进口洞门P_1、出口洞门P_2的设计里程分别为DK37 + 040.385、DK37 + 785.213。设

计选配的圆曲线半径 $R=1\ 000$ m，缓和曲线长 $l_0=100$ m。

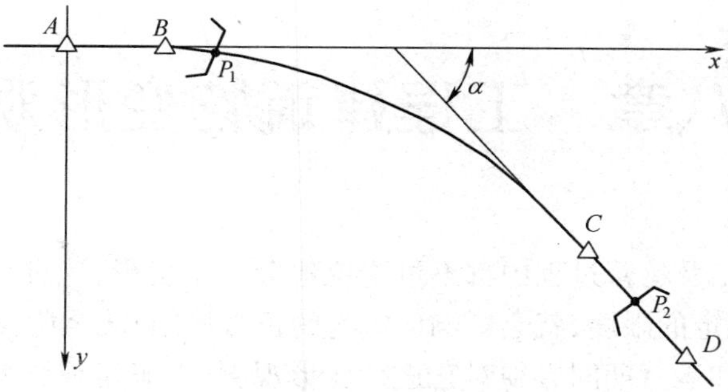

图 7-25　习题 7-11 图

表 7-15　习题 7-11 数据

点　　号	A	B	C	D
x(m)	0.000	390.124	918.553	1 231.361
y(m)	0.000	0.000	71.963	132.328

试完成如下计算：

(1)计算曲线的转向角；

(2)计算缓和曲线常数；

(3)计算曲线综合要素并推算主点里程；

(4)计算进口洞门 P_1、出口洞门 P_2 的坐标；

(5)计算置镜 B 点、后视 A 放样洞门 P_1 的测设数据；

(6)计算置镜 D 点、后视 C 放样洞门 P_2 的测设数据。

第八章　工程建筑物变形观测

工程建筑物在施工及运营过程中都不可避免地会产生变形，这种变形在一定限度内是允许的，但如果超过了规定的限度，就会影响建筑物的正常使用，甚至危及建筑物的安全。因此，在工程建筑物的施工和运营期间必须对它进行变形观测，以确定或预测变形的大小及其对建筑物安全的影响。本章主要介绍变形观测方案的确定、工程建筑物各类变形的观测方法及变形观测数据处理。

第一节　变形观测方案

变形观测方案的制定关系到观测的成本、成果的精度及可靠性，必须高度重视。由于观测方案因变形体而异，不能一概而论。下面主要介绍变形量测定的精度、观测的周期（频率）、测点及基点的布设。

一、变形量测定的精度

变形量测定的精度取决于变形的大小、速率、仪器和方法所能达到的实际精度，以及观测目的等。从观测目的来讲，对变形观测的精度要求是：检查施工要求较低；监视建筑物的安全要求较高；研究变形过程要求最高。由于工程建设项目种类繁多，工程复杂程度各异，确定合理的精度是十分必要的。因为过高的精度要求会使测量工作变得复杂，费用增加；而过低的精度要求，将增加变形分析的难度，甚至会得出错误的结论。

在国际测量工作者联合会（FIG）第十三届会议上，工程测量委员会中的变形观测及其自动化小组提出："如果观测的目的是为了使变形值不超过某一允许的数值而确保建筑物的安全，则其观测的中误差应小于允许变形值的1/10 ~ 1/20；如果观测的目的是为了研究变形的过程，则其观测的中误差应比这个数值小得多。"由此概括了观测精度、允许变形值和观测目的三者之间的关系，为变形观测精度的制定提供了依据。

在工程建筑物的变形观测中，由于工程建筑物的类型不同，变形观测的精度要求差别较大；即使是同类型的建筑物，由于结构、形状的不同，精度的要求也不同；甚至于对同一建筑物的不同部位的精度要求也有所差异。一般而论，从实用的目的出发，典型的精度是 ±1 mm或相对精度为 10^{-6}，而为了科学研究的目的或者特种工程设备（例如高能加速器、航天器发射架、大型天线等），则要求达到 ±0.1 mm的精度。

二、变形观测的频率

变形观测的特点之一是重复观测，重复观测的间隔，称为观测的周期。变形观测周期的倒数称为变形观测的频率。

重复观测的频率取决于变形的大小、变形的速度以及变形观测的目的。变形的速度越快，变形观测频率越高。例如工程建筑物建设的初期，变形的速度较快，因此观测的频率也较高，随着时间的推移，建筑物趋于稳定，可适当降低观测的频率。对于新结构工程建筑物建设的初期，由于对其变形的规律尚不了解，因此要以较高的频率观测，在对其变形规律有了一定的了解之后，则可适当地延长观测间隔。对于旨在详细研究变形过程的变形观测，则其观测频率要求很高，有时甚至要求连续观测。总之，既能反映变化的过程又不致遗漏变化是确定变形观测的频率的前提。

设相邻两期同精度观测所求得的点位值分别为 x_i、x_j，中误差为 m_x，则变形值 Δx 为

$$\Delta x = x_j - x_i \tag{8-1}$$

根据误差传播定律，得变形值 Δx 的中误差 $m_{\Delta x}$ 为

$$m_{\Delta x} = m_x\sqrt{2} \tag{8-2}$$

设变形的速率为 v，变形观测的周期为 T，则

$$\Delta x = vT \tag{8-3}$$

若变形值 Δx 与其中误差 $m_{\Delta x}$ 之比为 K，则由

$$\Delta x \geqslant Km_{\Delta x} \tag{8-4}$$

可得

$$vT \geqslant Km_{\Delta x} \tag{8-5}$$

从而得

$$T \geqslant m_{\Delta x}\frac{K}{v} = \sqrt{2}m_x\frac{K}{v} \tag{8-6}$$

在应用上述公式时，m_x 应取变形监测网中的最弱点的中误差；K 一般取 10，即变形值与其中误差在数值上相差一个数量级；正常情况下，v 取平均变形值与间隔日之比，如果变形值相差较大，则选用最大值。

三、变形观测点的布设

变形体的变形值是通过重复观测变形体上具有一定代表性的测点，并经过资料整理、计算和分析得到的，这些测点亦称为变形观测点。由此可见，变形观测点与变形体之间的关系就如同样本与母体关系，对变形观测点的观测如同是对变形体的一次抽样。因此，变形观测点的布设直接关系到变形观测成果的精度。变形观测点的布设应满足如下原则：

1. 有足够的数量；
2. 在最能反映工程建筑物变形或关键部位布设测点；
3. 测点与变形体联结牢固。

四、变形观测基准点、工作基点的布设要求

由前述知，变形分析的重要因素之一是变形观测点的变形值，而变形值又是以一些固定（或相对固定）的点为基准[这些固定（或相对固定）的点称为变形观测的基准点]，通过测量的手段获得的。因此，基准点的布设必须稳定且可永久保存。

工程建筑物建成后，周围地区各点的受力情况随着距离建筑物的水平距离和垂直距离（深度）的改变而变化；离开建筑物的距离愈远，深度愈大，地基受力就愈小，直至一定的范围

之外，这种影响完全消失。因此，要保证基准点的稳定可按如下两种方法选择点位：

1. 远设——在水平方向上将基准点布设在变形体影响之外；

2. 深埋——在垂直方向上将基准点布设在变形体影响之外。

然而，远设会使用观测路线增长或网的规模加大，不仅加大了观测的工作量，而且观测误差的累积也随之增大，从而降低了观测结果的可靠程度；如果采用深埋基准点标志的方法，既费事费时，也不经济。

基准点的选择和控制网的布设，就是要全面地考虑、合理地解决做为变形观测依据的基准点的布设问题。对于普通工业与民用建筑物等，由于其压力扩散范围不大，采用远设或深埋均是可以的。而对于大型工程，如水利工程等，由于其压力扩散范围很大，单纯地采用远设或深埋就不太合适了。对于这种情况，合理地解决方案是：在变形观测点与基准点之间布设变形速度小，在观测期间内保持稳定，且与观测点之间的距离较近的过渡点，即工作基点。

实际作业时，用工作基点来测定观测点相对于工作基点的变形，即测点观测；然后利用基准点来测定工作基点相对于基准点的变形，即工作基点观测。在数据处理时，则利用基准点、工作基点和变形观测点三者之间的关系求得变形观测点相对于基准点的变形值。

工作基点观测时，由于工作基点相对稳定，则工作基点观测的周期可适当加长，从而减少了工作基点观测的工作量；而测点观测时，由于工作基点距测点较近，测点观测的工作量和误差累积都不会很大。显然，在基准点与测点间增设工作基点的方法可以克服远设或深埋所带来的不利影响。

第二节　沉陷观测

工程建筑物的沉陷观测，就是测定建筑物及其基础在垂直方向上的位移。在建筑物施工初期，基坑开挖时地表荷重卸除，基底产生回弹现象，随着施工进展，荷重不断增加，基础产生下沉。由此可见，建筑物的垂直位移贯穿于整个施工过程中，并持续到竣工后的若干年，沉陷现象才能基本停止。

一、基准点布设

沉陷观测基准点的布设因工程建筑物的性质、地形地质情况不同而不同。对于大型水利枢纽通常采用两级布设方案，即基准点和工作基点方案。基准点布设于坝体的下游，且在沉陷影响的范围之外。工作基点布设于坝的两端比较稳定的地方，便于观测。在工业建设场地上，基点一般采用深埋法，埋深以达到基岩为准。其他工程建筑物则应根据具体情况确定基准点布设方案。

二、观测点布设

为了测定建筑物的沉陷，应在最能反映建筑物沉陷的位置埋设观测点。

对于民用建筑物，通常在其四角点、中点和较大的转角处设置观测点。设有沉降缝的建筑物或新、旧建筑物的连接处，应在其两侧设置观测点。承重墙和剪力墙处，应布设观测点。宽度大于15 m的建筑物，应尽可能在其内部支柱处设置观测点。

对于一般的工业建筑物，除按上述要求布设观测点外，还应在柱子基础上、主要设备基础的四周、动荷载四周等处设置观测点。

对于水库大坝,应在基础岩石、坝顶面上和廊道内埋设沉陷观测点,以测定坝体本身及其基础的垂直位移。

桥梁的沉陷观测点埋设于墩台顶的上下游两端适当位置处。对于隧道,除洞内布设外,还应于洞顶地表埋设沉陷观测点,特别是地质不良地段的隧道和傍山浅埋隧道,以测定运营后地表的垂直位移。

三、沉陷观测

沉陷观测最常用的方法是水准测量,根据变形观测的特点,沉陷观测除满足一般的水准测量要求外,尚需注意:各期观测使用固定的观测者、固定的仪器和水准尺;使用固定置镜点、立尺点,即采用固定的施测路线;尽量选择外界条件相近的情况进行。

沉陷观测水准测量的等级:对于中、小型建筑物,一般采用三等水准测量;对于大型或高层框架结构的建筑物、大型工业厂房、连续生产的设备基础、水库大坝、桥梁和隧道等,一般采用二等水准测量。对于两级布设方案,基准点观测(由基准点观测工作基点)应高于观测点观测(由工作基点观测沉陷观测点)一个等级。

观测周期由单位时间内沉降量的大小和精度要求的高低而定,应按式(8-6)估算。

四、数据处理

基准点观测时,往、返观测的高差应首先进行尺长改正再计算其较差,合格后求算高差中数,并由此计算环线闭合差。环线闭合差按各测段线路长度进行分配,得到改正后高差,由基准点的高程和改正后的高差推算工作基点的高程,并将其与首次测算的高程比较,可得工作基点高程变化值。基准点观测每公里水准测量高差中数的中误差为

$$m_{公里} = \sqrt{\frac{[p_i d_i d_i]}{4n}} \tag{8-7}$$

其中权为

$$p_i = \frac{1}{R_i} \quad (i = 1,2,3,\cdots,n) \tag{8-8}$$

式中 n——水准环线的测段数;

R_i——各测段的线路长度,以 km 计;

d_i——各测段往返测高差的较差,以 mm 计,它们的权各为 $p_i/2$。

观测点观测时,由于视线长度较短,每公里水准路线测站数较多,故对闭合路线或附合路线的高差闭合差采取按测段测站数成正比的原则进行分配。

附合水准路线上,一测站高差中数的中误差 $m_{站}$ 按下式计算:

$$m_{站} = \sqrt{\frac{[p_i d_i d_i]}{4n}} \tag{8-9}$$

其中权为

$$p_i = \frac{1}{N_i} \quad (i = 1,2,3,\cdots,n) \tag{8-10}$$

式中 n——附合水准路线的测段数;

N_i——各测段的测站数；

d_i——各测段往返测高差的较差，以 mm 计，它们的权各为 $p_i/2$。

离基准点最远的观测点是最弱点，其相对于工作基准点的高程中误差 $m_{弱}$ 为

$$m_{弱} = m_{站}\sqrt{K} \tag{8-11}$$

而

$$K = \frac{K_1 \cdot K_2}{K_1 + K_2} \tag{8-12}$$

式中　K_1、K_2——由两工作基点分别测到最弱点的测站数。

沉陷量为本次与首次测算高程之差，则最弱点沉陷量的测定中误差 $m_{沉}$ 为

$$m_{沉} = \sqrt{2}m_{弱} \tag{8-13}$$

此计算值应满足相应等级的精度规定。

根据基准点的高程可推算各沉陷观测点的高程。将本次计算的各观测点高程与各点首次测算的高程比较，即可求得各观测点相对其首次观测的沉陷量。

第三节　倾斜观测

测定建筑物倾斜度随时间而变化的工作，称为倾斜观测。如图 8-1 所示，根据建筑物的设计，A、B 两点应位于同一铅垂线上。由于地基不均匀下沉或其他原因，导致建筑物发生倾斜，B 点位移至 B'，相对于 A 产生了偏距 e，如果建筑物的高度为 H，则 A 和 B'连线的倾斜度 i 为

$$i = \tan\alpha = \frac{e}{H} \tag{8-14}$$

显然，建筑物的倾斜观测关键是倾斜角 α 或偏距 e 和建筑物的高度 H 的测量。倾斜角 α 可以采用专用的倾斜仪直接测定。建筑物的高度 H 一般是已知的。偏距 e 是 B 点相对于 A 点的水平位移，故可用水平位移观测的任何一种方法将其测出，或将其投影至同一水平面上获得。

此外，建筑物的倾斜亦可根据建筑物基础的沉陷量间接推算，如图 8-2 所示。

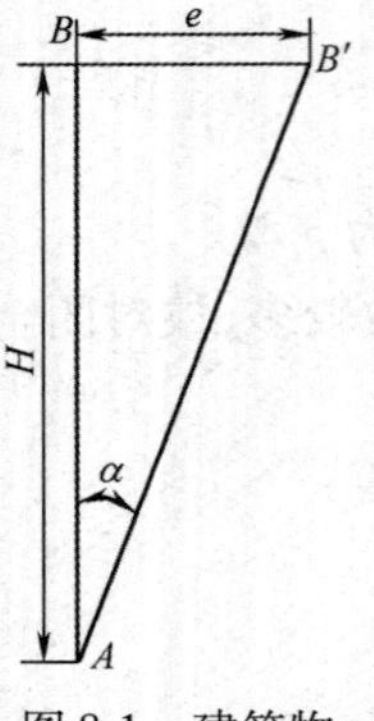

图 8-1　建筑物倾斜示意图

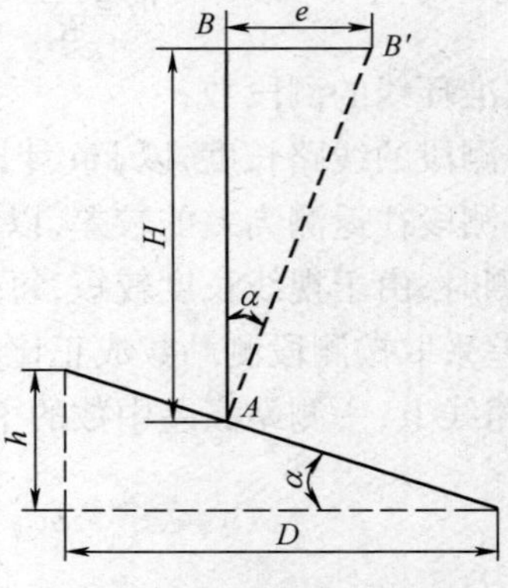

图 8-2　基础沉陷与建筑物倾斜关系示意图

按投影方式测定 e 值的最简单的方法是用悬吊垂球方法，它可以直接测定 e 值。但是有时在建筑物上很难找到合适的悬挂点，甚至根本无法悬挂，如塔式建筑物等；或是建筑物较高，

虽能悬挂，但垂球线难以稳定，此时测量的 e 值中会含有较大的误差。这时可采用经纬仪投影测量 e 值，其原理如图 8-3 所示，e_1、e_2 为 AB' 分别在 P_1、P_2 投影面上的投影，则 AB' 在水平面内的投影，即偏距 e 为

$$\boldsymbol{e} = \boldsymbol{e}_1 + \boldsymbol{e}_2 \tag{8-15}$$

若 $P_1 \perp P_2$，则

$$e = \sqrt{e_1^2 + e_2^2} \tag{8-16}$$

作业前，在现场适当的位置处选定两点安置仪器，如图 8-3 中的 N_1、N_2 两点，选定置镜点时应注意使其距被测物体的距离在 1.5H 以上，且 $\angle N_1AN_2 = 90°$。作业时，分别置镜于 N_1、N_2 两点，将 AB' 分别投影于同一水平面内，即得到 e_1、e_2，再由式(8-16)求出偏距 e。

如果是塔形建筑物，则可利用测量水平角的方法求算 e_1、e_2。如图 8-4 所示的烟囱倾斜观测，a_1、a_2、b_1、b_2 为烟囱上部的测点，A_1、A_2、B_1、B_2 为烟囱底部观测点。作业时，分别置镜于 N_1、N_2 两点，按方向法观测各点的方向值，分别记为 a_1'、a_2'、A_1'、A_2'、b_1'、b_2'、B_1'、B_2'，设 N_1、N_2 两点至被测物体的水平距离分别为 D_1、D_2，则

$$\left.\begin{aligned} e_1 &= [(A_1' + A_2')/2 - (a_1' + a_2')/2]D_1 \\ e_2 &= [(B_1' + B_2')/2 - (b_1' + b_2')/2]D_2 \end{aligned}\right\} \tag{8-17}$$

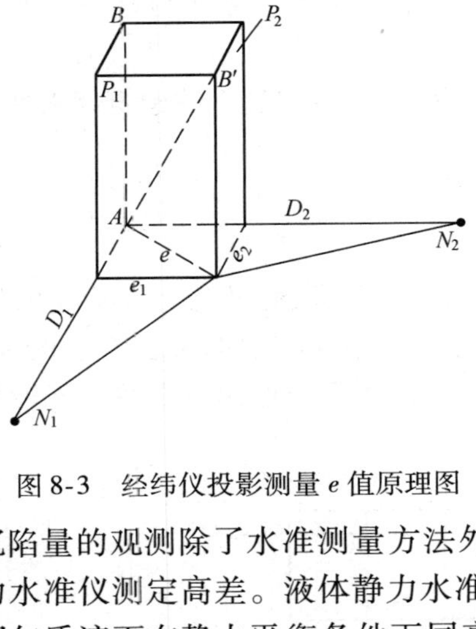

图 8-3 经纬仪投影测量 e 值原理图

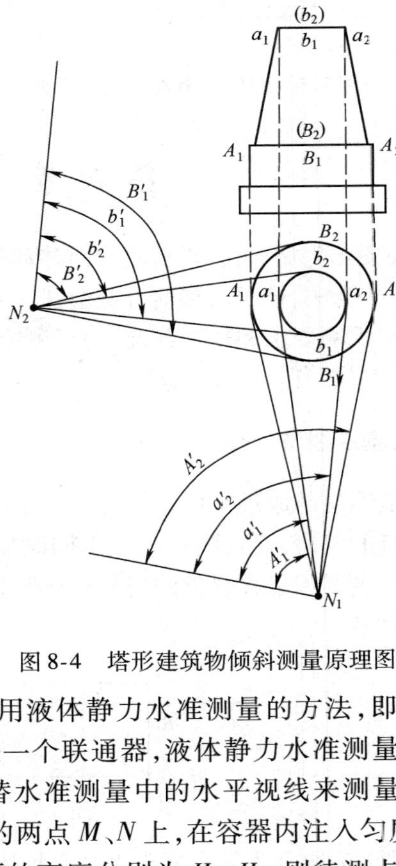

图 8-4 塔形建筑物倾斜测量原理图

沉陷量的观测除了水准测量方法外，有时也采用液体静力水准测量的方法，即利用液体静力水准仪测定高差。液体静力水准仪实质上是一个联通器，液体静力水准测量的原理是利用匀质液面在静力平衡条件下同高的原理代替水准测量中的水平视线来测量的。如图 8-5 所示，相联结的两容器 A、B 分别安置在待测的两点 M、N 上，在容器内注入匀质液体，则液体自由表面处于同一水平面上。设两容器液面的高度分别为 H_1、H_2，则待测点间的高差 h_{AB} 为

$$h_{AB}=H_1-H_2 \tag{8-18}$$

或

$$h_{AB}=(a_1-a_2)-(b_1-b_2) \tag{8-19}$$

式中　a_1、a_2——容器的高度或读数零点相对于工作底面的位置；

b_1、b_2——容器中液面位置的读数值，亦即读数零点至液面的距离。

对于局部范围的倾斜，可用气泡式倾斜仪测量。如图 8-6 为所示，气泡式倾斜仪由一个高灵敏度的气泡水准管和一套精密的测微器组成。测微器的主要部件是：测微杆 g、读数盘 h 和指标 k。气泡水准管 e 固定在支架 a 上，a 可绕 c 点转动，a 下装一弹簧片 d，在底板 b 下设有装置 m。将倾斜仪安置在待测位置处，调节读数盘，使测微杆向上或向下移动，直至水准气泡居中为止，此时读数盘上的读数即为该处的倾斜度。

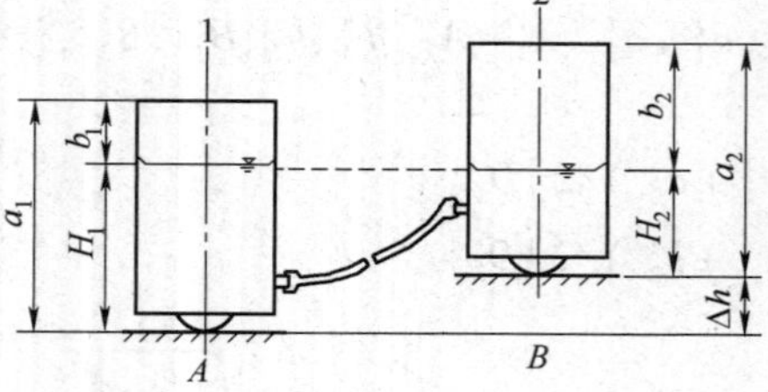

图 8-5　液体静力水准测量原理图

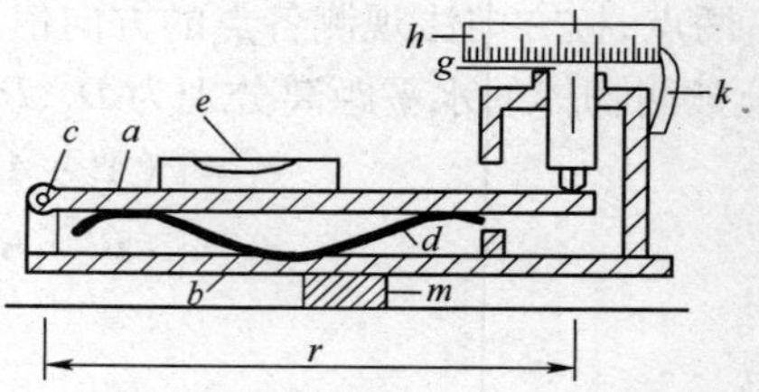

图 8-6　气泡式倾斜仪结构示意图

第四节　水平位移观测

测定建筑物平面位置随时间而移动的工作，称为水平位移观测。水平位移观测的主要方法有：基准线法、导线法和前方交会法。

根据观测要求和现场情况，为了测定建筑物的水平位移，应在最能反映建筑物水平位移的位置埋设观测点。

一、基准线法

基准线法的原理是以建筑物的某个特定方向的铅垂面为基准，通过对变形观测点的观测，可得测点的偏距，比较同一个点不同时期的偏距即可求得该点垂直于基准线方向的位移值。这种方法主要用于直线形的建筑物，例如大坝或桥梁在上游水压力作用下在垂直于轴线方向上的位移量。

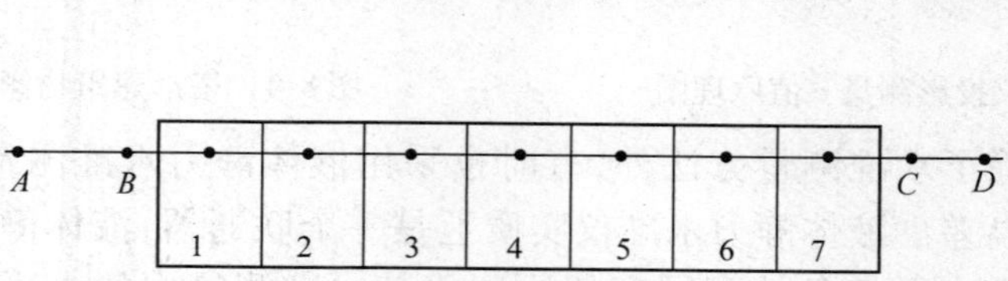

图 8-7　大坝基准线布置示意图

如图 8-7 所示为某混凝土大坝主坝段坝顶基准线布置图。A、B 和 C、D 分别为位于大坝两端基岩上的基准线端点。将经纬仪安置于一端基准点 A 上，精确对中和整平，后视另一端基准点 B 上的照准标志，则视准面即为基准线法的基准面。观测时，利用活动觇牌测定各观测点相对于该基准面的水平距离，并与首期观测结果比较，即可求得各观测点所在坝段的位移量。

由于基准面建立的方法不同，基准线法分为：视准线法、激光准直法和引张线法。视准线法是由经纬仪的视准面形成基准面的方法；激光准直法是以激光束代替经纬仪视线的方法或利用光干涉原理的“波带板激光准直”方法；引张线法则是以拉紧的不锈钢丝或尼龙丝建立基准线的方法。

二、导线法

对于直线形建筑物的位移观测，基准线法具有观测速度快、精度高等优点；但对于非直线形建筑物，例如曲线桥梁、混凝土重力拱坝及高层建筑物的位移观测，基准线法就不如导线法有利。导线法可以同时测定建筑物上某观测点在两个方向上的位移。

用于变形观测的导线一般是两端不观测定向角的导线。导线可以在建筑物的适当位置和高度上布设，边长应根据实际情况决定，但应尽量选用长边。

由于变形观测的导线是无定向导线，平差计算的条件方程式只有一个，即导线两端点的边长条件式。为了使条件方程式简单，选定导线两端点的连线为 X 轴，一个端点为坐标系的原点，如图 8-8 所示，则

$$\sum_{i=1}^{n} \cos \alpha_i v_{s_i} + \sum_{i=1}^{n-1} y_i \frac{v_{\beta_i}}{\rho} + w = 0 \tag{8-20}$$

且

$$w = L' - L \tag{8-21}$$

式中　α_i——坐标方位角；

y_i——i 点的近似坐标；

L——由首期观测值计算的端点距离；

L'——由相应观测时期观测值计算的端点距离。

式(8-20)中的方位角 α_i 的推算，通常是先推算假定坐标方位角，再根据 AB 边的已知坐标方位角与假定坐标方位角之间的关系求算改正数，进而得到各边的实际坐标方位角。假定坐标方位角的推算是先假定一个定向角（如图中的 β_0）的角值，按闭合多边形的几何条件算出另一个定向角（如图中的 β_n）的角值，然后据此和观测角值推算各边的假定坐标方位角。

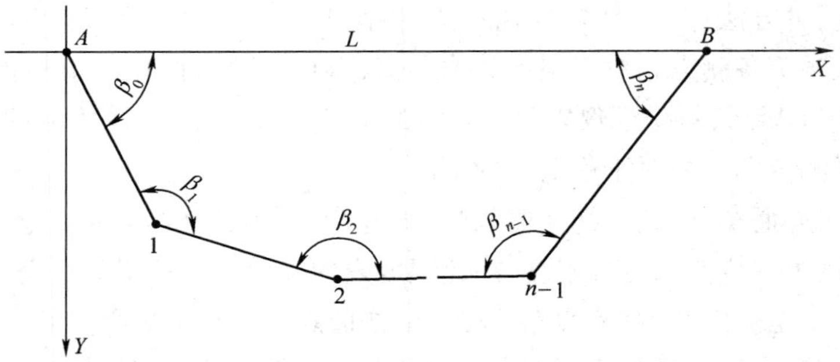

图 8-8　无定向导线示意图

观测值的权按下式计算：

$$\left.\begin{aligned} P_{s_i} &= \frac{\mu^2}{m_{s_i}^2} \\ P_{\beta_i} &= \frac{\mu^2}{m_{\beta_i}^2} \end{aligned}\right\} \tag{8-22}$$

以首次观测计算的各点坐标做为基准值，后续各次的测算结果与之比较，即可求得各观测点在两个方向上的位移值。

三、前方交会法

前方交会法也是一种测定非直线形建筑物（如拱坝、曲线桥等）或高层建筑物水平位移的常用方法。观测点应埋设适用于不同方向照准的标志。交会图形应尽量接近于等边三角形，交会角不小于30°及不大于120°。尽可能选择较远、稳固的目标做为定向点，测站点与定向点间的距离一般应不小于交会边的长度。

变形观测中具有一系列对观测有利的条件，如仪器和目标的安置均可采用强制对中，使仪器对中误差和目标偏心差基本消除；采用观测觇牌的方法，可有效地提高照准精度；自始至终由同一个观测员使用同一台仪器采用同样的方法和程序进行观测，可减小人为误差对观测结果的影响等。因此，前方交会时的方向中误差可达到的精度要高于国家大地测量和工程控制测量相应等级所达到的精度。

第五节　挠度观测

对于高层建筑物，由于其较小的面积上积聚了较大的荷载，易使建筑物及其基础产生沉陷。不均匀沉陷会导致建筑物倾斜、局部构件产生弯曲和引起裂缝。对于塔式建筑物或特别高的房屋建筑物，在温度和风力荷载作用下，其挠曲会来回摆动，因而对其观测必须采用动态观测。

建筑物的挠度可以通过观测不同高度处的倾斜来换算求得，如图8-9所示。如果采用电子测斜仪还可实现对建筑物的动态观测。建筑物的振动观测采用专用的光电观测系统，其原理与激光准直仪类似，只不过前者的基准方向位于铅垂线上而已。

大坝的挠度一般采用正垂线法观测，即在坝体竖井中从坝顶附近挂下一根铅垂线直通到坝底。在铅垂线的不同高度设置观测点，用坐标仪测出各点与铅垂线之间的相对位移值。正垂线测定挠度有两种方法：其一是多点观测法，如图8-10所示，铅垂线自坝顶挂下并保持不动，由坐标仪依次观测各测点相对于顶点的位移值，再根据顶点的位移值求得挠度；其二是多点夹线法，如图8-11所示，将坐标仪安置在垂线的最低点，依次将垂线挂于各观测点并用坐标仪进行观测，其观测值即为相对于最低点的挠度。

铁路桥梁建成并通车后，其上必然要承受动、静荷载，由此产生挠曲。桥梁设计时已经考虑了一定荷载作用下其挠曲的允许限度，在此限度内的挠曲认为是正常的变形，如果超出此范围，则会危及行车安全。因此，对桥梁上部结构的挠曲观测也是十分必要的。

桥梁挠曲的观测实质上是观测测点在承受荷载的条件下的垂直位移。对于静荷载作用下的挠曲观测可以采用与沉陷观测类似的方法。而对于动荷载作用下的挠曲观测，由于挠曲是

随着时间变化的，无法使用常规大地测量的方法观测。这种情况下，可以采用摄影测量方法进行观测。

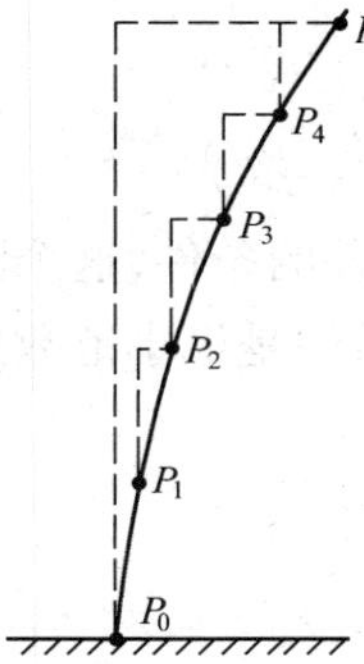

图 8-9　挠度观测示意图

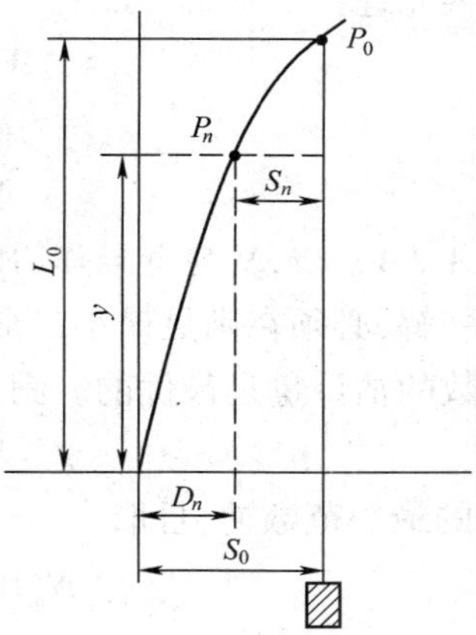

图 8-10　多点观测法示意图

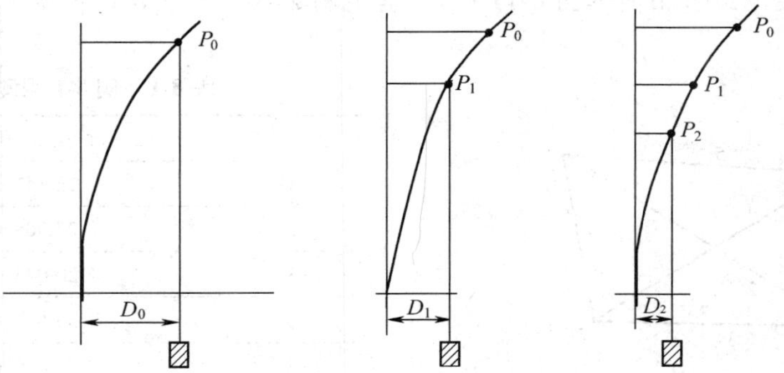

图 8-11　多点夹线法观测示意图

第六节　变形观测数据处理

一、监测网平差原理

变形观测中，要求所选择的基准点必须是稳定点，在整个观测中保持不变。如果能肯定基准点是稳固的，则监测网可采用经典平差进行计算；否则，只能将监测网看成是自由网，即网中缺少必要的起算数据，参考系亏秩。自由网的平差方法有很多，应根据实际情况选用。自由网平差的原理就是应用广义逆理论求解线性方程组。

1. 秩亏方程组的最小二乘和最小范数解

在自由网平差中，数学模型为

$$\left.\begin{aligned} \boldsymbol{E}(l) &= \boldsymbol{A}\bar{\boldsymbol{X}} \\ \boldsymbol{D}(l) &= \bar{\mu}^2 \boldsymbol{Q}_{ll} = \bar{\mu}^2 \boldsymbol{P}^{-1} \end{aligned}\right\} \tag{8-23}$$

其中，$R(\boldsymbol{A})=r<t$，秩亏 $d=t-r$，$\boldsymbol{P}$ 为 n 阶非奇异对称阵，由数学模型得误差为

$$\boldsymbol{V}=\boldsymbol{A}\boldsymbol{X}-\boldsymbol{l} \tag{8-24}$$

根据最小二乘原理：

$$\boldsymbol{V}^{\mathrm{T}}\boldsymbol{P}\boldsymbol{V}=\min \tag{8-25}$$

得法方程为：

$$\boldsymbol{N}\boldsymbol{X}=\boldsymbol{A}^{\mathrm{T}}\boldsymbol{P}\boldsymbol{l} \tag{8-26}$$

式中，$R(\boldsymbol{N})=R(\boldsymbol{A}^{\mathrm{T}}\boldsymbol{P}\boldsymbol{A})=r$，$\boldsymbol{N}$ 为奇异阵，其凯莱逆不存在，无唯一解。

为了求得惟一解，必须在满足最小二乘原理基础上附加另外的条件，这个附加条件应保证所求得的未知参数的估计量是最优的。满足上述要求的附加条件是最小范数条件，即

$$\boldsymbol{X}^{\mathrm{T}}\boldsymbol{X}=\min \tag{8-27}$$

设 $\boldsymbol{N}_m^-$ 是 $\boldsymbol{N}$ 的最小范数逆，且取

$$\boldsymbol{N}_m^-=\boldsymbol{N}^{\mathrm{T}}(\boldsymbol{N}\boldsymbol{N}^{\mathrm{T}})^- \tag{8-28}$$

则

$$\boldsymbol{X}=\boldsymbol{N}_m^-\boldsymbol{A}^{\mathrm{T}}\boldsymbol{P}\boldsymbol{l} \tag{8-29}$$

【例 8-1】 某测边自由网如图 8-12 所示，其观测数据列于表 8-1 中，试按上述原理平差计算该网。

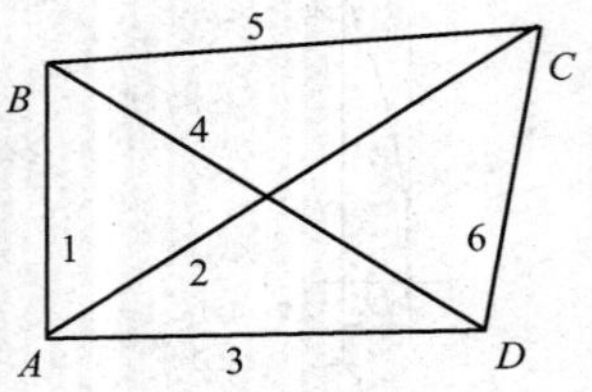

图 8-12　例题 8-1 示意图

表 8-1　例 8-1 观测数据

边　号	边　长 S(m)
1	22 141.335
2	27 908.063
3	20 044.592
4	36 577.034
5	20 480.046
6	29 402.438

【解】 平差计算过程如下：

近似坐标及近似边长计算结果列于表 8-2 中。

表 8-2　近似坐标及近似边长计算结果

点　号	X^0	Y^0	边　号	S^0
A	0	0	A ~ B	22 141.335
B	22 141.335	0	B ~ C	20 480.046
C	19 187.335	20 265.887	C ~ D	29 402.421
D	−10 068.386	17 332.434	D ~ A	20 044.592
			A ~ C	27 908.064
			B ~ D	36 577.034

误差方程系数阵和常数项阵列于表 8-3 中。

表 8-3　误差方程系数阵和常数项阵

	A								
	a	b	c	d	e	f	g	h	l
1	-1.000		1.000						0
2	-0.688	-0.726			0.688	0.726			-1
3	0.502	-0.865					-0.502	0.865	0
4			0.881	-0.474			-0.881	0.474	0
5			0.144	-0.990	-0.144	0.990			0
6					0.995	0.100	-0.995	-0.100	1.7

法方程系数阵和常数项阵列于表 8-4 中。

表 8-4　法方程系数阵和常数项阵

	$N=A^{T}A$								$A^{T}l$
1	1.725 3	0.065 3	-1.000 0	0	-0.473 3	-0.499 5	-0.252 0	0.434 2	0.688 0
2	0.065 3	1.275 3	0	0	-0.499 5	-0.527 1	0.434 2	-0.748 2	0.726 0
3	-1.000 0	0	1.796 9	-0.560 2	-0.020 7	0.142 6	-0.776 2	0.417 6	0
4	0	0	-0.560 2	1.204 8	0.142 6	-0.980 1	0.417 6	-0.224 7	0
5	-0.473 3	-0.499 5	-0.020 7	0.142 6	1.484 1	0.456 4	-0.990 0	-0.099 5	16.227 0
6	-0.499 5	-0.527 1	0.142 6	-0.980 1	0.456 4	1.517 2	-0.099 5	-0.010 0	0.974 0
7	-0.252 0	0.434 2	-0.776 2	0.417 6	-0.990 0	-0.099 5	2.018 2	-0.752 3	-16.915 0
8	0.434 2	-0.748 2	0.417 6	-0.224 7	-0.099 5	-0.010 0	-0.752 3	0.982 9	-1.700 0

广义逆计算列于表 8-5 中。

表 8-5　广义逆计算结果

	$(NN)^{-}$							
1	0.443	0.131	0.287	0.091	0.172	0	0	0
2	0.131	0.609	0.051	-0.108	0.339	0	0	0
3	0.287	0.051	0.475	0.275	0.036	0	0	0
4	0.091	-0.108	0.275	0.544	-0.036	0	0	0
5	0.172	0.339	0.036	-0.036	0.485	0	0	0
6	0	0	0	0	0	0	0	0
7	0	0	0	0	0	0	0	0
8	0	0	0	0	0	0	0	0

最小范数逆计算列于表 8-6 中。

表 8-6　最小范数逆计算结果

	N_m^-							
1	0.404 5	0.054 3	0.006 5	−0.108 0	0.053 3	0	0	0
2	0.110 1	0.615 9	0.065 8	−0.113 8	0.201 3	0	0	0
3	0.018 2	0.014 1	0.411 7	0.099 2	−0.097 2	0	0	0
4	−0.026 6	−0.110 4	0.070 4	0.496 2	0.005 6	0	0	0
5	−0.012 8	0.120 5	−0.078 5	0.029 3	0.463 2	0	0	0
6	−0.260 1	−0.118 6	−0.355 6	−0.498 9	−0.002 8	0	0	0
7	−0.409 8	−0.188 9	−0.339 7	−0.020 5	−0.419 3	0	0	0
8	0.176 6	−0.387 0	0.219 5	0.116 5	−0.204 1	0	0	0

未知数的改正数计算如下：

$$\boldsymbol{X}=\boldsymbol{N}_m^-\boldsymbol{A}^{\mathrm{T}}\boldsymbol{P}\boldsymbol{l}=[\ +1.2\ \ +3.8\ \ -1.6\ \ \ 0.0\ \ +7.6\ \ -0.3\ \ -7.2\ \ -3.5\ ]^{\mathrm{T}}$$

2. 精度估计

(1)单位权方差

$$\mu^2=\frac{\boldsymbol{V}^{\mathrm{T}}\boldsymbol{P}\boldsymbol{V}}{n-r} \tag{8-30}$$

式中，$r=R(\boldsymbol{A})$。

(2)未知参数估计量 X 的方差

按协因数传播定律，可推得 X 的协因数阵为

$$\boldsymbol{Q}_{XX}=\boldsymbol{N}^+ \tag{8-31}$$

式中，$\boldsymbol{N}^+$ 为 $\boldsymbol{N}$ 的伪逆。

未知参数估计量 X 方差的估值为

$$\boldsymbol{D}(X)=\mu^2\boldsymbol{Q}_{XX} \tag{8-32}$$

(3)未知参数函数的精度估算

设未知参数的函数为

$$\boldsymbol{F}=\boldsymbol{f}^{\mathrm{T}}(\boldsymbol{X}^0+\boldsymbol{X})+\boldsymbol{f}_0 \tag{8-33}$$

则 F 的协因数阵为

$$\boldsymbol{Q}_{FF}=\boldsymbol{f}^{\mathrm{T}}\boldsymbol{Q}_{XX}\boldsymbol{f}=\boldsymbol{f}^{\mathrm{T}}\boldsymbol{N}^+\boldsymbol{f} \tag{8-34}$$

其方差为

$$\boldsymbol{D}(F)=\bar{\mu}^2\boldsymbol{Q}_{FF} \tag{8-35}$$

(4)平均精度

$$m^2=\bar{\mu}^2\,\frac{\mathrm{tr}(\boldsymbol{Q}_{XX})}{t} \tag{8-36}$$

式中，$\mathrm{tr}(\boldsymbol{Q}_{XX})$ 为 $\boldsymbol{Q}_{XX}$ 阵的迹。

二、自由网平差的其他方法

1. 伪逆法平差

设自由网的观测方程为

$$\boldsymbol{A}\boldsymbol{X}-\boldsymbol{l}=0 \tag{8-37}$$

则该矛盾方程组的最优解是最小二乘最小范数解，且为

$$\boldsymbol{X} = \boldsymbol{A}^{+}\boldsymbol{l} \tag{8-38}$$

式中，A^{+} 为 $\boldsymbol{A}$ 的伪逆。

伪逆既是最小二乘逆又是最小范数逆。

【例 8-2】 已知数据同例 8-1，试用伪逆法平差计算该网。

【解】 伪逆计算结果列于表 8-7 中。

表 8-7　伪逆计算结果

	A^{+}					
1	0. 396 6	−0. 280 2	0. 156 0	0. 056 8	0. 099 5	0. 052 5
2	−0. 043 7	−0. 384 8	−0. 478 1	0. 112 2	0. 093 3	0. 200 0
3	0. 392 9	−0. 090 5	−0. 003 3	0. 315 9	−0. 024 5	−0. 096 6
4	0. 096 5	0. 102 2	0. 082 4	−0. 173 2	−0. 481 5	0. 005 4
5	−0. 066 1	0. 240 6	−0. 110 4	−0. 083 3	−0. 106 7	0. 461 3
6	−0. 095 6	0. 263 4	−0. 028 0	−0. 076 9	0. 442 8	−0. 002 2
7	0. 069 9	0. 130 1	−0. 042 3	−0. 289 4	0. 031 7	−0. 417 3
8	0. 042 9	0. 019 2	0. 423 6	0. 138 0	−0. 054 6	−0. 203 2

未知数的改正数计算如下：

$$\boldsymbol{X} = \boldsymbol{A}^{+}\boldsymbol{l} = [\ +1.2\quad +3.8\quad -1.6\quad 0.0\quad +7.6\quad -0.3\quad -7.2\quad -3.5\ ]^{\mathrm{T}}$$

2. 拟稳平差法

设 X_1 为不稳定未知数的改正数，X_2 为稳定未知数的改正数，则误差方程为

$$\underset{n\times1}{\boldsymbol{V}} = \underset{n\times t}{\boldsymbol{A}}\ \underset{t\times1}{\boldsymbol{X}} - \underset{n\times1}{\boldsymbol{l}} = [\underset{n\times t_1}{\boldsymbol{A}_1}\ \underset{n\times t_2}{\boldsymbol{A}_2}]\begin{bmatrix}\underset{t_1\times1}{\boldsymbol{X}_1}\\ \underset{t_2\times1}{\boldsymbol{X}_2}\end{bmatrix} - \underset{n\times1}{\boldsymbol{l}} \tag{8-39}$$

式中 $t_1+t_2=t$，为未知数的总数。$R(\boldsymbol{A})=r<t, d=t-r; t>t_2>d, R(\boldsymbol{A}_1)=t_1$；观测值权为 $\boldsymbol{P}$，满秩，根据最小二乘原则有

$$\begin{bmatrix}\boldsymbol{N}_{11} & \boldsymbol{N}_{12}\\ \boldsymbol{N}_{21} & \boldsymbol{N}_{22}\end{bmatrix}\begin{bmatrix}\boldsymbol{X}_1\\ \boldsymbol{X}_2\end{bmatrix} = \begin{bmatrix}\boldsymbol{A}_1^{\mathrm{T}}\boldsymbol{Pl}\\ \boldsymbol{A}_2^{\mathrm{T}}\boldsymbol{Pl}\end{bmatrix} \tag{8-40}$$

式中，$\boldsymbol{N}_{11}=\boldsymbol{A}_1^{\mathrm{T}}\boldsymbol{PA}_1, \boldsymbol{N}_{12}=\boldsymbol{A}_1^{\mathrm{T}}\boldsymbol{PA}_2=\boldsymbol{N}_{21}^{\mathrm{T}}, \boldsymbol{N}_{22}=\boldsymbol{A}_2^{\mathrm{T}}\boldsymbol{PA}_2, R(\boldsymbol{N}_{11})=t_1, R(\boldsymbol{N})=r$。令 $\boldsymbol{M}=\boldsymbol{N}_{22}-\boldsymbol{N}_{21}\boldsymbol{N}_{11}^{-1}\boldsymbol{N}_{12}, \bar{\alpha}=M_m^{-}(\boldsymbol{A}_2^{\mathrm{T}}-\boldsymbol{N}_{21}\boldsymbol{N}_{11}^{-1}\boldsymbol{A}_1^{\mathrm{T}})$，则稳定未知数的改正数 X_2 的解为

$$\boldsymbol{X}_2 = \bar{\boldsymbol{\alpha}}\boldsymbol{Pl} \tag{8-41}$$

令 $\boldsymbol{\beta}=\boldsymbol{N}_{11}^{-1}(\boldsymbol{A}_1^{\mathrm{T}}-\boldsymbol{N}_{12}\bar{\alpha})$，则不稳定未知数的改正数 X_1 的解为

$$\boldsymbol{X}_1 = \boldsymbol{\beta Pl} \tag{8-42}$$

未知数的协因数阵为

$$\boldsymbol{Q}_{XX} = \begin{bmatrix}\boldsymbol{Q}_{X_1X_1} & \boldsymbol{Q}_{X_1X_2}\\ \boldsymbol{Q}_{X_2X_1} & \boldsymbol{Q}_{X_2X_2}\end{bmatrix} = \begin{bmatrix}\boldsymbol{\beta}P\boldsymbol{\beta}^{\mathrm{T}} & \boldsymbol{\beta}P\bar{\boldsymbol{\alpha}}^{\mathrm{T}}\\ \boldsymbol{\alpha}P\boldsymbol{\beta}^{\mathrm{T}} & \boldsymbol{\alpha}P\bar{\boldsymbol{\alpha}}^{\mathrm{T}}\end{bmatrix} \tag{8-43}$$

变形观测网采用何种平差方法取决于监测网点位的稳定性。监测网点位的稳定性有三种情况：一是有部分点在两个周期时间段内固定不动；二是存在某些相对稳定点；三是全部为移动点。点位稳定与否只有通过点位稳定性分析后能知道，才能选择合适的参考基准进行变形分析。

三、统计检验

1. 重复观测周期误差的检验

变形观测的特点之一是重复观测,重复观测可能会使测量数据中包含某种或综合成份的周期误差。变形分析中是不允许数据中存在系统误差的,故在变形分析前必须对数据进行检验。重复测量周期误差的检验可用数理统计中的方差分析法。

设有 r 个相互独立的正态随机变量 $X_i, i=1、2、\cdots、r$,其分布为 $N(\zeta_i,\sigma^2)$,现独立地从各母体中取出一个子样,列成表 8-8 的形式。

表 8-8 抽 样 表

	X_1	X_2	$\cdots$	X_r
1	X_{11}	X_{12}	$\cdots$	X_{1r}
2	X_{21}	X_{22}	$\cdots$	X_{2r}
$\vdots$	$\vdots$	$\vdots$	$\vdots$	$\vdots$
n	X_{n1}	X_{n2}	$\cdots$	X_{nr}
子样平均	$\bar{X}_1$	$\bar{X}_2$	$\cdots$	$\bar{X}_r$

(1)进行检验 $H_0:\zeta_1=\zeta_2=\cdots=\zeta_r$。

(2)组成组内和组间的平方和:

$$\left.\begin{aligned} Q_E &= \sum_{i=1}^{r}\sum_{j=1}^{n}(X_{ji}-\bar{X}_i)^2 \\ Q_A &= n\sum_{i=1}^{r}(\bar{X}_i-\bar{X})^2 \end{aligned}\right\} \tag{8-44}$$

式中 Q_E 称为组内平方和,Q_A 称为组间平方和,$\bar{X}$ 为总平方和,且为

$$\bar{X} = \frac{1}{nr}\sum_{i=1}^{r}\sum_{j=1}^{n}X_{ij} \tag{8-45}$$

组内平方和是由偶然误差引起的,所反映的数据波动与母体的数学期望是否相同无关;组间平方和主要反映了不同相位的差异。

(3)F 检验:

根据 Q_E 和 Q_A 构成如下统计量:

$$\left.\begin{aligned} S_E^2 &= \frac{Q_E}{rn-r} \\ S_A^2 &= \frac{Q_A}{r-1} \end{aligned}\right\} \tag{8-46}$$

当原假设 H_0 不成立时,$E\dfrac{Q_A}{r-1} > E\dfrac{Q_E}{rn-r}$;当原假设 H_0 成立时,$E\dfrac{Q_A}{r-1} = E\dfrac{Q_E}{rn-r}$。由此可见,当原假设 H_0 成立时,S_E^2 与 S_A^2 的值接近;否则,S_A^2 应比 S_E^2 的值大得多。

因为$\dfrac{Q_E}{\sigma^2}$服从自由度 $rn-r$ 的χ^2 分布,$\dfrac{Q_A}{\sigma^2}$服从自由度 $r-1$ 的χ^2 分布,且$\dfrac{Q_E}{\sigma^2}$和$\dfrac{Q_A}{\sigma^2}$相互独立,则

$$F=\frac{\dfrac{Q_A/\sigma^2}{r-1}}{\dfrac{Q_E/\sigma^2}{rn-1}}=\frac{\dfrac{Q_A}{r-1}}{\dfrac{Q_E}{rn-r}}=\frac{S_A^2}{S_E^2} \tag{8-47}$$

服从自由度为$(r-1,n-r)$的 F 分布。

给定显著水平 α，查 F 分布表的分位值 F_α，则可进行 F 检验。如果 $F>F_\alpha$，拒绝原假设 H_0，以显著水平 α 判断，此数据中存在时段长为 r 的周期变化；否则，接受原假设 H_0，即认为数据中的周期误差不显著。

【例 8-3】 在两点间进行沉降观测，观测的周期为 2 个月，5 年的观测数据列于表 8-9 中，试检验年周期干扰是否显著。

表 8-9　例 8-3 观测数据

年＼月	1	3	5	7	9	11
1	19.0	19.2	19.3	19.4	19.1	18.9
2	19.0	19.1	19.4	19.3	19.0	18.9
3	18.9	19.0	19.4	20.0	19.0	18.8
4	19.0	19.0	19.4	20.1	18.9	18.7
5	18.8	18.7	20.0	20.4	19.2	19.0
平　均	18.94	19.00	19.50	19.84	19.04	18.86

【解】 $H_0:\zeta_1=\zeta_2=\cdots=\zeta_6$

$$\bar{X}=\frac{1}{30}\sum_{i=1}^{6}\sum_{j=1}^{5}X_{ij}=19.20$$

$$Q_E=\sum_{i=1}^{6}\sum_{j=1}^{5}(X_{ij}-\bar{X}_i)^2=1.54,\quad Q_A=5\sum_{i=1}^{6}(\bar{X}_i-\bar{X})^2=3.74$$

$$S_E^2=\frac{Q_E}{6\times5-6}=0.064,\quad S_A^2=\frac{Q_A}{6-1}=0.748$$

$$F=\frac{S_A^2}{S_E^2}=11.69$$

给定显著水平 $\alpha=0.05$，查表得 $F_{0.05}=2.6$。显然，$F>F_\alpha$，拒绝原假设 H_0，以显著水平 $\alpha=0.05$ 判断，此数据中年周期干扰显著。

2. 位移量显著性检验及其估计

两期变形点的差异值，并不一定反映点位的变动，它也可能是测量误差引起的。因此，为了探明其差异主要是由变形造成的位移还是误差的干扰，必须对位移量进行显著性检验。位移量显著性检验的方法较多，如 t 检验法、F 检验法、χ^2 检验法和变形误差椭圆法等。下面主要介绍 t 检验法。

应用 t 检验法进行位移量显著性检验时，应首先保证母体方差相同，即两期测量精度相同。为此，检验之前必须对子样方差是否来自同一母体进行检验。在平差中，实际计算的两期单位权中误差是子样方差，其值不可能完全一致，检验其是否来自同一母体，可用 F 检验，检验步骤如下：

(1) $H_0:\bar{\mu}_1^2=\bar{\mu}_2^2=\bar{\mu}^2$, $H_1:\bar{\mu}_1^2\neq\bar{\mu}_2^2$。

(2)构成如下统计量：

$$F=\frac{\mu_1^2}{\mu_2^2} \tag{8-48}$$

其中 $\mu_1^2>\mu_2^2$,即以较大的子样方差为 μ_1^2。

(3)给定显著水平 α,查 F 分布表的分位值 $F_{\alpha/2}$,则可进行 F 检验。如果 $F<F_{\alpha/2}$,接受同方差的原假设 H_0;否则,接受备择假设 H_1,表示两期测量精度不同。

位移量显著性 t 检验法的步骤如下：

设变形观测网中变形点两期得到的坐标平差值为 x_{I} 和 x_{II},其中误差为

$$\left.\begin{aligned} m_{x_{\text{I}}}&=\mu\sqrt{Q_{\text{I I}}}\\ m_{x_{\text{II}}}&=\mu\sqrt{Q_{\text{II II}}}\end{aligned}\right\} \tag{8-49}$$

式中的单位权中误差为

$$\mu^2=\frac{(n-r)_1\mu_1^2+(n-r)_2\mu_2^2}{(n-r)_1+(n-r)_2} \tag{8-50}$$

(1)设 x_{I} 和 x_{II} 的差值为 Δx,数学期望分别为 ξ_{I}、ξ_{II}。

$$H_0:\xi_{\Delta x}=\xi_{\text{I I}}-\xi_{\text{I}}=0,\quad H_1:\xi_{\Delta x}\neq 0。$$

(2)构成如下统计量 t:

$$t=\frac{\Delta x}{\mu\sqrt{Q_{\text{I I}}+Q_{\text{II II}}}}=\frac{\Delta x}{m_{\Delta x}} \tag{8-51}$$

(3)给定显著水平 α,查 t 分布表的分位值 $t_{\alpha/2}$,则可进行 t 检验。如果 $|t|<t_{\alpha/2}$,接受原假设 H_0,即该点坐标理论值两期相同,点位没有位移;否则,接受备择假设 H_1,认为位移存在。

经过检验,如果认为变形点位移量显著,则要估计其大小。估计的方法有点估计法和区间估计法。

如果点位变形移量显著,可以认为 Δx 的大小就是点位变形量的主要反映,故点估计法就是用 Δx 作为实际位移量的估值的。

区间估计法就是要估计出位移可能的范围。区间估计法是根据 t 变量,按 t 分布估计的,t 变量为

$$t=\frac{\Delta x-(\xi_{\text{II}}-\xi_{\text{I}})}{\mu\sqrt{Q_{\text{I I}}+Q_{\text{II II}}}} \tag{8-52}$$

则有如下概率表达式：

$$P(-t_{\alpha/2}<t<t_{\alpha/2})=1-\alpha \tag{8-53}$$

由此可得,真位移量 $\xi_{\Delta x}=\xi_{\text{II}}-\xi_{\text{I}}$,在给定显著水平 α 下,其大小在如下范围内：

$$\left(\Delta x-t_{\frac{\alpha}{2}}\mu\sqrt{Q_{\text{I I}}+Q_{\text{II II}}},\quad \Delta x+t_{\frac{\alpha}{2}}\mu\sqrt{Q_{\text{I I}}+Q_{\text{II II}}}\right) \tag{8-54}$$

点位稳定性分析常用的方法是总体检验法和线性假设分析法,此略。

四、变形观测的成果整理

变形观测成果的整理和分析是建立在比较多期重复观测结果基础上的。从历次观测结果

的比较中,可以对变形随时间发展的情况做定性的认识和定量的分析。变形观测和变形分析是监测建筑物在各种应力作用下的安全性能的重要手段,其成果是检验施工质量的重要资料,更是验证设计理论的惟一实践途径。

1. 观测资料的整理

主要工作是对观测资料进行整理,编绘成各种图表和说明,使之成为便于使用的成果。具体工作如下:

(1)检查各项原始记录和平差计算,核对各观测点各期变形值和累积变形值的计算,确保正确无误。

(2)按时间逐点编制变形值表。表 8-10 为某大坝 1 年内各坝段的位移值表,累积位移值以 mm 计。

表 8-10 坝段的位移值

日期 / 累积位移值 / 观测点号	10/1 月	10/2 月	10/3 月	10/4 月	10/5 月	10/6 月	10/7 月	10/8 月	…	10/12 月
…	…	…	…	…	…	…	…	…	…	…
5	+4.0	+6.2	+6.5	+4.5	+5.0	+2.6	+3.7	+1.9	…	+3.9
…	…	…	…	…	…	…	…	…	…	…

(3)绘制各种变形过程图和变形分布图。

某观测点的变形过程图是以时间为横坐标、累积变形值(位移、沉陷、倾斜等)为纵坐标绘制而成的曲线。观测点的变形过程图,形象直观地反映了该观测点变形的大致趋势、规律和幅度。图 8-13 是根据表 8-10 绘制的某大坝 5 坝段位移观测点一年内的位移变形过程。

变形分布图能够全面、综合地反映建筑物整体变形的情况。常用的变形分布图有变形值剖面分布图和沉陷等值图等。图 8-14 为某高层民用建筑物的基础沉陷等值图,其沉陷量以cm 计。

图 8-13 点位变形过程曲线

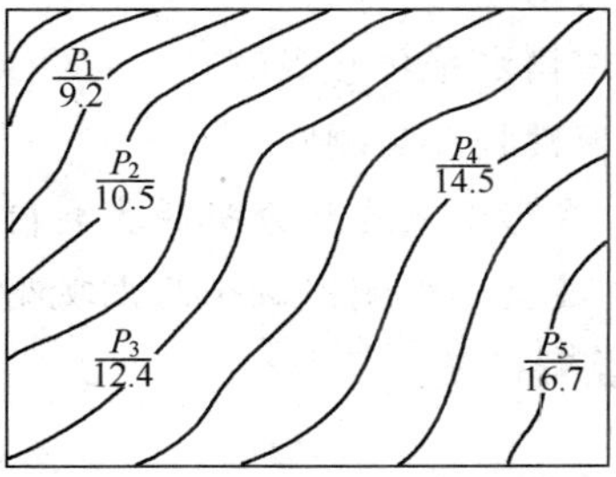

图 8-14 基础沉陷等值图

2. 观测资料的分析

变形观测资料经过整编成为便于使用的成果,但变形的原因、变形值与变形因素间的函数关系,则要通过变形分析来完成。在积累了大量观测资料后,则可进一步找出建筑物变形的内在原因、外在原因和规律,从而检验和修正设计理论以及经验公式中的系数和常数。

(1)成因分析:亦称定性分析,是对建筑物结构本身(内因)、作用在建筑物上的各种荷载(外因)以及变形观测进行分析,归纳和确定建筑物的变形过程、变形幅度和变形规律。

(2)统计分析:通过成因分析,了解引起建筑物变形的因素,并定性地对变形值所呈现的规律有所认识。但这种定性分析既不能对未来可能发生的变形做出预报,也不能据此做出建筑物使用是否安全的判断。为此,必须设法找出引起变形的因素与变形值之间的内在联系和统计规律。

一般说来,引起变形的诸因素对变形体变形的影响是非常复杂的,很难用一种数学表达式精确地进行表述。再者,观测得到的变形体的变形值是诸多因素联合影响的结果,很难将每种因素的影响截然分开。此外,变形观测本身也存在误差,有时甚或与变形值属于同一个数量级。所有这些,致使无法用严密的数学公式来表达变形因素与变形值之间的关系,变形因素和变形值之间的关系具有某种不确定性。这就需要用数理统计的方法,通过大量的试验与观测,寻找隐含于随机性之中的统计规律。常用的方法是数理统计中的假设检验法和回归分析法。近年来,近代平差中的自由网平差法和模糊数学中的模糊聚类法也已用于变形分析。

通过变形分析,求得变形值与变形因素间的函数关系,据此即可预报未来变形值的范围和判断建筑物的安全性能。

思考与练习题

8-1　制定变形观测方案时,主要考虑哪些内容?

8-2　变形量测定的精度如何确定?

8-3　变形观测的频率如何确定?

8-4　简述变形观测点布设原则。

8-5　要达到基准点稳定的要求,应采用何种方法布设基准点?

8-6　何谓沉陷观测?

8-7　何谓倾斜观测?

8-8　何谓水平位移观测?

8-9　何谓挠度观测?

8-10　变形观测资料分析的主要内容有哪些?

8-11　某变形观测网做了两期观测,并进行了伪逆平差,其结果列于表 8-11 中,试检验两期观测是否同精度?

表 8-11　习题 8-11 数据

	x_1	y_1	x_2	y_2	x_3	y_3	x_4	y_4	V^TPV	$n-r$
X_{I}	−0.1	−0.5	−0.1	−0.5	−0.3	0.9	0.6	−0.4	0.051	4
X_{II}	1.5	−3.0	−0.7	0.8	−0.8	−1.0	0.1	2.5	0.342	4

注:$F_{\alpha/2}=F_{0.025}(4,4)=9.6$。

8-12　在表 8-12 中计算位移量,并检验两期各点位移量是否显著。

表 8-12　习题 8-12 数据

	x_1	y_1	x_2	y_2	x_3	y_3	x_4	y_4	V^TPV	$n-r$
X_{I}	−0.1	−0.5	−0.1	−0.5	−0.3	0.9	0.6	−0.4	0.051	4
X_{II}	1.5	−3.0	−0.7	0.8	−0.8	−1.0	0.1	2.5	0.342	4
ΔX										
$Q_{\mathrm{I}}=Q_{\mathrm{II}}$	0.114	0.079	0.091	0.119	0.087	0.101	0.105	0.125		
$m_{\Delta X}$										
t										
$t_{\alpha/2}$	$\alpha=0.05$					$t_{\alpha/2}=2.3$				

参 考 文 献

[1] 孔祥元,郭标明,刘宗泉．大地测量学基础．武汉:武汉大学出版社,2010.
[2] 武汉大学测绘学院测量平差学科组．误差理论与测量平差基础．武汉:武汉大学出版社,2003.
[3] 姚德新．木土工程测量学教程(下册)．北京:中国铁道出版社,2003.
[4] 中华人民共和国铁道部．TB 10601—2009 高速铁路工程测量规范．北京:中国铁道出版社,2010.
[5] 中华人民共和国铁道部．TB 10101—2009 铁路工程测量规范．北京:中国铁道出版社,2010.
[6] 刘基余．GPS 卫星导航定位原理与方法．北京:科学出版社,2003.